田野·社会丛书第四辑

将社会史研究引入当代史

行龙 著

商务印书馆
创于1897　The Commercial Press

图书在版编目（CIP）数据

将社会史研究引入当代史 / 行龙著. -- 北京：商务印书馆，2025. --（田野·社会丛书）. -- ISBN 978
-7-100-24218-9

I. K207

中国国家版本馆 CIP 数据核字第 202474QF06 号

田野·社会丛书

将社会史研究引入当代史

行龙 著

商 务 印 书 馆 出 版
（北京王府井大街36号　邮政编码100710）
商 务 印 书 馆 发 行
北京顶佳世纪印刷有限公司印刷
ISBN 978-7-100-24218-9

2025年1月第1版　　　　开本787×1092　1/16
2025年1月北京第1次印刷　　印张28

定价：128.00元

《田野·社会丛书》总序

走向田野与社会
——中国社会史研究的追求与实践

行 龙

人文社会科学领域的理论和概念总是不断出新，五花八门。回顾20世纪80年代以来中国社会史研究的发展历程，我们引进、接受了太多的西方人文社会科学的理论和概念。现代化理论、"中国中心观"、年鉴学派史学、国家—社会理论、"过密化"、"权力的文化网络"、"地方性知识"、知识考古学、后现代史学，等等，林林总总。引进接受的过程，既是一个目不暇接、眼花缭乱的过程，又是一个不断跟进、让人疲惫的过程。在这样一个过程中，我们在不断地反思，也在不断地前行。中国社会史研究深受西方有关理论概念的影响，这是一个不争的事实。另一方面，我们又不时地听到或看到对西方理论概念盲目追求、一味模仿的批评，建立中国本土化的社会史概念理论的呼声在我们的耳畔不时响起。

这里的"走向田野与社会"，却不是什么新的概念，更不是什么理论之类。至多可以说，它是山西大学中国社会史研究中心三代学人从事社会史研究过程中的一种学术追求和实践。

"走向田野与社会"付诸文字，最早是在2002年。那一年，为庆祝山西大学建校100周年，校方组织出版了一批学术著作，其中一本是我主编的《近代山西社会研究》(中国社会科学出版社2002年版)，此书有一个副标题就叫"走向田野与社会"，其实是我和自己培养的最初几届硕士研究生撰写的有关区域社会史的学术论文集。2007 年我的另一本书将此副题移作正题，名曰《走向田野与社会》（生活·读书·新知三联书店 2007 年版）。

忆记 2004 年 9 月的一个晚上，我在山西大学以"走向田野与社会"为题的讲座中谈到，这里的"田野"包含两层意思：一是相对于校园和图书馆的田地与原野，也就是基层社会和农村；二是人类学意义上的田野工作，也就是参与观察、实地观察的方法。这里的"社会"也有两层含义：一是现实的社会，我们必须关注现实社会，懂得从现在推延到过去或者由过去推延到现在；二是社会史意义上的社会，这是一个整体的社会，也是一个"自下而上"视角下的社会。

其实，走向田野与社会是中国历史学的一个悠久传统，也是一份值得深切体会和实践的学术资源。我们的老祖宗司马迁写《史记》的目的是"究天人之际，通古今之变，成一家之言"，为此他游历名山大川，了解风土民情，采访野夫乡老，搜集民间传说。一篇《河渠书》，太史公"南登庐山，观禹疏九江，遂至于会稽太湟，上姑苏，望五湖；东窥洛汭、大邳、迎河，行淮、泗、济、漯、洛渠；西瞻蜀之岷山及离碓；北自龙门至于朔方"，可谓足迹遍南北。及至晚近，"读万卷书，行万里路"几成中国传统知识文人治学的准则。

我的老师乔志强（1928—1998）先生辈，虽然不能把他们看作传统文人一代，但他们对中国传统文化的体认比吾辈要深切许多。即使是在接连不断的政治运动环境下，他们也会在自己有限的学问范围内走出校园，走向田野。乔先生最早出版的一本书，是 1957 年由山西人民出版社出版的《曹顺起义史料汇编》，该书区区 6 万字，除抄录中国第一历史档案馆有关上谕、奏折、审讯记录稿本外，很重要的一部分就是他采访当事人后人及"访问其他当地老群众"，召开座谈会收集而来的民间传说。也是在 20 世纪 50 年代开始，他在教学之余，又开始留心搜集山西地区义和团史料。现在学界利用甚广的刘大鹏之《退想斋日记》《潜园琐记》《晋祠志》等重要资料，就是他在晋祠圣母殿侧廊看到刘大鹏的碑铭后，顺藤摸瓜，实地走访得来的。1980年，当人们还沉浸在"科学的春天"到来之际，乔志强先生就推出了《义和团在山西地区史料》（山西人民出版社1980年版）这部来自乡间田野的重要资料书，这批资料也成就了他早年对山西义和团的研究和辛亥革命前十年历史的研究。

20世纪80年代，乔志强先生以其敏锐的史家眼光，开始了社会史领域的钻研和探索。我们清楚地记得，他与研究生一起研读相关学科的基础知识，一起讨论提纲著书立说，一起参观考察晋祠、乔家大院、丁村民俗博物馆，一起走向田野访问乡老。一部《中国近代社会史》（人民出版社1992年版）被学界誉为中国社会史"由理论探讨走向实际操作的第一步"，成为中国社会史学科体系初步形成的一个最重要的标志。就是在该书的长篇导论中，他在最后一个部分专门谈了"怎样研究社会史"，认为"历史调查可以说是社会史的主要研究方法"，举凡文献资料，包括正史、野史、私家著述、地方志、笔记、专书、日记、书信、年谱、家谱、回忆录、文学作品；文物，包括金石、文书、契约、图像、器物；调查访问，包括访谈、问卷、观察等，不厌其烦，逐一道来，其中列举的山西地区铁铸古钟鼎文和石刻碑文等都是他多年的切身体验和辛苦所得。

乔志强先生对历史调查和田野工作的理解是非常朴实的，其描述的文字也是平淡无华的，关于"调查访问"中的"观察"，他这样写道：

> 现实的社会生活，往往留有以往社会的痕迹，有时甚至很多传统，特别如民俗、人际关系、生活习惯，这些就可以借助于观察。另外还可以借助于到交通不便或是人际关系较为简单的地区去观察调查，因为它们还可能保留有较多的过去的风俗习惯、人际往来等方面的痕迹，对于理解历史是有用处的。（《中国近代社会史》，人民出版社1992年版，第30—31页）

二十多年后重温先生朴实无华的教诲，回想当年跟随先生走村过镇的往事，我们为学有所本亲炙教诲感到欣慰。

走向田野与社会，又是由社会史的学科特性所决定的。20世纪之后兴起的西方新史学，尤其是法国年鉴学派史学在批判实证史学的基础上异军突起，年鉴派史学"所要求的历史不仅是政治史、军事史和外交史，而且还是经济史、人口史、技术史和习俗史；不仅是君王和大人物的历史，而且还是所有人的历史；这是结构的历史，而不仅仅是事件的历史；这是有演进的、变革地运动着的历史，不是停滞的、描述性的历史；是有分析的、有说明的历史，而不再是纯叙述性的历史；总之是一种总体的历史"。100年前，梁启超在中国倡导的"新史学"与西方有异曲同工之妙，20世纪80年代恢复后的中国社会史研究更以其"把历史的内容还给历史"的雄心登坛亮相。长期以来以阶级斗争为主线的历史研究使得历史变得干瘪枯燥，以大人物和大事件组成的历史难以反映历史的真实，全面地准确地认识国情、把握国情，需要我们全面地系统地认识历史、认识社会，需要我们还历史以有血有肉、丰富多彩的全貌。可以说，中国社会史在顺应中国社会变革和时代潮流中得以恢复，又在关注社会现实的过程中得以演进。

因此，社会史意义上的"社会"，又不仅是历史的社会，同时也是现实的社会。通过过去而理解现在，通过现在而理解过去，此为年鉴派史学方法论的核心，第三代年鉴学派的重要人物勒高夫曾宣称，年鉴派史学是一种"史学家带着问题去研究的史学"，"它比任何时候都更重视从现时出发来探讨历史问题"。

很有意思的是，半个世纪以前，钱穆先生在香港某学术机构做演讲，有一讲即为"如何研究社会史"，他尤其强调：

> 要研究社会史，应该从当前亲身所处的现实社会着手。历史传统本是以往社会的记录，当前社会则是此下历史的张本。历史中所有是既往的社会，社会上所有则是先前的历史，此两者本应联系合一来看。

> 要研究社会史，决不可关着门埋头在图书馆中专寻文字资料所能胜任，主要乃在能从活的现实社会中获取生动的实像。

> 我们若能由社会追溯到历史，从历史认识到社会，把眼前社

会来做以往历史的一个生动见证，这样研究，才始活泼真确，不要专在文字记载上做片面的搜索。(《中国历史研究法》，生活·读书·新知三联书店2001年版，第52—56页)

乔志强先生撰写的《中国近代社会史》导论部分，计有社会史研究的对象、知识结构、意义和怎样研究社会史四个小节，谈到社会史研究的意义，没有谈其学术意义，"重点强调研究社会史具有的重要的现实意义"。社会史的研究要有现实感，这是社会史研究者的社会责任，也是催促我们走向田野与社会的学术动力。

社会史意义上的"社会"，又是一种"自下而上"视角下的社会。与传统史学重视上层人物和重大历史事件的"自上而下"视角不同，社会史的研究更重视芸芸众生的历史与日常。举凡人口、婚姻、家庭、宗族、农村、集镇、城市、士农工商、衣食住行、宗教信仰、节日礼俗、人际关系、教育赡养、慈善救灾、社会问题，等等，均从"社会生活的深处"跃出而成为社会史研究的主要内容。显然，社会史的研究极大地拓展了传统史学的研究内容，如此丰富的研究内容决定了社会史多学科交叉融合的特性，如此特性需要我们具有与此研究内容相匹配的相关学科基础知识与训练，需要我们走出学校和图书馆，走向田野与社会。由此，人类学、社会学等成为社会史最亲密的伙伴，社会史研究者背起行囊走向田野，"优先与人类学对话"成为一道风景。

"偶然相遇人间世，合在增城阿姥家"。山西大学的社会史研究与人类学是有学脉缘分的，一位祖籍山西、至今活跃在人类学界的乔健先生1990年自香港向我们走来。我不时地想过，也许这就是一种缘分，"二乔"成为我们社会史研究的领路人，算是我们这些生长在较为闭塞的山西的后辈学人的福分。现在，山西大学中国社会史研究中心的鉴知楼里，恭敬地置放着"二乔"的雕像，每每仰望，实多感慨。

1998年，乔志强先生仙逝后，乔健先生曾特意撰文回忆他与志强先生最初的交往：

我第一次见到乔志强先生是在1990年初夏，当时我来山西大学接受荣誉教授的颁授。志强先生与我除了同乡、同姓的关系外，还是同志。我自己是研究文化／社会人类学的，但早期都偏重所谓"异文化"的研究，其中包括了台湾地区的高山族、美国的印第安人（特别是那瓦侯族）以及华南的瑶族。但从九十年代起，逐渐转向汉族，特别是华北汉族社会的研究。志强先生是中国社会史权威，与我新的研究兴趣相同。由于这种"三同"的因缘，我们一见如故，相谈极欢。他特别邀请我去他家吃饭，吃的是我最爱吃的豆角焖面。我对先生的纯诚质朴，也深为赞佩。（《纪念乔志强先生》，未刊稿，第 32 页）

其实，乔健先生也是一位"纯诚质朴"的蔼蔼长者，又是一位立身田野从来不知疲倦的著名人类学家。他为扩展山西大学的对外学术交流，尤其是对中国社会史研究中心的学术发展付出了大量的心血。我初次与乔健先生相识正是在 1990 年山西大学华北文化研究中心的成立仪式上。1996 年，"二乔"联名申请国家社科基金重点项目——华北贱民阶层研究获准，我和一名研究生承担的"晋东南剃头匠"成为其中的一部分，开始直接受到乔健先生人类学的指导和训练；2001 年，乔健先生又申请到一个欧洲联盟委员会关于中国农村可持续发展的研究项目，我们多年来关注的一个田野工作点赤桥村（即晋祠附近刘大鹏祖籍）被确定为全国七个点之一；2006 年下半年，我专门请乔先生为研究生开设了文化人类学专题课，他编写讲义，印制参考资料，每天到图书馆的十层授课论道，往来不辍。这些年，他几乎每年都要来中心一到两次，做讲座，下田野，乐在其中，老而弥坚。前不久他来又和我谈起下一步研究绵山脚下著名的张壁古堡计划。如今，乔健先生将一生收藏的人类学、社会学书籍和期刊捐赠中心，命名为"乔健图书馆"，又特设两种奖学金鼓励优秀学子立志成才，其情其人，良多感佩。正是在这位著名人类学家的躬身提携下，我结识了费孝通、李亦园、金耀基等著名人类学社会学前辈及诸位同行，我和多名研究生曾到香港和台湾参加各种人类学、社会学会议。正是在乔健先生的亲自指导之下，我们这些历史学学科背景的晚辈，才开始学得一点人类学的知识和田野工作的方法，山西大学中国社会史研究中心的学术工作有了人类学、社会学的气味，走向田野与社会成为中心愈来愈浓的学术风气。

奉献在读者面前的这套丛书，命其为"田野·社会丛书"，编者和诸位作者不谋而合。丛书主要刊出山西大学中国社会史研究中心年轻一代学者的研究成果，其中有些为博士论文基础上的修改稿，有些则为另起炉灶的新作。博士论文也好，新作也好，均为积年累月辛苦钻研所得，希望借此表达出走向田野与社会的研究取向和学术追求。

丛书所收均为区域社会史研究之作，而这个"区域"正是以我们生于斯，长于斯，情系于斯的山西地区为中心。在长期从事中国社会史研究的过程中，编者和作者形成了这样一个基本认知：社会史的研究并不简单是"社会生活史"的研究，只有"自上而下"与"自下而上"的结合，理论探讨与实证研究的结合，宏观研究与微观研究的结合，才能实现"整体的"社会史研究这一目标，才能避免"碎片化"的陷阱。

其实，整体和区域只是反映事物多样性和统一性及其互相关系的范畴，整体只能在区域中存在，只有通过区域而存在。相对于特定国家的不同区域而言，全国性范围的研究可以说是宏观的、整体的，但相对于跨国界的世界范围的研究而言，全国性的研究又只能是一种微观的、区域的研究，整体和区域并不等同于宏观和微观。史学研究的价值并不在于选题的整体与区域之别，区域研究得出的结论未必都是个别的、只适于局部地区的定论，"更重要的是在每个具体的研究中使用各种方法、手段和途径，使其融为一体，从而事实上推进史学研究"。我们相信，沉浸于中国悠久的历史文化传统，研读品味先辈们赐赠的丰硕成果，面对不断翻新流行时髦的各式理论概念，史学研究的不变宗旨仍然是求真求实，而求真求实的重要途径之一就是通过区域的、个案的、具体的研究去实践。这里需要引起注意的是，这样一种区域的、个案的、具体的研究又往往被误认为社会史研究"碎化"的表现，其实，所谓的"碎化"并不可怕，把研究对象咬烂嚼碎，烂熟于胸化然于心并没有什么不好，可怕的是碎而不化，碎而不通。区域社会史的研究绝不是画地为牢地就区域而区域，而是要就区域看整体，就地方看国家。从唯物主义整体的普遍联系的观点出发，在区域的、个案的、具体的研究中保持整体的眼光，正是克服过分追求宏大叙事，实现社会史研究整体性的重要途径。丛书所收的各种选题中，既有对山西区域社会一些重大问题的研究，也有一些更小的区域（如黄河小北干流、霍泉流域），甚至某个具体村庄的研究，选题各异，而追求整体社会史研究的目标则一。

作为一种学术追求与实践，走向田野与社会也是区域社会史研究的必然逻辑。我们知道，传统历史研究历来重视时间维度，那种民族—国家的宏大叙事大多只是一个虚幻的概念，一个虚拟和抽象的整体，而没有较为真切的空间维度。社会史的研究要"自下而上"，要更多地关注底层民众的历史，而区域社会正是民众生活的日常空间，只有空间维度的区域才是具体的真实的区域，揭示空间特征的"田野"便自然地进入区域社会史研究的视野，走向田野从事田野工作便成为一种学术自觉与必然。

社会史研究要"优先与人类学对话"，也要重视田野工作。我们知道，人类学的田野工作首先是对"异文化"的参与观察，它要求研究者到被研究者的生活圈子里至少进行为期一年的实地观察与研究，与被研究者"同吃同住同劳动"，进而撰写人类学意义上的民族志。人类学强调参与观察的田野工作，对区域社会史研究具有重要的借鉴意义。走向田野，直接到那个具体的区域体验空间的历史，观察研究对象的日常，感受历史现场的氛围，才能使时间的历史与空间的历史连接起来，才能对"地方性知识"获取真正的认同，才能体会到"同情之理解"的可能，才能对区域社会的历史脉络有更为深刻的把握。然而，社会史的田野工作又不完全等同于人类学的田野工作。"上穷碧落下黄泉，动手动脚找资料"，搜集资料、尽可能地全面详尽地占有资料，是史学研究尤其是区域社会史研究最基础的工作。

如果说宏大叙事式的研究主要是通过传统的正史资料所获取，那么，区域社会史的研究仅此是远远不够的，这是因为，传统的正史甚至包括地方志并没有存留下丰厚的地方资料，"地方性资料"诸如碑刻、家谱、契约、账簿、渠册、笔记、日记、自传、秧歌、戏曲、小调等，只有通过田野调查才能有所发现，甚至大量获取。所以说，社会史的田野工作，首先要进行一场"资料革命"，在获取历史现场感的同时获取地方资料，在获取现场感和地方资料的同时确定研究内容，认识研究内容。在《走向田野与社会》一书开篇自序中，笔者曾有所感触地写道：

> 走向田野，深入乡村，身临其境，在特定的环境中，文献知识中有关历史场景的信息被激活，作为研究者，我们也仿佛回到过去，感受到具体研究的历史氛围，在叙述历史，解释历史时才可能接近历史的真实。走向田野与社会，可以说是史料、研究内容、理论方法三位一体，相互依赖，相互包含，紧密关联。在我的具体研究中，有时先确定研究内容，然后在田野中有意识地收集资料；有时是无预设地搜集资料，在田野搜集资料的过程中启发了思路，然后确定研究内容；有时仅仅是身临其境的现场感，就激发了新的灵感与问题意识，有时甚至就是三者的结合。

值得欣慰的是，在长期从事社会史学习和研究的过程中，走向田野与社会这一学术取向正在实践中体现出来。《田野·社会丛书》所收的每个选题，都利用了大量田野工作搜集到的地方文献、民间文书及口述资料；就单个选题而言，不能说此前没有此类的研究，就资料的搜集整理利用之全面和系统而言，至少此前没有如此丰厚和扎实。我们相信，走向田野与社会，利用田野工作搜集整理地方文献和资料，在眼下快速城市化的进程中是一种神圣的文化抢救工作，也是一项重要的学术积累活动。我们也相信，这就是陈寅恪先生提到的学术之"预流"——"一时代之学术，必有其新材料与新问题。取用此材料以研究问题，则为此时代学术之新潮流。治学之士，取预此潮流，谓之预流"。

走向田野与社会，既驱动我们走向田野将文献解读与田野调查结合起来，又激发我们关注现实将历史与现实粘连起来，这样的工作可以使我们发现新材料和新问题，以此新材料用以研究新问题，催生了一个新的研究领域——集体化时代的中国农村社会研究。

对于这样一个新的研究领域，这里还是有必要多谈几句。其实，何为"集体化时代"，仍是一个见仁见智的问题，陋见所知，或曰"合作化时代"，或曰"公社化时代"，对其上限的界定更有互助组、高级社，甚至人民公社等诸多说法。我们认为，集体化时代即指从中国共产党在抗日根据地推行互助组，到 20 世纪 80 年代农村人民公社体制结束的时代，此间约 40 年时间（各地容有不一），互助组、初级社、高级社、人民公社、农业学大寨前后相继，一路走来。这是一个中国共产党人带领亿万农民走向集体化，实践集体化的时代，也是中国农村经历的一个非常特殊的历史时代。然而，对于这样一个重要的研究领域，以往的中国革命史和中国共产党党史研究并没有给予足够的重视，宏大叙事框架下的革命史和党史只能看到上层的历史与重大事件，基层农村和农民的生活与实态往往湮没无闻。在走向田野与社会的实践中，我们强烈地感受到，随着现代化过程中"三农"问题的日益突出，随着城市化过程中农村基层档案的迅速流失，从搜集基层农村档案资料做起，开展集体化时代的农村社会研究，是我们社会史工作者一份神圣的社会责任。坐而论道，不如起而行之。21 世纪初开始，我们有计划、有组织地下大力气对以山西为中心的集体化时代的基层农村档案资料进行抢救式的搜集整理，师生积年累月，栉风沐雨，不避寒暑，不畏艰难，走向田野与社会，深入基层与农村，迄今已搜集整理近 200 个村庄的基层档案，数量当在数千万字以上。以此为基础，我们还创办了一个"集体化时代的农村社会"学术展览馆。集体化时代的农村基层档案可谓是"无所不包，无奇不有"，其重要价值在于它的数量庞大而不可复制，其可惜之处在于它的迅速散失而难以搜集。我们并不是对这段历史有什么特殊的情感，更不是将这批档案视为"红色文物"期望它增值，实在是为其迅速散失而感到痛惜，痛惜之余奋力抢救，抢救之中又进入研究视野。回味法国年鉴学派倡导的"集体调查"，我们对此充满敬意而信心十足。

勒高夫在谈到费弗尔的《为史学而战》时写道：

费弗尔在书中提倡"指导性的史学"，今天也许已很少再听到这一说法。但它是指以集体调查为基础来研究历史，这一方向被费弗尔认为是"史学的前途"。对此《年鉴》杂志一开始就做出榜样：它进行了对土地册、小块田地表格、农业技术及其对人类历史的影响、贵族等的集体调查。这是一条可以带来丰富成果的研究途径。自 1948 年创立起，高等研究实验学院第六部的历史研究中心正是沿着这一途径从事研究工作的。（勒高夫等主编：《新史学》，姚蒙编译，上海译文出版社 1989 年版，第 14—15 页）

集体化时代的农村社会研究，还使我们将社会史的研究引入到了现当代史的研究中。中国社会史研究自 20 世纪 80 年代复兴以来，主要集中在 1949 年以前的所谓古代史、近代史范畴，将社会史研究引入现当代史，进一步丰富革命史和中国共产党党史的研究，以致开展"新革命史"研究的呼声，近年来愈益高涨。我们认为，如果社会史的研究仅限于古代、近代的探讨而不顾及现当代，那将是一个巨大的缺失和遗憾，将社会史的视角延伸至中国现当代史之中，不仅是社会史研究"长时段"特性的体现，而且必将促进"自上而下"与"自下而上"的有机结合，进而促进整体社会史的研究。

三十而立，三十而思。从乔志强先生创立中国社会史研究的初步体系，到由整体社会史而区域社会史的具体实践，从中国近代社会史到明清以来直至中国的当代史，在走向田野与社会的学术追求和实践中，山西大学的中国社会史研究在反思中不断前行，任重而又道远。

1992 年成立的山西大学中国社会史研究中心，到今年已经整整 20 年了。《田野·社会丛书》的出版，算是对这个年轻的但又是全国最早出现的社会史研究机构的小小礼物，也是我们对中国社会史研究的重要开拓者乔志强先生的一个纪念。

2012 年岁首于山西大学
中国社会史研究中心

目　录

序 言

部勒成稿，回头再来写这个所谓的序言，我首先想到了鲁迅先生的那句话："其实世上本没有路，走的人多了，也便成了路。"

将社会史研究引入当代史，只是最近几十年来中国历史学界探索的一个路向，我只是在这条道路上的行走者之一。"踉跄越门限"，屈指二十年。

2003 年，"非典"肆虐的年份，我在太原南宫旧书市场收集到一批清徐县东于镇的社队档案资料，从此引发了从社会史角度开展集体化时代农村社会研究的思考与实践。

2004 年 9 月新学期，在陪同华中师范大学老校长章开沅先生考察太原市剪子湾村后，我组织了一个包括研究生和本校美术学院青年教师在内的"剪子湾课题组"，对剪子湾村进行了系统的摄像拍照，后将该村档案资料收藏在中国社会史研究中心，这是中心早期收集整理的第一个村庄档案资料。月底在山西大学文科楼大报告厅向全校做了一场题为"走向田野与社会——开展以历史学为本位的田野调查"的学术报告。

2005 年 3 月，又一个新学期，我组织了一个中国社会史研究中心全体教师和研究生参加的读书会，将韩丁的《翻身》与弗里曼（Edward Freidman）等人的《中国乡村，社会主义国家》比对研读，还邀请韩丁研究的对象——张庄曾任党支部书记王金红、韩丁的妹妹寒春及韩丁的女儿、女婿，举办了"韩丁与张庄"的大型学术报告会，并举办了相关的图片系列展，校园内掀起了一场不小的"张庄热"。

2006 年 10 月到 11 月，我到香港中文大学"中国研究服务中心"

做访问学者四十天。这个中心早已是闻名全球的研究中华人民共和国史最好的研究基地之一。中心所藏大量的中外文著述和期刊，尤其是较为完整系统的地方报刊、各种方志、不同行业的年鉴、各种统计资料等令人目不暇接，也给我以极大的震撼。然而，这些资料均为已经正式刊行或属内部刊行的文献，大量迅速散失的基层农村档案资料正需要我们进行抢救式的收集整理。建设一个"中国研究服务中心"式的资料中心，集中收集整理新中国成立后农村基层档案资料，这个信念在此次访学后更加强烈。

2007 年 12 月，我的那本论集《走向田野与社会》由北京三联书店出版，其中收录的"集体化时代"的几篇论文及最后一篇《山西大学中国社会史研究中心"集体化时代农村基层档案"述略》，受到史学界的普遍关注。有评论认为，本书"从时段而言下延到集体化，本书超越已有规范学科的边界，超越旧有学科的年代和时限，标志着中国社会史发展到现在已日趋成熟，建构本土化的中国社会史研究范式已见雏形"，"这种对集体化时代基层农村文献资料的大规模搜集、整理和研究，可以说是一个创举，是对那些即将湮灭的宝贵历史资料的抢救、保护和开发利用，堪称是在建造和挖掘一座历史文献宝库"。自然，这些评论在我看来都是一种激励。

2008 年暑期，社会史研究中心从先前借用的校图书馆搬迁至现在的鉴知楼。10 月，"中国社会史研究的理论与方法暨纪念乔志强先生诞辰 80 周年"学术讨论会在晋祠召开，与会代表成为"集体化时代的农村社会综合展"首批参观者。这个展览集实物、档案、报纸、图片为一馆，教学、实践和研究三位一体，日后被授予"山西省爱国主义教育基地"名号。同年，我申请的"集体化时代的山西农村社会研究"，获得国家社科基金重点项目立项资助。2012 年，"当代中国农村基层档案搜集、整理与出版"，立项为国家社科基金重大招标项目。在此前后，青年教师数人在此领域获得国家社科基金或教育部社科研究项目资助，极大地提升了本中心中国当代史的研究水平。

2009 年暑期，我们主办了"集体化时代的中国农村社会"学术讨论会，海内外 40 余位专家学者与会，并就相关研究视角、研究方法、理论关怀、资料运用及现实中国的"三农问题"进行了深入探讨。我的《从社会史角度研究集体化时代的农村社会》一文提交给由中国社会科学院当代中国研究所主办的第二届"当代中国与它的发展道路"学术讨论会，傅高义先生作为评论人给予了肯定的评价。之后，该文在《当代中国史研究》上发表，并被《新华文摘》转载。与此同时，前及《述略》一文在英文版 *Modern China* 上全文刊出。中心进行的有关工作为学界所识。

2010 年，社会史研究中心与日本多所高校研究机构合建"中日合作中国农村社会研究基地"。日本中国研究专家内山雅生、祁建民、弁纳才一等，与中心师生多人联合开展了对晋中地区某一村庄为期五年的田野考察。之后，中心与香港科技大学李中清历史大数据研究团队合作，开发基层农村档案数字化建设。多名青年教师赴日本、美国、德国及中国港台等地进行学术访问，学术交流的范围进一步扩大。

随着中国式现代化和城市化迅速推进的步伐，最近这些年，我们逐步调整了基层农村档案资料收集整理的策略。这就是，从之前以个体为主的"从家乡做起"到有组织、有计划的地毯式"集体调查"。截至目前，我们已经对潞城、昔阳、沁水、阳城、永济、浮山、绛县、太谷等县域进行过集体调查。三晋大地数百个村镇都留下了中心师生调查走访的足迹，社会史研究中心的现有空间已不敷使用。我曾以"累档成山"描述那一袋袋一堆堆带有浓烈乡土气息的档案文书。我也坚信，这是有史以来对中国农村文献进行的第一次系统性的抢救式保护，它不仅对保存保护乡土文化和多学科的研究具有重要的学术意义，而且对于现代化过程中的乡村建设具有重要的现实意义。

"遥想吾师行道处，天香桂子落纷纷。"将社会史研究引入当代史，前辈学者做了很多有益的工作，他们是我的引路人，又是给我鼓劲的人。业师乔志强先生从事社会史研究，非常注重从现实出发去看历史问题，尤其重视收集整理地方文献来写学术论文，他的治学风格对我的影响深刻而久远。

早在20世纪80年代，张静如先生就首先提出以中国近现代社会史研究为基础，"再回过头来把党史研究深化"的意见。他主编的《北洋军阀统治时期中国社会之变迁》《国民政府统治时期中国社会之变迁》两部著作，虽未涉及中华人民共和国成立后的社会史，但都是那个时代社会史研究的重要参考著述。后来他又在《历史研究》上发文，明确提出"以社会史为基础深化党史研究"。

田居俭先生是将社会史研究引入当代史的积极倡导者。2007年《当代中国史研究》第3期发表了他的《把当代社会史提上研究日程》一文。有感于改革开放以来社会史研究的复兴和高潮迭起，但仍然没有一部当代社会史或包括当代社会史在内的中国社会通史问世的现状，该文提出，无论是从中国通史还是社会形态史的角度审视，都应当加大力度研究中国当代社会史。拙作《走向田野与社会》出版后，田先生又特意写信鼓励我。信中写道：史学界应开展与"社会建设"相对应的当代社会史研究，而你在这方面先走了一步，这从"集体化时代"一组论文可以得到证明。"公正地说，你和你主持的中心，是从社会史角度研究农村（特别是新中国成立后的农村）的第一批研究者"，"希望你和你的同事们继续努力，取得更多、更新的成果"。2012年8月，田居俭、宋德金等前辈学者前来山西大学参加"改革开放以来的中国社会史研究"学术讨论会，其间饶有兴致地参观了"集体化时代的农村社会综合展"，勉励鞭策之词言犹在耳。

2011年，我与马维强、常利兵合著的《阅档读史：北方农村的集体化时代》一书由北京大学出版社出版，田居俭、李文海、朱汉国、李文、李彬等专家学者20多人参加了相关的图书出版座谈会，给予本书积极肯定的评价。会后，李文海先生发表《反映历史的本来面貌》一文，充分肯定《阅档读史》更是一部客观公正的学术著作，体现了作者严谨求实的科学态度。书中对集体化过程中基层社会的一些问题同样给出了比较透彻的描述。凡此种种，均是该著客观公正特点的集中体现"。事实上，李文海老师当时兼任中华人民共和国国史学会、中国中共党史学会两会副会长职务，我曾多次就当代中国社会史研究的有关问题求教于他。每每聆教，受益良多。

2014 年，本着初步总结中心有关集体化时代的研究成果，更为着进一步深化有关研究，我主编了一本《回望集体化：山西农村社会研究》论文集，收录中心研究团队成员有关论文 29 篇，学界也给予了积极的评价与鼓励。评论认为，全书强调资料收集、整理、鉴别和利用的重要性；研究内容丰富，研究视角新颖独特；在理念、方法和选材方面体现了较强的学术创新。如此种种，都对我们将社会史研究引入当代史充满期待和激励。

不积跬步，无以至千里。学术研究需要一代又一代的积累，将社会史研究引入当代史，目前仍然处于一个起步的阶段，任重而道远。虽说"路漫漫其修远兮"，但还有鲁迅先生那句话不时在我的脑海激荡。

本稿交付出版之际，有中心同仁建议是否应有一个副题"走向田野与社会第二集"，以此呼应先前由三联书店出版的那本书。我想，不用再去画蛇添足了。对我而言，如果没有走向田野与社会，何来将社会史研究引入当代史呢？

理论反思

中国近代社会史"三大体系"建设刍议

　　《近代史研究》编辑部组织有关"三大体系"建设的讨论，自有深意。应题而作，思之良久，不免使我想到十年前《田野·社会丛书》总序起首写的那段话。其大意是：新时期以来，中国社会史研究吸收了众多西方的理论概念，在不断吸收跟进的过程中，我们也在不断地反思前行。另一方面，我们又不时地听到或看到对一味模仿西方理论概念的批评，建立本土化的社会史概念理论的呼声在我们的耳畔不时响起。[①]

　　"十年一觉"，中国社会史研究从"而立"之年走向"不惑"之年，在不断跟进的过程中也在不断地反思前行。犹记 20 世纪 80 年代，伴随着中国改革开放的时代潮流，中国社会史研究应运而生，中国近代社会史研究则是"从理论探讨到实际操作迈出的第一步"。[②] 近 40 年来，中国近代社会史研究取得了长足的进展，这一进展并不仅仅表现在研究领域的拓展，而且表现在各种理论概念的多元发展。在拓展、发展的过程中，我们也会不时听到或看到对社会史研究的某种忧虑，或忧其"碎片"，或虑其"过时"。问题的一面是西方各种流派的理论概念传入阐释或临摹附会，一面是眼花缭乱中的模糊失真或迷失自我，这就需要我们在借鉴西方有关理论概念的过程中，提炼更加切合中国社会历史实际的理论和概念，进而推进中国社会史研究走向深化。

　　毫无疑问，在各色流派此起彼伏不断翻新的引进吸纳过程中，法国

---

① 参见拙文《走向田野与社会——中国社会史研究的追求与实践》，见本书的《田野·社会丛书》总序。
② 虞和平、郭润涛:《中国近代社会史研究述评》,《历史研究》1993 年第 1 期。

年鉴学派的理论概念对中国社会史研究的影响极大。"自下而上"、"长时段"、整体史、跨学科、"问题史学"等已为研究者津津乐道而耳熟能详，然这些理论概念一旦运用到具体的中国历史研究中，总不免使人产生凿圆枘方甚或"画虎不成"之感。"以《年鉴》(Annales)杂志为中心的法国年鉴学派历史学家们，在20世纪的历史学中占有着独一无二的地位。"①中国社会史研究深受年鉴学派理论概念的影响，而马克思主义唯物史观在社会史研究中的理论和实践一定程度上存在着被忽视或重视不够的现象。笔者认为，历史唯物主义的基本原理与社会史研究的理论有许多相通之处，唯物史观在社会史研究中"具有方法论的指导意义"，"我们不能因为过去教条主义地理解和运用唯物史观而漠视它的存在"。②

事实上，"一个史学家可以同时是马克思和费弗尔（引者按：即年鉴学派第一代代表人物之一）的门生"。年鉴学派第三代代表人物勒高夫在谈到年鉴学派新史学与马克思主义的关系时就曾讲道："在很多方面（如在带着问题去研究历史、跨学科研究、长时段和整体观察等方面），马克思是新史学的大师之一。马克思和马克思主义的历史分期学说（奴隶社会、封建社会、资本主义社会）虽然在形式上不为新史学所接受，但它仍是一种长时段的理论……把群众在历史上的作用放在首位，这与新史学重视研究生活于一定社会中的普通人也不谋而合。"③

我们知道，马克思主义唯物史观是指导中国近代史学科建设的基石，同样是中国近代社会史研究的基石。20世纪二三十年代有关中国社会性质的大论战，不仅从理论上论证了马克思主义关于社会发展规律的论述同样适用于中国历史，中国近代是一个"半殖民地半封建"的社

---

① 〔美〕格奥尔格·伊格尔斯：《二十世纪的历史学：从科学的客观性到后现代的挑战》，何兆武译，山东大学出版社2006年版，第53页。
② 参见拙文《中国社会史研究向何处去》，《清华大学学报（哲学社会科学版）》2010年第4期。
③ 〔法〕J. 勒高夫等主编：《新史学》，姚蒙编译，上海译文出版社1989年版，第34—35页。

会，而且催生了一批最早的社会史研究成果，"社会史"一词此时已经登上中国史坛。改革开放后中国社会史研究的"复兴"，就是要"把历史的内容还给历史"，倡导一种全面的综合的而非以"阶级斗争"为纲的历史，这与毛泽东在延安时期提出的"对于近百年的中国史"，"应先作经济史、政治史、军事史、文化史几个部门的分析的研究，然后才有可能作综合的研究"① 即有明显的脉络相承。

通前至后，从学科体系、学术体系、话语体系建设意义上审视近40年来的中国社会史研究，当为社会史研究者的共同话题。笔者在此不揣浅陋，愿就此谈一点不成熟的想法，期望可以展开进一步的讨论。

学科体系是"三大体系"建设的基础。改革开放伊始，中国社会史即有"专史说"和"通史说"的不同意见，乔志强主编的《中国近代社会史》和陈旭麓的《近代中国社会的新陈代谢》是社会史领域最早问世的两本通论性著述（两书均在1992年出版），分别代表了中国近代社会史横向和纵向的两种体系构想，也是"专史说"和"通史说"的两本代表作。尽管学科初创时期两说的讨论并没有持续下去，也没有形成一致的看法，但在我看来，两说皆有其合理性。这是因为："我们不能完全依据一门学科的对象来对该学科加以定义，但却可以凭借恰当运用于该学科的方法之性质来确定其范围。"② "专史说"和"通史说"并不互相矛盾，更没有高下之分，从社会史研究的对象来说，"通史总是社会史"；从社会史研究的范围来说，它又可以说是并非包罗一切的专门史。重要的是，乔、陈两本开拓性的中国近代社会史著述，为社会史学科体系提供了一个最初的框架，或者说划出了一个社会史研究的基本范围，有关研究者开始认识到什么是社会史，社会史研究的是什么内容和问题。遗憾的是，乔、陈两著基本沿袭了从鸦片战争到五四运动的"近

---

① 毛泽东：《改造我们的学习》，见《毛泽东选集》第3卷，人民出版社1991年版，第802页。

② 〔法〕马克·布洛赫：《历史学家的技艺》，张和声译，北京师范大学出版社2014年版，第55页。

代史"划分，均受到"前80年"中国近代史的时段限制。乔著社会构成、社会生活、社会功能三编的内容基本没有突破原来的时限。陈著虽以"近代中国"命题，但浓墨重彩的主要还是"前80年"中国社会的新陈代谢过程，而对后30年只在末章做了简单勾勒，未及铺展开来。近些年来，从1840年的鸦片战争到中华人民共和国成立的1949年，中国近代史贯通过去前80年的"近代史"和后30年的"现代史"首尾两端，110年的中国近代史不仅成为学界的共识，而且成为通行的名正言顺的二级学科，这是学科体系建设的一次重大突破，也为中国近代史，包括中国近代社会史的研究提供了更为广阔的空间。其间虽有部分学者呼吁或倡导将社会史的研究延伸到中国"现代史"，也有一些专题论著在此方面做了积极的探索，但完整意义上110年通论性的中国近代社会史仍在孕育之中，这应是中国近代社会史学科体系建设过程中的一个目标追求。

尽管完整意义上通贯110年的中国近代社会史著述尚未出现，但在此前研究的基础上社会史研究毕竟取得了长足的进展，突出的表现就是以"社会"为旨趣的各种专题史纷纷问世登坛。眼下，社会史就像一个千姿百态、争相开放的"大花圃"：政治社会史、经济社会史、军事社会史、法律社会史、环境社会史、灾害社会史、水利社会史、医疗社会史、区域社会史、乡村社会史、城市社会史、知识社会史、艺术社会史、学术社会史，等等，以此命名的各种社会史林林总总，更不用说同样林林总总的或断代，或国别的各种社会史。社会史的大道上行进着各种专题社会史，说明社会史研究仍然富有活力。如果说30年前乔、陈两著为初始开展的中国社会史划出了一个基本的研究范围，那么30年来这个范围已被大为拓展，相信未来还会有进一步的拓展。问题是，在专题研究不断拓展的过程中，我们对中国近代社会史学科体系建设的思考是否有些迟滞甚或忽略？翻检乔志强主编的《中国近代社会史》长篇"导论"，他对社会史学科体系的建设即有高度的自觉。在他看来，社会史的知识结构应该是一个系统，这个子系统属于历史学知识系统之下，但它本身自成一个独立的知识体系。"它的形成一方面是由它的研究对象决定的，即社会史是研究探讨社会的历史；另一方面它是由本身包含的知识内容决定的，这些内容是为了阐明社会及其机制的发展的历史，而这些具体知识内容之间是互为因果、互相说明、彼此依赖、合乎逻辑地、完整地成为一个体系，用来阐明这个社会整体以及它的发展的历史。"[①]当然，乔著设计的这样一个学科体系是否科学，是否应当进一步完善，都是可以继续讨论的问题，但前辈学者这种勇于探索，追求一个完整的社会史学科体系的学术精神却是今天社会史研究者需要认真总结和反思的。

在我看来，完整意义上的通论性中国近代社会史（或曰整体社会史）和种类繁多的各种专题社会史属于社会史学科体系的两个层面。专题社会史是整体社会史产生的基础，整体社会史是各种专题社会史追求的目标。专题越来越多本来就是社会史追求"总体史"的必然趋向，专题越来越多也不必过虑其"碎片化"，怕的是碎而不通，碎而不化。[②]重要的是，专题社会史，包括各类专题社会史之下的具体内容和问题，均应以探讨"社会的历史"为旨归，从唯物史观事物之间具有普遍的联系性的观点出发，从社会历史整体及其发展变化的整体考察和研究社会的历史，而不能将社会的历史肢解为琐碎的互不关联的东西。事实上，无论中西，从阶级、阶层、集团、婚姻、家庭、食、住、行、灾害、土匪这类传统的社会史题材，到如今通常被看作新文化史重视的"大众文化"，如仪式、象征、身体、性别、感觉、气味等新题材，眼花缭乱中不免会使人产生"碎片化"的感觉，其实都是体现大众历史的整体社会史的一部分。大众文化正是根植于社会，在社会生产和生活中存在和发展的文化，脱离社会的大众文化只能是无源之水、无本之木。整体社会史与专题社会史互为支撑，并行不悖，在拓展深化各类专题社会史研究

---

① 乔志强主编:《中国近代社会史》，人民出版社1992年版，第5页。
② 参见拙文《克服"碎片化" 回归总体史》，《近代史研究》2012年第4期。

的基础上，以唯物史观为统领，整合各类专题而上升为社会变迁的整体，此为中国近代社会史学科体系建设的重大课题。

学术体系是"三大体系"建设的核心，其本质是理论和方法的统一。以不同的理论和方法为导引，就会产生不同的历史认识。毫无疑问，中国近代社会史是以唯物史观为指导的社会史研究，中国近代社会史就是探讨从鸦片战争到中华人民共和国成立110年的"社会的历史"，也就是中国从一个半殖民地半封建的社会转变为社会主义社会的"社会的历史"。相对于之前过于强调上层的、政治的、精英的、事件的历史（所谓的政治史），社会史就是基层的、日常的、民众的、问题的"社会的历史"。不仅马克思主义是实现这个社会转变的理论指导，而且马克思主义经典作家对中国近代社会性质、社会矛盾等宏观问题，包括中国近代史上的重大事件都有过具体的论述，这些都对中国近代社会史的研究具有方法论的理论指导意义。中国近代社会史的研究侧重于"自下而上"的视角，并不是与"自上而下"的视角隔绝，更不是否定"自上而下"的视角的合理性。事实上，110年中国近代社会层面发生的一切变动变迁，都是在整体社会变迁的背景和环境下的变动变迁，重大历史事件，尤其是政治事件对社会层面的影响至深且巨，并不仅仅是"转瞬即逝的泡沫"。政治与社会并不互相排斥，而是互不可分，社会史可以丰富政治史的内容，政治史可以凸显社会史的意义，只有"自上而下"与"自下而上"的有机结合，才能真正反映110年中国近代社会的历史变迁全貌。

唯物史观指导下的中国近代社会史研究，并不排斥其他一切有益的可资借鉴的理论方法。这是因为，社会史本身就是一个多学科交叉融合的学科，年鉴学派创立伊始，就是历史学、人类学、社会学、地理学、经济学等学科的交叉和融合。事实上，近40年来的中国近代社会史研究，包括各种专题社会史研究，也借鉴吸收了不少相邻学科的理论和方法，尤其是社会学和人类学的理论概念和方法，在我们的研究中都有不同程度的体现和运用。社会组织、社会集团、社会结构、社会生活、社会流动、社会功能、社会控制、社会分化、社会变迁、"走进历史现场"、"走向田野与社会"等，这些社会学、人类学概念与方法的运用都是多学科结合的尝试和努力，相信这种尝试和努力必将继续推动中国近代社会史研究的进一步深化。

在借鉴吸收相关学科理论方法，特别是在借鉴西方理论概念的过程中，"中国中心观"对中国近代社会史的研究影响巨大。众所周知，柯文将20世纪70年代以来美国兴起的"中国中心观"概括为四大特征，其中之一是，把中国按"横向"分解为不同的区域、省、州、县与城市，以此展开区域性与地方历史的研究。近些年来国内遍地开花的区域社会史研究无疑受到这种取向的直接影响，从华北、华南、江南、东北的大区，到省、府、州、县的行政区，甚至到更小范围县级以下的村庄和城市社区，以不同标准划分区域的各种各色研究层出不穷、五彩缤纷。应该说，区域社会史的研究是社会史"自下而上"学科特性所决定的一种研究取向，它对揭示近代以来中国社会的复杂性和多元性提供了一个空间的视角，但区域研究中的"区域"并不是越小越好，越碎越好。与其把区域看作一个固化的空间，倒不如把区域看作一种分析的工具和视角。关键是要既能"入乎其内"，又能"出乎其外"，从区域社会研究的视角关注近代中国社会结构的特性及其发展规律，实现多样性和统一性的结合。其实，柯文在其著作增订版的新序中就特别强调："如果我们只着眼于小规模地区的地域性和底层社会的特殊性的研究，而不考虑通论性的问题，那么这种工作是枯燥无意义的。"[①]

中国近代社会史话语体系的建设，愚意以为重要的是时代化。起源于法国的年鉴派是一种"带着问题去研究的史学"，年鉴派重视从现时出发来探讨历史问题，既要通过过去来理解现在，又要通过现在去理解过去。在他们看来，社会史学家应该具有把史学的领域扩展到对现实

[①]〔美〕柯文:《在中国发现历史——中国中心观在美国的兴起》(增订本)，林同奇译，中华书局2002年版，第229页。

社会认识的勇气,"新史学至少还应当回答我们时代所提出的一些重大问题"。①当年,中国社会史复兴的一个现实条件就是认识国情、理解国情,当然包括正确认识历史的中国国情,那是因为如火如荼的现实社会生活为历史学提出了需要回答的现实问题,中国社会史研究就是顺应改革开放的时代大潮应运而生的学科。近些年来,以"社会"为旨趣的区域社会史、环境社会史、灾害社会史、医疗社会史等专题社会史的兴起,都是在面对现实社会、服务现实社会中浮出的新的学术增长点,都体现出了社会史学界对现实中国社会发展的关注和关怀。110年的中国近代社会史与中华人民共和国成立后的中国当代史前后衔接、紧密相连,1949年后的中国,不仅解决了近代以来诸多阻碍社会发展的矛盾和问题,而且改变了中国的前途命运,实现了从一个半殖民地半封建的中国转变为一个独立自主的社会主义中国的"大转身"。面对当今世界"百年未有之大变局",面对前所未有的机遇和挑战,研究探讨近代以来"数千年未有之变局"具有重要的现实意义。譬如,自鸦片战争以来,救亡图存、振兴中华即已成为中华民族百折不挠的实践,而这样的实践并不仅仅限于国家层面和精英阶层,基层社会广大群众也有多种多样的具体实践;社会治理方面,既有传统意义上的国家治理方略,又有民间意义上的地方治理实践;在"向西方学习"的过程中,国家层面有过洋务、改良、革命等运动的实践,社会层面也有拒斥、观望、接受、适应、失望等种种面相;既有对西方文化的盲目追求,又有对中华优秀文化的坚持和守护;既有沿海沿江地区和城市社会的先着一步,又有内地边远地区和广大农村社会的逐步扩散。近代以来中国社会发展的复杂性、多样性、"不平衡"性一直延续到当今社会,对这样事关现实中国社会发展的问题,中国近代社会史的研究都可以提供具有借鉴意义的直接或间接的历史认知。

---

① 〔法〕J. 勒高夫等主编:《新史学》,姚蒙编译,上海译文出版社1989年版,第13、34页。

社会史研究"社会",需要贴近"社会",而不能远离"社会"。这个"社会",既是历史的社会,也是现实的社会。社会史如果不同丰富多彩的社会现实发生联系,如果不同社会大众联系,那它就会失去社会史固有的学科特性,也就不可能有生命力。中国近代社会史研究在改革开放的时代大潮中应运而生,它的进一步发展也必须在新时代实现中华民族伟大复兴的社会实践中汲取动力。

反思与前瞻：中国近代社会史研究的再出发

伴随改革开放的步履，中国近代社会史研究已经走过 40 多年的历程。社会史兴起伊始，曾有学者热情洋溢地言道："蓓蕾初现的社会史之花，必将以自己绚丽多彩的独特风貌，盛开于万紫千红的学术园林。"[①] 站在 40 年后的今天，回顾 40 年来的历程，这一美好预言无疑已成为现实。被誉为异军突起之新兴力量的社会史，已蔚然成为改革开放以来中国史学最富活力、最具创新意义、开拓空间最为广阔的研究领域。社会史日渐增多的专门史和新方向，持续强劲地从理论视野和方法论层面丰富着近代史研究。在社会史与时代同步伐的每个关键节点，诸多学者就社会史的论著、专题、走势及存在问题等进行总结梳理和反思展望[②]，不同理论认知的交锋碰撞不时掀起高潮，呈现出极度活跃的学术局面。不过，随着热烈非凡的社会史专题研究的兴盛和新领域的迅速开拓，社会史发展中存在的深层问题、面临的挑战和制约的瓶颈也日渐令人忧思。本文立足新起点，就中国近代社会史研究再出发必须面对的几个大问题进行再探讨。

[①] 陆震：《关于社会史研究的学科对象诸问题》，《历史研究》1987 年第 1 期。

[②] 笔者亦多次撰文回顾反思和展望，参见行龙：《二十年中国近代社会史研究之反思》，《近代史研究》2006 年第 1 期；行龙：《从社会史到区域社会史——20 年学术经历之检讨》，《山西大学学报（哲学社会科学版）》2008 年第 4 期；行龙：《中国社会史研究向何处去》，《清华大学学报（哲学社会科学版）》2010 年第 4 期；行龙、胡英泽：《三十而立：社会史研究在中国的实践》，《社会科学》2010 年第 1 期。

一 通前至后：近代史与近代社会史

历史分期的目的是为了更好地反映历史发展规律。中国近现代史的分期或曰中国近代史起止的界定曾经是学界争论甚久的焦点问题，经历了几代学者的反复认识和探索。虽然 1947 年范文澜出版《中国近代史》(华北新华书店)，已将旧民主主义革命时期（1840—1919 年）和新民主主义革命时期（1919—1949 年）都划作近代中国的历史时期，但当时并没有成为学界普遍通行的标准。中华人民共和国成立后，由于中国近代史在中共党史和革命史叙事中均有绝对的占比优势，因而近代史研究格外受到官方和史学界的重视，对近代史的分期自然是无法绕开的学术议题。1954 年，胡绳在《历史研究》创刊号上发表《中国近代历史的分期问题》一文，首以阶级斗争为准，探讨近代史之线索，提出"近代"和"现代"的分期，引发史学界大讨论。胡绳的观点最终在讨论中成为主流性意见，此后学界往往把 1919 年以后的历史称作中国现代史，把 1840 年到 1919 年的历史称作中国近代史，近代史又分别以鸦片战争和五四运动置诸首尾二端。尽管在 20 世纪 70 年代末到改革开放后关于近代史分期的争鸣仍在持续，而且到 21 世纪初已有不少近代史著作打破了这一时限，但一直迟至 2011 年，国务院颁布的学科目录才首次将 1949 年以来的中国史称为中国现代史，将过去所谓的"中国现代史"（1919—1949 年）划入近代史范畴。至此，中国近代史才获得较为完整贯通的概念。

对漫长的大历史进行分段和分期在研究中是必要的，也是必须的。但历史是迁流不居的连续体，任何时段的划分都是对变动时代的切割，终都避免不了人为因素，都会有局限性。梁启超就曾言：历史本不可分，"因为总史不易研究，才分为若干时代"。[①] 年鉴学派创始人之一布

---

① 梁启超：《中国历史研究法》，东方出版社 1996 年版，第 190 页。

洛赫也说："从古到今的历史本来不能割断，只是因为一个人的生命过于短暂而历史的范围过广，所以才需要断代研究，但不论是哪一段历史的研究都不能画地为牢，闭关自守，而必须看到别的时代，上下古今互通声气，因为唯一真实的历史是通史。"[①] 而在具体的研究实践中，还有另一个值得关注的问题：一种历史时段的划设一旦成为通行的基本标准，就会对现实的研究造成有形和无形的规制作用，因而"对于历史学家来说，无论是在它们之间的承接、暂时的连续性，抑或承接过程中所引起的割裂，总之各个时期构成了思考的本质客体"[②]。更为要害的是，"时期"的划分往往还会把研究者的视野拘囿到一定历史时期的一定区划中，从时间和空间两个维度上形成限制。这一学术现象和规律在中国近代社会史 40 多年的研究脉络中体现得非常真切，已成为一个亟须突破的问题。

复兴以来的近代社会史一直深受"80 年"时段的限定。首当其冲的就是通史性专著的贯通性受限，如乔志强主编的《中国近代社会史》和陈旭麓所著《近代中国社会的新陈代谢》，这两部经典著作基本沿袭了从鸦片战争到五四运动的"近代史"划分。陈著使用的"近代中国"之概念，虽然意指 1840 年至 1949 年的时期，但书中浓墨重彩加以论述的主要还是"前 80 年"的中国近代社会新陈代谢过程，而对近代的"后 30 年"仅在末章做了简要勾勒，未及铺展开来。即就龚书铎先生主编的八卷本《中国社会通史》来说，今天看来亦是狭义上的"通史"，鲜少涉及 1919 年以后的社会内容研究。除开通史，其他各种专题性的社会史研究，举凡人口、性别、群体、生计、生活、生态、环境、心态、灾荒、秘密社会等大都自觉不自觉地以 1919 年为界标，无意中以这个年份为藩篱，从观念上进行了设藩划限，甚而割为鸿沟。此外，近代社会史各种论著提出问题、关注问题、思考问题的进路和理路都深受

---

① 〔法〕马克·布洛赫：《法国农村史》，余中先等译，商务印书馆 2016 年版，第 4—5 页。
② 〔法〕雅克·勒高夫：《我们必须给历史分期吗？》，杨嘉彦译，华东师范大学出版社 2018 年版，第 3 页。

这一规定的影响，甚至对同一历史人物的书写也在 1919 年前后出现判若两端的叙事格调，对同一历史现象的铺述呈现突兀骤变的历史底色，不少本应放长视野深究的论题到此都习惯性地戛然而止或割为两截，形成人为阻断。而 1919 年以后所谓的"现代史"则要么缺乏社会史的视角，要么畏于把研究视线越过"五四"之前进行贯通性的认识，从而严重制约了研究的纵深发展。

　　历史时期的划分往往以政治事件发生的时刻为标志，无论是 1919 年还是 1949 年，均强调人们赋予这些时期的政治意义与价值，凸显政治事件的重要标识作用。如今，"110 年的近代史"已成共识，对于以"事件"编纂为中心的政治史而言，更多的是观察视野上的改变，80 年也好，110 年也罢，根本上不足以造成"拉筋扯骨"般的深层延变，因此就政治史来说，中国近代史的贯通性基本得到解决。但社会史与之所不同的是，重大历史事件和政治突变的时间节点对社会史而言常常只是一个象征性的转折点，难以构成清晰而确定的分水岭，它不像清史、民国史这种断代为史的相对固定，而是随着岁月流转，后浪推前浪，其相关的转变往往此前已发生，此后仍在延续。社会史更关注"结构"，更关注"长时段"，更关注"局势"，更关注"底层"，更关注"连续性"，布罗代尔将之喻为"节奏平缓的潜流"[1]，具有隐而不显却连绵不断的特征。从这一认识出发，近代社会史显然已不能停留于"80 年"的研究对象，也不能把前后两截简单拼合。那么近代社会史如何划分时段？如何从社会史的立场和角度理解近代中国，如何在"110 年"甚至更宽阔的时段框架内实现贯通？如何写出高水准的"110 年"的中国近代社会史通史专著？业已论定的专题和形成的大量研究成果如何在一个新的整体中接续"后 30 年"，等等，这都成了摆在社会史诸同仁面前的重要课题，甚至一些原有的论证过程和学术结论恐怕还要做

---

[1]〔法〕费尔南·布罗代尔：《论历史》，刘北成、周立红译，北京大学出版社 2008 年版，第 3 页。

"伤筋动骨"般的扩异。

中国近代史虽只 110 年，却是各种新事物如潮涌现和各种激变簇聚的时代，是古今中西政治、经济、社会、文化等碰撞、交错和融合的阶段，发生事变的环节性年份远比以往的朝代多，所牵动的社会层面的结构、制度、思想、交际、生活等诸方面的快速转型、急剧变迁和深层变革，又具有潜在性、附着性、内在性和多绪性的特征。所谓"数千年未有之大变局"只有置放于数千年中国大历史的变局中，置放于 110 年近代中国、亚洲乃至世界范围内进行分析和比较，从具体历史环节和研究对象的全过程考察其来龙去脉，才能避免以人为划分的历史时段机械地对历史过程进行肢解和误解的做法，从而得到整体性历史的客观评价。一项社会史的专题往往经过多个朝代、穿越几次重大政治变革之后，才能透析出深藏在后的社会规律。例如近代社会史领域曾备受关注的人口、婚姻、绅士、宗族等诸多专题，无不是在"长时段"的视野中才更显其学术价值和史学启益。因此不仅是 1919 年，即使 1949 年新中国的诞生，也不能成为困囿近代社会史新的绝对界限。

比如近年来笔者倡导的"集体化时代中国农村社会"研究，这段历史虽是近代史，但又跨到现代史；既与历史中国迥然相异，又与现实中国密切相连。鉴于集体化时代的这种特殊性，我们就主张将集体化时代的分期界定为从中国共产党在抗日根据地推行互助组到 20 世纪 80 年代农村人民公社体制结束这一时段。这一界定就是努力突破固有政治事件划设，从集体化时代本身理出分期线索的一种思考和实践。当然对包含在集体化时代之内的具体历史现象进行研究时，仍然要根据具体问题放宽视野考量，而不拘泥于一定的时间框架。比如有学者将集体化时代的农田水利建设放置在农户、国家和古今中外这样一个"前后上下内外"的坐标系中，从多维多重比较考察，得出了较为新颖的结论。[1]另如，

---

[1] 谭同学：《长时段历史视野下的"大集体"农田水利建设》，《开放时代》2019 年第 5 期。

近年来有学者呼吁将社会史研究引入当代史[①]，现在的学科目录也正式将中华人民共和国史或曰当代史研究划列出来，还有学者对当代社会史的理论方法进行了系统阐释。[②]笔者以为，研究中亦不能把全部视线局限于中华人民共和国成立以后的历史，还必须根据研究的问题和选定的专题具体划定时段，尤其对中华人民共和国孕育时期的历史应给予足够关注，甚至有些问题还需要追溯到更远。只有在历史前后联系贯通的基础上进行思考，才能正确把握与理解问题。

　　总之，科学的历史分期有助于更好地认识和把握历史，近代社会史的研究亦不例外。我们所谓"通前至后"、突破原有历史分期，并非要抛弃分期研究的方法而囫囵吞枣，也不是另觅一个其他事件奉为新的划设标准。站在社会史的角度，历史时期的划分不应从外部或主观上找个界段来框设历史，而应符合客观事物本身所固有的存在形式。正如勒高夫所言："将历史时间切割成各个时期是有必要的。但是这种切割不是简单的按年代进行，它应该也体现出过渡、转折的理念，甚至要突出前一时期的社会、价值同后一时期的不同。"[③]所以我们主张，近代社会史应在"长时段"的学术关照下根据选定的专题和关注的问题因地制宜地划取历史分期，扩展研究视野，突出分期的开放性和整体性，重视社会历史过程的延续性和贯通性。

二　新旧之间：社会史与总体史

　　社会史兴起于对传统史学特别是传统政治史的反思乃至反叛之背景中，是以革新猛将的姿态面世，故而"新与旧"始终是社会史研究中

---

① 田居俭：《把当代社会史提上研究日程》，《当代中国史研究》2007年第3期；田居俭：《中国当代社会史研究要重视理论指导》，《河北学刊》2012年第2期。

② 朱佳木：《努力构建中国当代社会史学科》，《当代中国史研究》2011年第6期；李金铮：《借鉴与发展：中国当代社会史研究的总体运思》，《河北学刊》2012年第4期。

③ 〔法〕雅克·勒高夫：《我们必须给历史分期吗？》，杨嘉彦译，华东师范大学出版社2018年版，第3页。

的基本问题。20 世纪初，中国社会史就是在史学界猛烈抨击"旧史学"的形势中发轫的。最为学界称道的就是梁启超在《中国之旧史学》一文中对传统史学"四弊""二病""三恶果"的抨击。梁氏史学的重点，一为求历史之"公理公例"，二为去"君史"而开"民史"，此两点主张加上梁氏个人在学术上的巨大影响力，客观上开了中国社会史之先河，使古老历史的"三世说"脱离了"治乱兴衰"的僵化公式。稍后的二三十年代，伴随着马克思主义唯物史观的传入和国内日渐高涨的革命形势与摆脱"民族危机"之需，一场波及面较广的社会史大论战，直接揭开了中国宏观社会性质的大讨论。这场大论战不仅形成了《新生命》杂志和《新思潮》杂志两方阵地，还产生了郭沫若、范文澜、翦伯赞、吕振羽、侯外庐等马克思主义史学大家，涌现出一批极富学术价值的著作成果。当时虽没有形成学科意义上的社会史，但也首次使"宏观社会形态史"跃为历史研究的主流，成为推动史学革新的重要力量，并对中华人民共和国成立后的史学研究产生了深刻影响，当时的"五朵金花"，大都与之脉络相承，密不可分。

　　社会史的复兴同样是在改革开放初期解放思想的氛围中以新的面孔出现并快速发展的。20 世纪 80 年代，史学从政治笼罩中突围出去的学术努力，使得社会史备受关注。社会史麾下的人口史、妇女史、秘密社会史、社会生活史、家族史、风俗史、灾荒史等论著不断问世，给人无比兴奋和新奇的感觉。20 世纪 90 年代中期以后，得力于跨学科渗透与多元化理论以及西方中国学的影响，社会史经历了由社会学到历史人类学再到各种"中层理论"的视角转换，在研究课题、研究领域、研究视域与研究方法上都出现了前所未有的突破。这期间，杨念群、孙江、王笛等学者倡导的"新社会史"问世，并相继出版了名为"新社会史"的系列论文集，2007 年又创办《新史学》辑刊。可以说，"新社会史"与"新史学"在整合多学科资源、拓展史学叙述空间、展示多学科视野下不同历史叙述与研究进路的可能性方面居功较大，其他研究还难出其右。社会史中另一支至今方兴未艾的学术潮流即为"社会文化史"，或曰"新文化史",主要由刘志琴、李长莉、左玉河、梁景和等学者倡导实践,目前中国社会科学院近代史研究所和首都师范大学均有明确冠以"社会文化史"的研究方向或研究单位。

与此同时,大量新的专题研究在社会史旗下集中涌现,出现了日常生活史、生态史、环境史、心态史、概念史、个体生命史、心性史、心灵史、医疗史、身体史,等等。社会史研究焕发出前所未有的活力和生命力,这是有目共睹的,也是毋庸争辩的事实。但回顾复兴以来的整个过程,无论是"新社会史""新史学",还是"社会文化史",抑或"新文化史",其中有一个值得关注的主导趋势就是持续不断地"求新",大幅度开拓新领地,多学科结缘出新,学科外延不断扩新,各种冠以"新社会史""新文化史"名义的论著、译著和选题蜂蝶而来,所取得的成就自然是不容忽视的。但在这一过程中,本土社会史理论和"总体史"的缺失,以及研究专题的琐碎,日益成为新时期社会史研究中的通病。

事实上,总体史理论体系的建构曾经是先辈社会史学者孜孜以求的学术关照。1986 年,首届"中国社会史学术研讨会"召开之后,乔志强先生即发表《中国社会史研究的对象和方法》[1],初步阐明自己的理论模式,继而主编出版《中国近代社会史》,在学术界首次对社会史的研究对象、知识结构和方法进行系统论述,从人口、家庭、家族、社区、阶层到物质和精神生活乃至社会教养、社会控制等各个方面,建构起极具涵纳性和统括力的理论阐释框架,由此也奠定了山西大学中国社会史研究中心的学术道统。经过几代人的开拓,该中心形成了区域社会史、人口资源环境史、集体化时代中国农村社会史等较为稳定的研究方向。与此同时,学术界另一种比较有代表性的理论体系就是陈旭麓先生的"新陈代谢"说,主张从社会历史发展的纵向过程来思考和探索,代表作即《近代中国社会的新陈代谢》。陈著将史与论融为一体,从社会结构、社会生活和社会意识等不同侧面,词采生动地阐发了近代社会在接

---

[1] 乔志强:《中国社会史研究的对象和方法》,《光明日报》1986 年 8 月 13 日。

踵而来的外力冲击下迂回曲折、动态演变的规律。可以说，这两本书分别代表了中国近代社会史学科横向与纵向的两种体系构想，也是迄今为止中国社会史学界从"总体史"着眼，集中阐述和构建研究框架与理论体系的最为完整的一次学术实践，堪称总体社会史理论的奠基之作。[①]

　　然而时至今日，近代专题社会史比比皆是，研究近代社会史题目的学者在数量上倍增，各个方向和选题纷繁多姿，大量的地方性民间文献得以挖掘和整理出版，但从总体史理论高度和方法论角度进行深入探究的论著和学者并未增多，新的方法、概念没有在宏观社会史理论体系的高度上进行整合，社会史自身的理论自觉自省以及学科体系建构已被不少研究者忘却，研究专题的多样化和整体理论的苍白并存。再者，中国近代本身是一个剧烈变动的时代，这种变动性又使研究者极易形成"进步"观而产生惯性化预设，误以为选择研究专题和视角，只要是新的就是好的、变的就是好的。这种情况下，在西方各种概念和理论，特别是后现代与后殖民理论鱼贯而入的情况下，不少学者由于缺乏本土理论的关照，只能囫囵接纳和疲惫追索，甚至未加消化就划定领域、树起了学旗。一种理论观点和研究范式未等稳定下来、未及深厚积淀就被新的主张所代替，新旧之间的快速翻转几成"乱花渐欲迷人眼"的局面，走上一条表面"求新""求精""求前沿"，实则是迷失方向的"不归路"。

　　当然，以上所举述"总体史"理论缺位的问题，也不仅仅出现在中国社会史学界。西方的社会史理论范式也出现了类似问题，而且时间上还早于中国。西方社会史在年鉴学派之后，特别是 20 世纪 80 年代以来，同样处于居无定准的流变之中，缺乏明确的理论轮廓和宏观关照。有学者曾概括道："此前的史学方法常识大多正在从我们周围趋于瓦解，许多相沿已久的历史解释包括最为牢固确立的那些历史解释正在受到修

---

① 孙颖、李长莉：《改革开放 40 年来的中国近代社会史研究：反省与寻求突破》，《广东社会科学》2018 年第 6 期。

订乃至实质上的矫正，甚或干脆被彻底抛弃，为其他解释所取代。"①这种趋势之急骤，使国外有历史学家慨叹："一个幽灵，短期主义的幽灵，正困扰着我们这个时代"，故而呼吁当代历史学家要有宽阔的视野和考察大问题的雄心。②从西方社会发展实际看，这样的史学认知转变根本上是现代社会的危机所造成的。西方社会史复兴时期，其赖以运作的概念和理论框架就是在西方现代社会中孕生，这些概念本身也是西方现代世界观的基本构成要素，所以现代社会危机注定会引发社会史既有范式的瓦解，新文化史也好，后现代主义思潮也罢，都是在这种背景下出现的。西方现代社会的危机促使研究者意识到，社会史曾经的那些概念以及支撑它们的有关理论，都并非是现实世界的唯一解释，而是一些具有特定历史的形式，此前的社会史家之所以没有感知，是因为他们本身就生活在现代世界之中。

中国虽没有形成类似于西方的现代社会危机或后现代社会之型变，但中国社会史在同西方交流互动的过程中，深受西方理论影响。准确地说，既有西方社会史发展映射下的烙痕，也有中国社会史内在理路的演进。就中国社会史自身发展而言，无论是复兴初期的乔志强先生还是陈旭麓先生以及其他老一辈社会史学者，他们具备扎实的传统史学功底，均有马克思唯物主义史观的理论背景，且在构建社会史理论体系时又是肇端于摆脱传统精英政治史观，故而所建构的理论体系必然是立基于底层的一种客观论的社会史理论，这种理论自然更倾向从政治精英个人之外去寻找相对独立的具有社会实体性质的结构体系（以乔先生为代表）或运变机制（以陈先生为代表）。后来二位先生的理论体系被概括为"三大板块说"，这在当时也曾以"社会史过分社会学化"的问题引发争论。③

①〔西〕米格尔·卡夫雷拉：《后社会史初探》，〔美〕玛丽·麦克马洪英译，李康中译，北京大学出版社 2008 年版，第 7 页。

②〔美〕乔·古尔迪、〔英〕大卫·阿米蒂奇：《历史学宣言》，孙岳译，格致出版社、上海人民出版社 2017 年版，第 1 页。

③ 常建华：《中国社会史研究十年》，《历史研究》1997 年第 1 期。

但这样一种宏观理论图式，恰恰使得社会史学者有足够的理据去撰写触及社会生活方方面面的总体史（total history）。

当时的问题不是总体史缺位，而是总体史太过宏观抽象和生硬板结，以致消融了个体，生在其中的历史大众的个人能动性和主观意义，惯以被诠释为这种"总体史"因果机制中的"果"，对个人把握和认识结构甚至改造结构的主动施为，虽亦名之曰"能动性"或"反作用"，但实际的研究过程中却对此几近不计。比如，虽然"阶级"作为一个经济社会的主打概念，但后来在研究中国革命史和集体化时代中国农村社会史时，诸多中外学者均意识到，尽管客观经济社会结构奠立了"阶级"赖以成立的基础，可是，这一结构及基础还不足以直接引发阶级对立甚至革命运动；只有当一定阶级中的具体人群在主观意识上认识到"阶级"，体验到"阶级"的存在，并产生了强烈而真切的"阶级感"之后，"阶级"才会发生作用，"阶级意识"才会出现，并成为建构和阐释历史的重要因素。这也是中国共产党土改过程中反复进行政治动员、不断唤醒阶级意识的原因。也就是说，在结构和事件之间实际上还存在着一个有待进一步打通的"中间地带"，正是这个"中间地带"连接着社会与个人，否则就会出现"空对空"的局面。事实上，后来兴起的各种社会史专题研究及其所依附的种种社会理论，从根本上来说，就是因应了填补宏大社会结构与个人行动意义之间的逻辑缺环而产生的。因而20世纪90年代中后期以来的中国社会史，关注焦点开始从社会结构的"社会学理路"转向文化实践，理论方法上则渐渐转向人类学、文化学、日常生活理论等领域去寻求方法、主题和概念，遂出现了历史人类学、社会文化史、日常生活史以及诸多分支学科。从这一意义上来说，社会史的多元化展示了此前未被重视的历史细节，丰富充实了社会史的研究。当然，这一局面的出现，也是社会史自身发展的内在逻辑使然。

但若失去"总体史"的理论自觉，无限沉溺于主观意义世界和生活细节本身，社会史研究同样不能揭示社会历史真相，甚至会深陷迷惘，最终丧失自主反思和判断的能力。事实上，在社会史复兴不久，就有相当一部分学者认为不应提倡宏观理论体系研究，"不宜过多考虑构建体系和框架"。如果说当时的情形是抱着"不可不说亦不可多说"的实用心理而提出的权宜性策略，那么现在不少新一代年轻学者将老一辈社会史家努力建构的理论框架体系视为"老土落后"的旧思维，反而趋之若鹜地追求所谓的"新视角""新方法""新领域"和"新理论"，甚至仅仅是"新口号"，则难免在热闹非凡之后沦为无根之萍。不少研究成果因过度突出"细微""语境"和"深描"等，以致陷入无限显微的迷津，曾经被奉为社会史原教旨的"长时段"和"总体史"等，某种程度上已成为空洞说辞，缺乏具体研究实践的支撑。在近年来新兴的社会史研究领域中，这一问题已经凸显为制约社会史发展的关键所在，社会史的独立性和重要性均遭受不同程度的侵蚀，对培养新一代社会史后继者也十分不利。

所以，并非新的便理应被追仰，也绝非旧的便必定被鄙弃，"新与旧"很多时候不过是研究者头脑中的执念，过多的偏狭就会扼杀史学本真。我们主张中国近代社会史在新时期要回归结构、意义和事件三位一体的"总体史"。结构（structure）既包含长时段视野下一定的历史时期，也包含一定历史时段内和一定空间范围中的经济、政治、地理、环境等具有坚实"内核"的要素，以及不同要素在更大时空范围内的交融路径和机制。同时，结构也不是固化或静态的，甚或机械肢解后的几个板块，而是在特定历史时期经过了人类个体或群体认知、体验与改造并赋予其特定意义（meaning）关联的结构及其过程，且所关联的意义和事件本身也是结构的组成部分。历史结构与个体不是纯然二分的主客观领域，前者不能完全决定后者，后者也非前者的附生品，研究中更不能将以前的二分图式翻转过来而再一味提高文化领域或人的意向性的自主性，但社会史中的个体必须是有肌体、有心灵、有情感、有意志、有时空和意义维度的人及其周遭活生生的生活世界。事件（event）则是凝聚了个体和结构及具体情境的历史片段。总体史是三者交糅契合而成的历史织体。需要指出的是，这里所谓的"总体史"是研究过程中的一种全景理论视域，并非囊括一切经验史研究的"全部史"（all history）。

　　以这样一种总体史的理论视野重新看近代中国，近代社会史复兴以来所形成的阶级、国家、人口、民族、革命，乃至更加细化的婚姻、结社、团体、乡绅、宗族、风俗、教化、灾荒等概念体系和专题领域，不仅都没有过时，反而要在更广阔的总体事实中去加以扩展深化，努力触碰历史全貌。可以说，研究中具备了这种总体史的理论视野，无论从特定的结构，还是从行动意义，抑或具体的历史事件入手，均能启动其相邻部分而进入或至少是接近总体史。例如，以陈春声、刘志伟、郑振满等学者为代表的"华南学派"，从宗族、仪式、族群认同等方面切入，思考和展现华南地区在历史上逐步纳入国家进程的复杂形态和种种关系，就是通过历史剖面中的几个环节打开了认识总体历史景象的一种研究路径。[①] 近年来，山西大学的社会史研究团队坚持从山西现实问题出发，以人口、资源、环境尤其是"水利社会"和"集体化时代中国农村社会"为突破口，认识山西在整个近现代史中的地位，挖掘"山西的中国史"和"中国的山西史"，思考区域社会的可能性和不同类型，以此推出"田野·社会"系列丛书，迄今已出版3辑共12本。我们所倡导的"走向田野与社会"的方法，正是要在总体史的理论视野中努力打通历史与现实、文献与实物，乃至社会与政治、结构与过程之间的分野，从而得到对历史总体的认知。而华南学者所提倡的"走进历史现场"，包括杨念群所倡导的"感觉主义"及"在地化"研究，虽然结合了南北不同地域的特点，但恐怕意欲均在于此。

三　大小之间：整体史与区域史

　　"把历史内容还给历史"是20世纪80年代社会史复兴之初学界同

---

① 刘志伟、孙歌：《在历史中寻找中国：关于区域史研究认识论的对话》，东方出版中心2016年版。

仁的共愿，也是化解"史学危机"的形势所需。但中国是一个泱泱大国，悠久历史绵延数千年，辽阔疆域纵横万余里，其间还经历了数度较大规模的分分合合，是一个融聚了多种文化与多个族群、兼具多种地域特色的整体。史学如何从社会史的高度去研究把握这样一个整体，更进一步讲，"还给历史"的"内容"究竟应该是什么？恐怕首要的也是可行的，只能是长期被忽略的"下层史"，而这些在大历史中"失语"的"历史"又大多沉积于具体的区域，所以社会史必须到区域中挖掘历史。另一方面，改革开放以来，人文社会科学服务于地方经济社会发展的大趋势也推动了区域史的兴起。比如费孝通先生提出著名的"苏南模式"和"温州模式"，就极大地启发了历史学家对史学服务地方的思考，当时中国社会科学的"六五"和"七五"规划均重点对区域社会经济史研究做了部署，首批就有广东、福建、江南苏松杭嘉湖及西北地区，这些都客观上推动了历史学的区域转向。

从国际社会史的整体趋势看，法国年鉴学派本身具有区域史研究的传统，布罗代尔关于地中海的研究、勒华拉杜里关于蒙塔尤的研究，至今已被中外史家奉为区域史经典之作，富于开创性意义。另外，20世纪60年代中期以后，以美国为首的海外中国社会史研究在反思后殖民主义和种族中心主义的过程中，开始集中关注中国省级以下行政区划中的历史，以更为微观的理论模型和分析工具精致探讨了一些此前未被关注的历史内容，给人耳目一新的感觉和启发，所产生的成果在20世纪90年代随着"海外中国学"著作的成批译介而传播到中国，对中国社会史的区域转向形成巨大影响，诸如施坚雅的"市场区域理论"、杜赞奇的"权力的文化网络"、柯文的"中国中心观"、黄宗智的"小农经济内卷化"等理论视角和概念体系，都曾在中国近代社会史学界热极一时。这一时期，西方的"市民社会"理论传入中国，由政治学而社会学再到历史学，渐次波及社会史领域，学者们将该理论中"国家与社会"及"公共领域"的分析框架运用到近代社会史研究中，也产生了一些具有代表性的区域史论著。所以，社会史研究迈向区域史具有学术和现实的双重必然性。

1994 年，中国社会史第五届年会暨"地域社会与传统中国"国际学术会议召开，标志着区域社会史的兴起，此后社会史历次学术研讨会主题多集中在区域研究方面。因应形势所需，中山大学、山西大学、安徽大学等相继成立了区域史研究机构，大批区域史的专著集中出版，相关理论和方法问题不断跟进研讨。尽管学界对区域史的质疑和争议一直存在，尤其对区域的划分标准、区域史的代表性问题和区域史研究中"画地为牢""自言自语"与"碎片化"的现象，颇有异词。但时至今日，区域史在可供深入细致地研究方面还有着无可替代的优越性，区域史中地方民间文献的搜集、整理和研究工作潜力依然巨大，区域史仍然是社会史中最具活力和魅力的一个研究领域，依旧焕发着持续长久的影响力。社会史研究的再出发需要冷静思考存在的问题，根本上是要处理好区域史与整体史的关系。近几年经过诸多学者对此反复思考、探索和争鸣，学界不仅深化了对区域史的理论认识，也澄清了区域史研究中的一些概念和实践上的模糊认识。

就中国社会史来说，缺少"区域"的"整体史"虽不至于成为学术认识上无法打开的"黑箱"，但也无可避免地会产生大而化之的空洞之论。所以，整体史必然取径于区域史，直接从整体出发最容易陷入绝对抽象的云端，造成空疏学风。但另一方面，如果以为对整体进行分解，把整体分解为部分，把整体史分解为区域史，甚至再把区域分解为更小的"区域"，直至分到自认为适宜的程度就能认识整体史，那么研究的"区域单元"就会无限细分下去，又走入还原论的误区，故研究中要时刻保持整体史大于区域史之和的警醒。

区域必有边界且边界必从整体中切划，但由于中国实行郡县制具有几千年的历史，加之近代以来在"民族—国家"的框架内又建立起了"中央—地方"的行政区划。所以研究者极易将"整体史—区域史"同"朝廷—州府"或"中央—地方"形成对应图式，把"区域史"等同于"地方史"，造成区域史成了通史的"地方化"或中国历史区域化投影的"地方版"。当然，区域史同地方史并非根本对立，地方行政区也并非不能作为社会史的空间界域，研究中也没有必要刻意去避开国家行政区划而专寻自然疆界。问题在于，这种"类对化"的处理方法，无形中将整体史和区域史编织进"高与低"的级序，进而把"高层整体史"还原为"基层区域史"，然后层层降解，直到找到自己所意欲研究的"地方"而确定"区域"，这显然是有问题的，至少造成两个负面影响。一是将研究者的主要精力导向了对地方性资料的发现与整理和对先前少被人关注的地方性知识的描述上面，学理贡献较为有限。二是脱离了论题与区域间的可适性分析，甚至有人拿到一个主题未假思索就放到一个地方区划中去开展研究，造成研究主题的重复化、同质化和平面化。

区域取自整体，其意义赖于整体。单纯的区域视角会把本来连续的区域空间按照某种学术需要或规范进行条块化分割，虽然产生了所谓的"区域史研究"，但终不可避免地陷入"鸡零狗碎"的局面。所以，离开了区域，就没有整体；离开了整体，区域也就失去了意义。近代史上我们熟知的那些大事件，诸如鸦片战争、五四运动、辛亥革命等，正是因为放在了整个近代历史进程中，从整体史中进行定位才凸显出其重大意义，而这些"重大意义"一旦脱离整体统御就会失去根据。相反，有了整体史的关照，即使研究对象小到"秧歌""叫魂""斗鸡""庙会"，都不会流于琐屑。正因此，笔者一直主张区域史研究中的"碎化"问题并不可怕，可怕的是"碎而不精"和"碎而不化"。[①]

近年来，学界出现了"回归整体史"的呼声[②]，这是在反思既有研究现状和问题的基础上出现的正确学术主张。但回归整体史不能用直接否弃区域史的方式回到"从前"；或者用整体史代替区域史，走向另一

① 行龙：《中国社会史研究向何处去》，《清华大学学报（哲学社会科学版）》2010 年第 4 期。
② 唐仕春：《心系整体史——中国区域社会史研究的学术定位及其反思》，《史学理论研究》2016 年第 4 期。

个极端。[①]站在中国近代社会史的角度，整体史当然首先是"中国"的历史，既包括中国几千年历史映照下的近代百余年之时间维度，也包括以中国为疆界的广袤空间维度，但研究中也不能将此框定为近代社会整体史的全部含义。就像区域史不等于地方史一样，整体史也不等于"全国史"。我们主张，回归整体史要更加辩证地处理区域和整体的关系，在理论视野、学术职志和地方文献使用等方面多途并进。

区域不是"密不透风"的时空间隔，整体史不仅包含着区域史，还包含着区域间相互联系和作用的机制与规律的历史。中国近代史上，虽然不同区域的景观、地貌、方位及生态环境的多样性自古就进入了先人头脑，渗透到民众日常生活中，成为区域社会文化的组成部分，但各个区域间的差异性在近代频仍的军阀战乱、政治动荡、文化碰撞，以及由生存空间竞争或策略性选择而引发的人口流动或群体互动等过程中被迅速关联整合起来，区域主体性间的问题空前彰显。可以说，一部近代中国史就是一部中国内部各区域及其与世界他域反复互动、采借和交流日益强化的历史，这是近代史区别于古代史极为鲜明的一大特征，而近代区域社会史在揭示后者方面明显还很薄弱。以往关于近代区域社会研究的思维范式，往往强调从完整地理单元的空间分布中找寻共同的社会文化特质，侧重区域内的经济状况、社会制度、宗教信仰、民俗习惯、迁徙模式和区域内普遍存在的联系互动等，较少把不同区域与更大范围内的人类活动放到一起进行考察研究，甚至研究者为争得区域研究上的"合法身份"而有意对所研究区域进行"核心化"和"界域化"的论证，无形中凸显了区域的闭合性，加深了区域史研究中的学术隔阂。

区域和整体并非截然对立的两个范畴，没有绝对的区域，也没有绝对的整体。区域是整体的区域，而区域本身又是个整体。所谓的"整体史"既是包含"区域"的"整体"，也是"整体的"区域，兼备二义。

---

① 杨念群：《"整体"与"区域"关系之惑——关于中国社会史、文化史研究现状的若干思考》，《近代史研究》2012年第4期。

所以回归整体史,"近代区域社会"这一理论概念十分有必要在一个整体性的时空范畴内,从联系和互动的建构论视角进一步延展其指称更大规模地域范围的能指性,需要跳出区域看区域、区域内外看区域、区域之间看区域,从只注重区域社会文化特质的传统区域研究视角,向构建跨越区域普遍联系和动态演变的研究视野过渡,找寻使其成为一个跨区域研究对象的多层次历史文化的累积,捕捉跨区域、跨族群、跨文化乃至跨国界的历史进程与可比要素,进行纵向与横向的比较,建立多线和立体的研究视域,不断丰富跨地域社会生成与演进的连续性和相关性。这方面,美国的中国近现代史研究学者已较早进行了自觉的"走出区域研究"之反思。[1] 国内社会史学界也做了相关探索,如行龙、杨念群主编的《区域社会史比较研究》、赵世瑜主编的《大河上下——10 世纪以来的北方城乡与民众生活》和《长城内外——社会史视野下的制度、族群与区域开发》等,均可视为代表成果。但总体来说,跨区域的视野还不够宏阔,理论还有待深化,还没有形成主流性学术旨趣,还需要更多的成果支撑。

区域社会史风靡史界的数十年间,区域性的档案、文献和资料,诸如日记、碑刻、契约、族谱、志书、账本、书信、报刊、口述资料等大量地被挖掘整理,成批地出版出来,史料价值珍贵,备受瞩目。这几年,运用地方性文献或曰民间文书开展区域史研究蔚然成风,推动区域社会史研究不断迈向深入。但这其中也有几个值得注意的现象。一是在历史文献的阅取和史料的使用方面,研究者仿佛刻意避开传统史学文献而使用民间文献,将民间文献直接等同于"第一手资料",无限放大其证史作用和意义,甚至形成对民间文献的"自然崇拜"现象,恋慕于地方性文献的堆积和单纯史实的叙述。二是不少新一代学者在对传统史学文献的熟稔、掌握与运用能力远远不足的情况下,就径直对地方文献进

---

[1] 董玥主编:《走出区域研究:西方中国近代史论集粹》,社会科学文献出版社 2013 年版。

行"阐释"和"发微"，由于缺乏同传统历史文献的互相印证，所释读出的史识生硬而孤僻，出现"孤芳自赏"和难以交流的现象。因此，回归整体史，不能仅仅满足于区域事件的梳理和区域个案的增加，应更加注重从地方性文献中提取出有关整体史的普遍性知识，从区域史研究中引申出具有更大范围的准适性和概括力、能够同其他专门史进行有效对话的解释框架与理论关怀，在文献解读和叙事安排上体现更深刻的总体史脉络与深层思想逻辑，从而增进历史认识的深度。

区域史中田野调查的方法目前在近代社会史研究中已广泛应用开来。"走向田野与社会"是一个发现史料、找到问题、感知历史的综合学术历程。近年来，国内不少研究机构在田野调查的过程中注重史料建设，搜集到完整集中、数量庞大的基层档案资料。这些档案资料对于理解过去和中国的将来，推进区域史研究的纵深发展，越来越显示出不可替代的价值。但笔者以为，史料的占有和掌握固然会带来研究上的便利性和优先性，某种程度上也是学术地位的象征。但在回归整体史的趋势下，还必须摒弃"挟资料以自重"的心态，要积极推动这些基层资料和民间文献在不同学科和更大范围内发挥作用，运用现代技术等多种手段推动资料共享，让更多的研究者能够通过不同资料进行分析比较，开展学术研究，以不同区域性文献资料的共享共用，凝练出更为宏观的社会史论题，以共享促进整体史的回归。可喜的是，近年来，各研究机构在加大史料搜集的同时，已努力将所据有的资料整理编辑公开出版，并在档案资料数字化和数据库平台建设上下了很大功夫，影响力和实际成效也日益显现出来。

回归整体史，要有回应重大理论和现实问题的职志。重视对历史进程中重大理论问题的研究是中国社会史的优良传统。20世纪初关于中国社会性质的大论战，就是社会史运用唯物史观自觉回答中国现实问题的一次重大尝试，为当时中国革命制定路线、方针、政策提供了历史依据。20世纪80年代后，伴随着现代化建设和城乡演变进程，国内出现亟待解决的环境、资源和卫生健康等问题，从社会史中应运而生的环境史、灾荒史、医疗史、乡村史和城市史等，有力地回应了时代突出问题，并引领中国史学走向了多元开放。当前，在全球化速度数倍于近代中西方交流进程的背景下，中国正在经历更为广泛而深刻的社会变革，诸如"民族复兴""一带一路""国家和全球治理""中国经验"等重大主题，即使诸如生态文明、健康中国、乡村振兴、脱贫攻坚等中观性的国家战略，均会给繁荣中国近代社会史提供更为强大的动力和广阔空间，需要我们在区域的基础上更大地拓宽研究视野。正如布洛赫所言："只有那些小心谨慎地囿于地形学范围的研究才能够为最终结果提供必要条件，但它很少能提出重大问题。而要提出重大问题，就必须具有更为广阔的视野，绝不能让基本特点消失在次要内容的混沌体中。"①另外，我们必须注意到，目前不少区域史研究偏向富于象征意义的史料与论题，沉溺于分析史料、问题以及有关表述是如何被建构的，这种避开明确指出文本之外的现实问题、畏于与重大问题迎面撞车的研究心态，极易使区域史研究脱离时代的中心话题而被边缘化。因此，再出发的社会史，不仅要关注普通人的生活和价值创造，而且要关注他们所生存于其中的世界和塑造了他们生活的大历史，要从历史与现实、理论与实践的结合上提出对接当今社会的一些关键问题。

总之，与时代和国运同步伐，40多年的社会史取得了骄人成绩，社会史的人才队伍不断扩大，研究阵营不断巩固，发展势头持续向好。站在40年成就的顶峰，我们有理由相信，风华正茂的中国社会史一定能够顺应时代，突破问题，再创辉煌，以更加宽广的视野和自我革命的魄力，展现出更加强劲的潜力和美好的前景。

---

① 〔法〕马克·布洛赫:《法国农村史》，余中先等译，商务印书馆2016年版，第2页。

中国社会史研究呼唤本土化

　　人文社会科学的理论和方法总是会不断出新，显得五花八门。改革开放以来的中国社会史研究取得了明显进展，同时也引进并接受了太多的西方人文社会科学的理论和方法。一方面，中国社会史研究深受西方有关理论和方法的影响，这是一个不争的事实；另一方面，我们又不时看到对盲目追跟、一味模仿西方理论和方法的批评，建立中国本土化的社会史研究理论和方法的呼声在我们的耳畔不时响起。

　　尽管学界对"何谓本土化"这样一个基本问题仍存在多种不同解释，但其核心问题无非是用西方的或其他外来的理论和方法来研究本土社会问题时，需要对原有的理论和方法进行检验或修正，需要结合本土实际情况和问题赋予原有理论和方法以新的内涵，甚至重新建构更为切合本土实际情况和问题的理论和方法。本土化并不是排斥西方的或其他外来的理论和方法，更不是什么狭隘的民族主义，重要的还是我们常常论及的"借鉴"。推进中国社会史研究的本土化，需要关注以下几个方面。

一　把握中国社会史研究的学术传统与研究背景

　　推进中国社会史研究的本土化，首先需要正确对待中国社会史研究的学术传统，深刻理解中国社会史的研究背景，在吸收西方理论和方法的同时做到心中有数。

　　20 世纪初梁启超的《新史学》不仅在政治上起到了开民智、鼓民气的作用，而且开启了以进化论为基础注重"群体"研究的社会史研究之先河。他批评中国旧史学"知有个人而不知有群体"等四大弊端，鲜明地提出史之所贵贵在"群史"的史观，所谓"夫所贵乎史者，贵其能叙一群人相交涉相竞争相团结之道，能述一群人所以休养生息同体进化之状，使后之读者爱其群、善其群之心，油然生焉"。新史学应该是国史，是民史，是一大群人的历史，是社会的历史，一时成为学界的共同认识，考古学、人类学、社会学、民俗学等近代意义上的新学科在中国的兴起与新史学互为激荡，蔚然成风。这是中国社会史研究的学术传统，在推进中国社会史研究本土化时需要正确对待。

如果说 20 世纪初社会史在中国的出现深受社会政治思潮影响的话，20 世纪 80 年代中国社会史的复兴同样是中国社会政治变动的结果。"文化大革命"结束之后，我国开始由阶级斗争转向经济建设，全面了解国情、认识国情成为一切工作的出发点。史学界在反思以阶级斗争为主线、以政治史统括全部历史的过程中，发出了全面研究中国历史，"把历史的内容还给历史"的呼声，学科意义上的中国社会史研究应运而生。中国社会史研究的兴起和复兴，都与中国社会的时代变革紧密相连，都有深刻的本土化背景，这是我们今天讨论中国社会史研究本土化的一个基础。

二　从中国的现实问题出发

中国社会史研究的本土化，需要我们高度关注中国社会的历史和现实变迁，从中国的而不是西方的现实问题出发来确定我们的研究内容，进而提炼出我们的理论和方法，也就是要有中国的"问题意识"。

我们知道，社会史其实是一门"问题史学"，通过过去理解现在，通过现在理解过去，正是年鉴学派方法论的核心。第三代年鉴学派的代表人物勒高夫就明确指出，社会史"比任何时候都重视从现时出发来探讨历史问题"。社会史意义上的"社会"，不仅是历史上的社会，同时也是现实的社会，是一个历史与现实粘连的社会。半个世纪前，钱穆先生在香港某学术机构演讲时就"如何研究社会史"也有如此的看法："要研究社会史，应该从当前亲身所处的现实社会着手。历史传统本是以往社会的记录，当前社会则是此下历史的张本。历史中所有是既往的社会，社会上所有则是现前的历史，此两者本应联系合一来看。"现实社会中的许多问题都由历史沉淀而来，从历史出发对现实问题会有更为深刻的认识。反过来，从现实出发则更能提炼出具有学术和现实意义的历史研究课题。近年来中国社会史研究中比较活跃的"生态社会史""医疗社会史""水利社会史"等，均是从现实出发提出问题、研究问题，取得了令人瞩目的研究成果，本土化的趋向令人期待。

三　"自下而上"的区域社会史角度

中国是一个历史悠久的文明古国，也是一个幅员辽阔的大国。中国社会史研究的本土化，不仅需要进一步加强对中国历史"宏大事件"的深入研究，而且需要从"自下而上"的区域社会史角度加强研究。

为什么要加强"自下而上"的区域社会史研究？美国学者柯文认为："采取这种做法的主要依据是因为中国的区域性与地方性的变异幅度很大，要想对整体有一个轮廓更加分明，特点更加突出的理解——而不满足于平淡无奇地反映各组成部分间的最小公分母——就必须标出这些变异的内容和程度。"的确，整体的社会无疑是多区域社会互相联系的结合体，区域研究通过对一定区域"全部历史"的深入考察理解其历史发展脉络，这就有可能提出不同于宏观历史的问题和解释，避免把宏观历史的框架套用到具体的区域发展进程中。检索年鉴学派的研究成果，可以发现一个重要特征，就是从区域角度出发的论著占有重要地位。布罗代尔的名著《菲利普二世时代的地中海和地中海世界》、勒华拉杜里的《蒙塔尤》，一定程度上说都是区域社会史研究的经典之作。黄宗智、施坚雅、杜赞奇等国内学界熟悉的中国问题研究的代表人物，其重要著述无不是从区域出发对特定区域的深入研究。其实，在中国学术发展史上，不仅古老的历史学具有区域研究的悠久传统，而且新兴的社会学、人类学等学科更加重视从区域出发理解中国的历史与现实。眼下方兴未艾的区域社会史研究不仅显示出它对整体社会史研究有极大的推动作用，而且成为推动中国社会史研究本土化的重要实践和主要趋向。

四　走向田野与社会

中国社会史研究的本土化，需要对本土的历史和现实有深入的了解与深切的感受，需要社会史研究者走向田野与社会。这里的田野包含两层意思：一是相对于校园和图书馆的田地和原野，也就是基层的城镇乡村；二是人类学意义上的田野工作，也就是参与、观察、实地考察的方法。这里的社会也有两层含义，一是现实的本土社会，要懂得从现在推延到过去，或者由过去推延到现在；二是社会史意义上的社会，这是一个"自下而上"的社会，也是一个整体的社会。

"优先与人类学对话"，回到历史现场进行"在地化"的考察、体验和研究，实为中国社会史研究本土化的必由之路。人类学家从事的微观个案研究，要求研究者到研究对象的生活圈子里进行长期的田野工作，并对其观察和体验到的"他者"世界进行"深描"和"文化的解释"，研究者要由局外人和旁观者变成参与者和亲历者，达到亲临现场、身临其境的效果，这是中国社会史研究本土化的重要途径。需要指出的是，走向田野与社会和搜集解读历史文献并不矛盾。离开基本的历史文献无法去做具体的历史研究，也不可能拥有社会史意义上的"总体的眼光"，走向田野与社会恰恰是为了进一步搜集文献，激活文献，读懂读通历史文献。人事有代谢，往来成古今。历史既是一个时间的过程，又是一个在特定空间中展开的过程，对于历史时间的认识，我们只能间接地从文献中获知，而对于历史空间的认识，我们则有可能直接去体验去感悟。正是这种直接的体验和感悟，才使我们可以搜集到图书馆里没有的文献，可以看到历史的遗存，可以把以往的历史和现实的社会联系起来，一个多层次的立体的丰富的全面的历史才能展现在我们的面前。把历史文献和田野考察结合起来，把象牙塔里摇椅上的历史学家变成"田野里的历史学家"并没有什么不好。

五　重视社会史资料的搜集与整理

追求总体的全面的社会史研究极大地拓宽了传统史学的研究领域，同时也给研究者带来资料分散难以搜集整理的困难，这个困难又是一个必须面对和克服的困难。中国社会史研究的本土化，还有一个基础的又是很重要的工作，就是社会史资料的搜集与整理。

西方的社会史研究不仅扩大了历史文献的范围，甚至经历了一场"资料革命"。勒高夫说："这些史料包括各种书写材料、图像材料、考古发掘成果、口头资料等。一个统计数字，一条价格曲线，一张照片或一部电影，古代的一块化石、一件工具或一个教堂的还原物，对于新史学而言都是第一层次的史料。"中国社会史研究中虽然没有像西方教堂保存的系统完整的个人家庭档案等资料，却有大量本土化的中国特有的社会史资料。除了卷帙浩繁的正史外，志书、笔记、家谱、档案、日记，甚至小说、戏曲、民谣、谚语、文物等，无不透露着社会史的信息。中国社会史有着不同于西方的社会史问题，更有着不同于西方的社会史资料，只有从这些本土化的资料出发，才能提炼出本土化的问题。从某种意义上说，没有中国自身丰富的社会史资料来源，就不可能产生中国本土化的社会史论著。我们已经高兴地看到，系统地搜集和整理社会史资料，哪怕是自己研究的某一领域的专题性资料，已经开始引起部分社会史学者的重视，一些研究机构甚至开始了有组织有计划的"集体调查"式的资料搜集与整理工作。这样的工作不仅会对社会史研究的本土化起到积极的推动作用，而且对抢救和保护文化遗产也具有重要的现实意义。

社会史视角

"自下而上"：当代中国农村社会研究的社会史视角

近些年来，对 20 世纪后半叶的中国农村社会研究已蔚然成风。不同学科因采用不同的理论和方法，自然会产生不同的判断和结论，但多学科的共同关注无疑会推动研究的深入。稍有遗憾的是，对这样一个重要历史时代的研究，历史学却基本因袭传统的框架，难有突破，这是近年来学界普遍感受到的问题。而以"自下而上"的社会史视角来研究这一时期的中国农村社会，将有助于丰富我们对新中国历史的认识。

检索多年来对这一时期农村社会的研究成果（不包括一般性著述），可概括为以下三种类型。

一是中国革命史或中共党史的模式。自 20 世纪 40 年代中国共产党六届七中全会通过《关于若干历史问题的决议》以及 50 年代初胡乔木的《中国共产党的三十年》，中共党史和中国革命史的撰写形成了一个基本框架。这一框架的基本特点是以重大事件和党的历次代表大会为线索，以章节体形式撰写历史。几十年来，以《中国革命史》《中国共产党党史》命名的数百部著作，更多的是不同类别的诸多教材，大多陈陈相因，难脱此框架。公正地说，这样的历史著述为人们认识党领导全国人民进行民主革命和社会主义建设的历史提供了基本的史实，亦曾在革命和建设中起了积极的教育作用。但这些著述大多限于对重大事件和上层路线方针政策的诠释，骨架虽有却缺少血肉。革命史和党史毕竟不能代替全面的完整的历史，除了政治还有经济，除了革命还有生产，除了斗争还有生活，除了中央还有地方，除了领导层决策还有基层百姓的众生相，历史本来就是有血有肉、丰富多彩的画卷。

二是海外学者有关人类学、社会学的著述。海外学者对这一时期中国农村社会的研究早在 20 世纪 60 年代就已开始，数量虽有限，但大都是在亲身经历的基础上著书立说，自有其人类学、社会学的特色。迈德尔（Jan Mardal）夫妇 1962 年即深入陕北柳林地区的一个村庄进行了为时一月有余的田野调查，1965 年在美国出版《一个乡村的报告》，1973 年又出版《中国：继续的革命》，以人类学民族志书写的方式记录了一个普通村庄在党领导下进行革命与生产的真实画面。韩丁和柯鲁克夫妇则以观察员身份直接参加根据地土改，分别成就了《翻身——中国一个村庄的革命纪实》[①]和《十里店（一）: 中国一个村庄的革命》[②]两部纪实性作品。1991 年美国学者弗里曼等人出版了《中国乡村，社会主义国家》[③]，这是一部在十余年田野工作基础上多学科专家合撰的社会人类学著作。该书考察的重点是人民公社时期的典型——河北衡水地区饶阳县五公村，但理论视觉和基本判断已与先前的成果迥异。未能直接进入内地乡村的一些海外学者则利用口述资料撰写了这方面的著述，代表性的有黄树民的《林村的故事：1949 年后的中国农村变革》[④]等。此类著述最大的特点是在亲身经历或口述田野工作的基础上对某一村庄的革命进程进行人类学式的描述，韩丁就觉得自己的作品"无论在风格上或内容上都很像一部记录影片"。但中国的村庄形形色色、千姿百态，数量极大，而"真实的"是否即是"全面的"？况且，尽管是亲身的经历和大量的田野工作，海外学者的关注点和了解到的面毕竟有限，其到底能做

---

① 〔美〕韩丁:《翻身——中国一个村庄的革命纪实》，韩倞等译，邱应觉校，北京出版社 1980 年版。

② 〔加〕伊莎白·柯鲁克、〔英〕大卫·柯鲁克:《十里店（一）: 中国一个村庄的革命》，龚厚军译，上海人民出版社 2007 年版。

③ 〔美〕弗里曼等:《中国乡村，社会主义国家》，陶鹤山译，社会科学文献出版社 2002 年版。

④ 黄树民:《林村的故事：1949 年后的中国农村变革》，素兰、纳日碧力戈译，生活·读书·新知三联书店 2002 年版。

到多大程度"同情的理解"？这些都是后来研究者不断追问的问题。

三是近些年来出现的新著述。美籍华人黄宗智继"过密化""内卷化"理论后，又从"表达与实践"的角度论述了从土改到"文革"的农村历史，认为中国革命应视为1946—1976年的30年社会结构变迁，正是因表达与实践的距离和这种距离的不断加大才导致了"文革"如此的政治运动①。张乐天的《告别理想——人民公社制度研究》②借助自己家乡浙江北部联村20世纪50年代以来的档案资料，试图以"外部冲击——村落传统互动模式"解释人民公社时代农村生活的实践逻辑。阎云翔的《私人生活的变革：一个中国村庄里的爱情、家庭与亲密关系（1949—1999）》③以自己生活和调查的黑龙江下岬村为个案，细密地讨论了一个普通村庄的个人及情感生活，是一部典型的乡村民族志著作。清华大学郭于华等人则注重对口述资料的搜集与研究，他们对陕北农村妇女在20世纪50年代的社会生活进行了相关探讨④。另外，近年来有关专题的论文不断发表。此类著述均以资料见长，或档案，或口述，或田野，或综合，尤其注重理论探讨，值得学界进一步地期待。

笔者此前将从中国共产党在抗日根据地时期推行互助组到20世纪80年代人民公社体制解体统称为"集体化时代"。此间约40年时间（各地不一），互助组、初级社、高级社、人民公社前后相继，一路走来，从历史发展进程而言，这是一个难以分割的时代，更是一个难以忘却的时代。如上所述，几十年来，对"集体化时代"的研究已积累了一批成果，尤其近些年来出现了一些新作品，多学科的综合研究方兴未艾。稍有遗憾的是，历史学科本身对此的研究仍不能尽如人意。

---

① 黄宗智：《中国革命中的农村阶级斗争——从土改到文革时期的表达性现实与客观性现实》，见黄宗智主编：《中国乡村研究》（第二辑），商务印书馆，2003年。
② 张乐天：《告别理想——人民公社制度研究》，东方出版中心1998年版。
③ 阎云翔：《私人生活的变革：一个中国村庄里的爱情、家庭与亲密关系（1949—1999）》，龚小夏译，上海书店出版社2006年版。
④ 代表性的成果有郭于华《心灵的集体化：陕北骥村农业合作化的女性记忆》，《中国社会科学》2003年第4期。

我们不能不承认，长期以来形成的中国革命史、中共党史的研究框架更多的是研究上层领导或高层领导的思想与活动以及重大历史事件，尤其以党为主体的历史事件，甚至党的历次代表大会成为党史和革命史的叙事主线，说到底是一条政治史的主线。经济、军事、文化在这种历史研究中只有附带的笔墨，基层农村社会尤其是亿万农民的生存环境、衣食住行、人际交往、精神心理状态、日常生活等，我们了解和研究得仍然十分有限。"自下而上"地研究这个时代的历史，就是要给基层农村和广大农民更多的关注，从农村和农民的角度、从"理解的同情"出发，站在地下看天上，站在地方看中央，上下贯通，左右相连，整体地全面地了解和认识这个特殊的历史时代。

从社会史的视角研究"集体化时代"的中国农村社会，就是要从农村社会发展变迁的实际出发。1949 年新中国成立无疑是中国历史上可以彪炳史册的事件，亦是重要的历史分期年份，或者就是我们通常所说的中国现代史的开端。但以"自下而上"的方式，从农民的角度来看，互助组、初级社、高级社、人民公社是一脉相承、前后关联、不可分割的一段历史时期，直到新中国成立后中央召开的有关农业的四次会议仍称之为"农业互助合作会议"，毛泽东更明确地说："一般规律是经过互助组再到合作社"，"办好农业生产合作社，即可带动互助组大发展"。[①]互助组的目的是引导农民走向集体化道路，具有半社会主义性质的初级社正是在互助组的基础上转变发展而来，这是一个逻辑的存在，亦是一个历史的存在。与此同理，"文革"后期的全国农业学大寨运动亦是在 1958 年开始的人民公社体制内进行，只不过它另有了严重的政治化、运动化的色彩而已。社会史的研究有其自身的研究对象与内容，具体历史时段的划分亦要从它的研究对象和内容出发。从"自下而上"的社会史视角出发，从农民和农村社会的变迁过程出发，从互助组到人民公社期间 40 年时间，就是党带领亿万农民走向和实现集体化的过程。

①《毛泽东选集》第 5 卷，人民出版社 1977 年版，第 117、116 页。

从"自下而上"的社会史视角研究"集体化时代"的中国农村社会，就是要在研究上层的同时更多地关注下层农村社会的实态。所谓"上有政策，下有对策"，中央的路线方针政策在各级政府和基层农村社会有无争论，执行得又如何？汇总上来的数字、公布的数字是否真实，基层生产队是否真有"两本账"？除"两报一刊"类的主流话语外是否还有不同的声音，除"一呼百应"外是否还有抵触抱怨的"众声喧哗"？事实上，瞒产私分、小偷小摸、"偷奸耍滑"等无组织的、非系统的、个体的、长期的所谓"无声抵制"在在皆是，高王凌说这是人民公社时期农民的"反行为"[①]，斯科特（James Scott）称之为"弱者的武器"[②]。在斯科特看来，这样的日常"抵制"才是农民最经常的手段，它是一种相对平静的、日常的、微妙的和间接的表达，地方官员往往对此"睁一只眼，闭一只眼"。要之，这种"去集体化"的过程往往首先从地方开始，从村落开始，而且是从村民开始。我们可以进一步引申斯科特的说法，正是由于这种日常的、长期的"无声抵制"，才导致人民公社制度在中国农村的解体，解体之后便有了性质不同的联产承包。历史的研究不能只停留在上层人物和重大事件的层面，只有"从政治形式的外表深入到社会生活的深处"，才能"取得现代历史著述方面的一切真正进步"[③]。在高度政治化的"集体化时代"，基层农村社会和亿万农民仍有其自身的生存环境和生活方式，大势所趋的汹涌波涛底下仍会有潜流或暗流的涌动，全面地完整地看待历史，是"自下而上"的社会史研究的基本诉求，亦是我们更加全面地完整地认识这个时代的基本出发点。

从社会史的视角研究"集体化时代"的中国农村社会，需要我们对农村和农民的日常生活给予更多关注。从互助组、初级社、高级社到人民公社，这些不同时段和事件本身都有不同程度的运动成分，政治化的

① 参见高王凌：《人民公社时期中国农民"反行为"调查》，中共党史出版社 2006 年版。
② 参见〔美〕斯科特：《弱者的武器》，郑广怀等译，译林出版社 2007 年版。
③《马克思恩格斯全集》第 12 卷，人民出版社 1962 年版，第 450 页。

色彩十分浓厚。或许正因为如此，我们从现有著述中了解更多的是这些运动如何由发动、辩论、推进、高潮，再到另一个高潮，以及有关的会议、方针、路线、政策。农村社会的反应如何，农民的切身感受和日常生活怎样，往往是轻描淡写或湮没不彰。从"自下而上"的视角出发，农村人口的消长与流迁、耕地水利、婚姻生活或夫妻生活的状态、家庭结构与家庭关系的变化、宗族势力的消长、阶级成分划定、职业结构变化、集市贸易、副业生产、服饰的质料式样、食物的多寡与结构及其制作、收入分配及其形式、住房面积和结构、交通工具及利用、日常生活用具（包括家具、农具、照明等）、不同年龄段农村成员的文娱活动、戏曲小调、标语口号、基础教育、卫生医疗、鳏寡抚养、宗教信仰、自然灾害、社会治安、集团冲突、党团妇青民兵组织，以及工作队、巡逻队、斗争会、汇报会、学习班、外调上访等，都应从社会史的角度引起重视并加强研究。已有研究者指出，对于当代社会史的研究，"先分门别类地研究专题史，然后再在这个基础上综合地研究总体史，那么，大型的、权威的当代社会史便指日可待了"。[①]笔者不敢奢望那样的当代社会史在短时间可以出现，但这些基本的社会史研究内容，这些农村和农民的日常生活应当是社会史研究的出发点，也应该是全面的完整的中国当代社会史的基础。

从"自下而上"的社会史视角研究"集体化时代"的农村社会，还有一个基础的也是很重要的工作就是对基层农村资料的搜集和整理。目前，除了各级的官方档案以外，最基层的农村的档案基本处于随意留放和散失的状态。随着近年来农村社会经济的发展，旧房重建或再建不断加快，大批档案散失或干脆被当作废品送到了造纸厂，一些发达地区的农村已很难见到此类资料，抢救这批档案资料的工作显得十分迫切。然而，数量减少并不等于没有，只要肯下功夫，坚持不懈地到农村去调查搜集，仍可有所收获。近些年来，山西大学中国社会史研究中心的全

---

① 田居俭：《把当代社会史提上研究日程》，《当代中国史研究》2007年第3期。

体师生不避寒暑，栉风沐雨，坚持"走向田野与社会"，广泛搜集散落在全省各地农村的基层档案，到目前为止已搜集到涉及全省各地100余个村的历史档案，总量当在数千万件。黄宗智的一篇专题论文中曾说："关于单个村庄的客观阶级结构的资料相当有限。现存关于每个村庄的阶级成分详细而准确的资料，多是在土改时收集的并在'四清'中被系统核实过的。然而这些资料并不容易获得。""直到现在，我们能够掌握的确实可靠的资料只有几十个村庄的数据，这些数据主要来自1949年前完成的人类学实地调查。"我想，黄先生若再来我中心访问（2006年6月初访），一定会修正自己的这一看法。

还要提及的是，目前流行采用口述记录的方法开展农村社会研究，应该说口述史是历史著述的一种重要形式，但在仍有文献资料存世的现时代，将历史档案文献和口述结合起来不是更有利于事实的把握和客观的研究吗？

中国社会史研究复兴20多年来，已取得了令人瞩目的成绩。将历史研究的聚焦点由精英人物和重大事件转移到普通民众和下层社会；将单纯的政治史、军事史、外交史扩展到社会生活的方方面面；将"自上而下"转换为"自下而上"的视角，从而构建整体的历史，正是社会史研究的魅力所在。遗憾的是，20多年来，中国社会史研究的焦点主要集中在中国古代史和近代史领域，虽有研究者呼吁从社会史角度开展中国现当代史研究，但有分量的著述依然不多。社会史是一门"问题史学"，"通过过去来理解现在，通过现在来理解过去"。第三代年鉴派代表勒高夫指出，社会史"比任何时候都更重视从现时出发来探讨历史问题"。[1] 现当代史距我们当今的现实社会最近，现实社会中的许多问题与过往不久的中国历史紧密相连，把社会史研究引入中国现当代史是中国社会史研究必须引起重视的问题，也是社会史研究者应当担负的一份社会责任。

---

[1] 〔法〕J. 勒高夫等主编：《新史学》，姚蒙编译，上海译文出版社1989年版，第13页。

从社会史角度研究中国当代史

《社会科学》杂志社组织"中国当代史学科建设"笔谈，是一件很有学术意义的事情。研读《社会科学》2012年第5期编发的上海诸位学界同仁的文章，颇多启发。兹就个人近年所思所想，付诸笔端，以供讨论。

笔者要谈的主题是，要重视从社会史角度研究中国当代史，将社会史研究引入现当代。通过当代社会史研究，丰富并充实中国当代史的研究内涵，为中国当代史研究注入新鲜血液和活力，开创中国当代史学科建设新局面。

必须承认，与中国史的其他分支学科相比，中国当代史的研究整体基础尚显薄弱，中国当代社会史的研究则可以说是刚刚起步。从社会史角度研究中国当代史，笔者感到应当注意以下几个方面的问题。

首先，既要重视从社会史角度开展中国当代史研究，更要重视社会史研究在当代史学科建设中应当发挥的重要作用。

从学术研究和学科建设的角度而言，当代中国史研究者首先应当要创新史学观念（包括史料观念），用新观念新思想指导学术工作的开展。诚如论者所言，对于以往大多数历史学者而言，无论是在学科建设意义上还是从研究时段和内容上来讲，当代史尤其是改革开放前30年所谓"集体化时代"（或曰"合作化时代""人民公社时代"等）均非他们关注的重点。很多人甚至干脆将其视为学术禁区，不予探讨，或以距离太近，很多历史尚未沉淀，不宜过早开展研究为由，不愿也不敢轻易涉足。应当说，这种学科上的不成熟、不独立和史学观念的禁锢与保守，直接制约并影响到中国当代史学术队伍的成长，并使该领域多数研究者将重点停留在探讨和总结 1949 年后中国共产党治理国家的经验教训上，带有浓厚的党史、国史色彩，给人留下单调呆板的印象。

20 世纪 80 年代中期，"把历史的内容还给历史"作为中国社会史研究复兴阶段的一个重要口号，得到了学界的认可和积极响应。我以为，在时下的当代中国史研究中，这一口号依然有效。必须看到，当代中国史并不仅仅是高层决策史、政治事件史、政治人物史、中共治理史。政治史、意识形态史只是当代中国史研究的一个重要面向而非全部。政治之外还有经济、文化、社会以及民众日常生活，与上层社会相对应的还有下层乃至底层社会，与中央相对应的还有地方与基层，社会史研究应该是既有阳春白雪，又有下里巴人，她强调历史的层次性、多样性和包容性。"横看成岭侧成峰"，只有将"自上而下"的传统历史研究视角与"自下而上"的社会史研究视角有机结合，才会改变以往当代史研究中存在的"脸谱化""概念化""意识形态化"等倾向。进而加深人们对于时代变革的深刻认识和感知，准确解答"当代中国人何以成为中国人"这样一个最为普通的问题。让中国当代史的内容真正丰富和鲜活起来。

"资料革命"也是当代中国社会史研究焕发生命力和吸引力的内在推动力。笔者所在的山西大学中国社会史研究中心，自 2003 年以来就已将"集体化时代的农村社会史"研究确定为重点研究方向，致力于抢救、搜集和整理散布于山西农村各地的村庄档案资料和民间文献，现已收集到将近 200 个村庄数千万件档案，在此基础上建立了集档案、实物和报刊于一体的"集体化时代农村社会"综合展，召开首届"集体化时代的中国农村社会"国际学术研讨会，出版了《社会史研究》杂志，向学界逐次介绍和披露中心收藏的村庄档案及其他民间文献，以集体化时代的山西农村社会研究为中心，加入到当代中国史研究队伍中来。

其次，从社会史角度研究当代中国史，既要重视当代史但又不限于当代史，既要深入当代史又要超越当代史。

现实是历史的延续。中国当代史研究，不应将 1949 年新中国的诞生作为唯一和固定的界限，研究者需要根据具体的选题，进行所谓"长时段"的考量，重视历史过程的延续性、联系性和贯通性。比如在开展集体化时代农村社会研究中，笔者就主张将"集体化时代"定义为从中国共产党在抗日根据地推行互助组到 20 世纪 80 年代农村人民公社体制结束的时代。前后约 40 年时间里，互助组、初级社、高级社、人民公社、农业学大寨前后相继。这是一个中国共产党带领亿万农民走向集体化、实践集体化的时代，也是中国农村经历的一个非常特殊的历史时代。这段历史既与历史中国迥然相异，又与现实中国密切相连。只有将其纵向置放于数千年中国历史的大变局中，横向置放于 20 世纪的中国、亚洲乃至世界范围内进行分析和比较，才能防止墨守人为划分的历史时段对历史过程的肢解和误解，进而影响到对历史整体性的客观评价。

令人欣喜的是，近年来在中国当代史尤其是当代社会史研究中，已涌现出许多新气象，展现出新的活力。2011 年国务院最新颁布的学科目录中，首次将中国当代史（1949 年以来）列入中国史一级学科下属的二级学科，称其为中国现代史。过去的所谓"中国现代史"（1919—1949 年）则划入了中国近代史（1840—1949 年）的范畴。这表明当代中国史（或曰现代中国史）已"名正言顺"地拥有了独立的二级学科地位，与社会史兴起之初围绕学科性质和地位的争论有着明显的差异，具有一定的优越性，显示了国家对当代中国史研究的重视程度。应该说，这一独立的学科定位为其今后的发展奠定了重要基础，并提供了良好的发展机遇。

最后，从社会史角度研究中国当代史，并不排斥对政治史和重大政治事件的研究，关键是如何从社会史角度研究政治史和重大事件。

众所周知，社会史的异军突起被誉为改革开放 30 年来中国历史学界成就最为显著的一个领域。然而，以往社会史研究的成果大多集中在古代和近代，1949 年以后的所谓当代史领域则很少有类似成果显现。这种遗憾和不足同时也是一种差距。弥补这种差距最简单的办法，就是效仿并实践社会史在古代、近代史研究中的成功经验和做法，将社会史研究引入现当代，拓展与深化中国当代社会史的研究。

社会史研究虽然强调自下而上，关注社会底层和普通民众，但并不逃避政治史和意识形态。相反，这种不同于以往观察和分析问题的方法，恰恰是对过去宏大叙事框架下革命史和党史研究最为直接、有效的补充。在社会史研究者看来，政治史和重大事件对于不同区域不同人群可能有着不同甚至是截然相反的意义，因而必须关注政治史和重大事件在特定区域的实践和不同表现。关注区域差异性，可以加深对政治史和重大事件的认知和理解，加深对历史丰富性和多样性的理解。同时，由于中国当代史与现实社会之间的"迫近感"，站在社会史的角度，从那些与民众日常生活密切关联的非敏感性问题入手，既有助于展现中国当代史的丰富内容，又便于中国当代史研究的深入开展，从而达到以小见大、见微知著的效果。处理好微观与宏观、区域与整体的关系，站在地下看天上，站在地方看中央，上下贯通，左右相连，全面认识和理解中国当代历史的演进过程，"把历史的内容还给历史"。

我们高兴地看到，当代中国社会史研究的迅猛发展，引起了国内多家学术期刊的重视。以《当代中国史研究》《社会科学》《河北学刊》等杂志为代表，纷纷组织并刊发系列的有关当代中国史尤其是社会史研究方面的理论性和专题性论文，成为推动当代中国社会史研究的重要学术阵地。目前，在北京、上海、山西、天津、广东等地的高校与科研机构已初步形成若干致力于当代社会史研究的专业学术团队，不断发掘、整理、出版并利用当代史研究新资料，尤其是集体化时代农村基层档案的抢救性收集，成果值得期待。

从社会史角度深化国史研究的思考

国史研究伴随着中华人民共和国的成立而出现。然而，由于种种原因，国史研究经历了一个曲折的发展过程，直到改革开放以后才取得了新的进展。改革开放以来，国史研究取得了令人瞩目的成就，无论是学科体系的建设、相关资料的整理与出版，还是实证研究方面，都有大批的成果问世，这些研究成果无疑大大丰富与深化了我们对于国史的认识。然而，国史研究与中国史的其他分支学科相比仍显薄弱，缺陷之一便是缺乏从社会史视角系统地对国史进行研究。

国史研究的兴起是史学领域在时间线上的下移，这一过程对于中国史研究的理论与实践意义重大，但如果仅将国史研究视作中国通史时间的下移，必然会阻碍国史研究更为深入的发展。这就需要我们重视从社会史的角度，在研究层面上也进行一次下移，以"自下而上"的眼光开展国史研究。

山西大学中国社会史研究中心素来重视民间文献的挖掘与利用，在对明清以来山西区域社会进行的田野调查中，新中国成立以后形成的大量农村基层档案引起了我们的注意。由此，我们也将社会史研究引入当代，形成了"集体化时代农村社会史"的研究特色，希望通过对基层社会的研究来深化对于国史的认识。在此过程中，如何从社会史角度进行国史研究也是我们一直思考与探索的问题。本文的主题是探讨国史与社会史的关系，并以我们十余年对集体化时代山西农村社会史的研究实践，提出如何从社会史的角度进行国史研究的思考，以供大家讨论。

一 缺乏社会史的国史不是完整的国史

早在 2007 年，田居俭先生就曾撰文呼吁"把当代社会史提上研究日程"。他指出，"国史研究和国史学科建设应当以学习贯彻《决定》（笔者按，即《中共中央关于构建社会主义和谐社会若干重大问题的决定》）精神为契机，加大力度研究与中国特色社会主义事业四位一体总体布局中的社会建设相对应的当代社会史，充实和完善以往国史研究中当代经济史、当代政治史和当代文化史三足鼎立的格局，关注和研究社会生活的方方面面，把当代社会史摆到突出的位置上"。[①] 一般而言，当代史与国史是一对可以互换的同义概念，皆指新中国成立以后的历史，因此，田先生所强调的当代社会史也应该是指国史研究中的社会史。近十年来，当代社会史研究引起了越来越多学者的注意，但是对于国史与社会史而言仍然存在一些误解。笔者以为，有必要再次重申国史与社会史的关系。

我们认为，国史应当是中华人民共和国"全面的历史"，缺乏社会史的国史不是完整的国史。毛泽东在《改造我们的学习》一文中提出："对于近百年的中国史，应聚集人材，分工合作地去做，克服无组织的状态。应先作经济史、政治史、军事史、文化史几个部门的分析的研究，然后才有可能作综合的研究。"[②] 该文形成于 1941 年，主要是针对"近百年的中国史"而言，新中国成立后这种思路仍然成为史学研究的指南，对整个史学研究产生了重大影响。先做各个领域的部门分析，然后进行综合研究的路径符合"近百年的中国史"研究起步阶段的需求，其对学科体系建立的基础性作用不容忽视。然而，这种基于现实需求而对经济史、政治史、军事史、文化史的强调，一定程度上造成了新中国

---

① 田居俭：《把当代社会史提上研究日程》，《当代中国史研究》2007 年第 3 期。
②《毛泽东选集》第 3 卷，人民出版社 1991 年版，第 802 页。

成立以后史学研究集中于这几个领域，而忽略了其他史学研究领域的价值。新中国成立以后逐渐兴起、改革开放以后进一步发展的国史研究也受到了这种研究思路的影响。

国史研究兴起以来，关于国史的学科定位是大家探讨的一个重要问题。应该说，经过一个相当长期的讨论，国史研究不同于党史、革命史，而应该包括新中国成立以来各个领域的"全面的历史"，这已经得到学界的普遍认可。如此，国史就不仅是高层决策史、政治事件史、政治人物史、中共治理史，也不仅是共和国的经济发展史、文化发展史，这些只是国史研究的一些重要面向，而非全部。除政治、经济、军事、文化以外，还有社会以及民众日常生活，全面的国史应该包含中国社会方方面面的历史。

"把历史的内容还给历史"是 20 世纪 80 年代社会史复兴阶段的一个重要口号，意指通过社会史的研究重拾历史研究中曾经忽略的重要内容。笔者以为，在国史研究中这一口号仍然适用，可以称之为"把国史的内容还给国史"。以中国社会方方面面为研究对象的社会史是国史不可忽视的一个重要领域。只有通过社会史的研究，才能丰富与深化国史研究，改变国史研究给人们留下的单调呆板的印象，使国史的内容更加丰满和完整起来。

国史作为"全面的历史"，不仅表现在研究领域上的全面，还表现在研究层面上的全面，缺乏社会史视角不能表达国史是中国共产党领导各族人民进行社会主义建设的完整内涵。

社会史兴起之初，在强烈反对政治史统领全部历史的声浪中，一种"排除了政治的人民的历史"成为西方社会史最初的一家之言，20 世纪 80 年代中国社会史复兴阶段面临着同样的问题。事实上，社会史复兴以来，并没有明确的"排除政治史"的说法，只是由于中国社会史研究建立在以反对政治史为主导，尤其是以阶级斗争为主导的史学书写框架的基础上，因此在复兴和发展的过程中造成了人们对于社会史就是"剩余的历史"的误解。目前学界关于国史学科建设的讨论中，也多认为社会史是国史研究领域的重要补充。笔者想要强调的是，社会史是国史研究的重要领域，但是这并不代表社会史仅仅是排除了政治史、经济史、文化史、军事史等内容的历史，社会史的视角对于国史研究的各个领域以及整体的国史研究都具有重要意义。

国史是中华人民共和国史的简称，名虽有简，但中华人民是共和国历史的主体这一事实不容忽视。在国史研究中，我们应该注意不仅追求研究领域上的全面，还应该在各个领域以及整体研究中注意研究层面上的全面，更加关注基层社会与普通大众在国史发展中的作用。政治史是国史研究的重要内容，如果仅从决策层来研究共和国政治史，不利于我们正确把握其发展与变迁的内在脉络。社会史的重要特征就是注重"自下而上"的视角，强调历史的层次性、多样性和包容性。从社会史的角度对国史进行研究，能够让我们更加深入地了解基层社会在国史发展中的作用，进而加深我们对国史重大问题的认识。

国史是中国通史的一部分，在研究时段上应该贯通地看待国史，缺乏社会史不利于把握国史发展的内在脉络。国史研究的上限是 1949 年新中国成立，但同时也要看到，国史的发展与前一阶段的历史具有不可分割的历史连续性。马克·赛尔登的《革命中的中国：延安道路》[①] 一书是国外学者关于中共党史和中国革命史的经典著作。作者以宏阔的社会史视野对中国共产党创建的"延安道路"及其之后的影响进行了细致的分析，认为延安时期的治理策略虽然形成于战争时期，但在之后的历史时期（包括共和国时期）都被广泛运用。弗里曼等人的《中国乡村，社会主义国家》[②] 通过河北省饶阳县五公村的个案研究，为我们展现了一幅 20 世纪 30—60 年代中国农村社会变迁的历史图景。书中强调了中国社会的四种连续性，认为一些问题在社会主义国家的胚胎时期已经

---

① 〔美〕马克·赛尔登：《革命中的中国：延安道路》，魏晓明、冯崇义译，社会科学文献出版社 2002 年版。

② 〔美〕弗里曼等：《中国乡村，社会主义国家》，陶鹤山译，社会科学文献出版社 2002 年版。

产生，对历史发展产生了重要影响。此类著述虽然角度不同，但这些研究提醒我们，国史不应仅是共和国建立以后的历史，共和国孕育时期的历史同样需要我们关注，只有在历史前后联系的基础上进行思考才能正确把握与理解问题。也就是说，我们的国史研究既要深入国史，又要超越国史，上下贯通地看待国史。只有通过社会史的研究，重视历史过程的延续性、联系性和贯通性，将国史纵向放置于近代以至数千年的中国历史中，横向放置于 20 世纪的中国、亚洲乃至世界范围内进行分析和比较，才能把握国史发展的内在脉络，科学客观地认识国史。

二 从社会史角度进行国史研究

近年来，从社会史角度和从基层视角进行当代中国史研究逐渐引起了学界的关注，但将社会史引入当代史研究，开展当代中国社会史的研究仍处于起步阶段。如何从社会史角度研究国史，仍是需要国史研究者继续探索与思考的问题。根据以往的研究实践与思考，笔者认为从社会史角度进行国史研究需要注意以下几个方面。

首先，从社会史的角度进行国史研究，要注意"自下而上"的视角，通过"自下而上"与"自上而下"相结合的研究深化对国史的认识。新中国成立以来，中国社会的方方面面都发生了巨大的变化，这部分历史是国史应有的内容，应当受到关注。以农村社会为例，家庭结构与家庭关系的变化、宗族势力的消长、阶级成分划定、农村人口的消长与流迁、婚姻生活状态、收入分配及其形式、住房面积和结构、集市贸易、副业生产、服饰的质料式样、交通工具及利用、日常生活用具（包括家具、农具、照明等）、不同年龄段农村成员的文娱活动、基础教育、卫生医疗、鳏寡抚养、宗教信仰、自然灾害、社会治安等都应引起重视并加强研究。与之对应，城市中普通民众生产、生活的各个方面以及城乡之间的关系等内容同样需要我们从社会史的角度加以研究。

社会史虽然强调"自下而上"的视角，关注基层社会与普通大众，但是也不能忽视对重大历史事件的研究。政治史和重大事件对于不同区域的不同群众可能具有不同甚至截然相反的意义，通过"自下而上"的研究，能够让我们从另一个视角重新审视政治史和重大历史事件，加深对历史丰富性和多样性的理解。例如，国史分期是国史研究领域的一个重要问题。当前有"二分法""四分法""五分法""六分法""八分法"等多种划分方法，但都以重大事件为节点。这些划分方法都有一定的道理，但如果我们从社会史"自下而上"的视角出发，必定能够从国史发展的内在脉络中把握分期问题，完善与补充上述各种分期方法。总之，在"自下而上"对国史进行研究的同时，应该结合"自上而下"的传统历史研究视角，通过"自下而上"与"自上而下"的结合，打通国史研究的各个层面，以获得对国史更为全面、正确的认识。

其次，从社会史的角度研究国史，要加强在总体史框架下的区域研究。从学科定位来看，国史研究兴起以来，研究范围通常是指整个中国。对某个地区的研究被称为地方史，往往是国史的地方翻版。早在国史兴起之初，田居俭先生就曾提出应当辩证地看待地方史和国史的观点。他认为"国史与地方史，或者说国史研究与地方史研究的关系，是整体与部分、共性与个性的辩证统一。两者不能等量齐观，更不能相互取代，只有相辅相成，才能相得益彰"。① 中国幅员辽阔，各个地区的历史发展进程不同，这些不同之处是作为"全面的历史"的国史应有的内容，而且在社会史研究者看来，地方与全国或者说地方与中央的关系不仅是局部与整体的关系，更应该是一种你中有我、我中有你的互动关系，小地方也有大历史，区域研究是我们真正认识国史的一个重要视角。

近年来，区域社会史逐渐成为历史学研究的热点。部分学者通过区域的研究，尝试建立起各自的"本土化"理论模式，深化了我们对于中国社会的理解。笔者以为，从社会史的角度研究国史，应该将区域社会

---

① 田居俭：《把当代社会史提上研究日程》，《当代中国史研究》2007 年第 3 期。

史研究运用到国史研究中。

从区域社会史的角度对国史进行研究，首先需要明确的是区域的划分。以往对于共和国时期地方史的研究大多以当前的行政区划为界限，这当然是一个重要参考，但是纯粹按行政区划划分不利于我们从区域特征出发把握区域社会的内在脉络。在此方面，美国学者施坚雅的区域划分方法值得借鉴。他的"九大区域"的划分方法以地理和技术两大因素为标准，其中又包含地貌、自然资源、距离、运输技术等指标。[①] 这一方法突出了各个区域之间以及每一区域内部的中心地带与边缘地带之间在空间和时间上存在的差异，同时考虑了政治事件与不同区域的关系，考虑到了灾害、政治决策等因素对不同区域社会诸方面发展的影响。目前看来，打破行政区划的划分方法，采用综合指标，把握区域特征，是开展国史区域研究必须解决的一个问题。

各个省份的地方史叠加起来不等于整体的国史，这就需要我们在对中华人民共和国时期各个区域的历史研究中不要就区域而言区域，而是在总体史框架下梳理区域社会发展的内在脉络，站在地方看全国，然后通过区域的比较研究逐步梳理出国史的整体发展脉络。以山西为例，我们正在进行的集体化时代山西农村社会史研究，并非想要做出一部集体化时代的山西地方史，而是想通过区域性研究，重新理解集体化时代的中国社会，由此深化我们对国史的认识。在我们进行的诸多村庄研究中发现，虽然当时表面上可谓是"全国山河一片红"，但各个村庄却呈现出不同的特点，都在某种程度上有着其自身的历史发展轨迹，这促使我们从区域的角度进一步思考与提炼国史发展的内在动力。近年来，我们的研究视野扩展到华北及其他区域，希望通过跨区域研究进一步深化对中华人民共和国历史发展的理解。总之，从区域社会入手，保持对总体史的追求，在达到一定的研究积累后进行跨区域的研究，是我们从社会

---

① 〔美〕施坚雅：《中国封建社会晚期城市研究——施坚雅模式》，王旭等译，吉林教育出版社 1991 年版。

史角度深入开展国史研究的一条可行路径。

最后，从社会史的角度进行国史研究要注意从现实出发，从"问题史学"出发，在研究实践上和研究成果的利用上加强与现实的联系。在史学发展过程中，伴随着传统史学向新史学转变的是由"叙述史学"向"问题史学"的转变，即将历史研究建立在一个更科学的基础上，强调分析、提问对史学研究的重要性。"问题史学"需要从现实和历史的交汇点上提出假设，并在社会历史变迁中寻求解释和论证，进而体现出历史对现实的资鉴功能。国史是古代史、近代史的延续，与现实社会联系最为密切，因此，国史研究应该注意从现实出发，以敏锐的问题意识挖掘国史的重要内涵，充分发挥国史研究对于现实社会的意义。

从现实出发不代表历史研究就是完全为现实服务。对于社会史而言，从现实出发是指从中国社会的实际出发，寻找问题意识，在现实与历史的互动中认识历史，理解当下。这就需要我们走向田野与社会，开展以历史学为本位的田野调查工作。田野调查最初由人类学家发明，要求研究者尽可能地贴近被研究对象，至少花一年或半年的时间参与到研究对象的日常生活中去，去体验、观察异域对象的行为和思想。社会学中也有田野调查的方法，主要是指采用问卷、访谈、观察等方法去研究社会进程中的事实。我们开展以历史学为本位的田野调查也要像人类学家、社会学家一样，深入民众、深入田野、深入社会，力求去体验观察国史在基层社会和普通大众中间的痕迹。走向田野，我们可以直接进入到研究区域，获得书斋中不可能感受到的历史感，激发研究者新的灵感和问题意识。有时我们在书斋中百思不得其解的问题，通过在田野调查中一些细微或无意的发现便会得到解决。国史与现实的紧密联系，为我们进行田野调查工作提供了诸多便利。

田野调查也是进行国史相关资料搜集、整理与利用的重要途径。相对于"史观"革新，国史研究中"史料"方面的革新是可能面临的更大问题，因此，笔者倡导进行一场对相关资料特别是基层档案资料搜集、整理和利用的"资料革命"。史料是史学研究的关键，近年来，国史相关资料不断被整理出版，例如政策文献选编，重大决策、事件的回忆录，领导人物的年谱、书信录、文稿、文集、传记等，但依然还有很多缺失。与国史的研究领域一样，国史相关的资料不应当仅限于重大事件和重要人物的资料，还应该包括散落在基层社会的更为丰富的历史资料。

农村基层档案资料是国史研究的一个宝库，但随着迅猛的城市化和现代化浪潮的影响，这些资料正在乡村社会迅速流失。梁启超早就提出近代史资料未必多的观点，"例如二十年前，'制钱'为国家唯一之法币，'山西票号'管握全国之金融。今则此两名辞久已逸出吾侪记忆线以外，举国人能道其陈迹者，殆不多觏也"。[1] 国史方面的基层档案资料在今天面临与制钱和山西票号同样的命运，因此，对这些行将消失的资料进行搜集、整理带有抢救性质，急需引起我们的关注。走向田野与社会，通过集体式的田野调查是我们多年来的一个尝试，也可以说是一次实践。山西大学中国社会史研究中心自 2003 年以来即将社会史的研究延伸至当代，致力于抢救、搜集和整理散布于山西农村各地的村庄档案资料和民间文献。我们的基本经验就是从自己的家乡做起，从身边做起，采用集体式调查的方法将资料搜集和研究区域进一步扩大。现在我们已收集到 200 多个村庄上千万件档案，对于这部分资料的整理和出版工作也正在进行当中，我们呼吁更多的学者参与到这项工作当中，共同投入到这项国史研究的基础工作当中。

从现实出发也是我们正确学习和认识国史的客观需求。社会史对于基层社会与普通民众的关注决定了其研究具有贴近社会、贴近大众、贴近生活的特点。加强普通群众对国史的正确认识是国史研究的重要任务之一，通过社会史"自下而上"对国史的研究，无疑会拉近研究者和普通大众之间的距离，加深人们对国史的认识，这也是国史研究的题中应有之意。

---

[1] 梁启超：《中国历史研究法》，上海古籍出版社 1998 年版，第 41 页。

　　总之，近年来越来越多的学者投入到国史研究领域，从不同的角度深化与丰富了我们对国史研究的认识，尤其是 21 世纪以来，基层社会与普通大众在中华人民共和国时期的历史引起了学界的普遍关注。这些迹象表明，社会史对于国史研究的重要性已逐渐受到人们的重视。我们相信，正确认识社会史与国史的关系，在研究中自觉将社会史与国史结合起来，然后进行深入而精细的研究，无论是对国史研究的进一步突破，还是对中国社会史研究的进一步发展，都具有重要意义。

集体化时代农村研究的思考与实践

　　作为中国历史 20 世纪的重要篇章，集体化时代的中国农村社会研究历来受到海内外学者的重视，近年来更有大为发展之势。何谓"集体化时代"？陋见所知，或曰"合作化时代"，或曰"公社化时代"，对其上限的界定更有互助组、初级社、高级社等诸多说法。我们认为，集体化时代即指从中国共产党在抗日根据地推行互助组到人民公社体制结束的时代，此间约 40 年时间（各地容有不一），互助组、初级社、高级社、人民公社、农业学大寨前后相继，一路走来，这是沉睡千年的广大农村未曾经历过的燃烧岁月，也是中国历史上空前的、也许还是绝后的特殊时代。之所以将抗日战争时期根据地建立的互助组作为开端，是因为互助组的目标就是集体化，毛泽东于 1943 年 11 月 29 日在中共中央招待陕甘宁边区劳动英雄大会上明确指出，中国几千年来一家一户的个体经济"使农民自己陷于永远的穷苦"，认为要"克服这种状况的唯一办法，就是逐渐地集体化；而达到集体化的唯一道路，依据列宁所说，就是经过合作社"。[①] 没有互助组，就没有后来环环相扣、叠浪逐高的合作社，这是一个历史的存在，也是一个逻辑的存在。

　　引人注意的是，山西在整个集体化进程中有着重要的历史地位和影响。早在 20 世纪 40 年代初，太行革命根据地的西沟李顺达互助组即在晋冀鲁豫边区产生了巨大的社会影响，李顺达成为新中国发展史上著

---

① 毛泽东:《组织起来》，见《毛泽东选集》第 3 卷，人民出版社 1991 年版，第 931 页。

名的劳动模范[①]；及至 20 世纪 50 年代，山西省委在上党革命老区试办
十个农业生产合作社，对全国的农业合作化运动产生了重要引领和示范
效应，在中共党史尤其是农业发展史上影响至深；自 20 世纪 60 年代起，
"农业学大寨"作为一项运动迅疾遍布全国，前后延续近 20 年时间，成
为人民公社时期最重要的时代特征。可以说，在整个集体化时代，山西
都称得上引领风骚，"敢为天下先"，也是集体化时代的一个典型和缩影。

我们以为，开展以山西为中心的集体化时代农村社会研究，可以在
很大程度上反映那个时代中国农村社会变革的实践逻辑和特质，进而为
新时期的乡村振兴提供地方经验和历史借鉴。自 2003 年岁末我在太原
南宫旧书市场第一次意外发现并搜集到第一批基层农村档案起，到现在
已有 15 个年头。山西大学中国社会史研究中心从档案的搜集、整理到
初步的研究，经历了一个探索和实践的过程。风起青萍，势成难转，我
们欣喜地看到，随着集体化时代研究的活跃，当代基层农村档案已不再
是往昔备受冷落的"灰姑娘"，而是渐成集体化时代研究的"新宠"，集
体化时代的中国农村社会研究已成为学界的一个新热点，吸引越来越多
的学者投身其中。本文将根据山西大学中国社会史研究中心多年来的学
术经历和体悟，就集体化时代农村社会研究的思考与实践进行阶段性反
思和总结。无甚高论，借以求教。

一 资料革命："把历史的内容还给历史"

山西大学中国社会史研究中心在前辈学者乔志强先生的指导下，历
来重视历史文献，尤其是地方文献的搜集整理工作。在业师乔志强先生
的体认中，"历史调查可以说是社会史研究的主要方法"[②]，先生最早出
版的《曹顺起义史料汇编》（1957）及后来问世的《义和团在山西地区

---

① 行龙：《在村庄与国家之间——劳动模范李顺达的个人生活史》，《山西大学学报（哲
学社会科学版）》2007 年第 3 期。
② 乔志强主编：《中国近代社会史》，中国社会科学出版社 2018 年版，第 17 页。

史料》(1980)、《退想斋日记》(1990)等重要史料和著述，无一不是他实地走访，劳力摸索，潜心搜集所得。及至我等下一辈，顺应区域社会史学术潮流的兴起，继承了先生的学术传统，明确提出了"走向田野与社会"的治史主张，成为我们从事以山西为中心的区域社会史研究的共同取向。目前中心年轻一代学者大都是我最初培养的博士，也都贯彻着这一理念，在研究中利用了田野工作搜集到的大量地方文献、民间文书及口述资料。正是中心三代学人积年累月的传承和坚守，催生了集体化时代中国农村社会研究这一新的研究领域。

我们关注的集体化时代基层农村档案的搜集、整理和研究工作，既是反思"革命－现代化"叙事的学术实践，亦是社会史研究应有的社会关怀。自 20 世纪中叶以来，众多海内外学者围绕中国革命与建设的相关议题展开了长期探讨，涌现出许多成果。尽管汗牛充栋的著述关怀有别、角度各异，但总体上陷于革命史与现代化的两极叙事窠臼而难以超拔，并衍生出不一而足的解释困境和实践难题。从有关土地改革的研究中，我们可以窥其一斑。

作为"革命史叙事"的范本，韩丁的《翻身——中国一个村庄的革命纪实》(以下简称《翻身》)将土地改革描绘成世代受经济盘剥和文化压迫的农民翻身求解放的史诗性事件。韩丁亲身参与了太行区潞城县张庄的土地改革运动，用社会学、人类学的"在地式"观察视角，从农民的日常生活逻辑出发来认识土改的历史实践。在韩丁眼里，土改翻天覆地，影响至深且巨，一如他对"翻身"的解释："对于中国几亿无地和少地的农民来说，这意味着站起来，打碎了地主的枷锁，获得土地、牲畜、农具和房屋。……它还意味着破除迷信，学习科学；意味着扫除文盲，读书写字；意味着不再把妇女视为男人的财产，而建立男女平等关系；意味着废除委派村吏，代之以选举产生的乡村政权机构。总之，它意味着进入了一个新的世界。"[1]在韩丁笔下，翻身之于中国乡村社会的

----

① 〔美〕韩丁:《翻身——中国一个村庄的革命纪实》，韩倞等译，邱应觉校，北京出版社 1980 年版，扉页。

积极意义不言而喻，翻身不仅成为北方土改的代名词，也成为中国乡村革命的符号象征与政治隐喻。虽然与《翻身》的时代背景大体一致，彼此甚至有许多雷同的生活场景，但弗里曼等人的《中国乡村，社会主义国家》（以下简称《乡村》）却循着"现代化叙事"展现了土改背离官方表述、导致社会失范的一面。《乡村》以华北平原的饶阳县五公村为个案，以五公村头面人物耿长锁的生活轨迹为线索，从历史人类学、社会学的角度对五公村的土改展开叙述，呈现了一个与革命史叙事截然相反的土改叙述：土改没有必要在华北乡村进行，土改在华北乡村是多余的、残酷的和血腥的，土地改革不但没有解放农民，给贫苦农民以权力，反而将乡村中的权力交给了地痞和懒汉，破坏了在抗战时期已经建立起来的乡村秩序①。

就《翻身》与《乡村》比较而言，我们不难发现二者的不同，也就是"革命"和"现代化"两种叙事话语的不同：革命叙事把中国共产党领导的革命活动生动而富有诗意地展现出来，说明土改的必然性及其在国家、民族、历史进程中的巨大意义；而现代化叙事则将土改放置在一个与世界紧密联系的视野中来审视，认为土改不但没有实现国家对农村的有效整合，反而使已经十分脆弱的农村社会秩序陷于混乱。诚然，历史研究的进步需要论争和分歧，但两种叙事话语对集体化时代农村社会的书写已非狭义的学术研究所能承载。两种叙事对集体化时代非此即彼的呈现，在很大程度上实则是不同社会价值尺度的张扬，抑或说是共产主义与资本主义两种"文明"的冲突，正如柯文所言："研究中所遵循的取向，所提出的基本问题主要仍然是由史家的社会文化环境所决定的。"②

对史家而言，回应历史的问题需要历史的眼光，历史的眼光则有赖

---

① 参见〔美〕弗里曼等：《中国乡村，社会主义国家》，陶鹤山译，社会科学文献出版社2002年版。

②〔美〕柯文：《在中国发现历史：中国中心观在美国的兴起》，林同奇译，中华书局2002年版，第48页。

于历史的资料，尤其是一手的材料，回归集体化时代事实本身的基础和前提，便是从搜集基层农村的档案入手。2005 年 8 月至 2006 年 6 月，我们带着诸多疑惑多次走进《翻身》描述的那个普通村庄——张庄。令人振奋的是，我们发现了张庄自土改到人民公社解体时期保存相对完整的档案资料。通过反复的文本阅读、资料分析以及田野考察，我们发现，"乡村社会有其自身运行的机制，当这种机制与国家选择的路径不同时，或者可以说当国家的权力意志及政治策略与乡村生活的情境不同时，普通村民作为乡村社会最基本的个体应当如何协调外来的文化与乡土规范的冲突，这样一种逻辑衍化的过程，单从国家与社会的宏观理论结构入手是无法理解的"[①]，同样也是"革命-现代化"叙事不能完全解释的。

　　正如集体化时代是中国农村社会一个空前绝后的时代一样，集体化时代基层农村档案资料的系统性和全面性在中国农村几千年的历史上也是空前绝后的。我们知道，传统中国农村的文献资料，除去普通的地契、房契等契约文书外，也有一些方志、笔记、文集等资料，远远谈不上系统性和完整性。集体化时代基层农村的档案资料的产生，却是一个由上而下的政策要求，县级以下，公社、生产大队、生产小队都保存了相对系统完整的档案资料（之前最多是县级以上才有相对系统完整的档案）。后集体化时代，实行家庭承包责任制，作为单位的"集体"已名存实亡，基层农村档案也就名存实亡。可以说，集体化时代的基层农村档案是中国农村有史以来首次系统而全面的档案资料。令人痛惜的是，这批记录集体化时代农村社会变革的庞大档案资料却未能受到应有的重视，尤其是近些年来，伴随着乡村社会发展浪潮的迭起，这批数量可观、种类繁多的档案资料在迅速散失而难以搜集。"可以试想一下，如果没有农村档案的存世，若干年后，我们怎样去研究这段历史？我们

[①] 行龙：《张庄：集体化时代的一个符号》，见《走向田野与社会》，生活·读书·新知三联书店 2007 年版，第 229 页。

的后人是否会淡化甚至遗忘这段历史？他们也会像我们今天研究明清历史一样，'进村找庙，进庙找碑'吗？那时又到哪里去寻找这些基层档案？"①

坐而论道，不如起而行之，出于对理论诘难的回应也好，面对集体化基层档案堪忧的现实境遇也罢，我们愈来愈清醒地认识到，下大力气对集体化时代基层农村档案进行抢救式搜集整理，时不我待，迫在眉睫。十多年来，我们栉风沐雨，不避寒暑，走向田野与社会，深入基层与农村，坚持不懈地以集体的力量积极开展集体化时代农村档案资料的搜集、整理和研究工作，说得大一点，堪称是一场"资料革命"！

历史是业已发生的唯一真实，它不是检验某种社会价值的工具，更不是铺陈某种历史叙事的注脚。面对集体化时代纷乱迷繁的历史叙述，我们需要"把历史的内容还给历史"②。历史研究的要义在于还原历史真实，档案资料尤其是一手文献则是还原历史真实的基石。长久以来，在"革命－现代化"等种种叙事的束缚下，集体化时代农村社会研究雾里看花，山重水复，积极开展"资料革命"，对当代农村基层档案进行抢救式搜集、整理和研究，则有助于我们摆脱论而不决的价值评判，在解除思想束缚，做到价值"解蔽"（荀子、戴震语）后，方有可能实事求是，自由讨论，在掌握一手资料的基础上洞察历史真相，走向历史现场，使集体化时代成为学科意义上的史学研究。

根据初步统计，迄今为止，我们已搜集到了遍及山西几十个县市范围近 300 个村庄的档案资料，目力所及，真可谓"无所不包，无奇不有"。

在占有这批村庄档案的基础上，我们也进行了一些尝试性的探索。这些年来，我们一方面注重学习和交流，组织召开各种相关的学术会议，邀请方家访问指导，商洽合作研究事宜，另一方面身体力行展开研

---

① 《关于本书》，见行龙、马维强、常利兵：《阅档读史：北方农村的集体化时代》，北京大学出版社 2011 年版，第 Ⅱ 页。
② 《马克思恩格斯全集》第 1 卷，人民出版社 1956 年版，第 650 页。

究，继 2006 年首次向学界推介中心所藏集体化时代基层农村档案的概貌后 ①，2011 年又从海量文献中选取精华，以时间为序，事件为类，左图右史，图文并茂，整理编撰出资料类书籍《阅档读史：北方农村的集体化时代》，力求呈现鲜活生动、原汁原味的历史画面。出乎意料的是，该书的出版，受到学界和社会的普遍关注。2012 年，我们选取 20 余个村庄的档案资料为研究对象，申请到了国家社科重大项目"当代中国农村基层档案资料搜集、整理与出版"，拟分辑影印出版上百册山西农村基层档案资料，力争将中心最为完善和系统的村庄档案公之于众，嘉惠同仁。

新资料的发现往往意味着新视角和新方法的出现。集体化时代农村基层档案搜集、整理与研究工作的开展在为集体化时代农村社会研究纵深发展奠定厚实的基础，同时也是提炼新观点、创建新理论的必要前提，因此对集体化时代进行研究的视角和方法才有了进一步的革新。

二　自下而上：书写完整的集体化历史

检讨多年来集体化时代的研究成果，大致可以分为三种类型：一是中国革命史或中国共产党党史模式。这一模式大多限于对重大事件和上层路线方针政策的诠释，骨架虽有但血肉缺乏。这种宏观性的研究很少让我们看到基层民众在集体化时代所展现出的复杂的实践、鲜活的人物和动态的过程，普通民众的身影似乎淡出了历史。二是海外学者的人类学社会学著作，如韩丁的《翻身》、柯鲁克夫妇的《十里店（一）：中国一个村庄的革命》、弗里曼等人的《中国乡村，社会主义国家》等，由于观察立场和价值预设不同，这些著作中蕴含了不同的叙事取向，他们对集体化时代的刻

---

① 行龙、马维强：《山西大学中国社会史研究中心"集体化时代农村基层档案"述略》，见黄宗智主编：《中国乡村研究》（第五辑），福建教育出版社，2007 年，第 273—289 页。

画有着极大差异甚至截然相反的评判，他们的研究究竟在何种程度上可以揭示历史的真实，又能做到多大程度的"同情的理解"？这都需要进一步深思和商榷。三是国内学者的多学科解读，如张乐天从社会学视角写就的《告别理想——人民公社制度研究》、阎云翔在人类学视域下完成的《私人生活的变革》、孙立平主持的"二十世纪下半期中国农村社会生活口述资料搜集与研究计划"系列成果等，他们试图从普通民众的视角去揭示集体化时代国家与社会的关系，更多侧重的是国家向社会的渗透。

让我感到稍有遗憾的是，对集体化时代这样一个重要历史时段的研究，历史学本学科却基本沿袭传统框架，难有突破，这是需要重视和反思的。

从史料来说，以国家视野及精英话语为中心的资料运用取向从根本上决定了传统史学研究的视野多有限制。目力所及，学界对集体化时代的历史阐释大致使用了以下四类材料：一是由中央权威机构出版和公布的上层史料，如重大决策、事件的回忆录，领导人物的年谱、书信录、文稿、文集、传记，政策文献选编等；二是地方部门收藏、整理和出版的地方性史料，如各地省、市、县的档案馆资料和地方志材料等；三是历史亲历者的口述、日记、回忆录等个人性史料；四是海外所藏相关史料。诚然，已有史料涉及当代史变革的诸多方面，其重要性不言而喻。但我们也应该意识到的是，这些以国家视角为中心的档案资料只能使研究者的眼光限于政治、军事、外交等重大历史事件、上层方针政策的探源，聚焦政宦显要、风云人物等社会精英的时代功过和命运浮沉，只能呈现出历史的某些侧面，无法对集体化时代进行全面的完整的历史书写。就史观而言，陈陈相因、渐成定式的革命史框架也是集体化时代研究难以繁盛的重要原因。我们知道，与20世纪中国革命齐步前进的，是革命史观在史学领域的逐步确立，特别是随着新政权的建立，革命史观在中国历史研究中更是取得了难以撼动的优势地位。客观而论，革命史观之于中国历史学有其积极的一面，即将社会经济现象作为分析的出发点，并揭示出在社会经济进程中将广大的不同领域联结在一起的环节，从而提供了一个构建通史的基础①。然而，革命史观对中国历史的宏观审视和长程解读在很大程度上规定了当代史书写的"春秋笔法"，易将原本丰富鲜活、有血有肉的当代史图景化约为"骨架虽有但血肉缺乏"的政治史。

总体来看，传统史学本位下集体化时代研究"说到底是一条政治史的主线"，遵循的是"自上而下"的视角，"更多的是研究上层领导或高层领导的思想与活动以及重大历史事件，尤其是以党为主体的历史事件，甚至党的历次代表大会成为党史和革命史的叙事主线"，而"基层农村社会尤其是亿万农民的生存环境、衣食住行、人际交往、精神心理状态、日常生活等，我们了解和研究得仍然十分有限"。② 马克思曾说："现代历史著述方面的一切真正进步，都是当历史学家从政治形式的外表深入到社会生活的深处时才取得的。"③ 调整研究立场，切实转换研究视角，迈向从基层社会出发的集体化时代农村社会研究，既是整体地全面地认识集体化时代的内在诉求，亦是集体化时代基层农村档案带给我们的"历史启示"。

当年，梁启超先生在《中国历史研究法》中谈到，衡量史学进步与否的标准主要有两个："其一，为客观的资料之整理。畴昔不认为史迹者，今则认之；畴昔认为史迹者，今或不认。……其二，为主观的观念之革新。以史为人类活态之再现，而非其僵迹之展览。为全社会之业影，而非一人一家之谱录。"④ 以梁启超先生评判史学进步与否的两个标准来看，我们在"资料之整理"与"观念之革新"两个方面做得都很不够。

---

① 〔美〕阿里夫·德里克：《革命与历史——中国马克思主义历史学的起源，1919—1937》，翁贺凯译，江苏人民出版社 2005 年版，第 12—13 页。
② 行龙：《"自下而上"：当代中国农村社会研究的社会史视角》，《当代中国史研究》2009 年第 4 期。
③《马克思恩格斯全集》第 12 卷，人民出版社 1962 年版，第 450 页。
④ 梁启超：《中国历史研究法》，上海人民出版社 2014 年版，第 3 页。

平心而论，对于农村基层档案的认识，我们也有一个转变的过程。最初我们在田野工作中搜寻明清资料的时候，对集体化基层村庄档案有些相见不相识，未给予关注或关注不多。正是后来国内外学者对集体化时代的出色研究激发了我们的思路，而社会史"长时段"的视野则进一步让我们意识到基层村庄档案的重要学术价值。随着搜集、整理和研究的渐次展开，我们越来越清醒地意识到，大量的基层档案资料可以在集体化时代研究中大有作为：一方面，它们来自基层社会，这些档案资料大都是基层民众革命实践的原始记录，在很大程度上能够反映集体化时代国家话语在基层社会的真实展现；另一方面，随着基层档案资料的挖掘和利用，必然带来研究视角的转换，这就是"自下而上"的社会史视角。以此研究集体化时代的中国农村社会，意在将中国社会史的研究从古代、近代引入现当代，进一步丰富我们对中国历史和中国革命史的认识，弥补"自上而下"政治史研究的不足，书写更为完整和全面的集体化历史。

作为土地改革的重要环节，诉苦研究长期以来备受关注，聚讼纷纭。相关研究成果，可以概括为以下三类：一是为什么要诉苦，着重探讨诉苦过程中普通民众进行自主真实表达的可能，有学者指出，国家对苦难的经营和再造是理解诉苦的基础，农民基于自身利益诉求对阶级化诉苦进行了选择性适应和策略性应对，本质上是与政治权力之间的复杂博弈[1]；二是诉苦的旨趣何在，旨在分析诉苦的技术性或机制性意义，指出诉苦或是一种行之有效的动员技术[2]，或是一种农民国家观念形成的中介机制[3]；三是诉苦的效果如何，力图通过对土改期间诉苦运作过程的细致分析，探寻贯穿其间的思想教化和权力运作，分析诉苦之于土

---

① 吴毅、陈颀：《"说话"的可能性——对土改"诉苦"的再反思》，《社会学研究》2012年第 6 期。

② 张鸣：《动员结构与运动模式——华北地区土地改革运动的政治运作（1946—1949）》，《二十一世纪》（网络版）2003 年 6 月号。

③ 郭于华、孙立平：《诉苦：一种农民国家观念形成的中介机制》，见刘东主编：《中国学术》（第十二辑），商务印书馆，2002 年，第 130 页。

改乃至中国革命的影响①。毋庸讳言，诉苦是已然发生的唯一历史事实，通过爬梳和回顾，我们却看到了多重的历史叙述，此类讨论虽有助于推陈出新，但也形成了"画地为牢""自说自话"的局面，从而很难产生有效的争鸣和对话。应该说，此种研究态势的形成，一方面固然与学者本身的旨趣有关，另一方面，也许更为重要的，则是研究者的资料占有和运用所致。与当代史研究的史料来源几近相同，诉苦研究也多是官方文献、运动亲历者或从实际调查中搜集而来的口述史资料，基层村庄档案尤其是一手原始诉苦档案的付诸阙如，使我们难以看到普通民众在当时当地真实历史情境下诉苦的本来面貌。

这里以中心所藏山西省晋城市泽州县贾泉村 1946 年的诉苦账为例，延伸而论。这一诉苦账是土改运动中用毛笔书写的，普通的但又是难得一见的诉苦账，原始记录如下：

民国三十五年正月十八诉苦账

1. 赵全喜去城领贷款 100 元，借了 20 元，还得等保人去担铁砖，担了四组只想三个贷款 100 元，只给了 50 元。

2. 关□□（"□"代表无法辨别）诉去担铁砖把腰骨伤了，十天治了三回。

3. 焦福贵诉去领贷款 100 元，只给了 50 元。

4. 关法炉诉去担铁砖上次□ 8 毛，只给老百姓□ 2 毛一天。

5. 关全炉诉跟白鹤鸣争村长花了麦 20 多旦（担），王凤岐麦子□也没给，还有明水 200 元。

6. 关木生诉去领贷款 100 元没给，又去高平担谷打了我一顿。

7. 关锁维诉去支民夫打了一顿没出气来。

8. 关太河诉去支民夫谷没种上，在高平扣了半月。

9. 关□生诉去支民夫周村□刘英把一双鞋脱了。

---

① 李放春：《苦、革命教化与思想权力——北方土改期间的"翻心"实践》，《开放时代》2010 年第 10 期。

10. 瞎德新诉去担铁砖没办法把几件衣服给了□□□。

11. 关裕福诉去城领贷款 100 元，只给了 50 元□□□。

12. 白全旦诉去城领款 50 元，大田花了。

13. 关更玉诉去支差车把驴支死了，把我的儿子栓住□一斗卖。

14. 关双河说买了几亩不好的地□□□。

15. 申铁柱领了队伍把鞋拿走又卖被□□□。

16. 白全旦诉洋 100 元。

17. 关更生诉□□民夫把我打了一顿。

18. 瞎法诉登麻板一付。

19. 关木生诉谷三斗外加被子一条。

20. 关栓旦诉领贷款交过红契一直没给。

21. 关更生诉一斗大卖一斗小麦没给。

22. 杨军根诉□□□兵拿走被子三条米一斗。

23. □海奎诉领了□□给了米一斗。

24. 杨□和诉拿了洋 100 元说顶麦□斗后来 100 元只能折□□。

25. 侯领安诉领□□扣了一夜。

尽管土改运动已经过去 60 多年，贾泉村也沧海化桑田，但原汁原味的一手诉苦档案还是有幸得以留存下来，尤其是与今日常见易得的或官方或口述的资料相比而言，贾泉村原始诉苦记录愈发珍贵。透过这段简短的摘录，我们可以从中获取丰富的历史信息：（1）这份诉苦账的抬头时间是"民国三十五年正月十八"，即 1946 年 2 月 19 日，其时正是减租减息运动之际，尚未拉开以《五四指示》为标志的土改大幕，这就表明诉苦并非土改时期的特有环节，而是早在减租减息时期，诉苦业已在包括贾泉村在内的村庄铺陈开来；（2）贾泉村民众回应诉苦的前提和基础是多方面的，既有来自官方自上而下的权力实践和运作，也有他们从自身日常生活逻辑着眼，借以伸张自身物质利益或情感诉求的自下而上的参与，那些今天我们看来"鸡毛蒜皮"的事情正是所诉之"苦"；

（3）从这则记录中，我们看到减租减息期间的"诉苦"似乎风平浪静，这与我们后来从田野中了解的土改时激烈的"诉苦"有很大不同，这也从侧面表明不同运动期间民众的所诉之"苦"并非铁板一块，而是可能存在从"民瘼之苦"向"阶级之苦"的转变。事实上，作为中国共产党革命成功的重要经验，诉苦运动完全是在乡村日常生活世界中上演的，正是生活于其间的普通民众给这场运动留下了深深的烙印，极大地影响了运动的进程，因此，如果我们脱离开农村的日常生活世界及农民自身的行动逻辑去理解诉苦，那么注定是无法深入下去的。从"自下而上"的视角出发，应当成为我们研究集体化时代中国农村社会的基本立场。

具体而言，从"自下而上"的视角对集体化时代的农村社会进行研究需要着重从以下几个方面入手：一是要从农村社会发展变迁的实际出发，而不仅仅是从政权更易的事件出发，人为地割裂这个完整的时代；二是要在研究上层的同时，更多地关注下层农村的实态；三是需要我们对农村和农民的日常生活给予更多的关注。质言之，自下而上地研究这个时代的历史，就是要通过对基层社会、普通民众乃至个体声音的发掘，将历史研究的视线下移至广大民众和芸芸众生，真实再现地方社会在集体化时代中的多样化表现，通过深描普通民众的生活历史去重新认识和反思中国革命，从而整体地全面地完整地了解和认识这个特殊的历史时代，这是"自下而上"的社会史研究的基本要求，也是我们更加全面地完整地认识这个时代的基本出发点。

当然，"自下而上"的视角并非对以往的政治史架构一概否定，而是强调单纯的自上而下的研究只能展现历史的某些剖面，地方社会不是作为宏观历史叙述的舞台或背景而存在，而是在历史合力之作用下深度参与并影响着历史航向，这就要求我们在具体的研究实践中将"自下而上"与"自上而下"两种路径结合起来，而不是割裂开来，否则，很容易将丰富的历史图景简化为单纯的政治史，或者看不到国家权力意志在地方的真实存在，将当代史研究表面化、碎片化。

三　优先与人类学对话：走向田野与社会

　　毋庸讳言，作为 20 世纪中国革命的重要历史主题，波澜壮阔的集体化进程完全是在特定的区域社会里发生和展开的，而任何一个区域都有其特色迥异的地理环境、人文传统、政治生态及社会结构。正是这些差异极大的区域性特征，决定了宏观的集体化实践必然会在微观的地域空间中呈现出纷繁复杂的历史景观，也就是说，集体化时代农村社会研究更多面临的是"地方性"知识，这就要求我们在进行集体化研究时必须走向"在地化"。研究历史首先需要"同情地了解"历史，物换星移，时过境迁，由于地理空间感的模糊、地方性知识隔膜等限制，使得我们今天在构建历史场景时面临很多困难。那么，我们怎样才能最大限度地贴近那段历史，获得丰沛的时空感和现场感呢？根据我们多年来的摸索和体会，"优先与人类学对话"是目前相对切实有效的选择和取向。这是我们多年来从事区域社会史研究的一种感受，是搜集、整理和研究集体化农村基层档案过程中的一种体悟。

　　"优先与人类学对话"是法国第三代年鉴学派领军人物雅克·勒高夫提出来的。他指出历史学要"优先与人类学对话"，新史学的发展"可能是历史学、人类学和社会学这三门最接近的社会科学实行合作"[①]。在我而言，集体化时代农村社会研究在坚持历史学基本方法的同时，一方面是要较多借用社会学、人类学、民俗学、历史地理学等学科的方法，另一方面则是要走向实践，从实践出发展开切实有效的研究。研究方法并没有优劣之别，更没有高下之分。按照我的感受和理解，"方法就是观念转变，方法就是新领域的开拓，方法就是研究内容的深

[①]〔法〕雅克·勒高夫：《新史学》，见蔡少卿主编：《再现过去：社会史的理论视野》，浙江人民出版社 1988 年版，第 121 页。

化，方法就是新史料的挖掘，方法就是整体史的追求"①，随着我们集体化时代基层农村档案搜集、整理和研究的深入，也愈来愈感受到"优先与人类学对话"的魅力，集体化研究的"在地化"取向，不仅能够让我们设身处地关照研究对象，还让我们在资料的搜集和解读中最大限度地逼近历史本身。

大体而言，"优先与人类学对话"带给集体化时代研究的启示主要有三个层面：一是就资料的搜集而言，我们主张进行"集体式调查"；二是从资料的解读来说，人类学本身的理论与实践启示我们，要重视文献解读与田野工作的结合；三是要始终保持总体史的眼光，重视多学科合作的理念，避免"碎片化"问题。

多年来，我一直在倡导"走向田野与社会"，这既是我们从山西区域社会史研究实践中所得，也是学科互渗的产物，是社会史研究受到人类学影响后的学术潮流，也可以视为社会史研究中的人类学取向。在我看来，"田野包含两层意思：一是相对于校园和图书馆的田地与原野，也就是基层社会与农村；二是人类学意义上的田野工作，也就是参与观察实地考察的方法。这里的社会也有两层含义：一是现实的社会，我们必须关注现实社会，懂得从现实推延到过去或者由过去推延到现在；二是社会史意义上的社会，这是一个整体的社会，也是一个'自下而上'视角下的社会"②。从学理层面看，"走向田野与社会"是一个包含资料搜集、解读与研究三位一体的治史理念。对于集体化时代农村社会研究而言，尤为如此。

先谈资料的搜集问题。集体化时代农村基层档案的重要价值在于它的数量庞大而不可复制，其可惜之处在于它的迅速散失而难以搜集。欲善其事，必利其器，如何开展切实有效的搜集和研究，就成为我们一直在探索的问题。目力所及，目前学界对基层档案的搜集多是个体化行

① 行龙：《二十年中国近代社会史研究之反思》，《近代史研究》2006 年第 1 期。
② 行龙：《走向田野与社会：区域社会史研究的追求与实践》，《山西大学学报（哲学社会科学版）》2012 年第 3 期。

为，然而，个人力量毕竟有限，特别是随着城市化、现代化的浪潮对广大农村地区的涤荡，基层档案资料流失加剧。对此，我们深有体会，也备感痛惜，同时也更加觉得进行资料建设的迫切性和重要性。那么，怎样才能在更加广泛的意义上将"资料革命"这一工作开展起来呢？根据我们多年积累的经验，最根本的还是充分地依靠集体和团队的力量，进行资料的搜集、整理和研究，这也是那些研究个体从兴趣出发的搜集行为所无法相比的。在我们刚刚起步之时，我倡导中心师生从自己的家乡以及所在村庄做起，利用天时、地利、人和的条件搜集资料，实践表明，这是一条行之有效的捷径。我们在《山西大学中国社会史研究中心"集体化时代农村基层档案"述略》一文中所介绍的三个具体采集单位中，有两处就是学生的家乡。事实上，此种"集体调查"做法在中西方史学实践中已有先例可循。如以"史学即史料学"一语闻名的傅斯年在他创办的"中央研究院"历史语言研究所，即主张"集众式的研究"，以集体的力量搜寻新史料在当时成了一种口号，形成了一种集体的自觉，而非个人的嗜好。在法国年鉴学派那里，同样将"集体调查"作为重要的研究方法。

再者是资料的解读问题。原始基层档案是集体化研究的基础，那么在占有资料后，该如何进行有效的解读呢？作为中国农村有史以来最为完备和系统的资料留存，集体化时代基层档案个性鲜明而突出，可以说形成了完整的档案逻辑。那么，在大量档案语言的背后，它蕴藏着怎样的政治逻辑和文化机制？基层民众的行动逻辑又是怎样的？要回答这些问题，就需要我们走向实践，通过"在地化"研究去了解档案背后所潜藏普通民众的话语表达。于我们而言，最能感受"优先与人类学对话"给集体化时代研究带来滋养的莫过于人类学的田野工作。我们知道，人类学的田野工作要求研究者到被研究者的生活圈子里至少进行为期一年的实地观察与研究，与被研究者"同吃同住同劳动"，进而撰写人类学意义上的民族志，这对我们进行基层档案的搜集、整理和研究具有重要的借鉴意义。

　　最后需要强调的是对集体化时代农村社会研究要始终保持总体史眼光。目前，随着集体化研究的日益精细化和微观化，集体化时代研究在走向纵深的同时也面临着日益"碎片化"的隐忧。就目前的研究实践来看，碎片化问题主要表现在两个方面：一是部分学者虽以区域性研究为个案，但更多的只是将宏观的历史叙事分解为区域性表述，微观趋向的研究成为大历史的注脚，作为方法论的区域性研究之价值无从凸显，遑论对大历史的反思与修正；二是随着集体化研究主题的不断扩展，普通民众的初级生活圈渐次进入研究视野，举凡婚姻、家庭、人口、医疗、教育等问题皆成为研究的着眼点，却也带来了碎而不通，只见树木不见森林的困惑。如何避免碎片化？对此，人类学对总体史的追求给我们带来积极的启示，"总体史并不简单的就是要追求研究对象上的五花八门、包罗万象甚至是越多样化越好、越琐细化越好，也不是单个社会要素连续相加重叠的混合体，而是一种多种结构要素相互联系和作用的多层次的统一体"，"只要我们保持总体化的眼光，进行多学科的交流和对话，勇于和善于在具体研究中运用整体的、普遍联系的唯物史观，再小的研究题目，再小的研究区域也不会被人讥讽为'碎片化'"。[1] 这就是说，在进行研究时，既要"神游于内"，又要"超然其外"，心中始终要"有似绳索贯穿钱物"（陈旭麓语）的东西。

四　结语

　　"青山遮不住，毕竟东流去。"作为中国近现代新陈代谢过程中一个难以忘却的时段，集体化时代因其"天翻地覆慨而慷"的历史实践而成为20世纪中国历史变革中最为剧烈的时期。在这段历时40年的时段中，中国共产党人旨在以土地和经济的集体化来推动国家的现代化，随

---

[1] 行龙：《中国社会史研究向何处去》，《清华大学学报（哲学社会科学版）》2010年第4期。

着 20 世纪 80 年代国家政策的改弦易辙，以家庭联产承包责任制的推行宣告了集体化道路的终结。一切历史都是当代史，我们并不能因为集体化时代的曲折而漠视或者否认集体化时代在历史发展过程中的意义，"不知有汉，无论魏晋"，回望集体化时代的历史经验，依然有着重要的学术价值和现实意义。尊重历史的最好方式就是还原历史，从基层农村档案入手，从自下而上的视角出发，"优先与人类学对话"，是我们开展集体化时代研究的可取路径。诚然，在"走向田野与社会"的治史理念下，集体化时代研究还有很多问题有待深入。集体化时代虽然肇端于 20 世纪 40 年代前后，但它毕竟与传统社会尤其是民国时代的社会结构有着千丝万缕的联系，那么从长时段来说，集体化时代中有哪些变与不变的历史要素？孕育集体化时代的历史条件和社会机制是什么？作为整个 20 世纪国际共产主义运动的重要组成部分，土地改革、合作化等运动显然并非中国所特有，在与西欧、苏联、印度等不同区域的比较中，中国的集体化究竟有哪些结构特质？又如集体化时代的运作逻辑是如何或明或暗地影响着今天的现代化历程？如此等等，这些都是需要我们进一步探求的。

个案研究

模范引领：山西农业集体化的一根"红线"

引 言

山西在一般人的印象中，不过是北方的一个普通省份。然而，历史时期它却有着重要的战略地位，重要的战略地位又使它具有了不一般的政治军事地位。

从全国的地貌图上看去，山西地处西北高东南低这一整体走势的第二级台面，其海拔大都在千米以上。顾祖禹以方舆论历史，认定"山西之形势，最为完固"。

> 山西之形势最为完固。关中而外，吾必首及夫山西。盖语其东则太行为之屏障，其西则大河为之襟带，于北则大漠、阴山为之外蔽，而勾注、雁门为之内险，于南则首阳、底柱、析城、王屋诸山滨河而错峙，又南则孟津、潼关皆吾门户也。汾、浍萦流于右，漳、沁包络于左，则原隰可以灌注，漕粟可以转输矣。且夫越临晋，溯龙门，则泾、渭之间可折箠而下也。出天井，下壶关，邯郸、井陉而东不可以惟吾所向乎？是故天下之形势必有取于山西也。[①]

四山锁闭的地理环境，造就了山西引领黄土高原苍山大河，俯瞰东南广阔平原的雄浑之势，诸河上下津渡门户又成为北部边境通向中原腹

---

① ［清］顾祖禹撰，贺次君、施和金点校：《读史方舆纪要》卷三十九《山西方舆纪要序》，中华书局 2005 年版，第 1774 页。

地的天然走廊。这一"表里河山"的地理大舞台，使得山西在中国古代历史进程中扮演了一个有声有色的角色，一个举足轻重的角色。

山西是中华民族重要的发祥地，这一论断已被众多考古发现所证实。尧都平阳（今临汾）、舜都蒲坂（今永济）、禹都安邑（今夏县），至今美丽的传说和历史遗址仍可耳闻目睹；夏商周三代，山西是中华民族重要的活动区域，"晋文公称霸"最为世人称道；之后韩、赵、魏"三家分晋"拉开战国大幕；战国七雄齐、楚、燕、韩、赵、魏、秦，山西境内居其三；秦汉时代，山西不仅农耕、商业领先，而且成为抗击匈奴的前哨；魏晋南北朝时期，32个少数民族政权群雄逐鹿轮番更替，山西是一个核心地带；隋唐大一统，晋阳（今太原）是仅次于长安、洛阳的第三大政治中心，是武则天时期的"北都"；五代十国分裂割据时代，三个由沙陀族建立的小朝廷（后唐、后晋、后汉）以晋阳为根据地，进而夺取黄河流域大部分地区，盘踞晋阳的北汉是北宋统一过程中最后被征服的割据势力；金元时期，山西是一个受战乱创伤相对较轻的地区，它的经济文化反而比邻近的河北和关中平原地区发达；明清大一统，山西一面是抗击蒙古的前沿，一面伴随着全国社会经济的发展而发展。

从古代山西历史发展的脉络可以看出，每逢中国历史的分裂割据时代，山西的战略地位就会越发凸显，而统一稳定之时，也是山西经济文化相对发达之时。究其原因，有两个：一是山西地处黄土高原东部，相对河南、河北、陕西的关中地区而言，它是居高临下的，这是它的地理优势；二是盘踞山西的割据势力大都是强悍的少数民族，他们武力很强，因而能够攻则取之，退则守之，长期割据称雄。[①]笔者在这里还要补充的是，分裂割据时代，不仅是生灵涂炭、经济凋敝的时代，同时又是民族冲突与民族融合的时代。一部中国古代的历史，就是汉族和少数民

---

① 谭其骧：《山西在国史上的地位——应山西史学会之邀在山西大学所作报告的记录》，《晋阳学刊》1981年第5期。

族不断冲突与融合的历史。从这个意义上讲，山西地处汉族与北方少数民族的交界带，这样的战略地位对中国古代历史的发展也是有贡献的。[①]

19世纪中叶后，随着跨海而来的西方资本主义势力自西向东的步步渗入，东南沿海地区首先成为中西交冲的前哨，同时也就成为军事、外交、经济、商业、文化的中心。之前朝野上下注目的北部边患狼烟转化成沿海的"坚船利炮"，这一"数千年未有之变局"，使山西在古代中国历史中的战略地位黯然失色。及至1911年辛亥革命以后，与延续数千年封建统治一样退出历史舞台的是山西那个曾经创造过商业辉煌的晋商群体。就在作为群体的晋商逐渐退出历史的同时，从文山沱水走出了一个日后叱咤风云的阎锡山。

民国时代，中国社会又进入一个军阀割据、战火延绵的混乱时代，军阀割据与民国相始终，阎锡山与民国山西相始终。在南北各地无数大小军阀争斗火拼旋生旋灭的大浪淘沙过程中，唯独阎锡山一以贯之地统治山西38年而成"不倒翁"。这是一个历史的事实，也是一个历史的延续。

与那个时代多数中国人一样，阎锡山也有着强烈的民族主义情怀，他不像奉系、直系那样去寻找或投靠外国势力，他是在利用山西山河环绕易守难攻的地理优势，以"保境安民"相号召苦心经营山西，山西重要的战略地位在阎锡山手上再次凸显。"能守住就能存在，我们就当在守上努力。"阎锡山的民族主义内化为自己的存在主义和地方主义，在中央政府尾大不掉、分崩离析的难局中，阎锡山的地方主义具有重要的政治意义。

不可否认的是，阎锡山时代山西是被国民政府推广的"模范省"，这个模范就模范在它在一个混乱的年代里建立了一种秩序，革命党人在全国没有做到的事情，阎锡山在山西做到了。值得注意的是，那个时

---

① 参见行龙：《山西何以失去曾经的重要地位》，见《走向田野与社会》，生活·读书·新知三联书店2015年版。

代，包括阎锡山家乡五台河边村在内的"模范村"星罗棋布地遍及南北同蒲铁路全线，而阎锡山经营"模范村"的一个重要策略就是一步步地推进"村本政治"。他所谓的"村本政治如戏台，整理村范为第一幕"，就是把那些"兼通文义"又有一定不动产的地方士绅推到基层农村的前台，扮演主角施展手脚。但地主士绅一旦与权力操作的"村本政治"挂钩，士绅便逐渐演化为官绅。他们征收赋役，拨派民夫，欺上瞒下，敲诈勒索，无恶不作，真正成为阎政权村公所石碑上指斥的"贪官污吏，土豪劣绅"。"清朝改民国，换汤不换药。百姓地狱苦，官绅天堂乐。"这是当时山西流行的民谣，也是基层农村生活的实态。

兴废由人事，山川空地形。在阎锡山在日本、蒋介石、共产党三种势力中间斡旋，"在三个鸡蛋上跳舞"的年代，中国共产党人走进山西，走进太行、吕梁山间。三晋大地农村社会中没有文化又最为贫困的农民群体在战争和革命中成为村中领袖，成为革命和建设事业中的佼佼者，这是一个彻底的农村社会精英人物的更替，一个真正的翻天覆地。

山西在中国革命和建设的进程中，在中国共产党人领导的农业集体化进程中又一次受到世人瞩目。从李顺达到陈永贵，从最早试办农业生产合作社到全国农业学大寨，山西可谓模范辈出，一路领先。笔者将此称为"模范引领"。犹如一根红线，模范引领贯穿近半个世纪的山西农业集体化时代。这根红线不仅自下而上地在三晋大地上露出头角，进而在全国翩然而起，而且它从基层升至高层，自上而下地得到中央乃至毛泽东主席的赞扬肯定，进而在全国飘扬开来。

一个"自下而上"和"自上而下"相结合的重要历史现象，需要我们以历史的眼光审慎地看待。

一　"太行山上的劲松"李顺达

1983 年 7 月 11 日，《人民日报》以"新华社太原 7 月 8 日电"之名义，以《太行山上的劲松——记全国劳动模范李顺达》为题，通告世人李顺达病逝。这篇千字左右的报道，除按惯例报道出席追悼会的领导及李顺达简历外，给李顺达定性的话语是"全国著名劳动模范、中国共产党优秀党员"，也算是对李顺达的"盖棺定论"。

李顺达由一个普通农民变成一个家喻户晓的全国著名劳动模范，他的成长道路不仅是个体的成长道路，同时折射的是中国共产党从地方到中央培养模范、塑造模范的道路。

1915 年，李顺达出生在河南林县一个贫苦农民家庭。林县自然条件较差，家里又人多地少，父亲李发全学会了木工、泥瓦手艺，成为村里能干的人。以此手艺，李发全常年领着一伙人游走四方，包揽工程，也就是现在所说的"包工头"。1929 年，年仅 14 岁的李顺达随父来到山西晋城帮工学艺，一次意外的工程完工而雇主逃匿事件，使得李发全赔光了几年来辛苦赚来的全部积蓄。父子二人怏怏然垂头丧气地回到林县老家，面对的仍然是困苦煎熬的生活。

为了分担家里的困难，1930 年，15 岁的李顺达独自一人来到山西平顺县路家口村投奔二舅郭双龙。次年春季，母亲郭玉芝从林县老家一路找来路家口，母子二人靠租种地主五亩二分坡地生活，但一年到头仍是吃不饱穿不暖，逐渐懂事的李顺达心里愈加难过。路家口生计困难，李顺达母子二人又抱着一线希望流落到西沟村。时在 1932 年。

西沟与路家口毗邻，都是十年九旱、土地贫瘠的山区。在西沟和在路家口一样，李顺达母子仍以租耕为生，生活很是艰苦。1936 年西沟灾荒歉收，家里打下的粮食全部交了租子，结果还欠下一大笔债。无奈之下，李顺达一路乞讨来到晋城，盼望又来到这里打工的父亲能够接济家需。可祸不单行，父亲李发全因为讨取自己的工钱而惨遭毒打，一气之下病亡晋城。李顺达只能两手空空饱含辛酸地回到西沟，与母亲、弟弟、妹妹继续过着忍饥挨饿的生活。

1938 年，对李顺达来说是充满希望的一年。这一年，共产党领导的八路军来到太行山，并建立了抗日根据地政府。为了团结山区群众进

行抗日，根据地政府施行合理负担，颁布了"五一"减租法令，即贫农
向地主交租每五斗减一斗；次年再施行"四一"减租，每四斗减去一
斗。绝处逢生的李顺达在减租减息的斗争中，挺起腰杆理直气壮地按
照根据地政府的法令与地主斗争，为西沟18户佃农树立起榜样，同时
带动了周围各村的减租斗争。1939年，通过减租减息，西沟村的佃户
获得了倒租[①]23石粮食，死契地23亩，也就是全西沟已经没有佃户了。
正是在1938年，李顺达加入了中国共产党。1939年，李顺达从路家口
村娶回媳妇成家。他一面带领群众发展生产，一面组织民兵配合八路军
抗击日军，劳武结合，凡事带头，李顺达这个外来户在西沟村树立起了
威信。

　　20世纪40年代，抗日战争进入相持阶段，山西各根据地的政治、
经济、军事形势面临着极为严重的困难局面。面对劳动力减少、大牲
畜及农具严重短缺的局面，为了解决军需民食，太行山各县民主政府
发动群众，制订春耕生产计划。也就是在这种情况下，时任武乡县
委书记李友久和榆社县委书记王谦开始讨论农村劳动互助问题。据
王谦回忆，我俩联想到毛泽东在长汀乡调查报告中提到的"共耕
社"，认为那就是我们这里老百姓中常用的"合牛犋""工变工"等
生产形式。后来，我们俩就商量，决定在这个基础上再研究个办法，
叫互助组吧，咱也不叫"合牛犋"了，也不叫"工变工"了，内容
和那些一样。接下来，我们俩又商议还应该有些规矩呀，至少农民
约定的那个东西要更规范具体一些吧。这样，我们就研究决定了三
条：第一，一定是要自愿的，自由的，不能强迫，谁愿意多长时间就
多长时间，愿意怎么变工就怎么变工，牛也好，驴也好，什么等等都
好。第二，是要公道，开始起了个名字叫"等价"，后来我们研究确

---

① "倒租"，指按照根据地减租法令，将地主多征收的租子还给佃户。见《劳动英
　雄：李顺达的翻身故事》，太行二专署，1945年，山西省档案馆馆藏档案，档案
　号：21-G1-260。转引自常利兵：《红旗飘飘——西沟村的革命、生产及历史记忆
　（1943—1983）》，山西大学博士学位论文，2010年。

定叫"等价交换"……第三，退社、解散都是自愿的，但是愿意长期互助合作的也可以。这样一来，就解决了 1940 年春耕生产的劳、畜力缺乏问题。从此以后，在太行区根据地的武乡、榆社、黎城这些地方互助组就发展起来，形式也很多，这就是生产互助合作事业的最初历史。①

"太行区最早兴起的生产互助合作事业"，是王谦日后津津乐道的一件大事。事实上，1942 年 1 月 7 日，太行《解放日报》就以《榆社生产总结》为题，推广榆社县以互助合作为主要生产形式的经验。1942 年 3 月 19 日，延安《解放日报》发表毛铎的《介绍晋东南的劳动互助小组》，推广太行区"劳动互助小组"。李顺达在西沟成立的第一个互助组，时间在 1943 年 2 月 6 日（农历正月初二）。可以说，李顺达互助组是太行区，也是全国范围内最早成立的互助组之一。现有关西沟和李顺达的著述中，或将李顺达的互助组称作"太行区第一个互助组"②，或称"全国第一个农业生产组织——李顺达互助组"③。其实，这些表述都有些牵强附会。

值得注意的是，太行区第一批互助组的成立要比毛泽东《组织起来》的讲话早一些。1943 年 11 月 29 日，毛泽东在招待陕甘宁边区劳动英雄大会上的讲话中首次以"组织起来"为主题，对边区的大生产运动进行了总结，对"四种合作社"表示了充分的肯定和赞扬。毛泽东在这个讲话中对中国农业的集体化已经有了一个憧憬。

> 在农民群众方面，几千年来都是个体经济，一家一户就是一个生产单位，这种分散的个体生产，就是封建统治的经济基础，而使农民自己陷于永远的穷苦。克服这种状况的唯一办法，就是逐渐地集体化；而达到集体化的唯一道路，依据列宁所说，就是经过合作社。在边区，我们现在已经组织了许多的农民合作社，不过这些在

① 张国祥主编：《王谦：一个省委书记的风雨征程》，中共党史出版社 2009 年版，第 95 页。
② 山西省平顺县志编纂委员会编：《平顺县志》，海潮出版社 1997 年版，第 74 页。
③ 张松斌、周建红主编：《西沟村志》，中华书局 2002 年版，第 41 页。

目前还是一种初级形式的合作社，还要经过若干发展阶段，才会在将来发展为苏联式的被称为集体农庄的那种合作社。[①]

太行区第一批互助组，包括李顺达互助组的成立时间确实要比《组织起来》的讲话早一些，这是一个历史的事实。

李顺达互助组最初只有 6 户人家，不到一个月就发展到 16 户，并改名为互助拨工大队，李顺达任大队长。因为互助生产积极性高，实际收益又好，第二年全村 20 户就有 19 户参加了互助生产，下设 3 个互助小组、1 个纺织小组，李顺达的母亲被选为纺织小组组长。昔日从河南林县逃难来到西沟村的李顺达母子二人，如今成了西沟村互助生产的带头人，这是李顺达母子和西沟村人都想不到的。更让大家想不到的是，西沟"组织起来"互助生产取得的成绩，不仅证实了互助合作政策的正确性，而且使李顺达互助组成为太行区的一个模范。边区政府开始注意到这个模范，树立这个模范。

1944 年秋后，李顺达和母亲郭玉芝在平顺县召开的劳动英雄大会上双双获"状元"称号，县里奖励李顺达一头大黄牛，郭玉芝一架缝纫机。随后，李顺达又参加了全边区组织的头等劳动英雄大会，共产党北方局领导邓小平亲自奖励李顺达一头大黄牛，鼓励其好好生产，多做贡献。接下来，1944 年、1946 年两年的冬季，太行区接连召开两届群英会，李顺达分别被评为"生产互助一等英雄""合作劳动一等英雄"，再一次被奖励一头大黄牛。

1948 年 7 月 1 日，《新华日报》头版发表《英雄李顺达坚信党的生产政策，五年发家计划将提前完成》的长篇报道，详细报道 1946 年李顺达"五年建设计划"将提前完成的事迹。7 月 5 日，中共太行三地委专门发出通知，通报李顺达的模范事迹，号召"全体党员干部要以李顺达为榜样，坚决执行党的政策，自己发家，同时领导群众发家"。[②] 平

---

① 《毛泽东选集》第 3 卷，人民出版社 1991 年版，第 931 页。

② 中共平顺县委党史研究室编：《中国共产党平顺县历史大事编年（1937.7—2000.12）》，中国文史出版社 2005 年版，第 160 页。

顺县接到太行三地委的表扬通知后，7 月 13 日又向全县发出"学习李顺达，努力生产，发家致富"的号召，强调进一步明确认识李顺达长期着眼生产发家的方向，深入解决群众思想中妨碍生产发家的思想，向李顺达等英雄模范学习，向着发家致富的方向迈进。[①] 11 月，平顺县委甚至在李顺达家中开了一个庆功会，中共太行区党委赠送的锦旗上书写着"平顺人民的方向"，太行行署赠送的锦旗上书写着"革命时代，人民英雄"。年底，为再次表彰李顺达互助组"英雄发家，全村致富"所取得的成绩，中共太行区党委、太行行署又授予李顺达一面写着"翻身农民的道路"的锦旗。[②] 1943 年成立的李顺达互助组，在短短五年时间中，经过中国共产党领导的减租减息、劳动互助、生产发家、土地改革一拨拨的洗礼实践，成为太行革命根据地塑造起来的一面旗帜，这个旗帜就是"翻身农民的道路"，也是新中国成立后中国农业的集体化道路。

太行革命根据地是中国革命史上的一块丰碑。中国共产党人从井冈山、延安走进太行山，又从太行山转战西柏坡，进入北京城，走向全中国，中国革命胜利的历史与太行山紧密相连。[③] 太行革命根据地推出的李顺达互助组在新中国成立伊始即成为全国农业战线上的一面旗帜。1949 年 10 月 1 日，毛泽东在天安门城楼上宣告中华人民共和国成立，11 月 4 日，毛泽东在中南海丰泽园接见了来自太行山的农民参观团成员，李顺达第一次见到毛主席。毛主席告诉他们："全国解放了，日本帝国主义打败了，蒋介石赶到台湾了，你们回去好好搞生产，把南瓜种得大大的，让萝卜长得粗粗的，让棒子长得长长的。"[④] 这是新中国成立后毛泽东接见的第一批农业劳模代表，李顺达作为最有影响力的劳模，第一次与开国领袖面对面接触交流。这样的一个经历，对李顺达而言简

---

① 中共平顺县委党史研究室编：《中国共产党平顺县历史大事编年（1937.7—2000.12）》中国文史出版社 2005 年版，第 161—162 页。

② 张松斌、周建红主编：《西沟村志》，中华书局 2002 年版，第 4 页。

③ 参见行龙：《山西何以失去曾经的重要地位》，山西教育出版社 2010 年版，第 115 页。

④ 中共平顺县委党史研究室编：《中国共产党平顺县历史大事编年（1937.7—2000.12）》，中国文史出版社 2005 年版，第 183 页。

直是难以想象的，难以想象的事情变成现实，又会形成一种巨大的精神力量，精神的力量定会化作"好好搞生产"的持续动力。

李顺达果然不负主席的期望。1950年春耕刚刚结束，李顺达即召开互助组总结经验交流会，形成了组织起来、提高技术，才是增产致富的新道路的共识。在李顺达的提议下，5月15日，"平顺县二区西沟村互助组"以集体名义给毛主席写了一封"报告致富经过"的信，此信随后刊登在6月11日的《人民日报》上。李顺达互助组的事迹由太行山的《新华日报》移刊到《人民日报》，由太行山走向了全中国。此信最后一段这样写道：

> 经过几年的互助，我们找到了组织起来，提高技术，这是发家致富的好道路。我们有十四家订出了五年发家建设计划，要把现在的这些存粮，好好的用在再生产上，发展林牧业；新式农具来了，我们一定要买，使大家的生活更富裕起来。马海兴说："我永远忘不了互助的好处，听上毛主席的话一天会比一天好起来，把穷沟变富沟。"去年秋后，俺村劳动英雄李顺达在北京参观回来，他告诉俺们说见到了你，还与你握过手。并告说你问讯我们大家啦，要我们好好生产，大家听了都很高兴。都说：你真正是我们大家的好领袖，俺们永远忘不了你。
>
> 祝你身体永远健康！①

"天翻地覆慨而慷。"新中国成立伊始，百废待兴，组织起来，好好生产，发家致富，不仅是国家的需要，更是千百万农民的愿望。李顺达互助组在战争年代代表的"翻身农民的道路"，此时首先成为"发家致富的好道路"。毛泽东主席的接见，李顺达互助组写给毛主席的信在《人民日报》上发表，在那个时代都是强烈的信号。从此，西沟村的革命和生产与中国农村的集体化道路有了更为紧密的关联，李顺达水

---

① 《坚持七年半的平顺西沟李顺达互助组向毛主席报告致富经过》，《人民日报》1950年6月11日。

到渠成地成为新中国成立后农业战线上最为著名的劳动模范。不到半年时间，1950 年 9 月 25 日至 10 月 2 日，全国工农兵劳动模范代表会议在北京召开，李顺达不仅作为劳动模范代表参加会议，而且被选入主席团。更使李顺达激动的是，一次晚宴席间，他居然与毛主席同桌用餐。毛主席在会上对李顺达说道："中国山很多，南方有大别山，山西有太行山、吕梁山，就是到了社会主义我们也不能不要山区；将来要把山区变成社会主义新农村，你们这些人要起到带头、骨干、桥梁作用。"①李顺达在后来的口述回忆中讲道："说实在的，这次会上见到主席，对我的鼓励太大了，高兴得我很长时间不能平静下来，晚上睡觉都合不上眼睛。我这样想：像我这么个庄稼汉，能和毛主席在一起吃酒，不是马马虎虎的事哎，我要永远听党和毛主席的话，和西沟的乡亲们好好地建设我们的山区。"②一个太行山里的"庄稼汉"，短短几年时间成为著名的全国劳动模范，两年之内两次见到主席，李顺达夜不成寐是很自然的事情，"永远听党和毛主席的话"，也是他发自肺腑的心声，心声也定会化作行动。

如果说 1949 年的国庆节是一个万民欢腾的节日，那么，1950 年的国庆节，共和国的东北上空则飘来一片乌云，那就是威胁新中国安全的朝鲜战争。10 月 1 日上午，毛泽东等党和国家领导人出席在天安门举行的共和国成立一周年庆祝大会，晚上在天安门城楼观看焰火。同日，韩国军越过三八线。深夜，金日成向中国政府提出出兵支援的请求。③10 月 19 日，中国人民志愿军 26 万人跨过鸭绿江入朝作战。26 日，中共中央发出《关于在全国进行时事宣传的指示》，这个"时事"，就是抗美援朝，保家卫国。10 月 1 日还在北京参加劳模代表会议的李

---

① 中共平顺县委党史研究室编：《中国共产党平顺县历史大事编年（1937.7—2000.12）》，中国文史出版社 2005 年版，第 187 页。
② 李顺达口述，安唐、竹林整理：《金星奖章》，《万紫千红绣太行——金星人民公社史》，内部资料，1961 年，第 32 页。
③ 中共中央文献研究室编：《毛泽东年谱》第 1 卷，中央文献出版社 2013 年版，第 200 页。

顺达，回到西沟即响应党的号召，于 11 月 8—9 日召开互助组成员会议，制订抗美援朝、保家卫国的生产竞赛计划。同时，李顺达互助组向全山西的农民也提出了爱国主义的生产竞赛挑战。挑战书以毛主席"中国必须建设强大的国防力量和强大的经济力量"为方针，提出冬季需要做好的十项农田工作和四项"保证条件"。①李顺达互助组提出的爱国主义的生产竞赛挑战的意义不仅仅在于它是全国第一份，更重要的在于它将爱国主义与生产联系起来，这样的生产是与新中国的命运紧紧联系在一起的。在李顺达看来，多生产粮食已不仅是一个解决温饱的经济问题，更是一个政治问题。

一石激起千层浪。我们虽然不能推测李顺达是怎么发明了"挑战书"这样高明的术语和做法，但李顺达互助组的挑战书，确实从西沟、从山西走向了全国。1951 年 2 月 2 日，中共中央下达《关于进一步开展抗美援朝爱国运动的指示》，要求各地根据具体情况发起"订立爱国公约"，以募集慰劳品救济品、组织慰劳团赴朝鲜、写慰劳信、慰问志愿军家属等方式慰劳中国人民志愿军和朝鲜人民军。2 月 19 日，李顺达互助组向山西省劳动模范及农民提出生产竞赛挑战。3 月初，全国农业工作会议结束后，为了响应大会提出的开展全国性爱国主义生产运动的号召，李顺达互助组首先面向全国各地的互助组提出挑战。挑战书不仅提出了全组农业和副业生产的详细计划，而且提出诸如加强爱国主义教育、健全组内民主生活、加强技术指导和研究、与村供销合作社密切联系、伙买公用生产工具以巩固互助组织等"五项保证"。3 月 9 日，《人民日报》以《李顺达互助组向全国各地互助组挑战，开展爱国主义的丰产竞赛活动》为题对此予以报道。4 月 2 日，《人民日报》又发表《李顺达互助组写信给应战农民兄弟，报告最近春耕生产情况》一文，报告"全国各地劳动模范和互助组同志们"，李顺达互助组"为了彻底

---

① 《李顺达互助组向山西全省农民挑战，发扬爱国主义精神，努力增产，支援我赴朝志愿部队》，《人民日报》1950 年 11 月 25 日。

实现向全国农民的挑战计划，全组男女组员之间亦展开了热烈的挑战应战，并订出了每个人的生产竞赛计划和保证"。

1951年6月1日，抗美援朝总会发出了"关于推行爱国公约、捐献飞机大炮、优待军烈属"的三大号召，全国性的抗美援朝爱国运动进入一个新的阶段。六天以后，李顺达互助组响应号召，开展"捐献运动"。6月8日，平顺县的《平顺小报》报道称：

> 6月7日晨，当他们听到抗美援朝总会号召捐献飞机大炮的消息时，立即召开全组会议进行传达，经过讨论，全组当即捐献出洋二十六万元，合粮五百五十斤，李顺达一家捐献洋七万元，合粮一百五十斤，送往当地抗美援朝分会。全体组员都表示今后要更加提高农业技术，开展爱国丰产竞赛，增加农副业收入，继续开展捐献运动。会上并一致通过了向全国农民兄弟提出捐献爱国丰产和新中国农民号飞机的建议书。建议书中说"全国农民兄弟们共同携起手来，热烈开展捐献爱国丰产和新中国农民号飞机的竞赛运动，拿这些飞机送给志愿军同志们，好以小的代价消灭更多的敌人，保卫咱们的美好光景和早日求得抗美战争的最后胜利"。①

事过五天，《人民日报》以《李顺达互助组向全省农民建议开展捐献"爱国丰产号"和"新中国农民号"飞机竞赛运动》为题予以报道。与此同时，对于订立"家庭爱国公约"，完善"优抚代耕"两项工作，西沟也争做先锋，不甘人后。1951年10月秋收之后，李顺达互助组已全面超额完成爱国丰产的挑战计划。1952年初，中央人民政府农业部颁发爱国丰产模范奖，全国四位农业劳动模范获爱国丰产金星奖章，其中李顺达、郭玉恩、吴春安均属山西人，另外一位是黑龙江的任国栋。

李顺达互助组发起的爱国丰产挑战倡议，在全国引发了广泛的轰动效应。后来编写的《太行劲松——全国著名劳模李顺达》一书，综合当时各类新闻报道后概括写道：

---

① 《李顺达互助组献金二十六万元》，《平顺小报》1951年6月8日。

从长城内外、大江南北寄来的响应信和应战书，像一片片雪花飞到平顺县西沟村。一个月内，仅河北、黑龙江、陕西、湖北、贵州、内蒙古和广州等 20 多个省、区，就有 1681 位劳动模范和 1938 个互助组，热烈响应了李顺达互助组的倡议。其中，有东北、西北两个地区的著名劳动模范王冶俭、黄永德、龙振全、赵启志、崔德、于德祥、刘玉厚、王德彪、梁秀英、李含富、李德祥等和他们领导的互助组。这些劳模大多数是 1950 年曾出席过全国工农兵劳动模范代表会议的代表。他们除响应李顺达互助组的倡议外，又向本省、本市和本区的互助组与农民发起同样的倡议，经过各级新闻单位的广泛传播，响应这一倡议的互助组和农民越来越多，便在全国农村逐步开展了规模空前的爱国丰产连环竞赛运动。[①]

1952 年 3 月获得爱国丰产金星奖章，4 月 17 日到 8 月 25 日作为中国农民代表参观团成员，在苏联参观访问了 4 个多月，这是李顺达作为全国著名农业劳动模范生命史上“感到无比高兴和光荣”的事情。此次中国农民代表参观团访苏的直接目的就是向苏联学习。代表团先后参观访问了乌克兰、格鲁吉亚、阿塞拜疆等 5 个加盟共和国，参观了 40 个集体农庄、3 个国营农场、2 个拖拉机站，还有许多工厂、学校、水力发电站和科学研究机关。十月革命胜利集体农庄从耕地、播种、追肥、锄草、收割、打场、选种各个环节的机械化生产，农户家里的电灯、收音机、自来水、地毯、毛毯、钢丝床、高跟鞋、呢子衣裤，集体农庄里的业余剧团、合唱队、图书馆、托儿所、医疗所，等等，对李顺达来说都是前所未见，甚至前所未闻的。回来之后的 3 个月时间，李顺达接连在北京、太原、太谷、长治、平顺等地举行几十次报告会和座谈会，一面向大家讲述参观苏联的感受和体会，一面表示“好好向苏联人民学习，走苏联人民的道路，使咱们中国人民和苏联人民一样，过上永远幸

---

① 马明主编：《太行劲松——全国著名劳模李顺达》，山西人民出版社 2002 年版，第 170—171 页。

福的美满生活"。随后，1952 年十月革命 35 周年前夕，李顺达写信给乌克兰共和国农民，1954 年写信给"十月革命胜利集体农庄"，1957 年写信给苏联《红星报》，这些公开信都通过《人民日报》和新华社传遍全国，李顺达作为新中国第一代农业劳动模范可谓家喻户晓。

　　值得注意的是，直到 1966 年"文化大革命"爆发前，李顺达及其领导的互助组，一直是中国农业战线上的一面旗帜，尤其是山区建设的一面旗帜。毛泽东在第一次全国工农兵劳动模范代表会议期间对李顺达的嘱咐就是好好建设山区，把山区建成社会主义的新农村。李顺达参观苏联后，不仅"解决了怎样建设山区的道路问题"，"明确了山区必须农、林、牧全面发展"的方向，而且五年后仍然表示："今后我们还要沿着苏联的道路继续前进，争取更好的成绩。"① 1955 年毛泽东编辑的《中国农村的社会主义高潮》一书，收入平顺县西沟村的典型经验《勤俭办社，建设山区》，毛泽东的按语写道："这个社所在的地方是那样一个太行山上的穷地方，由于大家的努力，三年功夫，已经开始改变了面貌。""这个社的经验告诉我们，如果自然条件较差的地方能够大量增产，为什么自然条件较好的地方不能够更加大量地增产呢？"② 1954 年9 月，李顺达出席第一届全国人民代表大会第一次会议，毛泽东和李顺达握手的照片被刊登在《人民日报》上。之后，李顺达先后当选为全国人大代表、党代会代表，直到 1964 年当选为第三届全国人大常委会委员。这是一个全国各行各业学习苏联的时代，也是李顺达作为农业战线劳动模范最为耀眼的时代。

二　敢为人先的"试办农业生产合作社"

　　1951 年 3 月下旬，正在李顺达互助组向全国各地互助组发起挑战，

① 李顺达：《学习苏联，建设山区》，《人民日报》1957 年 3 月 30 日。
② 中共中央办公厅编：《中国农村的社会主义高潮》上册，人民出版社 1956 年版，第101 页。

爱国主义丰产竞赛活动如火如荼进行之时，长治地委在长治召开了全区互助合作代表会议。此次会议连续召开了十多天，围绕互助组存在的问题和要不要试办比互助组更高一级的农业生产合作社展开讨论。最后，地委根据代表们的一致意见，决定在武乡、平顺、壶关、屯留、襄垣、长治、黎城7县所属10个村，即窑上沟、东监漳、西监漳、枣烟、川底、翠谷、东坡、长畛、南天河、王家庄试办合作社。"试办的条件"首先是政治条件，其次是要"互助组基础较好"。那么，早已闻名全国的李顺达互助组所在的平顺县西沟村为什么没有列入？

这个问题需要往前追溯一点。

1949年4月24日太原解放，9月1日山西省人民政府成立，赖若愚被任命为主持省委工作的第一副书记。9月5日晚上，也就是新任命的长治地委书记王谦走马上任的前一天晚上，赖若愚找王谦谈话。据王谦后来的回忆，这次谈话赖并没有谈注意什么的一般问题，"他直率而明确地讲"：

> 省委成立后，大体在两年左右时间内，主要工作要放在同蒲沿线近400万人口地区的土改和土改的复查和结束工作。因此，没有更多的时间和精力考虑老解放区的问题。长治地区，包括了太行、太岳两个战略根据地的最腹心的地区。这个地区，土地改革完成已经有三年到五年的时间。在这些老解放区，群众在想什么，有些什么问题，应该走什么样的发展道路，采取什么方针和措施，才能把解放区的工作提高一步，是一个非常重要的问题。省委把这个任务交给你，希望你经过调查研究，向省委提出建议。他甚至说：别的工作，你可以让别人去多管些事，而你则必须把这件事当作一个十分重大的问题，抓紧抓好，而且能够得出一个正确的答案来。我就是带着这个任务到晋东南地委去工作的。①

---

① 王谦：《为什么要试办农业生产合作社》，见张正书、吴昂主编：《长治市典型村农业社史》，山西人民出版社1989年版，第2页。

在这次谈话中，赖若愚对王谦特别强调，全国著名劳动模范李顺达那个互助组不要试办，因为他在全国的影响太大，如果办不好，岂不是毁坏了他的名誉？按照赖若愚的指示，王谦到晋东南地委工作后找来李顺达谈话，并明确告诉他："赖若愚同志说第一批合作社你先不办，等咱们试办成功了，明年你再办，冬天你就办。"李顺达答应了，并感谢省委和地委对他的关心。①

西沟村未能列入第一批试办的 10 个农业生产合作社，在西沟和晋东南地区并没有引起太大的反响。反倒是山西省委试办 10 个农业生产合作社的决定，在全国引起了一场激烈的争论，这对刚刚成立的山西省委来讲，不啻为一场轩然大波。

王谦到长治后，即按赖若愚的指示于 1950 年春季和 1951 年秋冬之交，两次派出调查组到晋东南农村进行调查，并将有关情况向省委报告。根据两次调查的汇报，王谦以长治地委的名义起草了一个向山西省委的报告，这就是 1950 年 11 月 14 日刊登在《人民日报》上的《中共长治地委关于组织起来的情况与问题的报告》。报告分为四个部分：老区农村的新情况；组织起来提高农业生产技术，使老区农业生产提高一步；经过合作社的形式，组织农村游资与剩余劳力投入再生产；关于富农问题等。报告中还肯定了老区农业生产已经恢复到战前水平，分析了目前产生的"一些新的问题与要求"，特别强调农业生产发展的方向就是"近代化集体化的方向"。《人民日报》为此报告特别加编者按："中共长治地委关于组织起来的情况与问题的报告，提出了老区农村互助合作运动中的一些新的问题。这个报告，并提出了长治地委对于这些问题的看法和做法。这是一个很重要的报告，值得各地参考与研究。"

长治地委的报告在《人民日报》上发表之后，引起了中共中央华北局政策研究室的注意。就在长治地区互助代表会议召开之际，华北局

---

① 张国祥主编：《王谦：一个省委书记的风雨征程》，中共党史出版社 2009 年版，第155—156 页。

派出的"春耕工作队山西小组"也到达长治并参加了此次会议。但调查组"对地委的观点和某些做法有不同意见"，并以《春耕工作队山西小组关于长治专区互助代表会议情况的报告》形式报告华北局及山西省委，报告最后附有长治地委书记王谦认为的"分歧意见"："对劳动互助组织的性质认识问题；对劳动互助组织内部生产关系的认识问题；对公积金性质的认识问题；对富农政策及富农在互助组内实行剥削的持何态度问题。因有以上原则分歧，故在具体措施上亦有不一致的地方。"①很显然，长治地委和华北局派来的春耕工作队山西小组是有"原则分歧"的。山西省委明确支持长治地委的意见。随后，在1951年2月召开的山西省第二次党代会上，省委书记赖若愚在主题报告中进一步明确"组织起来与提高技术相结合"的方向，强调进一步提高农民组织起来的政治认识和制定具体的办法，这个办法就是"必须稳健地但是积极地提高互助组织，引导他走向更高一级的形式"。

春耕工作队山西小组返回北京后，将山西省委和长治地委的做法向华北局做了汇报，"华北局表示不同意山西省委的意见，而支持调查组的意见"，遂决定召开华北五省互助合作会议，专门讨论山西试办合作社问题。为此，山西省委于4月17日召开常委扩大会议，并讨论通过了赖若愚起草的《把老区的互助组织提高一步》的报告，以此报送华北局。时任华北局第一书记的薄一波回忆，刘少奇副主席看到山西省委的报告后，明确表示："现在采取动摇私有制的步骤，条件不成熟。没有拖拉机，没有化肥，不要急于搞农业生产合作社。"②4月下旬，华北局召开五省互助合作会议，讨论山西省委意见。山西代表支持山西省委意见，别省代表不同意山西省委意见。

其实，这份引起争论的《把老区的互助组织提高一步》报告，主要内容仍然是肯定和阐述了长治地委的意见。报告明确指出："随着农

① 王谦：《劫后余稿——试办初级社文存》，山西人民出版社1995年版，第211—215页。
② 薄一波：《若干重大决策与事件的回顾》上卷，中共中央党校出版社1991年版，第187页。

业经济的恢复和发展，农民的自发力量是发展了的，它不是向着我们所要求的现代化和集体主义的方向发展，而是向着富农方向发展。这就是互助组发生涣散现象最根本的原因。"在这种情况下，"老区互助组的发展，已经达到了一个转折点，使得互助组必须提高，否则就要后退"。如何解决这个问题？报告同时提出了征集公积金和按劳分配两个具体办法，认为只有这两个进步因素逐步增强，"将使老区互助组织大大地前进一步"。[①]

1951 年 4 月下旬，华北五省互助合作会议在华北局"小白楼"召开。会上，华北局和大多数代表不同意山西省委的意见，认为山西省委的报告既不符合新民主主义政策，也不符合《共同纲领》的精神，混淆了新民主主义和社会主义的界限，目前组织农业生产合作社是空想的农业社会主义。山西参加此次会议的长治地委书记王谦、兴县地委书记黄志刚、省农业厅厅长武光汤、省委政策研究室副主任王绣锦则一致坚持省委的意见，会议开了四五天，双方激烈辩论，"你讲你的，我讲我的，面对面地来争论，每个人都争得面红耳赤"[②]，但最终未能形成统一认识。最后，华北局政策研究室主任李哲人做会议总结，依然批评山西省委的报告，山西代表明确表示保留意见。散会的当天下午，华北局常务副书记召见参加会议的山西代表，要王谦回去向省委汇报：中央不同意山西的意见，但山西的合作社一定要办好，不要解散。随后，这位副书记又找来当时正在北京参加全国宣传工作会议的山西省委宣传部部长陶鲁笳谈话，目的就是要让中共山西省委做检讨，等着赖若愚来检讨。

5 月 2 日，山西代表王谦一行回到太原，刚下火车即直奔省政府东花园去找省委书记赖若愚和副书记解学恭。没想到急匆匆来汇报，赖若愚却很快解决了问题。王谦回忆说：

---

① 中共中央文献研究室编：《建国以来重要文献选编》第二册，中央文献出版社 1992 年版，第 354 页。

② 张国祥主编：《王谦：一个省委书记的风雨征程》，中共党史出版社 2009 年版，第 164 页。

我简单介绍了会议情况和华北局意见，以及华北局负责同志让汇报什么内容。赖若愚同志就说："你不要汇报了，我知道了。"然后他拿起笔来就起草电报。起草以后就给解学恭同志看，解学恭同志看了以后又递给我。电报很简单，仅有几百字，大概意思是：不同意华北局会议的意见，我们坚持 4 月 17 日的报告的意见。没有说我们不同意中央的，光说不同意华北局会议的。然而，意思是很明确的，这就是坚持"把老区的互助组织提高一步"的方针不变。①

这个电报显然是一个抗辩。

5 月 4 日，也就是王谦向赖若愚汇报后的第二天，华北局正式就山西省委的报告做了批复并报告中央。批复中说："用积累公积金和按劳分配办法来逐步动摇、削弱私有基础甚至否定私有基础，是和党的新民主主义时期的政策及《共同纲领》的精神不相符合的，因而是错误的。""目前你省在相当数量的地区的互助组需要提高和巩固，但提高与巩固互助组的主要问题，是如何充实互助组的生产内容，以满足农民进一步发展生产的要求，而不是逐渐动摇私有的问题。这一点必须从原则上搞清楚。"对于农业生产合作社，"全省只能试办几个作为研究、展览和教育农民之用。即使试办，也要出于群众自愿，不能强行试办，更不宜推广"。② 很显然，华北局的意见是明确的，态度也是比较强硬的。

真是一波未平，一波又起。华北五省互助合作会议的结束，甚至华北局给山西省委态度强硬的批复，并没有真正解决问题，围绕山西试办农业生产合作社的争论还在延续，而且上升到了中央领导层面。

华北局的批复上报中央后，主持此事的中央人民政府副主席刘少奇在看到报告和听取汇报后，不仅赞同华北局的意见，而且在 5 月 7 日第一次全国宣传工作会议上的报告中批评山西省委的做法，"那是一种空

---

① 张国祥主编：《王谦：一个省委书记的风雨征程》，中共党史出版社 2009 年版，第 165 页。
② 黄道霞等主编：《建国以来农业合作化史料汇编》，中共党史出版社 1992 年版，第 42 页。

想的农业社会主义，是实现不了的"，"我们中国党内有很大的一部分同志存有农业社会主义思想，这种思想要纠正"。随后，在 6 月 3 日的华北局办公会议、7 月 3 日批示山西省委的报告、7 月 5 日给马列学院第一班学员所做的报告中，刘少奇连续三次对山西省委的报告提出批评。其中，7 月 3 日的批评最为尖锐：

> 在土地改革以后的农村中，在经济发展中，农民的自发势力和阶级分化已开始表现出来了。党内已有一些同志对这种自发势力和阶级分化表示害怕，并且企图去加以阻止和避免。他们幻想用劳动互助和供销合作社的办法去达到阻止和避免此种趋势的目的。已有人提出了这样的意见：应该逐步地动摇、削弱直至否定私有基础，把农业生产互助组织提高到农业生产合作社，以此作为新因素，去"战胜农民的自发因素"。这是一种错误的、危险的、空想的农业社会主义思想。山西省委的这个文件，就是表现这种思想的一个例子，特印发给各负责同志一阅。①

也许是一个偶然的疏忽，也许是有其他的考虑，这个批件一直没有发给被批评的山西省委。6 月 29 日，薄一波"根据少奇同志的谈话精神"，在《人民日报》上发表《加强党在农村中的政治工作——纪念中国共产党成立三十周年》一文，点名批评了山西省委的做法。7 月 25日，华北局向中央做了《关于华北农村互助合作会议的报告》，陈述了"四月会议及以后的一些情况、争论和解决的问题"，再一次"明确表示不同意山西省委的意见"，"认为目前的互助组织是以个体经济（私有的）为基础的，在自愿两利下的集体劳动组织，故不能在这个基础上逐步地直接地发展到集体农场。因为农业集体化，必须以国家工业化和使用机器耕种以及土地国有为条件。没有这些条件，便无法改变小农的分散性、落后性，而达到农业集体化"。

---

① 薄一波：《若干重大决策与事件的回顾》上卷，中共中央党校出版社 1991 年版，第 188—189 页。

自 1951 年 3 月下旬长治地委开始试办 10 个农业生产合作社，华北局派来的春耕工作队山西小组对此产生不同看法，到 7 月下旬华北局向中央做出正式报告，整整 4 个月时间。其间山西省委和华北局均坚持自己的意见，争论不断升级乃至公开化。最后结束这场争论的是毛泽东主席，用时任长治地委书记王谦的话来说，是毛主席"一下就给翻案了"。

8 月，毛泽东主席在了解到双方的意见分歧后，找刘少奇、薄一波、刘澜涛谈话，明确表示他不能支持华北局的意见，而是支持山西省委的意见。他批评了互助组不能发展为农业生产合作社的观点，以及现阶段不能动摇私有基础的观点。针对农业集体化必须以工业化和使用机器耕种为条件的观点，毛泽东指出：既然西方资本主义在其发展过程中有一个工场手工业阶段，即尚未采用蒸汽动力机械而依靠工场分工以形成新生产力的阶段，那么中国的合作社，依靠统一经营形成新生产力，去动摇私有基础，也是可行的。薄一波说道："他讲的道理把我们说服了。"[1]

随后，毛泽东通过他的秘书陈伯达向山西省委书记赖若愚转达他的意见，正在医院治疗的赖若愚如释重负，"第二天他就出院了"。王谦回忆说：

> 随后，毛主席就对陈伯达说：听说赖若愚同志（因患肝病）在北大医院看病，你去找找他，问一下这个事情的经过，告诉他，他们是对的。陈伯达就到北大医院，见到赖若愚同志便说：老赖，你们那个事可是翻案了啊，毛主席说了话了，你们是对的。赖若愚同志一听，就说：什么？对？翻案了？我马上出院。第二天他就出院了，病也不管了。[2]

1951 年 9 月，经毛泽东提议，中共中央召开第一次农业互助合作

---

① 薄一波：《若干重大决策与事件的回顾》上卷，中共中央党校出版社 1991 年版，第191 页。

② 张国祥主编：《王谦：一个省委书记的风雨征程》，中共党史出版社 2009 年版，第170 页。

会议。富有意味的是，这次会议的地点和4月华北局召开的五省互助合作会议一样，也选在华北局所在的"小白楼"。会后，起草了《中共中央关于农业生产互助合作的决议（草案）》。草案初稿写出后，毛泽东特意指示主持会议的陈伯达向来自太行山区的农民作家赵树理征求意见。赵树理直言不讳地谈道："现在农民没有互助合作的积极性，只有个体生产积极性。"有意思的是，毛泽东不仅没有责怪赵树理，反而表示："赵树理的意见很好。草案不能只肯定农民的互助合作积极性，也要肯定农民的个体经济积极性。我们既要有农业生产合作社，也要有互助组和单干户。既要保护互助合作的积极性，也要保护个体农民单干的积极性，既要防右，又要防左。"①

第一次农业互助合作会议通过的《中共中央关于农业生产互助合作的决议（草案）》（以下简称《决议草案》），为这场持续5个月的激烈论辩画上了句号。

《决议草案》共13条，第一条开宗明义地肯定两个"生产积极性"："农民在土地改革基础上所发扬起来的生产积极性，表现在两个方面：一方面是个体经济的积极性，另方面是劳动互助的积极性。农民的这些生产积极性，乃是迅速恢复和发展国民经济和促进国家工业化的基本因素之一。因此，党对于农村生产的正确领导，具有极重大的影响。"

第五条指出了农业生产互助合作问题上"左"、右两种不同的错误倾向：

> 一种倾向是采取消极的态度对待互助合作运动，看不出这是我党引导广大农民群众，从小生产的个体经济逐渐走向大规模的使用机器耕种和收割的集体经济所必经的道路，否认现在业已出现的各种农业生产合作社是走向农业社会主义化的过渡的形式，否认它们带有社会主义的因素，这是右倾的错误的思想。另一种倾向是采

---

① 薄一波：《若干重大决策与事件的回顾》上卷，中共中央党校出版社1991年版，第192页。

取急躁的态度，不顾农民自愿和经济准备的各种必须的条件，过早地、不适宜地企图在现在就否定或限制参加合作社的农民的私有财产，或者企图对互助组和农业生产合作社的成员实行绝对平均主义，或者企图很快地举办更高级的社会主义化的集体农庄，认为现在可以一蹴而在农村中完全到达社会主义，这些是"左"倾的错误的思想。党中央批评了这两种错误的思想倾向，认为农民劳动群众的互助组织以及在互助运动基础上所发展起来的现在各种形式的农业生产合作社有很重要的积极意义。

接着，第五条"估计"了农业生产互助合作组织"两方面的性质"，并肯定了它是"走向社会主义农业的过渡的形式"：

> 一方面的性质是在私有财产的基础上，农民有土地私有权和其他生产手段的私有权，农民得按入股的土地分配一定的收获量，并得按入股的工具及牲畜取得合理的代价；另一方面的性质是在共同劳动的基础上，实行计工取酬，按劳分红，并有某些公共的财产，这些就是社会主义的因素。同时，这两方面的性质也正说明了：现在所称的农业生产合作社虽然是互助运动在现在出现的高级形式，但是比起完全的社会主义的集体农庄（即是更高级的农业生产合作社），这还是较低级的形式。因此，它还只是走向社会主义农业的过渡的形式。可是，这种走向社会主义的过渡的形式又正是富有生命的有前途的形式。党的政策的正确性，就是在于恰当地估计它们的上述两方面的性质，而由此谨慎地又积极地在逐步发展的基础上，引导它们前进。①

通观《决议草案》的全文，虽然明确指出了农业生产互助合作运动中要反对和防止出现右的和"左"的两种倾向，但重点还是在积极发展农业生产互助合作运动方面。至于山西省委试办 10 个农业生产合作社

---

① 中央档案馆、中共中央文献研究室编：《中共中央文件选集》第 7 册，人民出版社 2013 年版，第 411—423 页。

中提出的"土地入股，统一经营"，《决议草案》实际上给予了充分的肯定。近年来对这个问题的讨论，多围绕着山西省委和华北局孰是孰非，或是这场争论的起因。笔者这里关注的是，不论孰是孰非，此时农业生产互助合作运动已成为不可阻挡的趋势。1951年12月15日，中共中央将《决议草案》印发到各县委和区委。从此，农业生产互助合作运动在全国范围内兴起。

敢为人先试办农业生产合作社的山西，不仅因为毛泽东主席的肯定而理直气壮，更因《决议草案》的实行而备受鼓舞。第一次农业互助合作会议刚结束，10月，山西省委即召开全省农业工作会议，迅速传达会议精神。1952年3月1日，成立山西互助合作指导委员会，加强对互助合作运动的领导。年底，根据中央在省委以上领导机关建立农村工作部的决定，中共山西省委农村工作部正式成立。

最早试办农业生产合作社的革命老区长治地区，不仅以其先鞭而行的"试办"闻名全国，而且在之后中国农村的集体化时代中一直走在全省甚至全国前列。1951年11月11日，《人民日报》发表长治地委书记王谦撰写的《山西老区五个农村情况调查报告》，以"编者按"的名义特别指出："这样的考察报告，对了解一个老解放区的具体情况和中国农村的前途有很大帮助。我们希望每一个老解放区同样写出这样一篇报告来。"年底，长治地委总结"一九五一年试办十个农业生产合作社的成绩与经验"，从我们为什么要试办农业生产合作社、试办的经过及十个社的基本情况、试办的结果、经验、若干具体问题等五个方面对"试办"做出了全面总结。1952年3月，山西省委上报《关于稳步发展农业生产合作社的报告》，提出在1951年57个农业生产合作社的基础上，"计划1952年全省推广农业生产合作社二百五十个至三百个（包括原有的在内）"。之前与山西省委意见不统一的华北局专门批示："兹将山西省委关于农业生产合作社的报告原文刊出，他们稳步发展的经验可供各地参考。"报告最后谈到有村干部和群众自发地酝酿与组织农业生产合作社，省委"指示各地注意纠正"，华北局又特别加了一个批注：

"如群众自愿并已组社者，虽非领导批准，亦应派干部具体帮助解决其具体问题，健全制度，使其正规发展，不宜简单解散，以免打击群众热情。"[①] 1952年3月21日、22日，《人民日报》连载著名记者范长江《川底村的农业生产合作社》长文，10个试办社中的川底村的情况为世人所了解。至此可以说，山西省委在革命老区长治地区试办农业生产合作社的做法不仅得到了毛泽东和中央的充分肯定，而且在一定程度上为在全国推广提供了经验。

从试办农业生产合作社，到随后的初级社、高级社、人民公社，山西都走在了全国的前列。尤可注意的是，革命老区长治地区在山西也处于领跑的地位。至1952年上半年，山西全省成立农业生产合作社467个，这在全国当时3000个中所占比重最多；467个中，长治地区最多，有282个，其中武乡县（八路军总部所在地）多达44个。[②] 1952年11月7日，仿照苏联"完全的社会主义"的集体农庄——"中苏友好集体农庄"，首先在长治专区创办，农庄所属全省第一个拖拉机站——长治拖拉机站同时宣告成立。

1955年下半年，农业合作化运动进入高潮。是年9月、12月，毛泽东两次编辑《中国农村的社会主义高潮》，选编176个全国合作化运动的典型材料予以出版。176篇中，毛泽东为104篇写了按语；104条按语中，山西就有16条，其中来自长治专区的就有9篇：平顺县西沟村李顺达领导的金星农林牧生产合作社勤俭办社建设山区的经验，平顺县的全面规划，潞安县中苏友好集体农庄的成长，长治专区建立合作网的经验，窑上沟实行定额管理的经验，窑上沟管理公有农具的经验，川底村农业技术操作规程，陵川县培养会计的经验，黎城县虹光农业生产

---

① 中共山西省委农村工作部编：《农业生产合作社资料汇集》第1集，1955年，第18—19页。

② 中共山西省委互助合作指导委员会：《山西省一九五二年上半年建立与发展农业生产合作社的情况和经验》，中共山西省委农村工作部编：《农业生产合作社资料汇集》第1集，1955年，第20页。

合作社开展劳动竞赛的经验。上述都是作为"经验"而受到毛泽东主席的高度关注。

1956年2月，中央批转江苏省有关高级社的材料中批示："少数省在1956年就可以基本上实现高级形式的合作化。"山西省自然在"少数省"之列。3月底，全省高级社即达到18198个，入社农户占到全省农户总数的97.89%；初级社1202个，入社农户占农户总数的1.49%；剩余个体农户只占农户总数的0.62%。中共山西省第一次代表大会以"决议"的形式宣告："到今年三月底为止，已经在全省范围内实现了完全社会主义的农业合作化，完成了农业社会主义改造的历史任务。"①

1958年是"大跃进"运动迅猛发展的一年。在1月召开的南宁会议和3月召开的成都会议上，毛泽东对已经出现的小社变大社的"并社"现象予以肯定。4月8日，中共中央政治局通过并下发《关于把小型的农业生产合作社适当地合并为大社的意见》。6月20日，山西省委召开全省农村工作会议，提出分期分批地把小社合并为大社的意见。7月，中共长治地委率先试办了22个人民公社。8月4日，毛泽东到河北、河南、山东三省视察。自11日起，新华社相继播发毛泽东视察徐水、七里营和山东的消息。其中在12日毛泽东视察七里营的报道中写道："按照毛主席指示的道路，已经在全乡农业合作化的基础上，建立了七里营人民公社。"

革命老区长治地区在人民公社化运动中又一次先鞭而行，一马当先。8月12日，山西省第一个人民公社——晋东南地区潞安县中苏友好人民公社诞生。中苏友好人民公社，由原南垂乡中苏友好集体农庄18个农业社的5327户农民组成，确实不愧为一个"大社"。截至8月25日，长治所辖15个县（市），由原来的5017个农业生产合作社合并建成159个人民公社，率先在全区实现了人民公社化。②

---

① 中共山西省委农村工作部编：《山西省人民公社资料汇集》第2集，第119页。
② 中共山西省委党史办公室：《中国共产党山西历史》第二卷（1949—1978）上册，中共党史出版社2012年版，第319页。

三 "干部全体参加生产劳动的伟大范例"

干部参加生产劳动，是中国共产党的一个传统。自 1956 年农业社会主义改造完成后，直到"文化大革命"前夕，各级干部参加生产劳动形成了一种"社会风尚"。值得注意的是，从纠正高级社产生的干部官僚主义问题开始，到后来将干部参加生产劳动"上升"到反修防修的政治高度，是一个逐步推动的过程。山西在这个过程中不仅走在了全国的前列，而且由此推出了后来的全国著名劳动模范陈永贵和"大寨经验"。

1957 年 4 月 27 日，中共中央发出《关于整风运动的指示》。5 月1 日劳动节，这个指示及毛泽东《关于整风和党政主要干部参加劳动的指示》同时在《人民日报》上发表。《关于整风运动的指示》特别提出，在进行整风运动的同时，提倡各级党政军主要领导人员以一部分时间参加体力劳动，使"官僚主义、宗派主义、主观主义、老爷架子大大减少"：

> 为了加强党同广大劳动人民的联系，彻底改变许多领导人员脱离群众的现象，在进行整风运动的同时，应该在全党提倡各级党政军有劳动力的主要领导人员以一部分时间同工人农民一起参加体力劳动的办法，并且使这个办法逐步地形成一种永久的制度。我们党的领导干部在历史上长时期是同工农兵群众同甘共苦的，这种密切联系群众的优良作风是保证中国革命胜利的基本因素之一。但是近几年来，有许多同志在这一方面是退步了。目前党的任务，除了进行整风学习，提高党内思想认识，改正工作中的缺点错误以外，还要在实际生活中完全保持和发扬我们党的艰苦奋斗的优良传统，并且着手进一步建立党和国家的领导工作人员的脑力劳动和体力劳动相结合的根本制度，使领导者同群众打成一片，使人民内部的关系面貌一新，使官僚主义、宗派主义、主观主义、老爷架子大大

减少。[①]

《关于整风运动的指示》同时说明，领导干部参加生产劳动，目前"应该先从党内的少数人员做起"，具体的办法，中央将另做专门指示。

这个另做的专门指示，就是十多天后 5 月 10 日的《中共中央关于各级领导人员参加体力劳动的指示》。5 月 10 日的专门指示，除了说明干部参加生产劳动的意义外，特别提出了更加具体的办法：要求"包括党的中央委员在内"，都应该"每年抽出一部分时间参加一部分体力劳动"；全国基本生产单位和基层组织中"脱离生产人员的数目应当限制在真正需要的范围之内，凡是超过需要的，应当尽可能地减少"；"在基层以上的机关中的多余人员，能够回到生产中去的，应当回到生产中去，暂时不能回到生产中去的，在以后逐步回到生产中去"。值得注意的是，指示开头第一句话就指出："今春以来，许多农业生产合作社的干部纷纷参加田间劳动"，"现在已经很少有人怀疑农业生产合作社干部参加田间劳动的可能性和必要性"。[②] 事实上，自 1956 年 10 月起，广东、河南、安徽、浙江、江西、山西、河北、辽宁等省，已经发生了部分农民要求退出高级社的情况：集体请愿，联名告状，打官司，集体查账，集会、游行示威，围攻干部，集体到县机关讨饭，夺取社内生产资料，甚至社员之间打架、打社干部等"闹社"事件逐渐升级。各地退社的原因比较复杂，但其中一个重要的原因就是一些干部的官僚主义作风。1957年 5 月的这两个指示将整风与反对官僚主义、宗派主义、主观主义结合起来，对全国农业合作化运动出现的问题也有很强的针对性。

1957 年 9 月 25 日，中共中央专门发出《关于农业合作社干部必须参加生产劳动的指示》，指示开头即明确指出："中央多次指示，农业合作社的干部，从主任、副主任起，都必须参加生产劳动。许多合作社

---

① 中央档案馆、中共中央文献研究室编：《中共中央文件选集》第 25 册，人民出版社 2013 年版，第 249 页。

② 同上注，第 327—331 页。

已经很好地解决了这个问题，但是，也有不少合作社还解决得不很妥善，甚至迟迟未决。中央认为：在整风运动中，各地各党委必须检查各合作社执行中央指示的实际情况，指导各合作社按照自己的条件，通过群众讨论，适当地拟出解决这个问题的办法。"[1]看来，就在最基层的合作社，干部参加生产劳动的问题仍然没有得到很好的解决。由此，这个指示对合作社干部"采取轮流值班制""按劳动的数量和质量，领取工分""补贴工分"等三个具体问题，做出了"参考规定"。

1957 年反右后，1958 年初（2 月 28 日），中共中央下发《关于下放干部进行劳动锻炼的指示》。很显然，这个劳动锻炼的指示中所谓的"干部"，主要是"现有的知识分子干部"。指示开宗明义地指出，在现有的一千多万人的干部队伍中，"相当数量的领导骨干"，"一般地都经过了长期的、艰苦的革命战争和群众斗争的锻炼，同群众有密切的联系，忠实于党和革命事业，是党和国家可靠的支柱"。对于另外一部分需要锻炼的干部，指示的表述是：

> 但是，目前占我们干部队伍大多数的年轻干部，特别是解放以后参加工作的青年知识分子，他们一般地都没有经过或者基本上没有经过革命战争、群众斗争和劳动生产的锻炼，缺乏实际经验，不懂得缔造革命事业的艰难；其中有许多轻视体力劳动，不信任群众的集体智慧，没有劳动人民的思想感情，没有树立起工人阶级的立场和共产主义的世界观。这些干部如果不经过严格的锻炼和彻底的改造，是不能担当起建设共产主义事业的艰巨任务的。为了建立起一支有阶级觉悟和业务才能的、经得起风险和密切联系群众的、为共产主义事业奋斗的工人阶级知识分子队伍，一方面，必须继续增加干部队伍中的工农成分和提高工农干部的文化业务水平，有计划地培养他们成为有文化的、有业务才能的、又红又专的干部；另一

---

① 中央档案馆、中共中央文献研究室编：《中共中央文件选集》第 26 册，人民出版社 2013 年版，第 223 页。

方面，必须采取有效的措施，进一步地锻炼和改造现有的知识分子干部。

"锻炼和改造"这部分"知识分子干部"，使他们成为"又红又专""担当起建设共产主义事业的艰巨任务"的"知识分子干部"，是劳动锻炼指示的主旨。对此，劳动锻炼指示从七个方面做了具体的规定：干部下放的主要方向是农村；全面规划，统一安排；有计划地、分批地进行；主要方向是下乡、上山，参加农林业劳动；劳动锻炼时间长短根据事业和个人表现确定；各级党委要加强领导，进行细致的思想和组织工作；各级党委统一领导建立专门的领导小组。指示还特别将右派分子的劳动锻炼分作两类：情节较重者，"应分配到一定的农业合作社，使他们在社员和下放的干部的监督下进行体力劳动"；情节较轻者，"应该分配到领导较强和下放的干部较多的农业合作社，以便加强对他们的教育和改造"。①

从1957年5月10日"各级领导人员参加体力劳动"，到1958年2月28日"下放干部进行劳动锻炼"，干部参加生产劳动在中央层面的重视程度已经有了进一步的提升。时至1958年9月25日，中共中央、国务院再次发出《关于干部参加体力劳动的决定》，认为自有关干部参加生产劳动的两个指示发布后，"全国有近百万干部下放到农村和工矿企业参加体力劳动"，"这是形成我国今年工农业生产大跃进的一个重要因素"，"中共中央和国务院认为除了一部分干部已经下放到农村和工矿企业进行劳动锻炼以外，今后主要应当使全体在职干部每年都分出一定时间去参加工农业劳动生产"。这里的"一定时间"就是"每人每年必须用至少一个月的时间参加体力劳动"。这个不长的决定最后要求，各级党委和人民委员会应当在每年6月和12月对此情况做两次全面的检查，

---

① 中央档案馆、中共中央文献研究室编：《中共中央文件选集》第27册，人民出版社2013年版，第115—122页。

以保证此决定完满实施。① 从指示到决定，从"知识分子干部"到"全体在职干部"，都说明干部参加生产劳动在中央层面的重视程度进一步提高。然而，干部参加生产劳动的问题，在地方的实际工作中并没有得到认真的落实，因此，不到 5 个月时间，"中央再次要求全国必须贯彻执行关于干部参加体力劳动的决定"。1959 年 2 月 12 日，又以中共中央名义下发《关于坚决贯彻执行各级干部参加体力劳动的决定的通知》。这个通知的内容，基本上是重申之前两个指示和一个决定的精神，最后要求"各级党委和各单位必须对于干部参加体力劳动作出全面的规划和妥善的安排，并责成有关部门负责管理、检查、督促，建立必要的制度，以便使中央关于干部参加体力劳动的决定，长期贯彻执行下去，成为巩固的制度"。②

1959 年 2 月中共中央关于"再次要求"干部参加体力劳动的通知下达后，首先在山西引起反响。1960 年 3 月 24 日，中共山西省委召开全省六级干部会议，参加会议的干部 10000 多人，其中最基层的生产小队干部就有 724 人，管理区干部 1775 人，公社干部 1865 人，县级干部 501 人，地级干部 104 人，以上五级干部计 4969 人，其余则为省直机关干部。这是一次万人大会，也是山西自新中国成立以来召开的规模最大的干部会议。会议整整开了半个月，形成了会议报告和 4 个文件，其中一个文件是《中共山西省委六级干部会议关于改善干部作风问题的讨论纪要》。在纪要 11 条"反对官僚主义，克服'五多五少'的歪风"中特别指出："干部参加体力劳动的制度，要坚决地贯彻执行，每年参加体力劳动的时间，省、专、县的负责干部为一个月；公社一线的负责干部为三个月。参加劳动可以在深入基层工作的时间内进行。劳动的项目，除参加田间劳动外，还要到社营工厂、食堂参加劳动，以便联系各

---

① 中央档案馆、中共中央文献研究室编：《中共中央文件选集》第 29 册，人民出版社 2013 年版，第 97—98 页。

② 中央档案馆、中共中央文献研究室编：《中共中央文件选集》第 30 册，人民出版社 2013 年版，第 214—216 页。

方面的群众，熟悉各方面的业务，了解各方面的问题。"①

　　1961 年发布的《农村人民公社工作条例》，从 3 月份的草案，到 6 月份的修正草案，都在"干部"一章中强调"人民公社各级的干部，都必须同社员一起参加劳动"。修正草案比草案增加的一点，主要是规定了"生产大队和生产队干部的补贴工分，合计起来一般地应该控制在大队工分总数的 2% 左右"。

　　第八章四十九：

　　　　人民公社各级的干部，都必须同社员一起参加劳动。

　　　　公社一级的干部，应该按照不同的工作情况，分别参加一定天数的劳动，最少的全年不能少于 60 天。

　　　　生产大队和生产队的干部，都要以一个普通社员的身份参加劳动，同社员一样评工记分。每一个生产大队的干部，一般地都要固定在一个生产队参加劳动。为了不使生产大队和生产队的干部因公误工减少收入，应该根据各人担负工作的繁重程度，分别给以定额补贴或者误工补贴。生产大队和生产队干部的补贴工分，合计起来一般地应该控制在大队工分总数的 2% 左右。

　　　　县和县以上各部门召集生产大队和生产队的干部开会，除了负担伙食费和旅费以外，还应该发给他们适当的津贴。②

　　对照 1959 年的山西纪要和中央的修正草案，可以发现，山西规定的"公社一线的负责干部为三个月"，要比中央规定的公社一级干部，全年不能少于两个月要求更高。事实上，进入 20 世纪 60 年代后，山西省委更加重视干部参加生产劳动，并将此作为深入实际联系群众的重要途径，从正反两方面教育全省各级干部带头参加生产劳动。1962 年 7 月 24 日，中共山西省委以"必须坚决克服队干部不参加劳动的坏作风"为题，专门批转晋中地委组织部、榆次市委组织部《关于聂村生

---

① 中共山西省委农村工作部编：《山西省人民公社资料汇集》第 6 集，第 20 页。
② 黄道霞等主编：《建国以来农业合作化史料汇编》，中共党史出版社 1992 年版，第 646 页。

产大队干部不参加劳动的调查报告》，在批转该报告的批语中，省委明确地指出：

> 据了解，队干部不参加或很少参加劳动的现象很普遍。这是目前办好生产队的一个严重障碍，也是队干部脱离群众的根源。队干部不参加劳动的危害极大，不仅加重群众负担，招致群众不满，使队干部在社员中丧失领导威信，同时也会影响社员的劳动积极性，因而也就不可能领导好生产，不可能办好生产队。这种严重危害性，一定要使所有的队干部彻底明了，以便使他们自觉地积极地参加劳动。①

1963年1月29日，晋中地委关于干部参加生产劳动的一个正面报告引起了山西省委的重视，这个报告就是中共晋中地委农村工作部的《关于昔阳县干部参加劳动已形成社会风尚的考察报告》（以下简称《考察报告》）。此报告不仅批转全省各级党组织，同时转报了中共中央和毛泽东。毛泽东不仅饶有兴致地审阅了这个报告，而且重新拟写了下发文件的标题，他把原来的标题《中央转发一个调查材料：昔阳县干部参加劳动已形成社会风尚》，改写成一个更加醒目的标题《山西省昔阳县，县、社、大队、生产队四级干部全体参加生产劳动的伟大范例》。

《考察报告》首先全面介绍了昔阳县在干部参加劳动方面所采取的一系列有效措施：加强思想教育；将干部参加劳动的表现作为选拔干部的首要条件；县、社负责干部率先垂范；实行定工劳动、定额补贴制度；干部和社员一样评工记分；评比竞赛，层层树立标兵；自上而下改进领导作风与工作方法；等等。报告第二部分反映了昔阳县干部参加劳动的实际情况：由于措施得力，全县干部参加生产劳动逐步形成了社会风尚。县、社两级干部带头参加生产劳动，到哪里下乡就在哪里参加劳动。大队和生产队干部参加劳动一年比一年多，补贴工分则一年比一

---

① 山西省农业合作史编辑委员会编：《山西农业合作史经营管理卷》（总卷第二册），山西人民出版社1991年版，第581页。

年少。四级干部坚持不懈地带头参加生产劳动，密切了干部和群众的关系，带动了广大社员参加集体生产劳动的积极性。

1963年3月23日，中共中央以摘要的形式转发这个《考察报告》及山西省委对该报告的批语，认为报告和省委的批语"都很好"，特别指示将该报告发至公社一级党委。在经过毛泽东圈阅的中共中央批语中，一方面继续强调干部参加劳动的意义，另一方面批评"不少地方还没有认真贯彻执行"，"应该请他们好好读一读昔阳县的经验"：

> 干部参加劳动，是党的优良传统之一，是党在社会主义建设时期一项极为重要的政策。认真贯彻执行这项政策，对于农村工作来说，其重要性是很明显的。农业合作化以来的无数事例证明：凡是办得好的社、队，无例外地都具备有社、队的领导干部经常和社员在一起积极参加劳动的特点。反之，凡是办得不好的社、队，往往具有一个相反的特点，即这些社、队的领导干部不愿意和社员在一起积极参加劳动，因而脱离群众，不能抵制剥削阶级思想的侵袭，生活特殊化，贪污多占群众的劳动果实，有的甚至逐步蜕化变质，堕落成为富裕农民和资本主义分子利益的代言人，修正主义的社会基础。
>
> 人民公社工作条例修正草案对于人民公社各级干部参加劳动问题已经作出明确规定，可是直到现在，不少地方还没有认真贯彻执行。有的县委和公社党委对这一规定的重大意义认识不足，甚至认为大队和生产队干部的补贴工分不得超过生产队工分总数百分之二的规定，根本行不通。应该请他们好好读一读昔阳县的经验。昔阳县的经验证明了：这项政策能否得到正确执行的根本关键，恰恰在于县委和公社党委是否有决心，是否以身作则。这个县的县社两级干部，一九六二年在生产队做的劳动日，县级每人平均六十二个，公社级每人平均八十二个。他们到哪里下乡工作，就在哪里参加劳动，并且一直坚持不懈，经过几年的努力，才逐步形成风气。应该说，昔阳县的同志们能够这样做，所有各县也可以这

样做。①

解读中共中央这个批语，此时干部参加生产劳动不仅成为人民公社办得好的特点，而且将不愿意参加劳动与"资本主义分子利益的代言人，修正主义的社会基础"相联系。再看晋中地委农村工作部的《考察报告》，大寨大队党支部书记陈永贵已经成为干部参加劳动的一面旗帜。《考察报告》在谈到"一系列的措施"第七条"评比竞赛"时写道："旗帜鲜明，层层树立标兵。沾尚公社党委书记李千周，大寨大队党支部书记陈永贵，是全县公社和大队干部参加劳动的两面旗帜，县委总结了他们的经验，号召所有干部向他们学习。各系统、各公社、各大队也都树立了自己的旗帜。"②

1963 年 5 月，在中共中央召开的杭州会议上，毛泽东重谈干部参加劳动问题，并多次强调昔阳县的经验，赞扬昔阳县四级干部参加劳动的做法。他在中共中央转发的《浙江省七个关于干部参加劳动的好材料》上批示说："中央曾在今年三月二十三日发出山西省昔阳县四级干部无例外地参加生产劳动的模范事例，并作了批语。对于这个重大问题，有些同志是注意了，例如浙江，在全省党代表大会上着重讨论了并作了具体安排；其他地方，则反映尚少。建议各地领导同志利用适当机会，对于干部参加劳动这个极端重大的问题，在今年内进行几次讨论，并普遍宣读山西昔阳县那个文件。"③时任山西省委书记陶鲁笳参加了这次杭州会议，陶鲁笳回忆道：

> 在 1963 年杭州会议上，毛主席几次讲话赞扬昔阳县干部参加劳动，他说，我又看了一次山西昔阳县那个文件，很好。干部不参加劳动无非是怕耽误工作，昔阳经验恰恰相反，干部参加劳动不但

---

① 中央档案馆、中共中央文献研究室编：《中共中央文件选集》第 42 册，人民出版社 2013 年版，第 553—554 页。

② 同上注，第 556—561 页。

③ 黄道霞等主编：《建国以来农业合作化史料汇编》，中共党史出版社 1992 年版，第 766 页。

没有耽误工作，而且各项工作都搞得更好了。支部书记不参加劳动还不是"保甲长"？干部不参加劳动就可能变成国民党。很多问题，一参加劳动都可解决，至少可以减少一些贪污、多吃多占，可以向上反映一些真实情况，整党整团就好办了，就能把我们的支部掌握在劳动者积极分子手里。所以干部参加劳动是百年大计，是保证领导权始终掌握在劳动者手中的大问题。县社两级干部也都要参加劳动，我们希望几年之内分期分批都搞到昔阳县的程度。他还风趣地说，《红楼梦》第二回中，冷子兴说，荣宁两府"主仆上下都是安富尊荣，运筹谋划的尽无一个"，贾府不就是这样垮下来的么！①

1963年5月召开的杭州会议，是毛泽东亲自主持召开的专门讨论农村社会主义教育问题的会议。毛泽东在多次讲话中强调阶级斗争是客观存在的，是严重的、尖锐的。他将干部参加劳动同阶级斗争、生产斗争和科学实验三者联系起来，同防止资本主义、修正主义结合起来，同党和人民的密切联系结合起来，这些思想和相关的讲话内容，都写进了会议通过的《中共中央关于目前农村工作中若干问题的决议（草案）》，即"前十条"。6月2日，《人民日报》发表题为《干部参加劳动的伟大意义》的社论，指出："干部按照规定的制度参加劳动，对于社会主义制度来说，更是带有根本性的一件大事。"6月3日，《山西日报》发表长篇通讯《昔阳干部劳动成风》，这篇通讯分四个部分介绍昔阳县干部参加劳动的经验，其中第一部分"一面镜子"，首先写的是"大寨公社大寨大队党支部书记陈永贵带头参加劳动，发展生产的一些故事"，通过陈永贵带头参加劳动和大寨的实际，论述干部参加劳动，能最有效地带动广大社员参加集体生产的积极性；干部经常参加劳动，有利于贯彻勤俭办社的方针；干部经常参加劳动，有助于发扬民主；干部经常参加劳动，有助于提高农业技术水平。

其实，20世纪50年代后期，陈永贵在晋中地委，甚至在山西已经

---

① 陶鲁笳：《毛主席教我们当省委书记》，辽宁人民出版社2012年版，第53页。

有名了，晋中地委和山西省委已经将其作为模范进行宣传推广，而陈永贵这个时期的主要事迹就是带头参加生产劳动。1960 年 3 月 15 日，《山西农民报》头版头条发表《陈永贵是党的好干部》长篇报道，文章的四个小标题显然突出的是陈永贵带头参加劳动："千好万好思想好是第一条""千方百计挤出时间下地去""争分夺秒抓紧时间多劳动""参加生产工作更上一层天"。也就是这个头版，右上角特别摘出 1957 年 5 月《中共中央关于各级领导人员参加体力劳动的指示》的有关内容，就像后来各报流行的右上角"最高指示"一样，又有一个通栏的红底黑字大标题"开展一个学习陈永贵运动"。

陈永贵和大寨在山西已经成为模范典型，陈永贵和大寨要走出娘子关，走向全中国了。

四　陈永贵及"农业学大寨"

1963 年，也就是专门讨论农村社会主义教育问题的杭州会议这一年，"七沟八梁一面坡"的大寨遇到了一场严重的洪水灾害。8 月 2 日一直到 8 日，暴雨连下 7 天 7 夜，降水量相当于 1962 年全年的总量。大寨人多年来经营的 100 多条大坝全部被冲毁，20% 的土地、石坝、地堰，甚至连地基都被冲没了。全村 180 亩土地被冲毁淤没，540 亩土地被洪水冲刷过，140 孔窑洞塌毁 113 孔，125 间房子塌毁 77 间，对大寨人来说，这确是一场特大的洪涝灾害。

大寨人在自然灾害面前没有退缩。在狂风暴雨的 7 个日夜里，他们在没日没夜、争分夺秒地抢救粮食，抢救大牲口，抢救各种受损害的物资。他们守望相助、团结一致抗灾自救，恢复生产，重建家园。天有不测风云，天也有睁眼的时候。如此一场特大的灾害，大寨人没有人身伤亡，粮食和牲畜也大都被抢救回来。在县城参加人代会的陈永贵急匆匆赶回大寨后，以"忆苦思甜"的形式给乡亲们鼓劲儿，他说道："要是这次大灾发生在旧社会，那就算完了，不知有多少家要死人，要卖儿卖女，要去逃荒要饭。咱们上了点年纪的，不都还记得1920年那场灾，那时我们陈家整5口，被俺爹卖了3口。如今，俺陈家又整5口，要是我现在张罗着卖老婆孩子，大伙儿不把我当疯子吗？"①陈永贵的话感染了大家，大家从他的话里听出了希望，乡亲们说陈永贵就是大寨的主心骨。

在党支部书记陈永贵的带动下，大寨人制订了"先治坡，后治窝"的生产生活计划，就是先集中劳力将被冲倒的禾苗扶正培直，保证当年的收成，然后再修整房屋和窑洞，暂时没有住处的就和别家挤在一起住。白天治坡在地里干，晚上治窝在村里干，每个人都咬紧牙关拼命干活，争取渡过这场灾难，用那个时候的一句话叫作"革命加拼命"。许多后来参观访问大寨的人都知道，那个时代的大寨人，无论男女都留下了程度不同的腿脚病或腰疼病，这就是长期超强度体力劳动付出的代价。不过，那个时代，又有谁把它当回事呢？

"妇女能顶半边天。"在1963年洪涝灾害面前，大寨的妇女也经受住了考验。300亩玉米、200亩谷子在暴雨中被大风刮得东倒西歪，妇女和男劳力一样心急如焚。男劳力要参加搬石头、修地堰等重体力劳动，妇女们则接受了扶苗的任务。她们卷起裤腿，屈膝弯腰，像侍弄自己的孩子似的精心地把一株株倒伏的禾苗扶正。起先，一根一根的禾苗被扶起来之后，一夜之间又倒伏在地，后来就有人将几根禾苗捆在一起扶起。这个办法真是奏效，大伙戏称这叫"组织起来"。看到整片的庄稼又挺直腰杆恢复生长，妇女同志们个个露出笑脸，有人说"那比怀胎十月，孩子呱呱落地都高兴"。②就是在这场与洪涝灾害的搏斗中，后来闻名全国的大寨"铁姑娘队"开始走进人们的视野，次年（1964）郭凤莲成为"铁姑娘队"队长。

大寨人战胜了这场特大的洪灾。秋后，大寨粮食平均亩产达到370

---

① 宋连生：《农业学大寨始末》，湖北人民出版社2005年版，第77页。
② 同上注，第80页。

多公斤，总产达到 20 多万公斤。更可贵的是，他们自力更生，重建家园，提出了"三不要""三不少"的原则。"三不要"就是不要国家的救济款，不要救济粮，不要救济物资；"三不少"则是向国家卖粮不少，社员口粮不少，集体的库存粮不少。大灾之后，提出这个"三不要""三不少"，村里的一些社员有些想不通，陈永贵为此多次召开党支部会议和社员群众座谈会，统一大家的思想，这就产生了后来很出名的"自力更生十大好处"：

第一，自力更生激起了干部和社员更大的革命干劲，调动了社员参加集体生产劳动的自觉性和积极性；

第二，自力更生能使社员更加热爱集体，依靠集体，自觉维护集体的利益；

第三，自力更生进一步增强了社员之间、干群之间的团结，形成了一种同心协力、克服困难的新风气；

第四，自力更生医治自然灾害创伤，不仅有利于当前，而且有利于长远；

第五，自力更生促进了勤俭办队，勤俭持家，勤俭办一切事业；

第六，自力更生考验了干部，锻炼了干部，增长了干部的才干；

第七，自力更生能使干部和社员看到自己的缺点，找到差距，并积极想办法消灭差距；

第八，自力更生对巩固人民公社有利；

第九，自力更生克服困难，给革命事业接班人树立了榜样；

第十，自力更生战胜灾害，推动了"一带二"比学赶帮运动的发展。

这个"自力更生十大好处"，后来刊登在《山西日报》上，《人民日报》进行了转载，陈永贵后来在人民大会堂的报告也讲了这些内容。其实，这就是后来"大寨精神"的最初底本。

需要指出的是，1963 年中苏关系的恶化又发展到一个新的阶段。苏联人撤走了专家，中国人需要自力更生，艰苦奋斗。"独有英雄驱虎豹，更无豪杰怕熊罴。"大寨在大灾面前不向国家伸手，自力更生恢复生产，正像中国共产党人不向苏联低头坚决抗争一样。至于这里讲到的"一带二"，那是 1963 年 4 月在山西省农业生产先进集体代表会议上，大寨再次获得"特等先进单位"称号，省委书记陶鲁笳在讲话中对大寨大加表彰，要求全省每个农业生产先进单位都要像大寨一样，不仅做好自己的事，还要发扬风格，带好两个落后的队。后来发展成在全省农村广泛开展的"学大寨，一带二"运动。

1963 年 11 月 9 日，中共山西省委正式发出通知，号召全省各级党组织向大寨学习。通知指出：

> 在以陈永贵同志为首的大寨党支部领导下，社员们发扬了高度的集体主义和爱国主义思想，他们藐视困难、顽强不屈、自力更生、奋发图强，因而以较快的步伐，恢复了和正在恢复着灾害造成的创伤，今年农业生产仍然获得了较好的收成，进一步使社员相信了集体经济的优越性，更加热爱集体，使集体经济更加巩固。特别在取得抗灾斗争的胜利之后，他们以国为怀、顾全大局，保证全部完成国家 24 万斤粮食的包购任务，支援兄弟灾区，支援国家建设。省委认为，大寨人民的这种高贵品质和革命干劲，反映了我们时代的精神风貌，是我们伟大的国家和伟大的人民的革命精神的缩影。①

中共山西省委在通知中将大寨精神概括为"藐视困难、敢于革命的英雄气概，自力更生、奋发图强的坚强意志，以国为怀、顾全大局的高尚风格"，其实是对大寨人提出的"自力更生十大好处"的一个提升。这个通知发出之后，短短几天时间，山西各级干部到大寨参观学习的就达 200 多人。

1964 年新春伊始，陈永贵从太行山的大寨走出娘子关，走进了首

---

① 转引自中共山西省委党史办公室：《中国共产党山西历史》第二卷（1949—1978）下册，中共党史出版社 2012 年版，第 430 页。

都北京的人民大会堂。在有关部门组织的上万人的党政军各界代表会议上，陈永贵做了题为《关于大寨人民以革命精神进行阶级斗争、生产斗争和科学实验以及自力更生、战胜严重灾害》的报告。"村看村，户看户，群众看的是党支部。""干部，干部，就要先干一步；不先干一步，就不能当干部。""靠向上伸手，越伸人越懒，越伸志越短；靠自力更生，越干志越坚，越走路越宽。"这些朴实概括、朗朗上口的昔阳话，给在场的观众耳目一新之感，也成为后来广为流传的口号式话语。陈永贵的报告引起了轰动，不仅在于他有很好的口才，更在于他与时代同步。陈永贵的这个报告，后来在中央人民广播电台反复播放实况录音，大江南北的千家万户通过有线广播和收音机收听了这位来自太行山革命老区的农民的报告，陈永贵和大寨的名字传遍了神州大地。

　　20天后，1964年2月10日的《人民日报》发表长篇通讯《大寨之路》，同时配发题为《用革命精神建设山区的好榜样》之社论，这个社论的一些观点和理论见解，对之后全国范围的农业学大寨运动产生了深远的影响。社论从四个方面号召"学习大寨的革命精神"：

　　要学习大寨的革命精神，就要学习他们这种远大的革命理想和对未来坚定不移的信心。

　　要学习大寨的革命精神，还要学习他们敢于藐视困难，敢于同困难作斗争的顽强精神，学习他们实干、苦干的优良作风。

　　要学习大寨的革命精神，还要学习他们自力更生、奋发图强的优良作风，学习他们严格要求自己，以整体利益为重的共产主义风格。

　　要学习大寨的革命精神，还要学习他们永远前进并且把伟大的革命精神和严格的科学态度结合起来的好作风。

　　社论最后号召学习大寨、推广大寨经验。

　　大寨的贫困落后的过去，是我国农村过去的缩影。大寨的现在，土地变样，生产变样，技术变样，人的思想变样，又是当前我国农村的现实写照。在我们国家的每一个地方，不论是山区还是平原，都有自己的"大寨"。每一个地方，既要很好地学习大寨的经验，也要很好地总结推广自己的"大寨"经验。在无数个"大寨"的光辉事迹鼓舞下，我国农村人民必将鼓起更大的革命干劲，积极开展科学实验，推动农业生产的新高潮，促进我国的农业生产和农业现代化更快更好地向前发展。

陈永贵和大寨的事迹已经传遍神州大地，但毛泽东仍然没有得到这方面的信息。3月底，毛泽东为了详细了解全国农业的发展情况，开始到河北、河南和南方各地考察。3月28日至29日，毛泽东召集河北和山西的负责人到他停在邯郸的列车上听取汇报，时任山西省委书记的陶鲁笳专门向毛泽东汇报了陈永贵和大寨的事迹。事过近30年（1992）后，陶鲁笳仍然对这次汇报记忆犹新：

> 我又接着汇报说，陈永贵这个人，群众说他很有才干，他领导群众搞集体生产，年年有新套套。他常说，你没有新套套，天还是那个天，地还是那个地，它不会给你增产一斤粮食。他的新套套，不是凭空想出来的，是在和群众一起劳动的实践中琢磨出来的，是经常请教山西农学院的科学技术人员，经过科学试验得出来的，所以很见效。正如他说，集体生产有了新套套，才能变思想、变技术、变土地，才能稳产高产。从建立初级农业生产合作社以来，大寨年年改变着生产条件，年年增产，年年增加上交国家的征购粮。可是，大跃进那几年，许多农村浮夸虚报，说他们的粮食平均亩产已过了长江，超过了800斤甚至1000斤时，大寨却如实上报粮食单产400多斤。1963年8月初大寨遭受特大洪灾时，陈永贵正在县里参加人代会，他听到后立即绕走山路回到村里。群众一见他就说："永贵，你看这么大的灾，咱们怎么往下活呀！"有些悲观得哭了起来。陈永贵先问大家，人冲走了没有？牲口冲走了没有？大家说没有。然后，他挺起腰杆说："没有冲走一个人，没有冲走一头牲口，这就是大喜事，应该开庆祝会，还哭什么。毛主席说过，人是第一可宝贵的，有了人，什么人间奇迹都可以创造出来。老天爷也是个纸老虎，欺软怕硬，你硬了，它就软了。我们每个人都有两只手，靠两只手我们就能改天换地。旧的不去新的不来嘛。"就是

这样，他把全村动员起来，不分男女老少，齐心协力，夜以继日，战天斗地，果真创造出惊人的奇迹。被洪水冲倒在泥浆里的秋禾，一棵棵被扶起来，培土施肥，千方百计地救活了。结果，除少量完全被冲垮了的梯田绝收外，粮食亩产获得了700多斤的高产纪录。接着，他们研究了洪水为害的规律，修订第二个10年造地规划，建设抗御旱涝能力更强的稳产高产的新梯田、沟坝田、河滩田。被洪水冲毁了的旧大寨，也按照统一规划，用集体的公共积累，重建家园。他们以白天治坡、夜间治窝的惊人毅力，建起了焕然改观的新大寨，仅仅半年多的时间，半数社员就欢欣鼓舞地搬进了新居。这真是一个奇迹！他们选择一处又长又高的坡面，用石灰写上了"愚公移山，改天换地"赫然醒目的8个大字。这8个大字活现了大寨人的雄心壮志。1963年11月省委向全省农村、城市各级党组织发出了向大寨人民学习的通知后，到大寨去参观的人越来越多，都惊叹大寨人个个是改天换地的劳动英雄。我还汇报说，1964年2月10日《人民日报》发表了《用革命精神建设山区的好榜样》的社论，高度赞扬了昔阳县大寨大队的革命精神。

毛主席听到这里，饶有兴趣地问我，陈永贵是哪几个字，他识字不识字？

我当即在纸条上写了陈永贵三个字，并说，他42岁扫盲，他今年50岁，现在能读报，还懂得什么叫逻辑。不久前他在太原作报告，赵树理听了很佩服，对我说，陈永贵的讲话，没有引经据典，但他的观点完全合乎毛泽东思想和辩证法。

这时，毛主席对大寨和陈永贵以肯定和赞赏的语气说：穷山沟里出好文章。唐朝时你们山西有个大学问家柳宗元，他在我们湖南零陵县作过官，那里也是个穷山区，他在那里写过许多好文章。类似这样借题联想、旁征博引的谈话，在我同主席的接触中不止听到过一次。

毛主席又高兴地问我，你们有他的材料没有？《人民日报》那篇文章我没有看。随即让他的秘书把《人民日报》那篇文章找来。我也把预先准备汇报的有关陈永贵和大寨的材料交给了他。[①]

笔者在这里之所以大段地引用陶鲁笳的回忆，实在是很佩服这位老省委书记言简意赅的汇报。陈永贵这个人在他的汇报中活灵活现地出现了，大寨人大灾之后战天斗地的事迹在他的汇报中再现了，甚至大寨的历史、大寨的粮食产量都在他平实的话语中被极简略地道出。其实，后来出现的一些有关这段历史的描述，不免有一些牵强附会之处，譬如有关赵树理对陈永贵讲话的赞扬，就有夸张之嫌。

毛泽东了解了陈永贵和大寨的事迹，这个自下而上的过程达到了顶端。5月，中共中央在北京召开工作会议，据参加会议的陶鲁笳讲，在谈到第三个五年计划时，毛泽东说道："农业主要靠大寨精神，自力更生，要在种好16亿亩地的基础上，建设4亿多亩稳产高产田，要逐步减少粮食进口，以增加新技术的进口，需要加强内地建设。"陶鲁笳认为："这或许就是农业学大寨的来由吧。至于'农业学大寨'这个字句，中央文件可查见的是1966年8月14日发表的八届十一中全会公报。"我们实在没有太多必要纠缠毛泽东在什么时间、什么场合讲过"农业学大寨"这五个字，事实上，1964年，尤其是"文化大革命"开始后，"农业学大寨"五个大字作为"最高指示"不断出现在各大报纸的右上角，大寨已经成为农业战线上的一面红旗，农业学大寨已经成为影响全国的一场运动。

在1964年12月召开的第三届全国人民代表大会上，周恩来总理做了政府工作报告。报告第一次公开表彰大寨是农业战线的一个先进典型。在总理举出的几个自力更生的典型例子中，第一个就提到大寨："山西省昔阳县大寨公社的大寨大队，是一个依靠人民公社集体力量，自力更生进行农业建设、发展农业生产的先进典型。"最后总结大寨精神："大寨大队所坚持的政治挂帅、思想领先的原则，自力更生、

[①] 陶鲁笳：《毛主席教我们当省委书记》，辽宁人民出版社2012年版，第205—206页。

艰苦奋斗的精神，爱国家、爱集体的共产主义风格，都是值得大大提倡的。"①

三届人大会议尚未结束，12月26日，适逢毛泽东71岁生日，他用一种特殊的方式向世人传达了自己对各条战线上劳动模范的尊重和期望。据陈永贵的讲述，那天大会刚刚结束，周恩来总理就带他来到人民大会堂江苏厅参加毛泽东生日宴请。在座的除了刘少奇、周恩来等国家领导人，还有钱学森、王进喜、邢燕子、董家耕等人。陈永贵在一张桌子上近距离地接触了毛泽东，他和主席握手、谈话，甚至还抽了一支烟。陈永贵将这一天称为自己"最荣幸的一天"，他说："这次见着主席，是终身也不会忘记的。我要以实际行动来回答党中央和主席对我的教育和关怀。"②

如果说之前的大寨已引起中央高层的注意并在全国很有影响的话，三届人大会议后，随着主流媒体对大寨的集中宣传和对大寨定位的明朗化，农业学大寨已经成为一场在全国开展的运动。随着后来"四清"运动的发展，尤其是在"文化大革命"中，大寨被赋予的形象不仅是一个农业生产战线上的典型，更是一个"政治挂帅"的"阶级斗争的典型"，大寨的经验被严重地政治化和绝对化了。更有甚者，陈永贵执掌昔阳县后，在全县范围内推广大寨经验和大寨模式，山西省委在"全国学大寨，大寨在山西，山西怎么办"的"问题导向"下，提出了"把全省每个县都建设成为像昔阳那样的大寨式的县"的口号，接着就是全国范围内的"普及大寨县"。

1975年9月15日，酝酿已久的全国农业学大寨会议在昔阳召开。毛泽东主席对此次会议非常重视，他在会前特别提议，凡能去的政治局委员都要去参加会议，并委托主持工作的中共中央副主席邓小平在开幕

① 黄道霞等主编：《建国以来农业合作化史料汇编》，中共党史出版社1992年版，第794页。

② 《陈永贵谈大寨》，转引自李静萍：《农业学大寨运动史》，中央文献出版社2011年版，第78页。

式上发表讲话。参加此次会议的除国务院有关部委和各省、区、市的负责人，还有全国2200个县的县委书记，总人数达3700多人。这么多人在一个小小的昔阳县举行国家级的大会，连一个像样的会场也难找到。最后，会址选在刚刚建成尚未安装设备的昔阳拖拉机厂的一个大车间，主席台是临时搭建的，除了主要领导人在主席台并排就座，3000多代表则每人一个小凳子坐在台下。第一次全国农业学大寨会议安排在昔阳召开，中央领导除毛泽东主席外，全部前来参加会议，其重大的政治意义是不言自明的。

时任国务院副总理的陈永贵致大会开幕词。他首先讲到这次会议"是毛主席发出'农业学大寨'伟大号召以来的一次很重要的会议"，"对我国社会主义革命和社会主义建设将会发生深远的影响"。邓小平在一阵热烈的掌声后发表讲话：

> 这25年来，我们做到了农业刚够吃，这件事情不可小视，由过去旧中国的半饥饿状态到每人占有粮食六百几十斤，这是一个伟大的成绩。

> 实行四个现代化，关键是农业现代化。农业现代化、工业现代化、国防和科学技术的现代化，这四个现代化，比较起来，更加费劲的也是农业现代化……不管工业发展得怎么快，不管我们科学技术的水平提高到怎么样，要有农业这个基础的发展，才能够推动另外三个现代化的前进。如果农业搞得不好，很可能拉了我们国家的后腿。

> 据说现在全国有三百个县学大寨程度不同的比较好。但是，这三百个县是不是能像大寨那样，二十五年如一日，二十五年没有一天后退。这三百个县也要找差距，也许有相等的，也许有差一点的。全国二千二百个县，才三百个县。我跟外宾吹过，全国只要有三分之一的地方赶上大寨和昔阳县，我们的粮食就没有地方搁了。昔阳县今年跨"长江"，潜力还大得很。现在的问题是，要求逐步地有更多大寨式的县。不要只提公社，不要只提大队，要提高一

步，搞昔阳县、大寨县。①

9月25日，会议转到北京进行。10月15日，华国锋作为国务院第一副总理做《全党动员，大办农业，为普及大寨县而奋斗》的总结报告。报告明确提出"普及大寨县是全党的战斗任务"，建成大寨县有六条标准：团结战斗的县委领导核心；贫下中农的阶级优势；三级干部坚持参加集体生产劳动；农田基本建设、农业机械化和科学种田方面进展快、收效大；集体经济不断壮大；农林牧副渔各业全面发展。报告最后要求，到1980年，全国有1/3的县建成大寨县，其他的县也要建成更多的大寨式的大队和公社。大寨在山西，昔阳在山西，全国要普及大寨县，第一副总理华国锋又是山西人，一时间，华国锋总结报告的题目"全党动员，大办农业，为普及大寨县而奋斗"作为标语刷遍了三晋大地的村庄窝铺。

1976年9月9日毛泽东逝世，10月华国锋出任中共中央主席，12月10日在北京召开第二次农业学大寨会议。这是粉碎"四人帮"之后召开的第一次全国大型会议，会议的规模超过第一次会议的3700人，达到5000多人。

"沉舟侧畔千帆过，病树前头万木春。"就在举国上下农业学大寨的喧嚣声中，中国农村社会的形势却在悄然变化。十一届三中全会后，历经14年的农业学大寨运动黯然退出历史舞台。

大寨在山西，山西是农业学大寨运动的发源地。1978年以后，当学大寨运动受到各方质疑甚至批评之时，山西仍在竭力维护大寨这面旗帜，甚至提出了普及大寨县两步走的战略。从昔阳县委、晋中地委到山西省委，对学大寨运动的反思是艰难而痛苦的。

昔阳县委的反思过程可谓痛苦尤烈。从1978年10月的《总结经验，解放思想，改进工作，大干快上》的总结报告，到1979年2月学

---

① 全国农业学大寨会议秘书处编印：《全国农业学大寨会议材料》，1975年，山西大学中国社会史研究中心藏。

习十一届三中全会公报，再到 8 月落实十一届三中全会精神，进行真理标准问题的"补课工作"，直到 1979 年底陈永贵被免去昔阳县委书记一职，今天看来带有明显时代烙印的反思才算真正开始。1979 年 12 月 24 日到 29 日，中共昔阳县委召开全委扩大会议，通过了《关于彻底清算学大寨运动中极"左"流毒和影响》的县委 106 号文件，并上报晋中地委和山西省委。106 号文件从四个方面总结了农业学大寨运动中的极"左"错误，又从三个方面总结了三条教训。同样，晋中地委也在 1979 年 10 月召开了地委扩大会议，专门总结农业学大寨运动中的经验教训，会后将《关于联系农业学大寨运动开展真理标准讨论的情况报告》上报省委。

　　山西省委总结农业学大寨运动的教训也是伴随着贯彻十一届三中全会精神和开展真理标准问题补课进行的。1978 年 12 月 28 日到 1 月 8 日整整 10 天时间，山西省委召开常委扩大会议，学习贯彻十一届三中全会精神，总结农业学大寨运动中的经验教训。省委书记王谦在会议结束时发表讲话，承认"省委负责同志在有关学大寨的一些讲话中，说过不少错话，欢迎同志们批评"。其实，作为山西省委书记的王谦对这个时期媒体对学大寨的批评是有看法的，他在后来的回忆中讲道：

　　　　1978 年之后，突然又说大寨"左"了，一切都反过来了，一切罪过都归到大寨身上，而且又把我说成"凡是派"。我有我的主张。我认为，陈永贵同志是执行了不少"左"的东西，且又变的骄傲自大，唯我独尊，还掺和了派性，但是不能脱离当时的政治背景，不能把问题全推到他的头上，这样不公平！还是李先念同志讲得好：大寨固然有大寨的问题，但决不能把问题都归到大寨的身上。而且也不能从一个极端走向另一个极端，倒脏水把孩子也倒掉。大寨艰苦奋斗、自力更生的精神是肯定的，还是要学习和发

扬的。^①

进入 1980 年，局势发生了很大的变化。5 月 31 日，邓小平针对当时包产到户的争论，公开发表重要讲话支持大包干的生产责任制，认为："总的来说，现在农村工作中的主要问题还是思想不够解放。"^② 之后，媒体公开发表了许多揭发大寨和昔阳的文章，像《昔阳"西水东调"工程缓建》《再也不要干"西水东调"式的蠢事了》《昔阳前县委主要负责人弄虚作假，五年虚报粮食产量两亿七千多万斤》等，在全国引起极大反响。8 月初，山西省委连续召开两次常委会，中旬又召开 8 天的常委扩大会议，总结农业学大寨运动中的经验教训。8 月 24 日，做出《中共山西省委关于全省农业学大寨经验教训的初步总结》并上报中央。报告分三个部分，除了阐明总结学大寨经验教训的历史由来、解决这一问题的出发点、农业学大寨运动造成的严重危害外，还从端正政治路线、尊重客观规律、正确对待农民、正确对待典型四个方面总结了"经验教训"。

1980 年 11 月 23 日，中共中央将山西省委的这一报告批转全国，认为"这个检查报告的基本精神是好的"。转发报告的同时，中共中央加了很长的批语。批语共四部分："就全国范围来说，主要的责任，在当时的党中央"，"在大寨和昔阳县推行'左'倾路线以及由此造成的严重后果，主要应由陈永贵同志负责"；表扬先进人物和先进单位，必须坚持辩证唯物主义的思想路线；任何先进技术经验和经营管理经验，都要重视经济效果；进一步做好培养模范的工作。其中，第二部分对学大寨运动和表扬先进典型讲得非常具体：

> 表扬先进人物和先进典型，一向是我们党推进各项工作的有效方法之一。但是，必须坚持辩证唯物主义的思想路线，实事求是地把任何先进典型都看作是群众集体智慧和辛勤劳动的产物。历史已

① 张国祥主编：《王谦：一个省委书记的风雨征程》，中共党史出版社 2009 年版，第 368 页。
②《邓小平文选》第 2 卷，人民出版社 1994 年版，第 315—316 页。

经证明，人为地树立先进典型，最终没有不失败的。先进典型，同其他事物一样，是不断地发展和变化的。对于先进典型，我们当然要从政治上、思想上给以正确的指导，尽可能使其避免失去先进性以至垮台，但是当它们的主观和客观条件发生了重大变化，以致不再继续成为先进典型的时候，就不应当人为地去"保"，更不允许滥用职权，动用国家财力、物力和人力去支撑所谓"先进典型"的门面，甚至弄虚作假，欺骗上级，欺骗舆论。那种把先进典型的经验模式化、绝对化、永恒化的做法，是错误的、有害的。宣传和介绍先进典型，一定要说真话，不要讲假话。那种只让人看几个事先安排好的点，只讲甚至夸大先进一面，隐瞒落后一面的做法，是很错误的。这类误人害己的事，已经很多，今后务必要引为鉴戒。我国农村地域辽阔，各地自然条件、生产情况和耕作习惯千差万别，经济发展水平也不相同。而且，为要全面地进行农村建设，不仅要发展农业建设，还要发展林、牧、副、渔各业，发展工业、交通运输业、商业以及文化、教育、卫生等等。各个地区、各个方面的工作，都要发现、培养各种各样的先进典型。某一地区的实践证明确实是先进的、有效的经验，在其他地区推广，就不一定是或不一定完全是先进的、有效的。因此，在推广先进经验的时候，必须分析它在什么情况下产生的，适合于哪些条件，哪些是带有普遍性的东西，哪些是不带普遍性的具体做法，绝对不能生搬硬套，强迫命令，重犯过去农业学大寨运动中的错误，不分东西南北，不分自然条件和耕作习惯，用大寨这样一个典型的经验硬性指导农村所有地区和不同行业的各项工作。同时，对先进典型也不要提不适当的、过高的要求，以免助长弄虚作假。要一分为二，经常指出不足之外，使他们不断进步。总之，要实事求是，因地、因事、因时制宜，分类指导，并且由群众当家作主、做出决定。[①]

中共中央明确批示不能"用大寨这样一个典型的经验硬性指导农村所有地区和不同行业的各项工作"，不能"重犯过去农业学大寨运动中的错误"。其实，早在1980年9月27日，中共中央就印发了《关于进一步加强和完善农业生产责任制的几个问题》，即著名的75号文件。这个时候，也就是1980年底，中共中央批转山西省委的检查报告之前，完善农业生产责任制的"包产到户"已经在全国各地普遍推开，但山西各地仍然对"包产到户"顾虑重重，抱有观望甚至抵触的情绪。一份1982年5月31日中共山西省委写给中共中央的报告中讲道：

> 有相当一部分人对包产到户思想不通，有的甚至连联产到劳也有一定顾虑，特别是老根据地的一部分同志。上述这些同志对群众的要求，多数消极观望不表态，少数则先顶后压，顶压不住，便赌气放弃领导不管。群众对领导的态度是，领导支持他们搞了的，兴高采烈，春耕进行得很好；领导不支持，轻则生产消极，得过且过，重则怠工"罢农"。在部分地区领导和群众之间，形成"抵牛"，关系一度是相当紧张的。[②]

山西在"包产到户"的农业生产责任制推进过程中，确实遇到了不小的阻力。昔阳县学大寨、普及大寨县运动烙印很深，落实75号文件阻力更大。大寨从一个大队分成3个生产小队和几个专业队，到一夜之间又恢复大队核算，吃大锅饭，中间经过了一个反复的过程。大寨实行土地到户的家庭联产承包责任制，是在昔阳县工作组的反复动员下进行的，而此时已是1983年春季，真似个"人间四月芳菲尽，山寺桃花始盛开"。

---

① 黄道霞等主编：《建国以来农业合作化史料汇编》，中共党史出版社1992年版，第884页。

② 中共山西省委：《关于农业生产责任制问题的报告》（1982年5月31日），转引自李静萍：《农业学大寨运动史》，中央文献出版社2011年版，第421页。

五 模范是这样培养的

培养模范、树立典型是中国共产党进行社会动员的重要方式，也可以说是一个重要的工作方法。早在 20 世纪 30 年代初期，中国共产党在苏区就开展过评选劳模和表彰先进的活动；抗日战争进入相持阶段后，以陕甘宁边区为先导，各根据地都发动了声势浩大的评选劳动英雄和模范工作者运动；新中国成立后，评选劳模成为一项制度。

中国共产党培养模范、树立典型的做法显然是受到苏联的影响。早在抗战时期，为了打破国民党的经济封锁，调动群众自力更生、发展生产的热情，毛泽东就发出了大生产的号召。1939 年，边区政府颁布《陕甘宁边区人民生产奖励条例》和《机关学校生产运动奖励条例》等，对超额完成生产任务的个人和单位给予奖励。1941 年边区开展"五一"劳动大奖赛，推选出 274 名劳动英雄，吴满有①和赵占魁一时成为劳动英雄中的明星。赵占魁是边区农具厂的一个司炉工，他吃苦耐劳，技术精湛，团结工友，热爱工厂，是模范的产业工人，毛泽东为他题词"钢铁英雄"，称他是"中国式的斯达汉诺夫"。

这个斯达汉诺夫是 20 世纪 30 年代苏联树立的一个模范。他出生于苏联一个贫困的农民家庭，仅上过三年的小学，1927 年来到挣钱较多的"中央伊尔敏诺"矿井挖煤。他成名的业绩是打破了传统旧法采煤的纪录，大大提高了劳动效率。1935 年 8 月 31 日，在一班的工作时间内采煤 102 吨，超过普通采煤定额的 13 倍。斯大林得知这个消息后，立即发动了有名的"斯达汉诺夫运动"，要求各行各业向斯达汉诺夫学习，提高生产效率，创造新的纪录，以实现国家的工业化。在 1935 年 11 月

---

① 吴满有，时为延安县柳林区枣园农民，"地种得多，荒开得多，粮打得多，缴公粮踊跃争先，数量既多，质量又好，是个抗属，模范的农村劳动英雄"。参见《解放日报》1942 年 4 月 30 日。

举行的全苏斯达汉诺夫工作者第一次会议上，斯大林发表演讲："斯大汉诺夫运动的意义就在于这一运动打破了不高的旧的技术定额，而且往往超过了先进资本主义国家的劳动生产率，这样就使我国在实际上有可能更加巩固社会主义，有可能把我国变成富裕的国家。"《联共（布）党史简明教程》写道："斯达汉诺夫运动是我们的人才已经掌握新技术和劳动生产率进一步增长的最明显的例子。"可以说，斯达汉诺夫这个模范促成了苏联工人和集体农庄庄员提高生产定额，进一步提高劳动生产率的群众运动，且不论他是一个真模范还是假模范。20 世纪 50 年代初期，斯大林《在第一次全苏联斯达汉诺夫工作者会议上的演说》中文版开始在国内风行，笔者见到的就有 1950 年外国文书籍出版局和 1953 年人民出版社两个版本。同样，斯达汉诺夫的事迹在国内广为传播。

　　毛泽东一直重视培养模范、树立典型，他给模范的定位成为中国共产党人对这个问题的基本认知。1950 年和 1956 年，中共中央和政务院（国务院）主持召开过两次全国劳动模范表彰大会，毛泽东均出席并宴请劳模，合影留念。在 1950 年首次全国劳动模范表彰大会上，毛泽东代表中共中央致贺词。他在讲话中给劳动模范这样定位："你们是全中华民族的模范人物，是推动各方面人民事业胜利前进的骨干，是人民政府的可靠支柱和人民政府联系广大群众的桥梁。"[1]新中国成立后毛泽东虽然没有到过山西，但山西两位著名的全国劳动模范李顺达和陈永贵，都受到过毛泽东主席的特殊关注和眷顾。新中国成立初期山西率先试办初级农业生产合作社和后来的农业学大寨，都与毛泽东的肯定和推动紧密相连。

　　不难发现，集体化时代在三晋大地生根发芽的劳动模范和事迹首先出现在革命老区，尤其是太行老区。他们从太行山走出山西，走向全国，进而影响到中国农业集体化时代的走向，这实在是一个耐人寻味的现象。1981 年 7 月 6 日，时任山西省副省长霍泛在全省县委书记会议

---

[1]《毛泽东代表中共中央致祝词》，《人民日报》1950 年 9 月 26 日。

上做《关于我省建立农业生产责任制情况的报告》时，总结落实十一届三中全会精神"比较迟缓"的两个原因：一是"大寨在山西，山西怎么办"的口号对干部群众形成一种特有的政治压力；二是"山西农村工作方面受'左'的影响"。

　　其二，山西80%、90%的地区是老区，又是合作化最先试验和实行的地区，有合作化时期的经验，这是很好的。但从现在看，一方面，其中有一些好的经验，是应该继承的；但是另一方面，有一些是"左"的，应该扬弃，还有些需要加以改进和提高。对此，我们缺乏具体的分析和总结，还拘守着以往的经验和停留在原有的认识水平上。山西农村工作方面受"左"的影响，本来是个重灾区，理应对它的危害感受最深，觉醒得也应更早些，清除它的影响的决心要更大些，付出的努力也要更多些，前进的更快些。但由于我们对党的三中全会正确方针政策认识理解的比较迟缓；实践是检验真理的标准的讨论也没有联系本省实际展开认真的学习，以后进行补课也没有普遍深入下去，行动上就迟缓了一步。[①]

山西落实十一届三中全会精神在行动上确实"迟缓了一步"，在当时的语境中，说"山西农村工作方面受'左'的影响"也没有什么错。但笔者以为，将"左"倾的错误与老区直接联系起来，倒是多少有些牵强。再进一步说，劳动模范和事迹首先在老区出现，李顺达、陈永贵两位著名劳动模范的出现，与"左"倾错误也没有什么直接联系，倒是与"老"直接关联。这是因为：老区本来就是中国共产党人最早发动群众，建立抗日根据地的地区，抗战中，八路军的指挥部在太行山落地扎根，这里有劳动模范出现和成长的广泛的社会基础；老区又是自然条件和农业生产条件较差的地区，农民长期生活在艰难困苦的环境中，共产党在根据地首先进行的减租减息、土地改革、民主改革等一系列社会革

---

① 霍泛：《在县委书记会议上关于我省建立农业生产责任制情况的报告》（1981年7月6日），转引自李静萍：《农业学大寨运动史》，中央文献出版社2011年版，第422页。

命，确实给贫苦的农民带来了实际利益，这是一个重要的群众基础；再有，劳动模范都是出身贫苦、"苦大仇深"的底层民众，讨吃要饭、卖妻鬻子、孤儿寡母等最悲惨的生活是和他们连在一起的。共产党领导人民打倒了地主劣绅，他们翻身做主，自然从内心感激共产党，自然会毫不犹豫地跟党走。

事实上，李顺达、陈永贵这些劳动模范最初都是靠"劳动"干出来的，他们在自然条件极其恶劣的山区，带领群众"战天斗地"，吃苦耐劳，身先士卒，在群众中都有很高的威望。直白一点说，这些劳动模范和事迹最初都是真的，不是假的。至于后来出现的一些造假行为，例如学大寨运动后期的虚报产量、各行各业学大寨等，是由当时的政治环境所决定的。我们不能脱离开当时的社会政治环境，也不能脱离开当时的"语境"将劳动模范个人和事迹与"左"直接联系起来。

毛泽东说劳动模范是党和人民事业的骨干、支柱和桥梁，"是全中华民族的模范人物"，给予劳动模范极高的评价和荣誉。既然如此，培养模范的工作也是极为认真、不遗余力的。

首先，模范必须是真模范。培养的模范、树立起来的模范必须是能够经得起实践检验的真模范，他们的事迹一定是要真实的，不是虚假的，这是培养模范的一个底线。全国劳动模范起先都是从最基层的生产活动中发现的，他们从基层的村庄"破土而出"后，都经过了一个从乡、县、省最后到中央的层层筛选和检验。

李顺达互助组是抗战时期根据地最早成立的第一批互助组，等到1951年长治地委试办10个初级农业生产合作社时，各方面条件都很成熟的李顺达互助组所在的西沟村并没有被选上，那是因为山西省委担心一旦办得不成功，会影响李顺达这个已经在全国有影响的劳动模范的形象。这是一个审慎的选择，也是一个严肃的选择。

1951年上半年，李顺达率先倡议爱国丰产竞赛活动，之后获得爱国丰产金星奖章，并作为中国农民代表团成员到苏联参观访问4个月，他的知名度此时可谓如日中天。不料，西沟村却出现了一个"虚报产量"的事件。根据 1953 年 7 月 5 日长治地委的报告，在此次的"整风整社"运动中，发现西沟村李顺达金星农林牧生产合作社在畜牧业上亏损近 4000 万元，1952 年粮食产量每亩土地平均多报了 97 斤。这个问题被发现后，从长治地委、山西省委农村工作部到中央农业部都对此进行了严肃处理。长治地委的报告中如此写道：

> 这个问题，李顺达事先不了解，他是去年阴历三月十七从家动身，十月初七返家的，没住几天（当时正开始秋收），就到各县作访苏报告，省开劳模会，他就没回社，直接从各县到省，以后又到各县作报告。数字是全靠驻社干部给他供给。这个责任主要应由驻社干部陈杰负责。报奖时，由于当时气候冷收割晚，加之会计水平太低，当时却未弄清；但当时省劳模会后，粮已分完。本应及时声明，但因陈杰等几人暗中商量，不但没有向上级反映，连社员也不知究竟打了多少粮食。今春扩干会反"客里空"假报告时，他们也未报告。五月份中央农业部派人来检查，他们害怕从账上查出漏洞，经陈杰等人征得顺达同意，另外写了一个假分配草单七拼八凑好，勉强够亩均四百四十二斤，把中农部几个同志哄走了。后来顺达觉着不妥，想向县委说明。有一次到县委会碰巧很多人在场，他没敢说，又返村了。直到这次修订增产计划，在澄清去年基础时，发现有问题，顺达怕基础弄不好，以后更没办法，才叫驻社干部和会计把底细谈出来。

长治地委的处理意见是：

> 这个问题说明地委和县委存在着严重的官僚主义，需作深刻检查。李顺达本人虽然事先不知道，但当了解底细后，不但没有向党及时反映，而且还同意了他们的隐瞒行为，应给予批评教育。驻社干部陈杰不但没有正确贯彻培养劳模政策，反而虚报产量，长期隐瞒真相，捏造假账，欺哄上级，应由该县给予适当处分。其余会计

张来全等，虽不做主，也应给予深刻教育。[①]

大寨和陈永贵这个模范典型的发现和培养，其实也经过了一个各级"审核"的过程。1964 年 3 月，毛泽东在停靠邯郸的列车上听取山西省委书记陶鲁笳有关大寨和陈永贵的汇报后，说道："穷山沟里出好文章。"肯定了大寨自力更生的精神。4 月 20 日，受周恩来总理的委托，农业部部长廖鲁言一行专程到大寨进行了 20 多天的实地调查。他们与大寨群众同吃同住同劳动，阅读有关材料十多份，组织八次联席会议听取意见，研究当地气候、土质和地理条件，考察农田水利建设、劳动管理、干部参加劳动情况，调查核实粮食产量，桩桩件件，令人信服。5 月 21 日下午，廖鲁言在大寨召开由中央有关部门、山西省、晋中地区、昔阳县、大寨公社、大寨大队六级干部参加的座谈会，对 20 多天的考察做总结，再次征求各方意见。当晚，廖鲁言又为大寨人召开专门会议，将大寨经验总结为六条：一是大寨的革命精神；二是革命干劲和科学态度相结合；三是干部大公无私，以身作则；四是自力更生、艰苦奋斗的精神；五是改造人的工作，就是政治思想工作；六是共产主义风格，正确处理国家、集体、个人三者之间的关系。[②]廖鲁言一行人的此次实地考察，很快形成《大寨大队调查报告》呈送中共中央和毛泽东。其实这是中央决定树立大寨这面旗帜的最后一次高规格、严肃认真的考察，随后即有 12 月底周恩来总理在三届人大一次会议上对大寨精神的肯定，农业学大寨运动从此在全国农村轰轰烈烈地展开。

其次，提炼模范精神。模范本来都是普通的民众，多数模范尤其是农村出身的劳动模范没有什么文化，有些甚至是斗字不识的文盲，他们的先进事迹在自己和周围群众看来，也许是很平常的事情。要树立模

---

① 《李顺达农林牧生产合作社的问题》，山西省档案馆馆藏档案，档案号：C54-2005-69，转引自常利兵：《西沟：一个晋东南典型乡村的革命、生产及历史记忆（1943—1983）》，商务印书馆 2019 年版，第 225 页。

② 《大寨大队调查报告》（1964 年 5 月），参见黄道霞等主编：《建国以来农业合作化史料汇编》，中共党史出版社 1992 年版，第 794—799 页。

范，要让模范带动群众，就需要从这些看起来平常的事情中提炼出一种普通民众可以理解的精神，以此精神带动群众，引领风尚。陈永贵被许多人认为是"能说会道"的劳模，1964 年 1 月 29 日那场在人民大会堂的报告，"至今人们谈起那次报告会，仍感到很惊讶：陈永贵作为一个很少识字的农民，讲起话来却有很强的吸引力。他那天在人民大会堂整整讲了半天时间。与有些劳模不同，他的话一点都不啰嗦，通篇讲话没有什么重复的地方，条理性很强。虽然不讲究文采，但有些带有浓厚乡土气息的话，经他一提炼、概括，既能说明问题，又容易打动人心"。①然而，即使对于陈永贵这样讲起话来"有很强的吸引力"的人来说，最初大寨精神的"自力更生十大好处"，也是他与大寨干部和群众多次讨论得来的。1963 年 11 月，山西省委在《关于号召全省各级党组织向大寨人民学习的通知》中将大寨精神概括为："藐视困难、敢于革命的英雄气概；自力更生、奋发图强的坚强意志；以国为怀、顾全大局的高尚风格。"周恩来总理的进一步提炼和概括是："大寨大队所坚持的政治挂帅、思想领先的原则，自力更生、艰苦奋斗的精神，爱国家、爱集体的共产主义风格。"除去一些带有明显时代色彩的话语，"自力更生、艰苦奋斗"成为大寨精神的精髓。

李顺达更是没有文化，"不善言谈，只知埋头苦干"的庄稼汉，他和西沟村在不同时期的先进事迹广为人知，离不开上级和新闻媒体的提炼和概括。李顺达互助组成立后，在面对日军"扫荡"和严重自然灾害的困境中，生产自救、劳武结合、支援前线，不仅渡过难关，而且带领群众劳动致富。李顺达被视为那个时代"英雄发家，全村致富"的榜样，太行区委、太行行署赠给李顺达的锦旗上写着"翻身农民的道路"。新中国成立初期，李顺达作为全国著名的劳动模范受到毛泽东主席的接见，毛主席嘱咐他要好好建设山区，李顺达牢记在心中，坚持不懈地为之努力。1951 年，他率先向全国发出开展爱国丰产竞赛活动的倡议，

---

① 转引自宋连生：《农业学大寨始末》，湖北人民出版社 2005 年版，第 100 页。

访苏归来后积极发展农林牧业，成立西沟金星农林牧生产合作社，1955年那篇《勤俭办社，建设山区》的报告被毛泽东主席编写按语，成为"自然条件较差的地方能够大量增产"的典型。从此，李顺达成为全中国农村"建设山区"的榜样。李顺达逝世后，新华社的报道中说他"走出'山区要想富，发展农林牧'的路子，数十年如一日，带领群众把过去的穷西沟，建成了农、林、牧、副全面发展的新西沟"。

20 世纪 60 年代初期，在贯彻执行中共中央和毛泽东关于干部参加集体生产劳动重要指示的过程中，昔阳县委积极推进这一工作，形成了四级干部到基层参加劳动的风尚，引起山西省委的高度重视。1963 年1 月，山西省委批转中共晋中地委农村工作部《关于昔阳县干部参加劳动已形成社会风尚的考察报告》，并同时转报中共中央和毛泽东。毛泽东不仅以浓厚的兴趣审阅了该文件，而且将原来的标题《中央转发一个调查材料：昔阳县干部参加劳动已形成社会风尚》，改写为更加醒目的《山西省昔阳县，县、社、大队、生产队四级干部全体参加生产劳动的伟大范例》。劳动模范的事迹通过基层的发现，经过自下而上的提炼，尤其是受到中共中央和国家领导人的重视，再经过新闻媒体的提炼，定会像浪花一样渐次铺展开。

再次，宣传模范事迹。劳动模范及其事迹一旦被确认，他们就成为被培养的对象。在培养模范的过程中，党的各级组织和领导、新闻媒体，对模范的事迹都有不同程度的提炼与概括，模范精神由此更加凸显。接下来就是对模范事迹的广泛宣传，动员群众向模范学习。即使在那个媒体形式较为单一的年代，对模范事迹的宣传也可谓竭尽全力。李顺达等四人获得爱国丰产金星奖章之后，《人民日报》特别发表农业部副部长张林池撰写的《向模范看齐，开展丰产运动》长篇文章，号召各地通过会议、广播、报纸、画刊等一切可以采用的形式，广泛宣传丰产模范的事迹，做到家喻户晓。[①] 其实，在各级文件中，这样采

---

① 张林池：《向模范看齐，开展丰产运动》，《人民日报》1952 年 3 月 18 日。

取一切可以采用的方式宣传模范事迹的要求都是比较普遍的。也就是在李顺达获得爱国丰产金星奖章之后，太行老区出身的文化工作者、时任山西省文教厅文化处处长的寒声，还"心有所感"地创作了一首《歌唱李顺达》的歌曲，歌唱"他是我们新中国农民一面旗帜，他是我们中国农民的好榜样"。这首歌的歌词在《山西日报》上发表后，又在山西人民广播电台连续教唱半个月，李顺达的名字和事迹传遍了山西，传遍了神州大地。[①]

1964年2月10日，也就是陈永贵在人民大会堂做报告的20天之后，中国第一大报《人民日报》几乎成了一份"大寨专刊"。该日头版头条是一篇长篇社论《用革命精神建设山区的好榜样》，以社论的形式高度赞扬大寨的先进事迹和经验，特别强调学习大寨人自力更生、奋发图强的优良作风，学习大寨人严格要求自己、以整体利益为重的共产主义风格。与此同时，配发反映大寨先进事迹的《大寨之路》。不久，《人民日报》又开辟"学大寨精神，走大寨之路，建设社会主义新农村"的专栏，各地纷纷表示以大寨为榜样，发扬自力更生、艰苦奋斗的精神，尽快改变落后的生产面貌。在那样一个火红的年代，李顺达、陈永贵这两位头扎白羊肚毛巾的劳动模范形象，深深地镌刻在每个人的心头。20世纪70年代，"农业学大寨"五个大字在全中国每个乡村随处可见。这是一个宣传模范的时代，一个崇尚模范的时代。

宣传模范事迹的另一种形式是对模范进行奖励。物质层面上，根据地时代为了鼓励生产，就曾在表彰模范的群英会上奖励模范大黄牛。人们熟悉的木刻版画《从劳模代表大会归来》，不仅表现了劳模归来后，乡亲们兴高采烈地手捧奖状、锦旗蜂拥劳模家院的情形，更引人注目的是，劳模牵着一头大黄牛走进自己的家院。1944年11月，在太行区首届劳动英雄大会上，李顺达作为平顺县的第一名劳动英雄被奖励耕牛

---

① 马明主编：《太行劲松——全国著名劳模李顺达》，山西人民出版社2002年版，第59页。

一头。1951 年，李顺达互助组被颁发爱国丰产奖状 1 个，奖金 500 元，李顺达被颁发爱国丰产奖章 1 枚。精神层面上，对全国著名劳动模范最大的鼓励就是毛泽东主席的接见，李顺达、陈永贵都曾不止一次地受到毛主席接见，他们和毛主席握手的照片不时地出现在各种报刊和新闻报道中。至于参加各级劳模大会，受到各级领导的接见和表扬，在大会上介绍经验，甚至到各地巡回演讲，都是司空见惯的事情。

最后，推广模范事迹。对模范事迹的推广，是培养模范的目的。毛泽东曾经讲过，榜样的力量是无穷的。通过各种形式宣传模范的先进事迹，号召广大群众向模范学习，以点带面地开展工作、推动工作，除了以文件的形式要求以外，各地也产生了一些行之有效的办法。早在 1959 年，为了培养大寨这个典型，晋中地委就在大寨召开现场会议，推广大寨党支部工作的先进经验。1960 年，山西省委发出学习模范党支部书记陈永贵的指示，号召全省农村所有基层干部，开展一个学习陈永贵带头参加集体生产劳动、搞好生产、搞好工作的运动。1963 年，陈永贵在全省农业生产先进集体代表会议上系统介绍大寨经验，省委对此高度重视，随即提出了"一带二"的口号。省委书记陶鲁笳在 1965 年《红旗》杂志发表的《山西农村开展学大寨运动的初步总结》中，具体谈到"一带二"口号的由来：

> 在大寨经验中，还有一点特别引起人们重视的是，他们发扬共产主义的风格，从 1959 年开始，在政治、经济、生产技术、经营管理等各方面，帮助它南面的井沟小队追赶自己。到 1962 年，井沟的粮食单位亩产量就由 1959 年的 270 多斤提高到 505 斤，成了省的先进集体单位。

> 陈永贵同志说得好："一个生产大队，在周围的大队都比你落后的情况下，就可能停滞不前。因为，屁股后面没人赶嘛！"他还说："一个先进单位要能带自己周围的一两个后进单位，别人能先进，自己就能更先进。"从这里，我们得到启示：不树立榜样，不能说服人；单有榜样，不能带后进单位赶先进、超先进，先进单

位就不能巩固提高。所以，在这次农业生产先进集体单位代表会议
上，我们总结了大寨的经验，把大寨当作全省农业战线上的一面旗
帜，提出了学大寨的口号；也总结了大寨带井沟是经验，提出了一
带二的口号；要求所有的先进单位，都来学大寨、一带二。当然，
一带三、一带四更好。总之，要把自己周围的队带动起来，形成一
个比学赶帮超的群众运动。①

在"一带二"口号的推动下，1963 年，山西省委及各个地委"在
60 多个县共树起 2000 多个学大寨标兵，并且带动了 3900 多个贫困村
庄，缩小了落后面，扩大了先进面"。1963 年 11 月 15 日到 24 日，不
到 10 天时间，全省各级干部到大寨参观学习的就达 2000 多人。②陶鲁
笳老书记在 1992 年的回忆文章中，依然对"省委尤其重视大寨帮助后
进大队的经验"，即"一带二"的工作表示肯定。

值得注意的是，山西在培养模范的过程中，一些基层组织也出现过
为培养模范而树立模范，甚至不惜虚报产量、故意造假、庇护造假的现
象。1952 年 12 月 19 日，《华北局批转山西省委关于正确执行培养农业
劳动模范政策的决定》对此有过明确的批示。山西省委的决定写道，十
多年来，经中央、省、县三级评选为劳动模范的，全省已有 25000 多
人。大量劳动模范的出现"使农业生产获得了显著的进步和成绩"，但
是，"有些地方的党委和党、政负责同志对培养劳动模范这一重大政策
的执行所采取的态度是极不严肃的，甚至发展到不可容忍的地步"。决
定还列举了解县闫家村劳动模范邵双合平时一味强调其个人功劳，滋生
命令主义、目无群众、欺骗领导等严重错误，而县委反而批评反映真实
情况的青年团书记"不应垮劳动模范的台，而应多看他的优点"；五台
县六区区长王松绿替劳动模范捏造丰产成绩；武乡东村支部书记段富堂
为追求丰产造假等事例。省委认为，造成这种现象的原因在于："他们

----

① 陶鲁笳：《山西农村开展学大寨运动的初步总结》，《红旗》1965 年第 11 期。
② 中共山西省委党史办公室：《中国共产党山西历史》第二卷（1949—1978）下册，中
　共党史出版社 2012 年版，第 432—433 页。

常常认为在我的县里或者在我的区里出了一个有名的劳动模范，那是我的功劳，应当记在我的账上，任何人如果批评，揭露'我一手培养下的劳动模范的缺点和错误'，那就是毁坏我的'荣誉'。"另外，劳动模范一旦成为模范，"兼职过多、开会过多、接待过多的现象更是普遍的严重的"。为了纠正这种现象，山西省委提出了五项具体措施，并得到华北局的肯定，认为是"适时的、正确的"。[①]

"表扬和奖励英雄模范人物，普遍推广他们的先进经验，这是中国共产党和人民政府的重要政策之一，也是毛泽东同志教导我们的重要领导方法之一。"[②]树立真正的劳动模范、提炼模范精神、宣传模范事迹、推广模范事迹，以此推动工作，这是中国共产党和人民政府培养模范的全过程。在这个过程中，在众多的模范人物和事迹中，难免会出现一些夸大不实甚至弄虚作假的现象，那又是比较复杂的现象，这个复杂既有当时政治环境的复杂性，又有各级党组织和政府、各色人等的复杂性。我们不能因为有这样的现象，就片面地理解甚至误解模范的形象，他们毕竟是那个时代的楷模、时代的榜样。对这个问题的认识，依然需要遵循马克思主义实事求是、具体问题具体分析的唯物主义原则。

六　国家的命运决定着模范的命运

集体化时代培养的一代劳动模范，大多出身贫苦，都有悲惨的家世。共产党使他们翻了身，他们从最底层的受压迫者翻身成为当家做主的主人，这是一个社会的天翻地覆，也是个体命运的天翻地覆。他们感激共产党，愿意跟党走，勇于在党领导的不同时期的运动中走在前列，进而成为党培养的劳动模范，有些甚至成为全国著名的劳动模范。

劳动模范的首要条件就是劳动，他们靠劳动的双手成为模范，靠劳

---

① 中共中央华北局办公厅编：《中共中央华北局重要文件汇编》第 2 卷下，藏香港中文大学中国研究服务中心。

② 《向金星奖章获得者学习》，《人民日报》1954 年 4 月 21 日。

动的业绩成为模范。然而，劳动模范大多又文化水平不高，或者说没有什么文化，这是他们的缺陷，也是他们在后来的历次政治运动中不由自主地被卷入其中，不能做出自己判断的重要原因。从外在条件来看，更重要的是国家的命运决定着个体的命运，决定着模范的命运。模范人物在起伏不定的政治运动中，也会随着运动的起伏而起伏；他们会在一夜之间成为万众瞩目的对象，成为人们学习的模范，乃至成为党和国家的领导人，他们也会在一夜之间跌入政治生涯的低谷，成为被人冷落、有名无实的模范，成为一个普通的生命个体；他们有热血沸腾、干劲冲天的日夜，也有意志消沉、心灰意冷的日夜。这是一个国家和个体紧密粘连的时代，也是一个个体紧密附着国家的时代。历史就是这样，劳动模范也只能是这样。

1981 年 5 月 10 日，中共山西省委做出为李顺达彻底平反、恢复名誉的决定。6 月 19 日，《人民日报》发表李顺达《在党的领导下建设社会主义新农村》的文章。这是李顺达最后一次公开谈到自己"从佃户、长工成了无产阶级先锋战士"的历程：

> 我们西沟是太行山上的一个小山庄。解放前，是一片光山秃岭的乱山沟，18 个从外地逃荒来的佃户，靠租种地主的荒山坡地维持生活，终年吃糠咽菜，碰到灾年，逃荒要饭、卖儿卖女是唯一出路。我家祖孙三代当佃户，爷爷累死在地主的地里，爹爹被恶霸活活打死，妹妹被卖掉抵了租。佃户们都是这样受苦受难，血泪斑斑。1937 年，正当我们挣扎在死亡线上、走投无路的时候，共产党搭救我们出了火坑。以后，党领导的减租减息、土地改革、大生产、支援前线、办互助组、合作化，一桩桩，一件件，都是为了我们农民得解放。在党的指引和教育下，1938 年，我们村 6 个贫农首先光荣地参加了党，从佃户、长工成了无产阶级先锋战士。西沟有了党的组织，并且不断发展壮大，这就保证了我们沿着党所指引

的方向不断前进。[1]

其实，第一代劳动模范大多有悲惨的身世。1914年，陈永贵出生在山西省昔阳县石山村一个贫穷的农民家庭，1920年遇到一场大旱灾，为了全家5口人活命，父亲含泪把9岁的女儿卖到西寨窑沟村做童养媳，又把妻子和在襁褓中的小儿子卖给和顺县壁村一户姓杨的人家。然后，一根扁担一头挑起锅碗瓢盆，一头挑起陈永贵来到大寨落户。父亲在一户姓贾的人家当长工，陈永贵被寄养在贾家。从11岁开始，他到平定县做过酱园铺的小伙计，又到东冶村做过烧饼铺的小伙计。12岁时，父亲因年迈体弱，独自一人回到故乡石山村，用一根绳子吊死在祖坟旁边的老松树上。1940年，26岁的陈永贵用借来的一斗黑豆和穷孩子李虎妮结婚。1945年，昔阳全县解放，三十而立的陈永贵在土地改革、"组织起来"、支援前线一系列运动中冲锋在前，逐渐在大寨树立起威信。1947年，陈永贵加入中国共产党，大寨村出现了贾进财的"好汉组"和陈永贵的"老少组"两个互助组。再后来，就是人们熟悉一点的大寨故事了。

1952年被农业部授予爱国丰产金星奖章的另一位全国劳动模范，也就是参加长治地委试办10个农业生产合作社中的平顺县川底村的郭玉恩，也是出生在一个三代当过雇农的贫苦家庭。当年，著名作家赵树理到川底下乡劳动，曾经写过一个《郭玉恩小传》，谈得倒是比较轻松：

> 郭玉恩同志，今年（笔者按，当指1952年）三十六岁，山西平顺县川底村人。从他祖父到他自己，三代都当过雇农。他不愿世世代代伺候地主，曾在一九三七年到本县公安局当过一次警察，但当时的政权还没有经过彻底的改革，他觉着错投了门路，便又回家种地。种地自然是他的熟路子，可是他家四口人只有三亩多地，又拖着二百元现洋的高利债务，困难却也不怎么好对付。好在

---

[1] 李顺达：《在党的领导下建设社会主义新农村》，《人民日报》1981年6月19日。

他和他父亲都勤苦过人，他父亲仍给人当长工，他除了种自己一点仅有的土地外，有时还打短工，所以不仅克服了困难，还竟有些节余。①

中国共产党人带领农民闹革命，祖祖辈辈忍饥挨饿、受气受压的贫苦农民翻身解放，他们中的优秀者甚至成为众人学习的劳动模范，他们从心底里感谢共产党，感谢毛主席，这是一个顺理成章的逻辑。过去我们总说，农民和共产党有着天然的联系，他们对党有着朴素的阶级情感，这话其实并没有什么错。知恩图报是传统中国的一个基本观念，也是这些劳动模范的行为准则。他们将共产党视作为自己的恩人，自然会在党领导的革命和建设事业中冲锋陷阵。这样一种现象在第一代劳动模范身上表现得很明显，李顺达就是一个典型的例子。

根据地时代就已闻名太行山的劳动模范李顺达，在西沟村做的第一件有影响的事情就是敢于和地主斗争，成功地实行了之前没有实行的减租减息。1938年，李顺达的入党介绍人张魁云找到李顺达说："党了解到你是个实心实意的老实人，在这次减租斗争中，你表现得很好，带了个好头，能给咱们穷人办事。现在就是党要我来找你，为你入党的事来的。"当年，李顺达加入了中国共产党，入党的誓词里有"党走到哪里，我跟到哪里。把我的一生献给党的事业。就是天大的困难，我也要永远忠实党，听党的话"的朴素话语。②接着，在劳武结合，配合八路军打击敌人，保卫胜利果实，积极发展生产支援前线的斗争中，李顺达成为平顺县抗日政府表彰的"劳武结合英雄"，西沟村成为晋冀鲁豫边区政府表彰的"劳武结合模范村"。20世纪40年代的大生产运动中，西沟村在李顺达的带领下，响应党的"组织起来"的号召，率先成立互助

---

① 《赵树理全集》卷5，北岳文艺出版社2000年版，第221页。
② 李顺达口述，长青整理：《入党那年》，中共平顺县委会、山西作家协会筹委会编：《万紫千红绣太行——金星人民公社史》，内部资料，1961年，转引自常利兵：《红旗飘飘——西沟村的革命、生产及历史记忆（1943—1983）》，山西大学博士学位论文，2010年。

组，努力生产，发家致富，李顺达成为带领群众发家致富的好榜样。那个时候，"发家致富"并无贬义，而是执行党的政策，是"翻身农民的道路"。

中华人民共和国成立后，开国大典的炮声余音犹绕，李顺达即受到毛泽东主席的接见，他兴奋得"晚上睡觉都合不上眼睛"，决心"永远听党和毛主席的话，和西沟的乡亲们好好地建设我们的山区"。1951年2月，中央人民政府农业部发出开展爱国丰产运动的号召后，李顺达互助组首先向全国互助组发出开展爱国丰产竞赛活动的倡议；6月，抗美援朝总会发出"关于推行爱国公约、捐献飞机大炮、优待军烈属"的号召，五天之后，李顺达互助组就做出积极回应，向全省农民建议开展捐献"爱国丰产号"和"新中国农民号"飞机竞赛活动。这个时期，党指引农民前进的方向已由努力生产发家致富转变成爱国生产爱国丰产，李顺达也由发家致富的榜样进而成为爱国丰产的模范。

1951年底，以李顺达互助组为依托，西沟村成立了初级农业生产合作社。1952年4月到8月，李顺达作为中国农民代表参观团成员，在苏联参观访问4个月。这是李顺达一生中的一段重要经历，也是决定西沟村今后建设方向的一个重要事件。访苏归来，李顺达四处做报告，谈他的观感和体会，更加坚定了"山区也能建成社会主义"的信心：

> 山区能不能实现社会主义呢？这次到苏联参观，得到完全肯定的回答，山区不但能实现社会主义，而且能建设好社会主义！
>
> 我们在苏联参观期间，实地访问考察了西伯利亚，那里大部分是山区，听了山地农民的报告，也和山区农民进行了座谈，发现西伯利亚的山区条件比我们的山区条件还差，可他们已经把山区建设好了，遍地是树木，整个山区变成了茂密的森林，生产的木材供应全国各地。在格鲁吉亚，也大部分是山区，也已经实现集体化、机械化、电气化，能跑汽车的道路，都已通到了山顶上，山上也有电灯、无线电，那里的集体农庄，主要是发展林业和畜牧业。马哈拉

兹区的集体农庄主要是种茶树、橘子树、柠檬树，养蜜蜂和牛，每年他们将这些运到城里卖掉，换回他们需要的生活用品。因为改良品种，他们的产量都很高，生活都很富裕，在山上他们建起了自己的俱乐部。在阿塞拜疆，那里主要是发展畜牧，他们把适宜种草的地方都种上了草，收割草也实现了机械化，他们自己制造的马拉割草机，轻便灵巧，都能拉到山上去，山上也有自来水，是用机器把水抽上去的。山上木材很便宜，房子盖得很漂亮，更主要的是这些地方发展很快，苏联人民的生活会越来越好。在苏联参观，我最深的体会就是因地制宜，适合种粮食的地方就种粮食，适合造林的地方就造林，适合种草的地方就种草，有了这种科学的态度，有了优越的社会主义制度，有了苏联人民的高度觉悟，苏联人民才有了今天的幸福生活。我们要好好向苏联人民学习，紧紧团结在共产党周围，沿着社会主义道路，大踏步地走下去。在我们西沟，大部分是山，要克服单纯种粮的思想，大力发展林业和畜牧业，使农林牧全面发展，把西沟早日建设成为社会主义新农村。①

西伯利亚、格鲁吉亚、马哈拉兹、阿塞拜疆，李顺达一路走来一路兴奋，他"深刻地认识到苏联老大哥的今天是我们明天的榜样，是我们学习的方向"，明确了西沟必须农林牧全面发展的建设道路。从苏联参观回来，李顺达即将西沟初级农业生产合作社改名为西沟金星农林牧生产合作社。"金星"源自1952年初李顺达获得的爱国丰产金星奖章，"农林牧生产合作社"在当时普遍称呼的初级农业生产合作社中却极为少见，其实就是苏联农庄在中国的别称。1955年，在毛泽东主持编辑的《中国农村的社会主义高潮》一书中，山西省部分开篇收入西沟的典型经验——《勤俭办社，建设山区》。毛泽东在按语中写道："这里说的是李顺达领导的金星农林牧生产合作社。这个合作社办了三年，变成了

① 马明主编：《太行劲松——全国著名劳模李顺达》，山西人民出版社2002年版，第383—384页。

一个包括 283 户的大社。这个社所在的地方是那样一个太行山上的穷地方，由于大家的努力，三年功夫，已经开始改变了面貌。"从此，李顺达作为全国著名劳动模范的名声更加响亮，西沟村成为在共和国地图上标明的第一个村级行政单位。

随后的人民公社时期，李顺达和西沟村也是响应党的号召，与时俱进地紧跟形势。1958 年 8 月 19 日，以李顺达为社长、申纪兰为副社长的西沟金星人民公社成立，成立初期，西沟金星社由 3 个生产大队、14 个生产小队组成。10 月，小社并大社，金星社扩大为由 3 个乡 25 个高级社组成的大公社。大炼钢铁、公共食堂、一平二调、"三宫六院"①、金星大学等一系列的折腾，在西沟金星社都有表现。时势比人强，尽管李顺达和西沟村民众对"大跃进"时期的一些做法有过疑虑，但在滚滚而来的时代潮流面前，他们是无能为力甚至是束手无策的。

进入 20 世纪 60 年代，中国和苏联关系恶化。1960 年 7 月 16 日，苏联突然照会中国政府，单方面决定全部召回在华苏联专家。一个多月的时间内，苏联将在华担负主要任务的 1390 名专家全部撤回，同时撕毁了两国政府签订的 12 项协定和 343 个专家合同，废除了 257 个科学技术合作项目。②50 年代，"苏联的今天就是我们的明天"，60 年代，"苏联出了修正主义，我们也有可能出修正主义"。由此，出于反修防修的考虑，全国范围内开始了一场普遍的社会主义教育运动，而运动的重点就在农村。社教运动最初是清账目、清仓库、清财务、清工分的"小四清"，后来发展为清政治、清经济、清组织、清思想的"大四清"，整个运动以抓阶级斗争反修防修为中心。1963 年 5 月，毛泽东在杭州召开有部分政治局委员和各大区书记参加的会议，专门讨论农村社教问题。他在会上多次讲话，说农村搞"四清"，发动贫下中农，就是

---

① "三宫六院"指"大跃进"时期西沟金星社拟建的文化宫、养老宫、少年宫和幼儿园、敬老院、电影院、剧院、医院、疗养院。

② 中共中央党史研究室：《中国共产党历史》第二卷（1949—1978）下册，中共党史出版社 2011 年版，第 643 页。

挖修正主义的社会基础；提出社教运动主要抓五个问题，即阶级斗争、社会主义教育、依靠贫下中农、"四清"和干部参加集体生产劳动，其中阶级斗争是最基本的。① 苏联"老大哥"撤走专家，带走技术，中国共产党人要自力更生，解决生产和生活问题；反修防修抓阶级斗争，首先是要巩固党在农村的社会基础。在这样的社会政治背景下，大寨式的典型已经呼之欲出了。

客观地讲，大寨被确定为中国农业生产战线上的一面旗帜，根本原因在于大寨自力更生、艰苦奋斗的业绩展现了中国农业发展的曙光。"四清"之前，从昔阳县委、晋中地委到山西省委，对大寨事迹的宣传大多侧重于生产方面，"四清"开始后，尤其是"四清"后期，对大寨的宣传开始明显带有阶级斗争的政治烙印。1965 年 2 月 6 日，《山西日报》发表社论《从何着手学？靠谁学》指出："大寨的光辉事迹，最生动地体现了阶级斗争是三大革命运动的'火车头'的道理：就学大寨的全部经验来说，阶级斗争是'纲'，其他具体的经验是'目'。纲举才能目张。不可想象，在一个不认真抓社会主义革命的生产队、生产大队，能够把大寨的经验真正学到手。"11 月 11 日，《人民日报》发表《农业要靠大寨精神》的社论，将大寨精神总结为："就是毛泽东思想挂帅，坚持以阶级斗争为纲、彻底革命、不断革命的精神；就是依靠人民公社集体力量，穷干苦干巧干实干、吃大苦耐大劳的自力更生的精神；就是党的鼓足干劲、力争上游、多快好省地建设社会主义总路线的精神。"自力更生、艰苦奋斗的大寨精神被涂上了重重的政治色彩，大寨就这样一步步地政治化了。

"文化大革命"期间，大寨的形象已不必多论。大寨的代表人物陈永贵由一个全国著名的劳动模范成为党和国家的领导人。1967 年，陈永贵任昔阳县核心小组组长、山西省委核心组成员、山西省革命委员会副主任；1969 年，当选第九届中央委员；1970 年任昔阳县委书记；1973

---

① 中共中央党史研究室：《中国共产党历史》第二卷（1949—1978）下册，中共党史出版社 2011 年版，第 719—721 页。

年当选为中共中央政治局委员；1975 年当选为国务院副总理。另一位劳动模范李顺达也曾任平顺县委书记，晋东南地区革命委员会副主任，晋东南地委副书记、书记，山西省革命委员会副主任，山西省委常委，九届、十届中央委员会委员，四届人大常务委员会委员等职。"大鹏一日同风起，扶摇直上九万里。"1973 年，刚刚当选为中央政治局委员的陈永贵回到昔阳做报告，面对全体县直机关干部职工，陈永贵感慨地说道："古今中外还没有把一个农民提到国家的领导岗位上的，马克思没有解决，列宁没有解决，毛主席解决了，这就是毛主席对工农分子的依靠和重用。"①

　　1976 年 10 月粉碎"四人帮"，结束"文化大革命"，国家进入拨乱反正的新时期。在当时全国开展的"揭批清"运动中，李顺达莫名其妙地成为被清查对象，最大的问题就是所谓的"反大寨"。其实，早在 1963 年山西省委召开的劳动模范大会期间，李顺达和陈永贵就已经结识，那个时候陈永贵不仅尊敬地称李顺达为"李老师"，而且谦虚地说道：大寨的经验是从西沟学来的。那个时候，对大寨在特大洪灾面前，自力更生、"三不要"、粮食连年亩产 700 多斤的事迹，李顺达内心也很佩服。大会之后，李顺达即与晋东南 20 多位劳动模范，包括郭玉恩、武侯梨等来到大寨参观学习，陈永贵和宋立英等在秋后又回访了大寨。《西沟村志》记载说："在全国，西沟是第一个学大寨的村，李顺达是全国第一个学大寨的劳动模范。此后，李顺达、申纪兰曾七次率领西沟和平顺县的干部群众赴大寨参观学习，并在西沟推行了大寨的自报公议生产劳动分值记分法。"②直到 1974 年，《人民日报》在 12 月 1 日还刊登过西沟学大寨的调查文章，文章指出：西沟村"学大寨十年来已经取得了很大的成绩"。他们做到了三个坚持，即"一，坚持干部参加集体生产劳动的制度，以自己的实际行动带动群众大干苦干。二，坚持执行勤

---

① 陈春梅：《我的爷爷陈永贵——从农民到国务院副总理》，作家出版社 2008 年版，第 212 页。

② 张松斌、周建红主编：《西沟村志》，中华书局 2002 年版，第 139—140 页。

俭办社的方针，充分利用当地资源，节约一切不必要的开支。三，坚持和发扬大寨贫下中农'先治坡后治窝'的精神"。[①] 1977 年底，全国第二次农业学大寨会议后，山西省召开普及大寨县会议。会上，李顺达遭到省委领导的公开批评，说他是"反大寨的典型代表"，晋东南地委派出工作组来到西沟对李顺达进行近距离的批判。控诉李顺达"反大寨"的罪状和批判稿，从早到晚在李顺达门前的大喇叭中不断播出，除了西沟村党支部书记的名义外，李顺达所有的职务被撤销。十一届三中全会后，李顺达的所谓"问题"水落石出。1981 年 5 月 10 日，中共山西省委做出决定："为李顺达同志彻底平反，恢复名誉。"1983 年 4 月，李顺达被选为山西省人大常委会副主任，7 月 1 日，李顺达逝世。

　　1979 年底到 1980 年 5 月，在昔阳县和晋中地委的新一轮人事调整中，陈永贵不再担任昔阳县委书记和晋中地委书记。1980 年 5 月，五届全国人大三次会议接受陈永贵的请求，解除他中共中央政治局委员和国务院副总理职务。之后的一段时间里，陈永贵的心情是沉重的，邓小平的一句"永贵同志，你不是'四人帮'的人，中央是清楚的"才为他释下了千斤重担。1983 年，陈永贵被安排到北京东郊农场当顾问，1986 年 3 月 5 日在北京逝世。

余　声

　　1986 年 4 月 4 日，陈永贵的灵车一大早驶出北京。灵车到达河北、山西交界的娘子关，平定县的领导同志已等候在这里；再到平定和昔阳县的交界处，大寨的郭凤莲、梁便良等已跪地泣不成声；灵车前行到大寨，大寨村的虎头山上响起悲戚的唢呐声，人们佩戴黑纱白花，将陈永贵的骨灰撒向梯田，撒向虎头山。如今，陈永贵的墓地墓木已拱，"功

---

① 《先进单位如何学好大寨——平顺县西沟大队的调查》，《人民日报》1974 年 12 月 1 日。

盖虎头，绩铺大地"的碑文十分耀眼，到大寨参观的人们总会到这里来看看，这就是一份怀念。

李顺达的墓地坐落在西沟展览馆的背后，山西两位老领导彭真题写的"劳动模范李顺达纪念厅"，薄一波题写的"劳动模范李顺达纪念碑"，表达的同样是一份怀念。

1951 年试办 10 个农业生产合作社的长治地委书记，后来曾担任山西省委书记的王谦，晚年编有《劫后余稿——试办初级社文存》。在 20 世纪 80 年代末期撰写的《为什么要试办农业生产合作社》一文中，王谦这样写道，试办 10 个农业生产合作社，"从问题的提出到问题得到答案，经过了一年半的时间，经过了许多次和许多老解放区农村的调查研究，才得出了一个合理的、正确的、实践证明是完全无可非议的答案。这就是走合作化的道路"。①

第一位向毛泽东汇报大寨经验的山西省委书记陶鲁笳，1991 年撰文《干部参加劳动是百年大计》，表示他"完全同意"《建国以来党的若干历史问题的决议》，"但这里有个问题，即在正确地否定了这次社教运动'左'的错误之后，有些人对党向干部党员和广大群众进行社会主义教育的必要性忽视了；对干部参加劳动这个党的优良传统也淡忘了，甚至丢掉了。这是一个值得深思和研究的问题。干部参加劳动这个极端重大的问题同社教运动的'左'的错误并无必然的联系"。②

模范引领是山西农业集体化的一根红线。

历史就是如此。

---

① 王谦：《为什么要试办农业生产合作社》，见张正书、吴昂主编：《长治市典型村农业社史》，山西人民出版社 1989 年版，第 4 页。
② 陶鲁笳：《毛主席教我们当省委书记》，辽宁人民出版社 2012 年版，第 54—55 页。

中国共产党与当代中国
乡村社会治理（1951—1966）

—— 以农村基层政治工作干部实践为分析主线

中华人民共和国成立之际，中国共产党即对乡村基层治理给予高度重视。1949 年 6 月，毛泽东在《论人民民主专政》中指出，"农民的经济是分散的，根据苏联的经验，需要很长的时间和细心的工作，才能做到农业社会化"，只有做到农业社会化，才能有"全部的巩固的社会主义"，因此"严重的问题是教育农民"[①]。土地改革结束不久，中共中央提出组织起来、发展集体经济的社会主义农业发展道路，与此同时，在农村开展社会主义的、集体主义的思想政治工作[②]，也得到党和国家的高度重视并提上议事日程。随着农业集体化的发展以及国际国内形势的变化，新中国在合作社、人民公社时期设立了以"政治"命名的专门负责思想政治工作的干部，如政治（副）社长、政治（副）队长或称作政治指导员、政治工作员等，以从制度上加强和落实新中国的思想政治工作（为了论述方便，本文统称"农村基层政治工作干部"）。

基于此，从农村基层政治工作干部实践出发可以窥见中国共产党与当代乡村社会治理之一斑。然而，目前关于农村基层政治工作干部制度

[①]《毛泽东选集》第 4 卷，人民出版社 1991 年版，第 1477 页。

[②] 这一时期，思想政治工作、政治工作以及政治思想工作等概念的内涵基本相同，只是提法略有差异。

的研究，大多被纳入 20 世纪 60 年代全国学人民解放军运动[①]，故而既忽略了其自身独立发展的逻辑，也遮蔽了中国共产党在乡村社会治理中的实践与探索。有鉴于此，本文将对农业集体化时期农村基层政治工作干部的设立、发展、人选、职能做历时性、过程性的系统梳理和考察，以探索中国共产党是如何在当代中国乡村社会治理中教育农民、组织农民的。

实际上，中国共产党早在 1921 年第一次全国代表大会通过的《中国共产党第一个纲领》中就明确提出："本党承认苏维埃管理制度，把工农劳动者和士兵组织起来"，"党的根本政治目的是实行社会革命"。[②]其英文稿中还有一句十分重要的话，即"宣传共产主义"。由此观之，中国共产党从建党之日起即规定了思想政治工作的重要职责。在此后多次修订的党章中，党支部作为中国共产党的基本组织和基础组织，承担了对党员和群众面对面的、直接具体的思想政治工作。[③]而在当代中国乡村社会治理中，如何落实党组织的思想政治工作，是一个逐渐探索和发展的过程。

一　从无到有：农业生产合作社初期农村基层政治工作干部的初现

新中国成立初期，经常性、系统性的思想政治工作制度尚未建立，故思想政治工作与宣传工作有时合而为一。例如，为了解决基层宣传工作、思想政治工作不经常、不系统的问题，1951 年 1 月，中共中央颁发《在全党建立对人民群众的宣传网的决定》，要求在党的各级领导机

---

① 参见于兴卫:《全国学人民解放军的缘起》(《中共党史研究》2011 年第 5 期)、《全国学人民解放军运动始末》(中国青年出版社 2015 年版)；王炎:《新中国思想政治工作制度史》(黑龙江人民出版社 2007 年版)；王树荫、王炎:《新中国思想政治教育史纲(1949—2009)》(人民出版社 2010 年版)。

② 中共中央组织部等编:《中国共产党组织史资料》第 8 卷，中共党史出版社 2000 年版，第 1 页。

③ 同上注，第 132、214—215、637—638 页。

关设报告员、各支部设宣传员。中共农村党支部选派的宣传员负责以谈话、读报、传播消息等方式向农民群众宣传党的方针政策、工作任务、模范事迹，以及向党组织汇报群众情况等。①

土地改革后，中国农村经济逐渐得到恢复和发展，但在一些老区的农村出现了新的贫富分化和单干倾向，农业合作化的新探索也开始出现，开展思想政治工作成为这一探索过程中的重要内容之一。1951年初，中共山西省委提出通过办农业生产合作社，逐步动摇、削弱和否定互助组的私有基础，进而向社会主义过渡的道路。中共山西长治地委在试办合作社时提出，农民小生产者自私性、散漫性和落后性十分顽强，而农业生产合作社不仅是"团结与改造农业小生产者最好的形式之一"，同时也是"锻炼农民集体主义习惯、改造农民思想的学校"，因此要把合作社作为一项重要的政治任务去抓，并在组社时就从政治动员入手，加强对社员的政治教育，以做好巩固社员思想的经常工作。实践中，在党支部领导下，通过党团员带头，由合作社订阅时事报纸、刊物，在合作社内设立政治教员、宣传员、读报组、民校等，对社员进行经常性的社会主义教育和动员。②

中共山西省委的做法，得到毛泽东与中共中央的肯定和支持。1951年9月，中共中央通过并颁发合作化的第一个纲领性文件《中共中央关于农业生产互助合作的决议（草案）》。该决议草案针对互助合作运动中已经出现的强迫命令、放任自流等问题，提出"加强党对互助组和农业生产合作社内部的政治工作，建立经常的政治教育和文化教育，提高群众的觉悟，以鼓励群众的生产积极性"③。

1953年9月，中共中央公布过渡时期的总路线，提出对农业实

① 中共中央文献研究室编：《建国以来重要文献选编》第二册，中央文献出版社1992年版，第2—3页。
② 山西农业合作史编辑委员会：《山西农业合作史文件汇编卷》，内部发行，1999年，第302、307页。
③ 《农业集体化重要文件汇编（1949—1957）》上册，中共中央党校出版社1981年版，第43页。

行社会主义改造。12 月，通过了第二个关于农业合作化的纲领性文件
《关于发展农业生产合作社的决议》，要求各地把农村工作的重点更多
地向兴办初级农业生产合作社转移。该决议指出，这一时期，党在农
村工作的最根本的任务是用明白易懂、为农民所能够接受的道理和办
法，教育和促进农民群众逐步组织起来，克服资本主义的自发倾向，实
现社会主义改造；农村党的组织作为各项工作的领导者，要不断地开展
农业生产合作社思想政治工作：对社员进行两条道路教育、工农联盟教
育、个人利益与国家集体利益教育、劳动纪律教育、爱护公共财产教育
以及团结单干农民等。此外，该决议还笼统地提出，在管理上，农业生
产合作社要建立专职专责的责任制度，其中包括建立领导的分工责任制
度等。①

　　需要说明的是，该决议对农业生产合作社如何分工领导并无明确规
定，思想政治方面的分工是各地按实际情况逐渐设立的。另外，除个别
地区在更早的时候已开始设立政治副职②外，多数地区合作社的政治分
工是在农业生产合作社的巩固与整顿中建立起来的。

　　1954 年 4 月，针对试办农业生产合作社过程中出现的急躁冒进、强
迫命令以及个别地方出现的打击单干户、排斥困难户、损害中农利益等
现象，中共山西省委对农业生产合作社进行了整顿和巩固，批准了《农
业生产合作社政治思想工作纲要》，并提出，在巩固合作社的过程中建
立了农业社的乡村党支部要做好农业社的政治思想工作，乡村党支部要
按照农业社大小、当地党团员数量，适当把党团员以及宣传员分配到农
业社各生产队（组），并在有农业社村的党支部，"通过农业社的民主手
续，选举一个政治上坚强的党员担任农业社的政治副社长，如政治副社

---

① 《农业集体化重要文件汇编（1949—1957）》上册，中共中央党校出版社 1981 年版，
　第 215—227 页。
② 如早在 1953 年 2 月山西万泉县最早的农业生产合作社王明珠社建社时，就曾设立了
　一名政治副社长和一名生产副社长协助社长工作。参见解放：《万荣史话》，大众文艺
　出版社 2002 年版，第 401 页。

长的条件适当时，可兼任党支部的宣传委员或副宣传委员"①。该纲要在全国范围内较早以省为单位规定了由村党支部领导，政治副社长分工负责政治工作（可兼任党支部宣传委员），党团员、宣传员填充的合作社的政治工作组织框架，在组织领导、职责分工、具体实践等方面，相比于长治试办的十个合作社的党组织领导、宣传员等辅助开展思想政治工作的模式，进一步制度化、规范化。

1954 年 11 月，随着农业生产合作社迅速发展，河北新、旧农业社出现了管理不善、退社、解散、涣散、垮台的现象。②为此中共河北沧县地委要求："乡村党支部必须成为加强社员思想教育工作的领导核心，在社内可将党员、团员单编小组，在支部的领导下，通过他们向社员进行政治思想教育……小社可设政治副社长，大、中社除设政治副社长一人外，可在管理委员会下设政教股……以加强社员的思想教育和领导。"③

1955 年 1 月，为了解决新建农业生产合作社垮台散伙，以及农民怕财产归公而大批出卖耕畜、杀羊、砍树等问题，中共中央发出《关于整顿和巩固农业生产合作社的通知》，要求对合作社控制发展、着重巩固，宣传强调自愿原则，正确处理入社议价等重要经济问题。在贯彻中央文件精神整顿农业社的过程中，中共福建连江县委对重点社配备了政治副社长，有的还派出了驻社干部，以加强思想政治工作。④

二 积极倡导：农业合作化高潮时期和高级社时期农村政治副职的设立

1955 年春夏，针对统购统销和农业合作化急躁冒进带来的农村形势

---

① 山西省史志研究院编：《山西农业合作化》，山西人民出版社 2001 年版，第 163 页。

② 《农业集体化重要文件汇编（1949—1957）》上册，中共中央党校出版社 1981 年版，第 274—275 页。

③ 沧州市档案局等：《沧州历次党代会资料汇编》第 1 辑，内部刊印，2010 年，第 148—149 页。

④ 石建国主编：《福州市农业合作化运动》，海风出版社 1998 年版，第 123 页。

紧张，邓子恢在全国第三次农村工作会议上提出，农业生产合作社"一般停止发展"，"力抓生产，全力巩固"，"少数省县要适当的收缩"。10月，中国共产党七届六中全会批评了合作社发展中"坚决收缩"的右倾机会主义，加快了办社的步伐。会上通过的《关于农业合作化问题的决议》，对农业合作化做了全面规划，并规定通过加强政治工作和文化教育工作，提高社员的社会主义觉悟和生产积极性，来保证农业生产合作社的生产力和优越性。11月，为规范办社，全国人大常委会通过了《农业生产合作社示范章程草案》，专将"政治工作和文化福利事业"列为一章，明确规定了合作社管理委员会开展政治工作的分工与职责。[①]1956年6月，中共中央颁布《高级农业生产合作社示范章程》，将"政治工作"和"文化福利事业"分开列章，政治工作更加受到重视。[②]

与此同时，为了动员积极办社以及教育各地如何办社，中共中央办公厅编辑出版了《中国农村的社会主义高潮》，从政治工作、生产管理、文化教育等方面展示了各地农业合作化运动的具体经验。其中，《严重的教训》一文介绍了山西省解虞县三娄寺党支部通过在农业生产合作社的生产队增设政治副队长等方式，从组织上、制度上加强思想政治工作，进而解决合作社涣散问题的经验；《西乡县杨河坝乡党支部正确地领导了那里的互助合作》一文则介绍了乡党支部帮助各合作社建立政治副职以加强政治工作的经验。毛泽东在为这两篇文章写的按语中分别提出"政治工作是一切经济工作的生命线"[③]，以及"一切农村的党支部都应当这样做。在农业生产合作社的管理委员会内设立政治副职，是必要的。各地都可以设立起来，在党支部的领导之下，专责进行政治工作"[④]。

---

① 《农业集体化重要文件汇编（1949—1957）》上册，中共中央党校出版社1981年版，第498—500页。

② 同上注，第575—579页。

③ 中共中央办公厅编：《中国农村的社会主义高潮》上册，人民出版社1956年版，第123—131页。

④ 同上注，1223—1224页。

1956 年 9 月，中国共产党第八次全国代表大会通过中华人民共和国成立后的第一部党章《中国共产党章程》，规定了农业生产合作社的党组织为党的基层组织，及其在合作社中进行宣传和组织等思想政治工作的任务。[①]

在对以上文件指示的学习和贯彻落实中，1956 年，中共湖南省委提出，"各农业合作社都必须设立政治副职，必须有专人专职分工负责领导全社的政治思想工作"[②]。中共青海共和县委要求，在农牧业合作社配备一名政治工作干部，生产队配备一名政治副队长[③]。中共安徽庐江县委提出，要在每个农业生产合作社与生产队配备政治副社长、政治副队长各一人。[④]

与以上地区相比，有一些地区是在建立高级社时正式设立农村政治工作干部的。如在河北，初级社时期的政治工作一般是在党支部领导下通过社内党员干部开展，到了高级社时期才设立了政治副队长。[⑤]

当时，有一些地区是在高级社出现基层干部对进一步引导农民前进的方向不明确、埋头生产不问政治的问题时设立政治副职的。1956 年 8 月，中共河南省委就这一问题提出农村党支部要担负起农业生产合作社政治工作的首要责任，"各个农业社和生产队，应根据情况，设立政治副职，由支部副书记兼任政治副社长，统一领导全社的政治工作"，以保证党对合作社政治工作的经常化和制度化。[⑥]

还有一些地区是在解决农业合作化的高潮和高级化的过程中没有切实执行民主办社、等价互利原则，以及财务不公开、经营管理不善等原

① 中共中央组织部等编：《中国共产党组织史资料》第 9 卷，中共党史出版社 2000 年版，第 478 页。

② 《湖南省农业合作社开展爱社运动》，《人民日报》1956 年 2 月 29 日。

③ 共和县地方志编纂委员会编：《共和县志》，青海人民出版社 1991 年版，第 325 页。

④ 庐江县地方志编纂委员会编：《庐江县志》，社会科学文献出版社 1993 年版，第 517 页。

⑤ 《河北党史大事记·社会主义部分（1957.1—1966.5）》，送审稿，1988 年，第 114 页。

⑥ 北京政法学院民法教研室编：《中华人民共和国农业生产合作社法参考资料汇编》下册，法律出版社 1957 年版，第 332 页。

因造成的社员闹退社问题中，提出建立政治副职的。1957 年，福建海澄县在整顿和巩固合作社的过程中，一方面对上述问题进行纠正，另一方面要求在各社都设置政治副主任，生产队设政治副队长，专责在生产过程中进行社会主义、爱国主义和集体主义教育。[①]

另有一些地区则是在 1957 年闹社退社风潮之后，对高级社的政治工作机制进行了强化。1955 年，浙东地区在初级社普遍设立政治副职，由乡党支部领导，负责社内政治教育。闹社退社风潮之后，1958 年初，中共余姚县委宣传部取消了原来政治副职称谓，在高级社设政治主任（一般由社党支部书记担任）、在生产队设政治队长，以加强高级社的政治教育。[②]

需要说明的是，直到高级社时期结束，并非所有地区的合作社都设立了政治副职。由于中央没有出台文件对合作社政治副职做统一要求，各地都是根据有关文件精神和自身党组织情况而自行决定的。因此，各地设立合作社政治副职的时间并不一致，甚至一些地区农业生产合作社的政治工作由党支部直接负责，而未另设政治副职。[③]

合作化运动前，尤其在合作化运动高潮之前，基层党支部是按照行政区划来设立的。随着农业合作化运动的开展，农村基层党组织开始按照农业生产合作组织的建制进行设置。[④] 以合作社为单位建立的基层党组织逐渐成为合作社政治工作的领导核心。实际上，合作社政治工作职务的建立也解决了一些党支部尚未建立地区政治工作的领导和落实问题。1957 年初，中共山东省委下发文件，在有党支部的社，由支部书

---

① 中华人民共和国农业部粮食作物生产局编：《四、五、八粮食增产经验汇编》第二集，科学普及出版社 1958 年版，第 49 页。
② 李乐：《教育农民：浙东乡村社会变迁中的政治传播（1949—1962）》，复旦大学出版社 2016 年版，第 319—320 页。
③ 《新化县燎原农业生产合作社事务管理情况的调查研究》，《人民日报》1956 年 5 月 28 日。
④ 景跃进：《当代中国农村"两委关系"的微观解析与宏观透视》，中央文献出版社 2004 年版，第 10 页。

记或者副书记负责合作社的政治工作；没有建立党支部的社，仍可设政治副社长，专门负责社内的政治工作。[①]

三　系统化尝试：人民公社时期的农村基层政治工作干部

人民公社时期，以全国学人民解放军运动为时间节点，农村基层政治工作干部的设立大体上可分为两个阶段。

（一）全国学人民解放军运动前农村基层政治工作干部的设立

1956 年，苏共二十大、"波匈事件"后，毛泽东和中共中央开始以苏为鉴，探索中国建设社会主义的发展道路。与此同时，国内顺利实现了社会主义改造，超额完成了"一五"计划，大大激发了加速经济建设的热情。在此情形下，1958 年，中共中央提出"鼓足干劲、力争上游、多快好省地建设社会主义"的社会主义建设总路线，人民公社运动随之展开。

一些地区结合中央关于人民公社组织军事化、行动战斗化、生活集体化、管理民主化的精神，开始探索推动农业生产"大跃进"、开展人民公社的政治工作。例如，1958 年 11 月，中共晋东南地委下发《关于实行管理民主化推进大跃进的指示》，要求建立政治工作制度，以团、营、连和排设立政治工作人员，推广军队中连队政治工作经验。[②]该指示得到中共山西省委的认同，并转发给山西各地作为参考。这充分说明，农村设立政治（副）队长，可能借鉴了军队政治工作的经验，但不是 20 世纪 60 年代学习人民解放军时才出现的。

当时，一省之内农村基层政治工作干部的设立并不同步，且各省之间的进度不一。有的地区，如河北，在人民公社化以后，沿用了高级社

---

①《山东省农业合作化》编辑委员会：《山东省农业合作化史料集》上册，山东人民出版社 1989 年版，第 233 页。

② 山西农业合作史编辑委员会：《山西农业合作史文件汇编卷》，内部发行，1999 年，第 671 页。

时的政治副职制度，依旧在大队和生产队设立了政治副队长或者政治指导员。① 有的地区，如山东陵川县则去掉了"副"字，将1956年农村合作化时期在生产队设置的政治副队长改称为政治队长，将副职升级为正职。②

人民公社成立后不久，即遭受了大的挫折。1959年，毛泽东和中共中央意识到人民公社所有制的问题并试图调整，但被庐山会议上"反右倾"打断，直到1962年2月，中共中央才正式发出《关于改变农村人民公社基本核算单位问题的指示》，将基本生产核算单位从生产队下放到生产小队。随着相关政策的调整，一些地区，如山西，延续了农业生产合作社时期的政治副职制度，进一步要求在生产小队层级上建立政治副队长，以加强政治思想工作③；吉林等地也开始在部分人民公社建立政治队长制的试点④。

（二）全国学人民解放军运动与农村政治工作系统的建立

在人民公社体制调整时期，随着国内外形势的变化，人民解放军以坚定的政治立场、优良的作风，在保卫国家安全、遭遇经济困难、抵御灾害时发扬的优秀品质，以及顺畅的管理体制⑤，得到毛泽东的高度关注。毛泽东非常赏识20世纪60年代前期中央军委采取的一系列加强军队政治工作的措施，并开始思考如何通过军队来推动地方工作。

几乎与此同时，针对基层随着人民公社体制调整而产生的农村政治思想工作不能落实到生产队的问题，中共黑龙江省北安县委宣传部符

① 《河北党史大事记·社会主义部分（1957.1—1966.5）》，送审稿，1988年，第114—115页。
② 于兴卫：《全国学人民解放军运动始末》，中国青年出版社2015年版，第42—43页。
③ 山西农业合作史编辑委员会：《山西农业合作史文件汇编卷》，内部发行，1999年，第871页。
④ 马春阳：《中共吉林省委活动大事记（1949年10月—1966年4月）》，内部编印，1990年，第588页。
⑤ 于兴卫：《全国学人民解放军运动始末》，中国青年出版社2015年版，第255—256页。

金声给中央写信①，建议每个生产队应像军队的连队那样设立政治委员，专门负责生产队的政治思想工作和党的工作。毛泽东看到后认为他"提出了一个值得注意的问题"，并批示党和国家领导人刘少奇、邓小平、彭真，考虑"是否在生产队里设一个政治委员，或者叫政治指导员，或者叫宣传员，让一个不脱离生产的小知识分子（高小毕业生有的是，初中生也可找到），把思想政治工作，在几亿农村人口中抓起来"②。

1964 年 2 月 1 日《人民日报》发表社论《全国都要学习解放军》，以此拉开了全国各行各业学习解放军的序幕。该社论指出，"各级党政领导机关，各工矿企业单位，各项事业单位……各人民公社，都要加强政治思想工作，像解放军那样，把政治思想工作真正落实到基层单位……且逐步建立起经常坚持的、有系统的政治工作制度"③。从此，在农村设立像解放军一样的自上而下的政治工作系统，作为农业部门学习解放军的重要组成部分，陆续开展。

不过，从 1963 年底毛泽东指示在生产队设立政治工作人员到 1965 年这段时间，全国各地在农村设立系统的政治工作机构的情况并不相同。1965 年，中共中央组织部对此进行调查后即指出，自 1963 年毛泽东指示在农村生产大队和生产队设立政治工作人员以来，"许多地方作了研究，搞了试点，一部分地方在生产队普遍设立了政治工作人员。但是，从一个县来说，自上而下建立起农村政治工作系统的，还是极少数"，甚至"有些县的'四清'运动已经结束，而政治工作机构还没有建立起来"。④

1965 年 8 月，根据有关指示精神，中共中央组织部形成《关于加

---

① 此信以《农村的政治思想工作需要加强》为题刊登于 1963 年 12 月 13 日编印的第 83 期《群众反映》上。

②《建国以来毛泽东文稿》第十册，中央文献出版社 1996 年版，第 452—453 页。

③ 中共中央文献研究室编：《建国以来重要文献选编》第十八册，中央文献出版社 1998 年版，第 78 页。

④ 中共中央文献研究室编：《建国以来重要文献选编》第二十册，中央文献出版社 1998 年版，第 569 页。

强农村党的建设的三个问题的报告》，上报中共中央，将在"四清"运动中建立农村政治工作系统问题列入其中。该报告指出，农村政治工作队伍是党支部开展思想政治工作的组织保障，各地应在"四清"运动中，首先把生产大队和生产队的政治工作系统建立起来（在生产大队和生产队设立政治指导员），以完成党建和巩固"四清"成果；对于没有开展"四清"运动的地方，有条件的可以尽早建立起来。在县、社两级设置政治工作机构正在试点，待研究后再行安排。同时，还明文规定了政治工作干部的条件：生产大队的指导员可由党支部书记兼任或由其他合适的党员担任，必要时可由上下派；生产队指导员，应"选思想作风好、劳动好、肯学习、有一定文化，有活动能力的党员担任"，可以是参加了几年劳动的知青和复员军人，或者是回到农村的部分脱产干部中的优秀分子[1]。

11月，中共中央批示了这份报告，并转发全国。至此，中共中央终于以最高文件的形式明确要求，在全国农村建立政治工作系统，并对如何落实做出详细规定。此后，各地纷纷召开会议传达讨论，并制定关于加强农村党的建设的具体规划，但这些规划因种种历史原因而未能彻底执行。[2] 曾参与这份报告起草工作的赵生晖指出，"后来，虽然有些地方在生产队设立了政治副队长，但是，政治工作系统没有建立起来"[3]。

四 农村基层政治工作干部的作用

1950年土地改革后，中共中央选择了触动私有制基础的合作化道路，随着互助组织与合作社的普遍建立，生产资料由"私"转化为

---

[1] 中共中央文献研究室编：《建国以来重要文献选编》第二十册，中央文献出版社1998年版，第570页。

[2] 中共中央党史研究室编：《中共党史资料》第52辑，中共党史出版社1994年版，第21页。

[3] 赵生晖：《中国共产党组织史纲要》，安徽人民出版社1987年版，第362页。

"公"、生产方式从个体变为集体，这种转变不仅是经济制度的根本变革，更是农民新旧观念的剧烈变革，农民作为小生产者所具有的"私"与合作社的"公"产生矛盾。因此，1956 年，毛泽东提出了著名的"政治工作是一切经济工作的生命线"的论断，反复强调在合作社开展政治工作的重要性："农业合作化运动，从一开始，就是一种严重的思想的和政治的斗争"，在农业生产合作社创办后，不经历这样反复的斗争就不能巩固[①]。基于此，政治社长、副社长，政治队长、副队长等农村基层政治工作干部的设立，对于中国共产党领导开展农业集体化有着极为重要的积极意义：

其一，有助于中国共产党党组织政治工作的具体落实，在农村深入宣传、贯彻党和国家的政策。

1963 年，四川彭山县建立政治工作机构后采用多种形式对社员进行思想政治教育，"不但使党和国家的政策很快宣传到群众中去，而且使各级党委领导工作都感觉得心应手。经过经常的政治思想教育，培养了一批善于做政治思想工作的基层干部和群众积极分子"[②]。

1964 年，福建沙县在生产队设立政治队长后，"显著改变了生产队政治工作无人负责、时断时续的现象，不仅使党的方针、政策贯彻更快更有力，而且更好的抓住了活的思想，有效的提高了社员觉悟，并使干部作风也起了变化，干群关系也得到了改善"[③]。

其二，有助于启发社员的集体主义思想、社会主义觉悟，激发生产积极性，帮助社员克服在集体化过程中出现的缺点或者错误，在人民公社集体经济基础上形成新型农民的社会主义新风尚。

1953 年，山西沁源县马森初级农业生产社成立后，以乡党支部为领导，在各劳动小组设一名政治副组长，由党员担任，组织党团员和读报员进行经常的时事政治与文化学习，在贯彻党的路线，制止个别上升

---

① 中共中央办公厅编：《中国农村的社会主义高潮》上册，人民出版社 1956 年版，第 123 页。
② 于兴卫：《全国学人民解放军运动始末》，中国青年出版社 2015 年版，第 43 页。
③ 福建省档案馆编：《福建党建档案资料选辑》，福建省档案馆 2001 年版，第 410 页。

户排挤贫农出社，批评教育个别不遵守劳动纪律、本位自私的党员和社员，制定与完善社章社规，引导社员走共同富裕的社会主义道路方面起到了积极作用。建社一年后，该社 7 户缺粮户都变成余粮户，并又有27 户农民入了社[①]。

在农业合作化过程中，陕西西乡县杨河坝乡党支部帮助各农业社建立了政治副职，通过对社员进行引导教育，使严家榜村李家生把社里的牛和自己的牛喂得一样肥[②]，多数喂牲口户也都改变了不负责任的态度[③]。

集体化时期，大寨大队和杨谈大队是全国典型。其中，大寨大队由党支部委员兼生产队的政治副队长，杨谈大队在每个生产队选择一名政治坚定、熟悉生产、善于联系群众之人担任政治副队长。由于两个大队思想政治工作做得好，逐渐形成"听毛主席的话、走社会主义的路，照党的政策办事；自力更生、艰苦奋斗、奋发图强；以国为怀、以邻为友，以社为家"的新型农民的社会主义新风尚[④]。

其三，从社会整合的角度看，农村基层政治工作干部的建立有助于新中国完成对农村社会的组织化改造，从而为建立社会主义制度提供必要的组织条件。以往的中国农村社会像"一盘散沙"，中国共产党在领导土地改革和农业合作化运动的过程中，逐渐将党组织下沉到互助合作组织，与此同时建立的政治副职，在贯彻落实党和国家的政策，对农民进行组织动员的过程中，为党和国家把中国社会网络成为集中统一的整体提供了制度保障[⑤]。

---

① 山西沁源县史志办公室编：《中共沁源历史记事（1949—1979）》，方志出版社 2004年版，第 81 页。

② 陕西省农业合作史编委会编：《陕西省农业合作典型材料选编》，陕西人民出版社1994 年版，第 56 页。

③ 中共中央办公厅编：《中国农村的社会主义高潮》下册，人民出版社 1956 年版，第1226 页。

④《农业靠大寨精神（社论选集）》，农业出版社 1966 年版，第 40 页。

⑤ 林尚立：《当代中国政治形态研究》，天津人民出版社 2000 年版，第 156 页。

五　农村基层政治工作干部的局限

中国共产党党组织是政治工作的领导核心和骨干力量，在合作化的过程中，农村基层党组织直面农村社员，处于落实思想政治工作的最前沿，受到中共中央的高度重视。人民公社以后，农村思想政治工作持续受到高度关注，《农村人民公社工作条例》明确指出人民公社中的党组织作为党在农村中的基层组织，"必须做好思想政治工作"[①]。然而，尽管中央三令五申，农村基层党组织在落实农村思想政治工作中仍不免存在一些问题，在设置农村基层政治工作干部后，思想政治工作仍然存有落实不到位的情况。究其原因，主要有如下几个方面：

其一，一些农村党员干部对思想政治工作的重要性理解不到位、认识不足。高级社建立以后，有些地方上的党员干部认为，高级社已经解决了个体社员入社的问题，不需要再搞两条道路斗争，而埋头生产不问政治；也有的干部认为，"过去干部向农民要东西，现在农民向干部要东西，权力在干部手里，不必再向农民耐心进行教育了"[②]。1956年，中共安徽省委农村工作部调查了省内50个合作社，发现一些乡社干部出现上述思想，重视生产而不够重视思想政治工作，以致一般的社虽设有政治副社长、队设政治副队长，但大都有名无实。政治工作被视为次要工作，政治工作干部是副职，也被视为附属工作，被当作一般的社队干部分工使用。为此，中共安徽省委农村工作部提出，各县委应亲自抓农业社的政治思想工作，要在党的领导下成立独立的政治工作机构，取消原来的政治副职的名称[③]。

---

① 《农业集体化重要文件汇编（1958—1981）》下册，中共中央党校出版社1981年版，第468页。

② 北京政法学院民法教研室编：《中华人民共和国农业生产合作社法参考资料汇编》下册，法律出版社1957年版，第320页。

③ 《17个省、市、自治区1956年农村典型调查》，中共中央农村工作部办公室，1958年，第183—184页。

其二，党政不分，是造成农村基层政治工作干部不能有效落实思想政治工作的重要原因之一。一是以政代党。1955 年，中共山西沁源县委发现在已建立党支部的农业社，"一般是社长强，支书弱，支书普遍为政治副社长，易于形成以社代党的现象"。因此，该县委要求"凡已建立支部的农社，一律以党支部为名实现党的领导，取消农社政治副社长的名称"，并将社内党、团员分配在各劳动队或劳动组，编为小组，劳动副队长由党的小组长担任，重点负责社员的思想政治工作①。二是以党代政。1956 年，在合作化、并大乡、办大社后，农业社出现党、政、社分工不够条理的新现象。受此影响，广西许多农业社出现"党支部全面领导，但日常事务抓得多，政治工作抓得少，合作社的政治副社长，由于上面无人具体领导，所以也很少开展社里政治思想工作"的现象②。

其三，制度安排、工作方法也是导致"四清"时期一些地区农村基层政治工作干部和机构不能起到应有作用的客观原因。1965 年，中共福建省委农村工作部发现，已经建立起来的农村政治工作机构大多流于形式，尚不能发挥作用，究其原因有两个方面：一是县以上各级党委建立的政治工作机构，与党委宣传、组织部门，分工尚不明确；二是由于大多数公社采用分兵把口，固定包片的工作方法，政治工作机构建立后，没有专人负责，不方便掌握全局展开工作③。

其四，农村基层政治工作干部自身素质是决定思想政治工作能否有效落实的一个重要方面。1965 年，中共福建省委发现了这样的问题，由于"政治工作看不到，摸不着"，农村政治工作干部认为"自己水平低，没本钱，无从下手"④。同年，中共山西省委从省到作业组初步建

---

① 山西沁源县史志办公室编：《中共沁源历史记事（1949—1979）》，方志出版社 2004 年版，第 96—97 页。

②《17 个省、市、自治区 1956 年农村典型调查》，中共中央农村工作部办公室，1958 年，第 432 页。

③ 福建省档案馆编：《福建党建档案资料选辑》，福建省档案馆 2001 年版，第 411 页。

④ 同上注，第 407 页。

立了政治工作机构后也发现，由于"农村政治工作队伍，还没有进行系统的整顿和训练"，故而出现"不力、不齐、不纯、不抓政治工作的现象"①。

六　结论

做好对人民群众的思想政治工作，是党建工作的内在要求。早在农业合作化时期，为适应农业合作化的需要，有些地方根据中国共产党政治工作传统，已开始自主设立政治（副）社长，以便开展农村思想政治工作。20 世纪 60 年代初，农村政治工作与全国学人民解放军运动相结合，这是当代中国农村基层政治工作的一个转折点。全国学人民解放军后，在各级党委领导下成立了自上而下、从中央到地方的专门的农村政治工作系统。中国共产党之所以能深入农村思想政治工作并起到固本作用，农村基层政治工作干部这种制度设置的积极作用自然不应忽视。

总之，中华人民共和国成立之后，中国共产党一直在努力探索深入开展农村思想政治工作的有效途径，在农村基层设立政治工作干部，使其遍布农业生产第一线，就是其中一项重要的尝试和探索。这种探索始于农业合作化初期，历经初级社、高级社、人民公社时期，并受到全国人民学解放军运动的影响，自有其历时性、系统性的实践价值和意义，值得探讨和研究，以便直面 21 世纪中国农村现代化建设实践中的新农村治理困境和出路。

---

① 《用毛泽东思想武装广大干部和农民是党的农村政治工作根本战略任务》，《山西日报》1966 年 1 月 28 日。

20 世纪中期山西农村的教育、阶级与婚姻匹配

一 绪论

20 世纪中叶的中国，处于政治和经济剧烈变革的时期，为研究教育和阶级的婚姻匹配模式变化提供了独特的研究背景。1949 年之前，中国家庭强调"门当户对"的婚姻模式（同质婚）或"男高女低"的婚姻模式（异质婚）。1949 年之后，社会、政治和经济的变化对跨越传统界限的婚姻模式产生了相反影响：一方面是国家教育的扩张，降低了家庭出身的影响，增加了教育分层的机会；另一方面，国家试图消除和削减父母包办子女婚姻的权力。与此同时，1949 年之后出台的政策，在农村社会创造并强化了具有延续性的阶级成分（家庭出身）划分制度。这种制度增加了与以前富裕或其他社会地位较高家庭通婚的政治风险，从而给跨阶层通婚模式带来了新的阻碍。

尽管有充分的理由可以推测 1949 年后的婚姻匹配模式发生了变化，但由于缺乏实证数据，很难确定 1949 年后阶级成分对婚姻匹配模式产生的影响。正如下文指出，20 世纪后期的调查和人口普查数据提供了 20 世纪 50、60 年代教育背景对婚配模式影响的证据，但很少有数据涉及 1949 年之前的情况[1]。丈夫和妻子的阶级成分数据更加稀缺，因其不

---

① Xu, X. & Whyte, M. K. "Love Matches and Arranged Marriages: A Chinese Replication." *Journal of Marriage and the Family*, 1990, 52(3).

在人口普查中被收集，只是散见于回顾性调查中。虽然学界对 1949 年之后阶级成分在婚姻匹配中的作用进行了定性研究，但这些研究通常是基于特定地区的案例分析，以客观史实陈述为主，而较少涉及实际的婚配模式特征[①]。

本文从教育和阶级成分两个方面考察了 20 世纪中期中国的婚姻匹配模式，同时关注了政治、经济和社会变革对其产生的影响。本文利用了 1965—1966 年山西省农村基层档案数据，其中涉及 1949 年以前的数据，以此比较教育和阶级成分如何影响婚姻匹配模式，以及它们在"门当户对"的同质婚模式和"男高女低"的异质婚模式中的作用。1949 年以前，阶级成分与家庭土地占有数量关系密切，因此，阶级成分是衡量该时期婚姻模式中配偶社会经济地位的直接指标。在全国范围内土地改革（1946—1953 年）完成以后，这些阶级成分不再反映当时的社会经济地位，而是具有了政治和社会意义，并在家庭成员中延续下来[②]，直到 1979 年才被废除。20 世纪中期的中国，阶级成分作为衡量家庭社会经济地位的标准，与教育同等重要。本文的研究结果将有助于阐明阶级成分在农村婚姻模式中所起的作用。

本研究的独特之处在于，当通婚对象的原生家庭背景仍然是婚姻匹配模式中的重要因素时，关注到了家庭背景在一个非西方社会中的作

---

① Croll, E. *The Politics of Marriage in Contemporary China*. Cambridge: Cambridge University Press, 1981. Diamant, N. J. *Revolutionizing the Family: Politics, Love, and Divorce in Urban and Rural China, 1949–1968*. Berkeley: University of California Press, 2000. Lavely, W. "Marriage and Mobility under Rural Collectivism." In R. S. Watson & P. B. Ebrey (Eds.). *Marriage and Inequality in Chinese Society*. Berkeley: University of California Press, 1991. Parish, W. L. & Whyte, M. K. *Village and Family in Contemporary China*. University of Chicago Press, 1978. Salaff, J. W. "The Emerging Conjugal Relationship in the People's Republic of China." *Journal of Marriage and the Family*, 1973, 35(4). Unger, J. "The Class System in Rural China: A Case Study." In J. L. Watson (Ed.). *Class and Social Stratification in Post-revolution China*. Cambridge: Cambridge University Press, 1984, pp. 121–141.

② 在本文研究的区域中，土地改革是在 1950 年 6 月国家土地改革法颁布之前的 1949 年年底完成的。

用。除了陆益龙[①]、Xu 等[②]和 Zhang[③]，学界关于婚姻匹配的最新研究大多考虑到了配偶的受教育程度等因素，但很少关注阶级成分或家庭出身等其他衡量标准，而考虑到阶级成分的研究往往也是基于新近调查中收集的回顾性数据。Charles 等[④]，Kalmijn[⑤]，Schwartz 等[⑥]海外学者的研究表明，父母的财富和职业等特征在婚姻匹配中发挥了重要作用。

　　理解家庭背景在中国婚姻模式中的作用是十分重要的，因为教育在20 世纪末之前并不是社会经济地位的重要标志，特别是对于女性而言。在当代社会的婚姻匹配研究中，有充分的证据表明教育是社会经济地位的标志之一。但对于 20 世纪中叶的中国女性而言，教育可能只是家庭社会和经济地位的局部反映。1949 年以前，即使是在儿子教育上投入巨资的富裕家庭，也不一定会让他们的女儿接受教育[⑦]。最近一项回顾性调查数据的分析表明，家庭背景发挥了与教育背景不同的作用，这提示我们在解释中国教育婚姻匹配模式的长期趋势时应当慎重。

　　本研究的另一贡献是考察了 1949 年之后政治、社会和经济的变化是否影响婚配模式的变化，以及如何改变了婚配模式。我们主要关注1949 年之后"门当户对"的同质婚模式是加剧还是减弱，以及跨阶级的异质婚模式是否因为阶级成分的影响而发生变化。尽管包办婚姻减

① 陆益龙：《"门当户对"的婚姻会更稳吗？——匹配结构与离婚风险的实证分析》，《人口研究》2009 年第 2 期。

② Xu, X., Ji, J. & Tung, Y.-Y. "Social and Political Assortative Mating in Urban China." *Journal of Family Issues*, 2000, 21(1).

③ Zhang, W. "Class Categories and Marriage Patterns in Rural China in the Mao Era." *Modern China*, 2013, 39(4).

④ Charles, K. K., Hurst, E. & Killewald, A. "Marital Sorting and Parental Wealth." *Demography*, 2013, 50(1).

⑤ Kalmijn, M. "Status Homogamy in the United States." *American Journal of Sociology*, 1991, 97(2).

⑥ Schwartz, C. R., Zeng, Z. & Xie, Y. "Marrying up by Marrying Down: Status Exchange between Social Origin and Education in the United States." *Sociological Science*, 2016(3).

⑦ 〔美〕周锡瑞：《叶：百年动荡中的一个中国家庭》，史金金、孟繁之、朱琳菲译，山西人民出版社 2014 年版，第 137—145 页。

少、社会经济变革，可能对传统的婚姻模式造成了冲击，但基于土地改革前经济地位划分的阶级成分，也对配偶选择和婚配模式造成潜在影响。例如，1949 年之前，有女儿的家庭认为将女儿嫁给后来被划为地主或富农成分的家庭是理想的。但在 1949 年划定阶级成分之后，与这些地主或富农家庭的联姻就变得无人问津，有的家庭甚至希望将女儿嫁给所谓"好阶级"的贫农家庭。正如下文指出，由于研究区域、数据类型和研究方法的差异，现有的人类学和定性研究结果相互矛盾。陆益龙[1]，Xu 等[2]和 Zhang[3]等人的定量研究关注了 20 世纪 50 年代以后的趋势，但没有对 1949 年前后的情况进行比较。

在此背景下，分析社会阶层的突然转变对婚姻匹配模式的影响，是本文研究的一个显著特征。大多数关于婚姻匹配趋势的研究都考虑到社会正在经历的渐进性社会或经济变化因素，但尚未有研究对婚姻匹配的反应模式进行检验，例如划分阶级成分的政治干预颠倒了社会地位这样一个重要变革，使原本人们意识里的"高嫁"婚姻变成唯恐避之不及的"低嫁"婚姻。而我们建立的数据库提供了一个独特的机会去研究社会和经济重大变革后家庭行为的弹性，这可能会从根本上改变对婚姻模式的计算。

本文的结构如下：第一部分，介绍了 20 世纪中叶中国社会变化的历史背景和传统婚姻模式，重点介绍了关于婚姻匹配的实证研究。第二部分，介绍了本文的样本数据来源及山西农村概况。此外，介绍了本文使用的中国"四清"阶级成分登记表数据库 CSSCD。该数据库由山西大学中国社会史研究中心（RCCSH）利用其收集的农村基层档案材料整理而来。第三部分，介绍了列联表的分析方法，本文主要利用这些

---

① 陆益龙:《"门当户对"的婚姻会更稳吗？——匹配结构与离婚风险的实证分析》,《人口研究》2009 年第 2 期。

② Xu, X., Ji, J. & Tung, Y.-Y. "Social and Political Assortative Mating in Urban China." *Journal of Family Issues*, 2000, 21(1).

③ Zhang, W. "Class Categories and Marriage Patterns in Rural China in the Mao Era." *Modern China*, 2013, 39(4).

列联表来研究教育和阶级成分在婚姻匹配模式中的作用和影响。第四部分，展示了分析结果。研究表明，受教育程度和家庭阶级影响的婚姻匹配模式在"社会距离"上是相似的，不同的是异质婚主要受教育程度影响而不是阶级成分。

二　背景

（一）传统中国的婚姻匹配

婚姻匹配，即在边界内或跨边界通婚的倾向，通常被视为衡量社会群体之间边界渗透性的标准之一[①]。夫妻之间在种族、民族和家庭社会出身等方面的先赋性特征，或教育、收入等自致性特征方面，表现出极大的相似性，表明社会群体之间存在壁垒。先赋型婚姻匹配模式可能会加剧社会等级的分化。许多研究表明，在美国[②]和其他地方，教育这一关键的自致性特征在婚姻匹配中发挥着重要作用。我们认为 20 世纪众多的社会和经济变革应该提高教育等自致性特征的重要性，降低家庭出身等先赋性特征的重要性[③]。

尽管有许多研究讨论了种族、民族和宗教等先赋性因素在不同环境中随时间变化的趋势和作用，但很少有研究涉及教育、职业、财富或其

① Kalmijn, M. "Status Homogamy in the United States." *American Journal of Sociology*, 1991, 97(2). Kalmijn, M. "Shifting Boundaries: Trends in Religious and Educational Homogamy." *American Sociological Review*, 1991, 56(6). Kalmijn, M. "Assortative Mating by Cultural and Occupational Status." *American Journal of Sociology*, 1994, 100(2). Smits, J., Ultee, W. & Lammers, J. "Educational Homogamy in 65 Countries: An Explanation of Differences in Openness Using Country–Level Explanatory Variables." *American Sociological Review*, 1998, 63(2).

② 例如：Kalmijn, M. "Status Homogamy in the United States." *American Journal of Sociology*, 1991, 97(2). Kalmijn, M. "Shifting Boundaries: Trends in Religious and Educational Homogamy." *American Sociological Review*, 1991, 56(6). Schwartz, C. R. & Mare, R. D. "Trends in Educational Assortative Marriage from 1940 to 2003." *Demography*, 2005, 42(4).

③ 例如：Goode, W. *World Revolution and Family Patterns*. The Free Press, 1963.

他自致性特征的作用。大多数针对西方社会的研究成果也并不一致[1]。Kalmijn[2] 指出，有证据表明，在美国教育的婚姻匹配模式影响越来越大的同时，家庭出身（如父母的职业）的影响在下降。然而，Charles 等人[3] 指出，在 20 世纪后期的美国，即使在婚配模式受控于教育之后，父母财富在婚姻中的影响也十分明显。最近，Schwartz 等人[4] 将父母受教育程度作为衡量标准，探索了当代美国婚姻模式中先赋性地位和自致性地位之间的交换。该研究指出，父母受教育程度较低而自己受教育程度较高的人，更有可能与父母受教育程度较高而自己受教育程度较低的人通婚。

20 世纪中叶至今，教育婚姻匹配一直是中国婚姻模式研究中的重点。这些研究涉及不同时段、不同地区的回顾性数据，因此难以一概而论。一项基于河北、陕西和上海调查数据的研究表明，从 20 世纪 70 年代到 80 年代教育同质婚略有下降[5]。相比之下，Song[6] 基于对 20 个城市的调查，强调了政治干预对中国城市教育同质婚的影响，发现"文化大革命"时期教育同质婚比该时期前后都少。Han[7] 通过分析全国范围内

---

[1] Charles, K. K., Hurst, E. & Killewald, A. "Marital Sorting and Parental Wealth." *Demography*, 2013, 50(1). Kalmijn, M. "Status Homogamy in the United States." *American Journal of Sociology*, 1991, 97(2). Schwartz, C. R., Zeng, Z. & Xie, Y. "Marrying up by Marrying Down: Status Exchange between Social Origin and Education in the United States." *Sociological Science*, 2016(3).

[2] Kalmijn, M. "Status Homogamy in the United States." *American Journal of Sociology*, 1991, 97(2).

[3] Charles, K. K., Hurst, E. & Killewald, A. "Marital Sorting and Parental Wealth." *Demography*, 2013, 50(1).

[4] Schwartz, C. R., Zeng, Z. & Xie, Y. "Marrying up by Marrying Down: Status Exchange between Social Origin and Education in the United States." *Sociological Science*, 2016(3).

[5] Raymo, J. M. & Xie, Y. "Temporal and Regional Variation in the Strength of Educational Homogamy." *American Sociological Review*, 2000, 65(5).

[6] Song, L. "The Effect of the Cultural Revolution on Educational Homogamy in Urban China." *Social Forces*, 2009, 88(1).

[7] Han, H. "Trends in Educational Assortative Mating in China from 1970 to 2000." *Demographic Research*, 2010, 22(24).

的调查数据和人口普查数据，推断从 20 世纪 80 年代到 90 年代末，全国范围内的教育同质婚比例大幅增加。

部分学者利用 20 世纪末和 21 世纪初收集的回顾性调查数据进行分析，认为从 20 世纪 50 年代到 2001 年，基于父母教育和职业的婚姻匹配十分明显[1]。虽然政治变革的特定时期有所波动，但几乎不存在长期变化趋势。在"文化大革命"期间，基于父母教育和职业的婚姻匹配略有减少，但在 20 世纪 70 年代以后，伴随着经济发展和改革开放，这一婚配模式又有所增加。这些研究结果表明，当代中国人仍然倾向于与家庭背景相似的人通婚。

在历史学、人类学的共同推动下，1949 年以前的婚姻匹配模式广为人知，但相关的定量研究还很缺乏，也未有研究对 1949 年前后的婚姻匹配模式进行比较。1949 年以前，大多数研究是基于早期人类学成果、档案、口述史资料和文学资料，因此关于许多普通群体婚姻选择的研究都是定性的[2]。20 世纪中叶之前，子女的婚姻多是由父母和其他家族长辈包办，倾向于"门当户对"的同质婚和"男高女低"的异质婚[3]。有女儿的精英家庭希望将女儿嫁给社会地位更高的家庭，以此来实现社会流动和阶层跨越。而有儿子的精英家庭则避免从地位较高的家庭娶妻，因为担心她们不会言听计从，而且难以控制[4]。Brown

① 陆益龙：《"门当户对"的婚姻会更稳吗？——匹配结构与离婚风险的实证分析》，《人口研究》2009 年第 2 期；Xu, X., Ji, J. & Tung, Y.-Y. "Social and Political Assortative Mating in Urban China." *Journal of Family Issues*, 2000, 21(1)；张翼：《中国阶层内婚制的延续》，《中国人口科学》2003 年第 4 期。

② Wolf, M. *Women and the Family in Rural Taiwan*. Stanford University Press, 1972. Wolf, A. P. & Huang, C.-S. *Marriage and Adoption in China, 1845–1945*. Stanford University Press, 1980.

③ Brown, M. J., Bossen, L., Gates, H. & Satterthwaite-Phillips, D. "Marriage Mobility and Footbinding in pre-1949 Rural China: A Reconsideration of Gender, Economics, and Meaning in Social Causation." *The Journal of Asian Studies*, 2012, 71(4). Ebrey, P. "Introduction." In R. S. Watson & P. B. Ebrey (Eds.). *Marriage and Inequality in Chinese Society*. Berkeley: University of California Press, 1991, pp. 1–24.

④ 郭松义：《伦理与生活——清代的婚姻关系》，商务印书馆 2000 年版，第 58—77 页。

等人[①]的定量研究表明，在 1949 年前几十年中国农村的婚姻匹配中，"门当户对"的同质婚模式更为常见，而"男高女低"的异质婚则更像一种理想的模式。[②]

基于婚姻匹配的学术史回顾和有限的实证研究，我们提出了一系列关于 20 世纪前中期中国农村教育和家庭阶级婚姻匹配模式的假设。首先我们提出了一组关于教育婚配的假设（1a 和 1b）和另一组关于家庭阶级婚配的假设（2a 和 2b）。教育和家庭社会阶层这两个变量中的任何一个都不受其他变量的影响，因为我们在分析中会同时考虑教育和家庭社会阶层两个因素。

- **假设 1（H1）教育婚姻匹配模式**

〇 **H1a** 由于家庭间"门当户对"的婚配模式，所以教育同质婚很普遍。这与 20 世纪下半叶教育婚姻匹配模式的研究结果一致。

〇 **H1b** 教育异质婚现象很明显。因为有女儿的家庭希望与社会地位更高的家庭通婚。

- **假设 2（H2）阶级婚姻匹配模式**

〇 **H2a** 由于家庭间"门当户对"的婚配模式，家庭阶级同质婚也很普遍。这与 Brown 等人[③]以及基于回顾性数据分析当代中国婚姻模式的研究结果基本一致。

〇 **H2b** 家庭阶级异质婚现象很明显。因为有女儿的家庭希望与社会地位更高的家庭通婚。

---

① Brown, M. J., Bossen, L., Gates, H. & Satterthwaite–Phillips, D. "Marriage Mobility and Footbinding in pre–1949 Rural China: A Reconsideration of Gender, Economics, and Meaning in Social Causation." *The Journal of Asian Studies*, 2012, 71(4).

② Brown 等人关注到缠足在婚姻选择中的作用。他们分析了对四川省 20 世纪 20 年代、30 年代和 40 年代出生的老年妇女采访中收集到的资料，以及葛希芝（Hill Gates）和其他人类学家在 20 世纪末关于婚姻模式进行的其他回顾性调查。他们依靠的是女性在上层、下层或同一社会阶层中结婚的比例，但这些表格没有考虑配偶的边缘分布。

③ Brown, M. J., Bossen, L., Gates, H. & Satterthwaite–Phillips, D. "Marriage Mobility and Footbinding in pre–1949 Rural China: A Reconsideration of Gender, Economics, and Meaning in Social Causation." *The Journal of Asian Studies*, 2012, 71(4).

（二）1949 年之后的变化

1949 年后，婚姻模式在法律、社会和政治变革的背景下发生了变化。中华人民共和国成立后不久，成年子女原则上可以自由恋爱。1950年通过的新《婚姻法》禁止父母包办婚姻和其他干涉子女婚姻自由的行为①。学界对这项法律的效力评价褒贬不一。Andors②、Wolf③等人早期的研究根据官方报告和农村调查，认为农村地区婚姻改革收效甚微。此后，Diamant④利用各种档案资料进行分析，认为新《婚姻法》鼓励了 20 世纪 50 年代和 60 年代激进的婚姻行为，起到了立竿见影的效果。特别是在农村地区，离婚率上升，跨阶层婚姻和其他超越传统婚姻模式的现象涌现。Xu & Whyte⑤基于回顾性调查数据研究证实，在新《婚姻法》出台后，包办婚姻现象确实随着时间的推移而大幅减少，尽管这种影响不是根本性的。Lavely⑥、Riley⑦等人认为法律并没有明文反对"门当户对"的同质婚和"男高女低"的异质婚模式，但如果这些反映了父母的想法而不是未婚成年人的想法，那么法律应该限制父母将这种思想强加给子女。当然，如果子女继承了父母的思想，那么包办婚姻的减少可能不会对婚姻匹配模式产生任何影响。

① Blaustein, A. P. (Ed.). *Fundamental Legal Documents of Communist China*. South Hackensack, N. J: F. B. Rothman, 1962, pp. 266−275; Parish, W. L. & Whyte, M. K. *Village and Family in Contemporary China*. University of Chicago Press, 1978, pp. 158−162.

② Andors, P. *The Unfinished Liberation of Chinese Women, 1949–1980*. Indiana University Press, 1983.

③ Wolf, M. *Revolution Postponed: Women in Contemporary China*. Stanford University Press, 1985.

④ Diamant, N. J. *Revolutionizing the Family: Politics, Love, and Divorce in Urban and Rural China, 1949–1968*. Berkeley: University of California Press, 2000.

⑤ Xu, X. & Whyte, M. K. "Love Matches and Arranged Marriages: A Chinese Replication." *Journal of Marriage and the Family*, 1990, 52(3).

⑥ Lavely, W. "Marriage and Mobility under Rural Collectivism." In R. S. Watson & P. B. Ebrey (Eds.). *Marriage and Inequality in Chinese society*. Berkeley: University of California Press, 1991.

⑦ Riley, N. E. "Interwoven Lives: Parents, Marriage, and Guanxi in China." *Journal of Marriage and the Family*, 1994, 56(4).

我们推测，20 世纪中叶中国教育的普及和扩张会增加教育同质婚和教育异质婚的比例。教育扩张的结果是使大多数年轻人或多或少接受到了学校教育，主要的区别在于他们所受教育年限长短不一。这与早期的状况大不相同。在早期，人们的差异主要取决于是否识字。因此，应该根据受教育程度的不同有所区别，特别是对于女性而言。与此同时，经济的发展凸显了教育的重要性，因为教育为新兴工作岗位的就业提供了机会。我们认为，进一步认识教育的重要性，将使其在择偶决策中发挥的作用更加突出。

土地改革时期阶级成分的划分以及后来阶级成分在划分群体中的作用，应该维持或加强了基于阶级成分的婚姻匹配模式。在土地改革时期，根据土地改革前的土地占有、土地租赁、劳动力雇佣和高利贷等剥削行为，农民被划分为地主、富农、中上、中农、中下、贫农或无地农民。这些阶级成分的标签在家庭中具有延续性，虽然 1949 年以后对农村的阶级成分会定期评估调整，有时会重新界定。但本文研究的时期并没有发生重大变化，即使在农民家庭失去土地之后，阶级成分仍然是重要的政治特征。随后的政策开始有利于贫农或无地农民的家庭，地主或富农家庭逐渐转向敌对面。

即使在农村集体化消除了财富同质婚的经济基础之后，土改之前的土地所有情况对婚姻模式的影响可能依然十分重要。因为农村家庭正试图避免与土改前相对富裕的"坏阶级"家庭纠缠不清，而与所谓的"好阶级"家庭建立联系[1]。沿着这条思路，Zhang[2]利用当代河北省的调查数据来论证阶级成分是同质婚姻模式的基础。然而，与本文的研究相

---

[1] Croll, E. *The Politics of Marriage in Contemporary China*. Cambridge: Cambridge University Press, 1981, pp. 80–107; Parish, W. L. & Whyte, M. K. *Village and Family in Contemporary China*. University of Chicago Press, 1978. Unger, J. "The Class System in Rural China: A Case Study." In J. L. Watson (Ed.). *Class and Social Stratification in Post-Revolution China*. Cambridge University Press, 1984, pp. 121–141.

[2] Zhang, W. "Class Categories and Marriage Patterns in Rural China in the Mao Era." *Modern China*, 2013, 39(4).

比，他没有将教育与家庭阶级成分的因素放在一起考虑。Xu 等人[1] 的研究认为，从 20 世纪中期开始，阶级成分和教育对婚姻匹配的作用一直很稳定。由于该研究使用的是保定和成都两个城市的数据，因此尚不清楚对中国农村的影响。Murphy[2] 基于对长江三角洲一个村庄的人类学研究，认为在 1949 年之后，农村家庭会避免与"坏阶级"家庭通婚，而在"好阶级"家庭中，阶级同质婚则很普遍。

根据婚姻关系的时间发生在土改之前或者之后，我们认为阶级成分可能具有两重性的含义。现有数据证实，土改期间划分的阶级成分反映了土改之前家庭实际占有土地的情况。对于土改之前的婚姻而言，本文使用数据中记录的阶级成分反映了婚姻前后家庭实际的土地占有情况。对于土改后的婚姻而言，阶级成分则不再反映家庭实际的土地占有情况，而成为一种具有延续性的政治身份。事实上，有许多研究认为阶级成分的出现，成为婚姻选择和决策的基础，中国共产党通过政治手段达到了重新塑造社会行为的目的[3]。与上述将阶级成分视为政治身份的研究不同，我们将阶级成分视为土地改革前婚配对象实际经济地位的反映。

1949 年后，农村地区交通和通信条件的改善，改变了婚姻市场，但其影响难以评估。原则上来说，这应该使家庭或个人容易在更大的范围内寻找配偶。我们推测，这对于当地少部分精英群体而言是重要的，因为他们可能很难在自己的家乡或邻近的村庄找到社会经济地位相当的婚配对象。1949 年后的二十年中，农村和城市移民十分普遍，但同样，在没有其他变化的情况下，在更广泛的地区寻找教育或社会阶层背景相

---

[1] Xu, X., Ji, J. & Tung, Y.–Y. "Social and Political Assortative Mating in Urban China." *Journal of Family Issues*, 2000, 21(1).

[2] Murphy, E. T. "Changes in Family and Marriage in a Yangzi Delta Farming Com–Munity, 1930–1990." *Ethnology*, 2001, 40(3).

[3] 〔美〕弗里曼等：《中国乡村，社会主义国家》，陶鹤山译，社会科学文献出版社 2002 年版，第 101 页；黄宗智：《中国革命中的农村阶级斗争——从土改到文革时期的表达性现实与客观性现实》，见黄宗智主编：《中国乡村研究》（第二辑），商务印书馆，2003 年，第 66—95 页。

似的婚配对象，会增加"门当户对"的同质婚比例。Lavely[①] 的研究认为，对于四川省农村家庭地位较低的女性来说，其跨阶层的异质婚多与外村庄的通婚有关，女性嫁给了比较富裕村庄的男性。

我们认为可能存在的其他因素会减少"门当户对"的同质婚和"男高女低"的异质婚的发生。1949 年后，由于土地改革、农业集体化、教育扩张和其他的政策，社会经济地位的差异逐渐缩小。土地重新分配旨在削弱或消除土地所有权的差异，这可能是农村家庭在选择配偶时所考虑的中心因素。农村集体化政策逐步消除了土地私有制，进一步减少了农村社会经济地位的不平等。由于这些趋势与婚姻匹配之间的联系只是一种推测，因此我们不会在此基础上提出具体的假设。

基于对 1949 年后婚姻模式研究的学术回顾，我们根据婚姻关系的时间发生在 1949 年之前或者之后，对受教育程度和家庭社会阶层的婚姻模式提出了两组假设：

- **假设 3（H3）1949 年前 / 后的教育婚姻匹配模式**

○ **H3a** 由于教育重要性提升，女性受教育程度提高，且受教育程度成为择偶的标准，因此教育同质婚增加。

○ **H3b** 与 **H3a** 的原因相同，教育异质婚现象增加。

- **假设 4（H4）1949 年前 / 后的阶级婚姻匹配模式**

○ **H4a** 阶级同质婚增加。因为担心与政治地位较低的阶层通婚会带来政治风险，导致农村家庭会选择与相同阶层通婚。

○ **H4b** 阶级异质婚减少。因为以前社会经济地位低的"好阶级"家庭不会再把女儿嫁给以前相对富裕的"坏阶级"家庭。

三　数据

本文使用了中国"四清"阶级成分登记表数据库，该数据库最初

---

① Lavely, W. "Marriage and Mobility under Rural Collectivism." In R. S. Watson & P. B. Ebrey (Eds.). *Marriage and Inequality in Chinese Society*. Berkeley: University of California Press, 1991.

由山西大学中国社会史研究中心基于其收集的中国"四清"阶级成分登记表构建而成。[1] 这些登记表最初是作为 1963—1966 年"四清"运动的一部分编制的。CSSCD-RCCSH 共计包含了山西省 7 个县 31 个村的 6700 多户农村家庭的数据。在本文中，我们使用了 CSSCD-RCCSH 中记录的 1459 对已婚夫妇的数据。这 1459 对夫妇的数据不仅记录了夫妻双方的受教育程度，还记录了夫妻双方原生家庭的阶级成分。附录 A 详细讨论了这 1459 对夫妇的样本数据与 6700 户完整数据的关系，同时评估了记录妻子原生家庭阶级成分信息的可用夫妇的样本数据，是否具有代表性。

　　20 世纪中叶的山西省以农业为主。山西位于中国北方内陆，处于河北和陕西之间。今天的山西以煤炭生产闻名于世，而且在 20 世纪中叶，山西省会太原等主要城市已经有初步的工业发展，但该省的大部分地区，包括本文数据中涉及的所有村庄，都以农业和工商业为主。山西农业类型与华北大部分地区相似，以种植小麦和其他旱地作物为主。

　　CSSCD 是研究 20 世纪 40 年代至 1966 年中国农村社会经济的宝贵资料。[2] 20 世纪中叶，中国社会经历了包括土地改革、农业集体化及"大跃进"在内的一系列激烈社会变革。而中国"四清"阶级成分登记表是这一时期城乡生活最为全面、细致的记录。

　　虽然本文使用的数据在统计学意义上不能完全代表山西或中国农村，但我们相信婚姻模式、家庭关系等关键性特征能够在一定程度上反映中国的普遍情况。从 CSSCD 内选取村庄是因为这些村庄的历史档案最大限度地被保存下来，并可供查阅。样本数据的最大局限在于，妻子父母的阶级成分信息记录不完整，但正如附录 A 中所讨论，这种样本

---

[1] RCCSH 所整理的资料除了本文分析的"四清"阶级成分登记表外，还包括许多其他材料。早在 2003 年 RCCSH 就开始收集这些农村基层档案资料，目前仍在收集和增加新的材料。这些资料是 20 世纪中叶中国农村最完整的档案材料之一，本文首次对这些资料进行系统分析。

[2] 本文使用的 CSSCD-RCCSH 原始数据隶属于山西大学中国社会史研究中心。支撑本文研究的数据由中心工作人员通过运行我们提供的程序代码生成。

数据的选择是随机的，结果的假设也是合理的。作为第一批利用中国早期农村人口的个体数据进行的定量研究之一，我们的研究结果可以推广到占据中国庞大比例但研究相对不足的农村人口。

CSSCD 中的个体数据适用于农村教育、职业成就、婚姻匹配等主题的定量研究[1]。"四清"阶级成分登记表中的信息包括家庭中每个年满 15 岁（平均 13.5 周岁）成年人的个人信息，包括他们的性别、年龄、籍贯、宗教信仰、受教育程度、职业以及他们与户主的关系等。[2] 登记表中还涵盖了户主的家族信息，通常从他 / 她的祖父那一代开始，记录了 1966 年前后的家庭收入情况，以及 1946—1966 年家庭土地数量和其他资产状况。[3] 此外，登记表还记录了家庭的总人数，包括 15 岁以下的儿童。"四清"阶级成分登记表记录了家庭中所有 15 岁以上成年人的阶级成分信息（家庭出身），根据土改时期的土地占有情况被划分为地主、富农、中农、贫农、无地农民或雇工。从土改到 1966 年"四清"时期，由于只有少数人改变了阶级成分，所以本文中我们参考的是土改时期划分的阶级成分。[4]

CSSCD 提供的 1966 年前后个体和家庭的截面数据，还可以回溯

---

[1] 王跃生：《社会变革与婚姻家庭变动：20 世纪 30—90 年代的冀南农村》，生活・读书・新知三联书店 2006 年版。

[2] 这里指的应该是"虚岁"。以农历为准，当年出生的孩子虚岁年龄为 1 岁。"农历岁"（虚岁）测量的年龄比西方公历计算的年龄多 1.5 年。

[3] 土地数量和其他详细的家庭资产数据已进行录入，但可用于分析的数据尚未整理完成。我们预计将它们作为家庭财富的直接衡量标准纳入到未来的研究中。

[4] 本文的数据中，有 72 个人的阶级成分被记录为"农业劳动者"，这是一个特殊的成分类型，主要是划给地主、富农及其后代，他们"经常参加集体劳动，态度良好"。此外，某村的户籍说明中还写道："地主、富农的子女，与贫下中农、中农结婚，劳动能力强，态度好。经群众同意，可以登记为贫下中农或农业劳动者。"（Xing, L., Noellert, M., Li, X., Hao, X. & Lee, J. Z. The CSSCD-RCCSH User Guide: An Introduction to the China Siqing (Four Cleanups) Social Class Dataset-Shanxi Province. Unpublished Manuscript, 2016, p. 50）虽然这里的个人阶级成分（本人成分）与本文涉及的家庭阶级成分不同，但我们发现一些个体也通过这种方式改变了他们的家庭阶级成分。由于我们将这些因素作为土地改革前社会经济地位的衡量标准，因此在本文分析中，我们将这些"农业劳动者"与地主归为一类。

20 世纪 40 年代之前家庭户主的相关信息[①]。1946—1966 年间的大部分数据最初是当地村干部在 1965—1966 年编制登记册时收集的，他们从同期其他档案资料中提取了许多关键信息。因此，与其他回顾性调查相比，CSSCD 中的数据不容易出现回忆错误。

虽然 CSSCD 记录的 20 世纪 40 年代和 50 年代初婚姻数据未必能够完全代表那个时期农村的婚姻模式，但我们认为对分析结果造成的影响甚微。首先，CSSCD 只包括 1966 年仍在该村居住的家庭，在此之前移居或绝户的村民没有登记。学界对 1949—1966 年期间移民或绝户的家庭数量的统计并不一致。王跃生[②]所研究的河北村庄中，在编制土地改革和"四清"阶层成分登记表时，多达 10% 的家庭移居或以其他方式绝户。然而，就我们所研究的样本数据而言，发现大约只有 4% 的山西农村家庭绝户。考虑到 1949 年后剧烈的社会变革，我们可以推测，截至 1966 年，移居或绝户的农村家庭更有可能是地主、富农和其他被污名化的群体[③]。但这些群体只占总人口的一小部分。

在本文对婚姻匹配模式的分析中，我们将教育、家庭阶级成分和婚姻作为衡量标准。如前所述，教育是婚姻匹配研究中最常见的衡量标准之一。因为它在很大程度上受父母社会经济地位的影响，在结婚前就确定了，对未来的择偶对象来说也很明显，并且能高度预测随后社会和经济发展的结果。在 CSSCD-RCCSH 中，几乎可以得到所有 15 岁以上的男性和女性的教育背景。阶级成分于 20 世纪 50 年代早期划分并延续下来。如前所述，对于一部分妻子群体，我们只有其原生家庭的阶级成分。此外，婚姻状况在原始登记表中并没有特别注明，而是我们从其他信息中推断出来的。因此，一些看起来未婚的年长男女，有可能是鳏

---

① 柳柯:《解放前五十年八角村农户经济的变迁——近代农村社会经济调查札记之三》，《中国经济史研究》1990 年第 1 期。

② 王跃生:《社会变革与婚姻家庭变动：20 世纪 30—90 年代的冀南农村》，生活·读书·新知三联书店 2006 年版。

③ 同上注，第 50—51 页。

寡，或者在极少数情况下已经离婚。

CSSCD-RCCSH 中按年龄和性别划分的群体受教育程度与 20 世纪中期中国其他地方的基本一致。在本文的研究中，到 1966 年，群体受教育程度迅速提高，青年人的平均受教育程度比中年人高得多。在 20 世纪中期的中国农村，人们受教育程度普遍很低。1949 年以前出生的人通常很少或没有受过正规教育，因此许多人是文盲。例如，在 1965—1966 年 CSSCD-RCCSH 的记录中，年龄在 45—50 岁的男性，有 46% 是文盲，另有 37% 的人识字或仅受过几年小学教育。相比之下，1965—1966 年，20—25 岁的男性中只有 7.5% 是文盲，75% 的人至少接受过小学教育。对于女性来说，这种情况表现得更为极端，在 1965—1966 年，45—50 岁的女性中有 93% 被认定为文盲，但 20—25 岁的女性中只有 19.5% 是文盲。

登记表中记录的阶级成分与土改时期家庭的土地占有数量密切相关，这表明阶级成分除了衡量土改后家庭的政治身份和社会地位外，还比较准确地反映了土改时农村家庭的社会经济地位。表 1 是根据 CSSCD-RCCSH 计算的不同社会阶层的土地平均拥有数量。占总户数 2.5%、土地总数 10.6% 的地主，平均占有 85.8 亩（约 6 公顷）土地。[1] 占总数 2.9%、土地总数 11.3% 的富农，平均占有 76.8 亩土地。占总数 55.0% 的贫农则占有 25.9% 的土地，平均占有 9.5 亩土地。

表 1　土地改革前各阶级土地占有情况

阶级	家庭（%）	土地（%）	家庭平均占有土地数量（亩）
地主	2.5	10.6	85.8
富农	2.9	11.3	76.8
上中农	5.9	12.9	43.7
中农	18.2	24.1	26.6
下中农	15.5	15.2	19.6

---

[1] 1 亩≈0.07 公顷。

阶级	家庭（%）	土地（%）	家庭平均占有土地数量（亩）
贫农和雇工	55.0	25.9	9.5
合计	100.0	100.0	20.0
总数（N）	5332	106906	

注：根据 CSSCD-RCCSH 中土地改革前没有失去土地所有权家庭的数据计算，因此不同于已婚夫妇的数量。

女性的受教育程度与家庭社会阶层的关联性远弱于男性，这证实了教育作为衡量 20 世纪前中期中国农村女性社会地位指标的局限性。表 2 按社会阶层分别列出了男性和女性的受教育情况。男性的受教育程度和阶级出身明显相关，而女性的受教育程度似乎与出身家庭的阶级成分没有关联。在男性中，贫农和无地农民的文盲比例最高，占 43%，而地主和富农的文盲比例最低，占 18.8%。在男性的中小学教育程度上，社会阶级梯度变化也十分明显。相较而言，根据家庭阶级成分来看，识字的女性所占的比例只有细微的变化。超过三分之二（68.4%）的地主、富农家庭的女性是文盲，贫农和无地农民家庭女性的文盲比例是 74.2%。

表 2　阶级与受教育程度

妻子的社会阶层	妻子的受教育程度						总数（N）
	文盲（%）	初小（%）	高小（%）	中学（%）	中学及以上（%）	总计（%）	
地主 / 富农	68.4	16.2	13.7	1.7	0.0	100	117
上中农	62.1	22.4	12.1	3.4	0.0	100	58
中农	68.4	12.9	13.8	4.6	0.3	100	348
下中农	72.4	11.0	15.7	0.8	0.0	100	127
贫农 / 无地农民	74.2	13.0	10.6	2.0	0.1	100	831
总计	72	13.2	12.1	2.6	0.1	100	1481

注：根据样本数据，夫妻的阶级成分和受教育程度都是可用的。1531 名妻子中有 50 名被排除在外，因为她们的受教育程度不能识别。

续表

丈夫的社会阶层	丈夫的受教育程度						
	文盲（%）	初小（%）	高小（%）	中学（%）	中学及以上（%）	总计（%）	总数（N）
地主/富农	18.8	34.4	33.3	12.5	1.0	100	96
上中农	25.6	32.0	34.4	6.4	1.6	100	125
中农	29.1	43.5	21.2	5.2	1.0	100	306
下中农	32.9	39.1	18.7	8.0	1.4	100	289
贫农/无地农民	43.0	34.8	18.6	2.6	0.9	100	660
总计	36	36.3	21.5	5.1	1.1	100	1476

注：根据样本数据，夫妻的阶级成分和受教育程度都是可用的。1531 名丈夫中有 55 名被排除在外，因为他们的受教育程度不能识别。

四　方法

与大多数婚姻匹配研究使用的对数线性模型方法类似，本文使用丈夫和妻子的特征作为列联表分析的输入，其中结果变量是具有特定特征的夫妇数量。模型中通过一系列分类变量来刻画妻子和丈夫的教育或社会阶层，另外引入一系列分类变量以体现丈夫和妻子特征组合的属性，例如他们是否在同一类别中，丈夫和妻子彼此之间的"距离"有多远，以及就他们的教育或社会阶层的差异而言，丈夫的阶级或受教育程度是比妻子高还是低。

我们之所以采用这种方法是因为仅根据丈夫和妻子的特征对夫妇进行简单的制表描述，不足以检验婚姻匹配。因为其中没有考虑到每一类教育和阶级成分组合后的夫妇数量对夫妇总体数量的影响。具有特定特征组合的夫妇数量不仅反映了丈夫、妻子、家庭的数量，而且也反映了每个教育类别和阶级成分中可供数据分析的男女人数。男性或女性更有可能与具有特定阶级成分或教育背景的配偶结婚，仅仅是因为这一类人特别常见，而不是因为他们对这样的配偶选择有特定的偏好。表格中的明显趋势可能会随着时间的推移而改变，并在不同的环境中有所不同，并不是因为男性或女性偏好不同，而是因为潜在的配偶特征分布不同。

我们建立了一系列模型，这些模型只考虑男性和女性的受教育程度和阶级成分，适用于教育的婚姻匹配模式。式（1）总结了我们最基本的模型，其中受教育程度 (E)i 和阶级成分 (C)k 的男性 (H) 与受教育程度 (E) j 和阶级成分 (C)l 的女性 (W) 的数量，取决于受教育程度为 i 的男性和受教育程度为 j 的女性以及阶级成分为 k 的男性和阶级成分为 l 的女性的数量。这将对应一种不太可能出现的情况，即家庭完全不在乎未来配偶的受教育程度和阶级成分，而与具有特定教育程度和阶级成分的配偶结婚的机会完全取决于有多少这样潜在的配偶。式（2）增加了一个同质婚参数 δ^E，用来衡量具有相同教育水平的夫妇之间婚姻的普遍性。在式（2）及后续的模型中，p 根据下标中的条件是否为真，对特定教育程度的夫妻组合进行设计矩阵的运算，p 取值 1 或 0。式（3）增加了"高嫁"和"下嫁"婚姻模式的参数，这些参数反映了丈夫比妻子受教育程度更高的婚姻的比值（γ^E）。式（4）为丈夫和妻子可能存在的不同教育类别增加了参数 $\eta^E_{abs(i-j)}$。这是一个跨越（crossing）模型，它解释丈夫和妻子在对应特征上跨越特定"距离"结婚的可能性。最后，式（5）为四种可能存在的同质婚模式中的每一种添加一个参数，刻画随着不同教育程度变化的同质婚强度。

$$log\ F\ ^{EC}_{ijkl} = \beta_o + \beta_i^{HE} + \beta_j^{WE} + \beta_k^{HC} + \beta_l^{WC} \tag{Eq. 1}$$

$$log\ F\ ^{EC}_{ijkl} = (1) + p_{i=j}\delta^E \tag{Eq. 2}$$

$$log\ F\ ^{EC}_{ijkl} = (2) + p_{i>j}\gamma^E + p_{i<j}\zeta^E \tag{Eq. 3}$$

$$log\ F\ ^{EC}_{ijkl} = (3) + \sum_{n=0}^{3} p_{abs(i-j)=n}\eta^E_{abs(i-j)} \tag{Eq. 4}$$

$$log\ F\ ^{EC}_{ijkl} = (4) + \sum_{n=0}^{3} p_{n=i=j}\theta^E_i \tag{Eq. 5}$$

为了考察教育和阶级成分对婚姻是否存在独立的影响，并检验假设 H1 和 H2，我们比较了包括丈夫和妻子教育和阶级成分的模型拟合和只有教育的模型拟合。如果在选择配偶时，教育和阶级成分是不同的维度，那么综合考虑到两种因素的模型应该比只考虑其中一个因素的模型更合适。相比之下，如果教育和阶级成分密切相关，其中任何一个都足以成为影响婚姻选择最相关的因素，那么一个兼顾两者的模型并不会比一个只考虑教育因素的模型更合适。因此，式（6）添加了一个同质婚参数（δ^C），用于评估丈夫和妻子具有相同阶级成分的可能性。式（7）增加了一个异质婚参数（γ^C）。由于丈夫和妻子的阶级成分的类别不同，式（8）引入参数 $\eta^C_{abs(k-l)}$ 来计算他们之间的"距离"。最后，式（9）衡量了随阶级成分的不同而变化的同质婚强度。

$$log\,F\,^{EC}_{ijkl}=(5)+p_{k=l}\delta^C \tag{Eq. 6}$$

$$log\,F\,^{EC}_{ijkl}=(6)+p_{k>i}\gamma^C+p_{k<l}\zeta^C \tag{Eq. 7}$$

$$log\,F\,^{EC}_{ijkl}=(7)+\sum_{n=0}^{3}p_{abs(k-l)=n}\eta^C_{abs(k-l)} \tag{Eq. 8}$$

$$log\,F\,^{EC}_{ijkl}=(8)+\sum_{n=0}^{3}p_{n=k=l}\theta^C_i \tag{Eq. 9}$$

我们采用广义线性模型，假设按类别划分的婚姻数量遵循泊松分布，该模型完全是丈夫和妻子的受教育程度和阶级的分类变量或其组合的函数。[①] 为了找出最能体现婚姻分布的模型，我们采用了贝叶斯信息准则（BIC）作为进行模型选择的统计指标，该指标反映了模型复现对应数量婚姻的程度，会奖励拟合数据较好的简洁模型，对于模型中参数数量有较大惩罚。BIC 值最低的模型被认为是拟合最好的模型，因为 BIC 更倾向于参数少而精度高的模型，在使用最少的变量的情况下能够

---

① 我们使用的广义线性模型是 STATA 中的泊松回归方程并采用对数转换链接式。

更好地再现表中不同类型婚姻的数量。为了说明这些结果的含义，在某些情况下，我们还提供了从其中一个模型中选择类别的系数。这些系数反映了在剔除男女在各相关类别间分布的影响后，某一特定类型的婚姻相对于被忽略的参照类别婚姻的普遍程度。

为了对丈夫的受教育程度、妻子的受教育程度、丈夫的阶级成分和妻子的阶级成分的每一个组合都有一个结果的判断，因变量是具有特定教育程度和阶级成分组合的夫妇数量。解释变量对应丈夫和妻子的阶级成分和受教育程度。我们将受教育程度分为四类：文盲、初小、高小、中学及以上[①]，将阶级成分分为五类，在土改后划分的阶级中，社会地位由低到高依次为地主／富农、上中农、中农、下中农、贫农／无地农民。分类变量对应同质婚姻或"高嫁"婚姻的组合，以"下嫁"婚姻模式作为参照组。附加的分类变量还指定了夫妻之间的受教育程度和阶级成分的距离。为方便起见，表 3 总结了这些分类变量的定义。

表 3　婚姻匹配分析中的分类变量

	受教育程度	阶级成分
类别数量	4	5
丈夫的类别	i	k
妻子的类别	j	m
同质婚	i=j	k=m
女性高嫁	i＞j	k＜m
女性下嫁	i＜j	k＞m
距离	min (abs (i−j), 3)	min (abs (k−m), 3)
特定类型同质婚	i=j=1, 2, 3, 4	k=m=1, 2, 3, 4, 5

注：尽管 IV（中学）和 V（高中及以上）分别在描述性结果表中注明，但它们被合并在一起进行列联分析，因为受过中学及以上教育女性的夫妇数量太少，而且也根本不存在受过中学教育的女性嫁给不识字的男性的夫妇。

[①] 从表 2 中可以看出，中学教育程度的毕业生非常少，因此我们将中学及以上教育程度的样本进行合并。

我们认为阶级和教育的影响是可加的，而不是交互的，因此本文不考虑区分阶级和教育的同质婚姻的模型比不区分阶级和教育的同质婚姻的模型能更好地拟合数据。在未来的研究中，我们希望使用一个更大的样本数据来研究这种相互作用和其他问题，例如是否存在地位交换，即更高的教育程度是否弥补了阶级成分中的不利地位。但是，本研究仅限于比较同时考虑阶级成分和教育因素的模型比只考虑教育因素的模型是否能更好地复现现实观测到的婚姻匹配模式。

我们比较了 1949 年前后的婚姻状况，来评估新《婚姻法》和阶级成分划分所产生的影响，并检验了假设 H3 和 H4。我们按丈夫的类别、妻子的类别、时间划分对婚姻建模拟合。同质婚、异质婚和距离之间的交互项可以揭示它们是否随时间的推移而在第二个阶段更加突出。由于这些数据没有直接记录夫妇的结婚年龄，所以当我们进行比较时，根据夫妇是在 1949 年之前还是之后结婚。我们具体是根据妻子的年龄在1949 年是否年满 25 岁来进行判断。女性早婚十分普遍，1949 年 25 岁及以上的女性都可以被认为是 1949 年以前结过婚的，因此我们把 1966年编制登记表时妻子年龄在 42 岁及以上的婚姻，视为 1949 年以前的婚姻。[1] 在我们的样本中，有 460 对夫妇的妻子在 1949 年时达到了 25岁，因此几乎可以肯定她们在 1949 年之前结婚。在另外 1049 对夫妇中，1949 年时妻子的年龄在 25 岁以下，在那个时候，这些夫妇中只有一小部分已经结婚了。

五 结果

（一）描述性结果

表 4 和表 5 中丈夫和妻子的阶级成分和受教育程度的婚姻列联表

---

[1] 我们用不同的临界值进行了比较，包括 1949 年丈夫 25 岁及以上，1949 年丈夫 20 岁及以上，以及 1949 年妻子 20 岁及以上，其结果都是相似的。

显示，除了以妻子受教育程度为条件外，几乎没有系统的婚姻模式，最常见的模式是与教育水平相当的丈夫结婚。就丈夫的阶级或受教育程度而言，与相同阶级成分或教育程度的妻子通婚是最常见的模式。表 4 通过对比两个样本中丈夫受教育程度与妻子受教育程度，证实了分析样本数据中丈夫和妻子的共同受教育程度分布与完整样本中的相似。表 4 还显示，涉及女性高中及以上毕业教育程度（Ⅴ）的婚姻很少。因此，在列联表分析中，我们将中学程度（Ⅳ）与高中及以上的教育程度（Ⅴ）结合起来。当然，表 4 和表 5 作为理解婚姻匹配模式和检验 H1—H4 等假设的数据来源，其局限性也比较明显：基于百分比的比较中并没有考虑到每个类别中各种组合对夫妻数量的影响。

　　表 4 和表 5 中观察到的夫妇数量与预期数量的比率表明，如果男性和女性在婚配选择时对阶级成分或教育背景毫不在乎，那么婚姻匹配就会出现阶级同质婚以及教育同质婚、女性“高嫁”婚姻。这些表格是为了进行说明，而不是为了验证我们的假设，在表 6 中我们对中学教育和高中教育进行了区分，这些比率是根据表 4 和表 5 中的值计算出来的。如果婚姻组合是随机的，那么高于 1 的比率表示婚姻组合比预期的更常见，低于 1 的比率表示婚姻组合不太常见。

　　表 6 的数据表明，男性更有可能和与自己教育水平相当或比自己教育程度较低的女性结婚。唯一的例外是，受过小学教育的男性更有可能与受过初中教育的女性结婚，受过初中教育的男性更有可能与受过高中或更高水平教育的女性结婚。总的来说，对于受教育程度较低的男性来说，“女高男低”的教育异质婚似乎占主导地位。从阶级成分的角度来看，表 6 显示了一些阶级同质婚，同一社会阶层的男女组成的夫妇比预期中的要多，没有出现明显的“男高女低”或“男低女高”的阶层异质婚。

表 4　妻子和丈夫教育程度的婚姻

丈夫的教育程度	妻子的教育程度					
	I	II	III	IV	V	总计
	受过特定教育妻子的丈夫百分比					
	受过特定教育丈夫的妻子百分比					
	婚姻总数					
完整样本						
文盲（I）	92.7	4.59	2.3	0.42		100
	47.45	16.15	8.89	6.61		38.88
	1777	88	44	8		1917
识字（II）	79.27	13.69	6.08	0.85	0.11	100
	37.28	44.22	21.62	12.4	8	35.71
	1396	241	107	15	2	1761
小学（III）	52.28	17.28	25.87	4.24	0.33	100
	12.84	29.17	48.08	32.23	12	18.66
	481	159	238	39	3	920
中学（IV）	28.63	17.56	34.73	16.41	2.67	100
	2	8.44	18.38	35.54	28	5.31
	75	46	91	43	7	262
高中及以上（V）	22.54	15.49	21.13	22.54	18.31	100
	0.43	2.02	3.03	13.22	52	1.44
	16	11	15	16	13	71
总计	75.95	11.05	10.04	2.45	0.51	100
	100	100	100	100	100	100
	3745	54	49	121	25	4931[a]
样本数据						
文盲（I）	89.36	6.38	3.29	0.97		100
	44.3	16.67	9.55	13.16		35.44
	462	33	17	5		517
识字（II）	76.47	15.07	7.35	1.1		100
	39.88	41.41	22.47	15.79		37.29
	416	82	40	6		544

续表

	妻子的教育程度					
	I	II	III	IV	V	总计
	受过特定教育妻子的丈夫百分比					
	受过特定教育丈夫的妻子百分比					
丈夫的教育程度	婚姻总数					
小学（III）	46.13 13.71 143	19.03 29.8 59	30.32 52.81 94	4.52 36.84 14		100 21.25 310
中学（IV）	25 1.73 18	25 9.09 18	34.72 14.04 25	13.89 26.32 10	1.39 50 1	100 4.93 72
高中及以上（V）	25 0.38 4	37.5 3.03 6	12.5 1.12 2	18.75 7.89 3	6.25 50 1	100 1.1 16
总计	71.49 100 1043	13.57 100 198	12.2 100 178	2.6 100 38	0.14 100 2	100 100 1459[b]

a: 在 5150 对夫妻的完整样本中，有 219 对因丈夫或妻子的教育程度不详而被排除在外。

b: 在 1531 对夫妻样本中，有 72 对夫妻父亲的阶级成分信息是可用的，但因丈夫或妻子的教育程度不详被排除在外。

表 5　妻子和丈夫阶级成分的婚姻

	妻子的社会阶层					
	I	II	III	IV	V	总计
	特定社会阶层妻子的丈夫百分比					
	特定社会阶层丈夫的妻子百分比					
丈夫的社会阶层	婚姻总数					
地主／富农（I）	20 15.97 19	2.11 3.13 2	33.68 9.01 32	9.47 6.72 9	34.74 3.84 33	100 6.21 95

续表

	妻子的社会阶层					
	I	II	III	IV	V	总计
	特定社会阶层妻子的丈夫百分比					
	特定社会阶层丈夫的妻子百分比					
丈夫的社会阶层	婚姻总数					
上中农（II）	11.72 12.61 15	7.81 15.63 10	29.69 10.7 38	13.28 12.69 17	37.5 5.59 48	100 8.36 128
中农（III）	7.91 21.01 25	4.11 20.31 13	30.7 27.32 97	6.01 14.18 19	51.27 18.86 162	100 20.64 316
下中农（IV）	5.52 14.29 17	5.52 26.56 17	22.08 19.15 68	14.29 32.84 44	52.6 18.86 162	100 20.12 308
贫农／无地农民（V）	6.29 36.13 43	3.22 34.38 22	17.54 33.8 120	6.58 33.58 45	66.37 52.85 454	100 44.68 684
总计	7.77 100 119	4.18 100 64	23.19 100 355	8.75 100 134	56.11 100 859	100 100 1531

表 6　根据丈夫和妻子的教育程度和社会阶层观察／预测婚姻[a]

丈夫的教育程度	妻子的教育程度				
	I	II	III	IV	V
文盲（I）	1.22	0.42	0.23	0.17	
识字（II）	1.04	1.24	0.61	0.35	0.22
小学（III）	0.69	1.56	2.58	1.73	0.64
中学（IV）	0.38	1.59	3.46	6.69	5.27
高中及以上（V）	0.30	1.40	2.10	9.18	36.11

丈夫的社会阶层	妻子的社会阶层				
	I	II	III	IV	V
地主 / 富农（I）	2.57	0.5	1.45	1.08	0.62
上中农（II）	1.51	1.87	1.28	1.52	0.67
中农（III）	1.02	0.98	1.32	0.69	0.91
下中农（IV）	0.71	1.32	0.95	1.63	0.94
贫农 / 无地农民（V）	0.81	0.77	0.76	0.75	1.18

a：教育程度的观察 / 预测比率是基于表 4 中完整样本的数据计算。

（二）列联表分析

尽管根据表 2 来看，整体样本的教育程度较低，但也反映了教育程度对婚姻匹配模式的深远的影响。表 7 展示了分析样本数据中夫妇的列联表分析结果。与式（1）相对应的模型 1 只考虑了夫妻受教育程度和阶级成分的边际分布。模型 2、3、4 分别对应式（2）—（4），分别增加了教育同质婚、教育异质婚和教育距离。每一种方法都大大提高了模型的拟合度，表明每一个都是婚姻匹配模式的显著特征。模型 5 允许特定教育同质婚因教育程度的变化而变化，但并没有显著改善模型的拟合度。

在充分考虑教育因素后，阶级对婚配模式的影响也很明显。表 7 中的模型 6—9，对应式（6）—（9），分别增加了阶级同质婚、阶级异质婚、阶级距离和特定类别的阶级同质婚。模型 6 中的阶级同质婚和模型 8 中的阶级距离，都提高了拟合度（H2a），而教育同质婚和教育距离的影响仍然显著（H1a）。模型 3 表明存在教育异质婚（H1b），模型 7 没有表明存在阶级异质婚（H2b）的证据，模型 9 没有显示同质婚水平随阶级成分的变化而变化。下面，我们将根据婚姻时间是发生在 1949 年之前还是 1949 年之后，来评估这里的分析结果是否掩盖了婚姻之间的差异。

表 7　阶级和教育婚姻匹配模型的拟合统计值

	偏差	BIC	残差自由度
1. 丈夫、妻子的教育背景和阶级成分	572.03	−584.42	213
2. + 教育同质婚	472.76	−678.26	212
3. + 教育异质婚	391.37	−754.23	211
4. + 教育距离	342.53	−792.20	209
5. + 特定教育同质婚	332.65	−785.79	206
6. + 阶级同质婚	272.49	−850.53	205
7. + 阶级异质婚	270.86	−836.73	204
8. + 阶级距离	241.62	−855.10	202
9. + 特定阶级同质婚	238.31	−836.70	198

注：根据丈夫的阶级、受教育程度和妻子的阶级、受教育程度四项。受教育程度分为四类：①文盲②识字③小学④中学及以上。阶级分为五类：①地主／富农②上中农③中农④下中农⑤贫农／无地农民。距离是指夫妻之间的类别数量，上限为3。

阶级和教育距离的影响几乎是单一的：在教育程度或阶级成分方面彼此相差"更远"的男性和女性都不太可能互相结婚（H1a 和 H2a）。表 8 呈现了表 7 中模型 9 的系数，在教育和阶级两种因素的影响下，同质婚婚姻都是最常见的婚姻匹配形式。阶级同质婚是相隔 3 种及以上阶级同质婚的 2.83 倍（$e^{1.043}$）。另外相隔 1 种或 2 种阶级类别的同质婚是最常见的，这两种婚姻模式几乎没有差别：它们分别是相隔 3 种阶级类别或 3 种以上的同质婚的 1.87 倍（$e^{0.627}$）和 1.84 倍（$e^{0.611}$）。

从教育距离来看，教育程度在结婚的可能性中也有一个明显的梯度。事实上，这种梯度比阶级成分要明显得多。教育同质婚最为普遍，是相隔 3 种教育类别或 3 种以上同质婚的 6.41 倍（$e^{1.858}$）。随着距离的增加，婚姻变得更加稳定。相隔 1 种教育类别的婚姻比相隔 3 种教育类别以上的婚姻多 4.54 倍（$e^{1.515}$），相隔 2 种教育类别的婚姻比相隔 3 种以上教育类别的婚姻多 2.95 倍（$e^{1.085}$）。

表 8　表 7 中模型 9 的系数

	系数值	假设值
阶级距离（Ref.: 3+）		
0（同质婚）	1.043	0.00
1	0.627	0.00
2	0.611	0.00
教育程度距离（Ref.: 3+）		
0（同质婚）	1.858	0.00
1	1.515	0.00
2	1.085	0.09
女性的教育异质婚	1.018	0.00

　　没有证据表明，在 1949 年之前或之后结婚的夫妇在婚姻匹配模式上存在差异（H3 和 H4），1949 年，教育和阶级的作用并没有因妻子的年龄而不同。如前所述，我们将 1949 年时妻子是否年满 25 岁作为婚姻发生在那一年之前或之后的指标。表 9 列出了与该指标交互作用模型的结果。不管我们考虑的是同质婚、女性异质婚还是阶级距离，根据 1949 年妻子是否 25 岁（可能已经结婚）的标准来衡量，都无法改善模型的拟合程度。拟合度最好的是第二种模型，虽然它考虑了同质婚、女性异质婚和阶级距离，但没有考虑到 1949 年妻子年龄的变化。

表 9　1949 年前后婚姻交互作用模型的拟合统计值

	偏差	BIC	残差自由度
丈夫、妻子的阶级成分及教育程度 *1949 年前后的婚姻	576.58	−1156.44	299
+ 教育、阶级的同质婚、异质婚和距离	278.18	−1408.47	291
+ 教育同质婚 *1949 年前后	278.18	−1402.67	290
+ 教育异质婚 *1949 年前后	277.87	−1397.19	289

续表

	偏差	BIC	残差自由度
＋教育距离 *1949 年前后	277.33	−1386.14	287
＋阶级同质婚 *1949 年前后	277.30	−1380.37	286
＋阶级异质婚 *1949 年前后	276.63	−1375.24	285
＋阶级距离 *1949 年前后	274.21	−1366.07	283

注：结婚时间是根据 1966 年妻子的年龄推断出来的。1966 年 42 岁及以上的女性在 1949 年已经 25 岁或以上，几乎可以肯定已经结婚了。受教育程度分为四类：①文盲②识字③小学④中学及以上。阶级分为五类：①地主／富农②上中农③中农④下中农⑤贫农／无地农民。距离指的是夫妻之间的阶级或教育的类别数量，上限为 3。

尽管 1949 年社会、经济和政治剧烈变革，但教育和阶级成分对婚姻的影响却很稳定，这是值得关注的。1949 年后，教育迅速扩张，改变了婚姻市场的构成。由于经济发展，教育的重要性也与日俱增。因此，关于教育同质婚（H3a）和教育异质婚（H3b）增加的假设的结果具有实质性的意义，因为它证实了教育同质婚和教育异质婚并不是在1949 年教育扩张和经济变革之后才出现的，尤其是对女性而言，在早期教育尚未普及的时候就已经是普遍现象了。

在 1949 年前后的家庭婚姻中，社会阶层婚姻匹配的稳定性也是值得注意的。如前所述，在 1949 年前后的婚姻中，阶级成分的含义是不同的。对于 1949 年以前结婚的夫妇而言，阶级成分衡量的是他们结婚时各自家庭实际的土地占有数量。对于 1949 年以后结婚的夫妇来说，它是 1949 年以前基于土地占有数量而分配的一个政治身份，也是社会群体内部资源和特权分配的重要依据。避免与社会经济地位不对等的人通婚似乎已被避免与政治地位"不正确"的人通婚所取代。年轻的男性或女性即使没有积极寻找阶级成分相同的配偶，也避免与"坏阶级"的成员通婚，这样的婚姻匹配模式看起来与土地改革前的模式相同，而后者是从社会经济地位对等的家庭中产生的。

六　结论

作为第一批利用中国早期农村人口的个体数据对 20 世纪中叶中国农村地区婚姻匹配进行的定量研究之一，本文为分析社会变革与婚姻匹配模式之间的关系提供了一个新的研究视角。1949 年以后的 40 年间，山西农村的婚姻模式与 20 世纪末之前中国其他地区的情况相似。阶级同质婚十分普遍，这表明即使在新《婚姻法》禁止父母包办子女婚姻、干涉子女婚姻自由之后，大多数夫妻仍然遵循了传统的婚姻匹配模式。对女性而言，女性的教育异质婚模式比较明显。而从阶级成分来看，无论是 1949 年之前还是之后，都没有证据表明女性的阶级异质婚存在。这与 Brown 等人[①]和 Ebrey[②]的研究成果基本一致，女性的阶级异质婚是一种很难实现的理想。

值得注意的是，诸如土地改革、《婚姻法》的实施、教育扩张和阶级成分划分等社会和政治变革似乎并没有改变阶级或教育的婚姻匹配模式。尽管 1949 年后阶级身份发生了变化，但这并没有改变阶级同质婚的基本模式。虽然我们已经预料到可能存在阶级异质婚的变化，因为在 1949 年之前有女儿的家庭应该想把女儿嫁给地主和富农家庭，而 1949 年后有女儿的家庭希望把女儿嫁给"好阶级"的贫农家庭，但我们没有发现任何一个时期存在阶级异质婚的证据，更不用说异质婚究竟发生了什么程度的变化。

教育和阶级对婚姻匹配模式同等重要是本文的一个重要发现，尤其是对 20 世纪中后期的中国婚姻匹配模式的发展趋势研究具有重要意

① Brown, M. J., Bossen, L., Gates, H. & Satterthwaite-Phillips, D. "Marriage Mobility and Footbinding in pre-1949 Rural China: A Reconsideration of Gender, Economics, and Meaning in Social Causation." *The Journal of Asian Studies*, 2012, 71(4).

② Ebrey, P. "Introduction." In R. S. Watson & P. B. Ebrey (Eds.). *Marriage and Inequality in Chinese Society*. Berkeley: University of California Press, 1991, pp. 1–24.

义。教育是当代中国婚姻匹配研究中最常用的社会地位衡量标准之一，但本文的研究表明，社会地位的另一个维度，即 1949 年之前的家庭土地占有数量、1949 年之后划分的阶级成分，对婚姻匹配有独立的影响。本文关于家庭土地占有和阶级成分对婚姻影响的研究与 Charles[1]、Kalmijn[2] 和 Schwartz 等人[3] 的研究相呼应，即在西方，家庭财富和家庭背景的因素在婚姻选择中超越了教育对婚姻的影响。这也与陆益龙[4]、Xu 等人[5] 和 Zhang[6] 利用 20 世纪中后期家庭婚姻的回顾性调查数据对中国的研究结论一致。不同的是，本文进一步考察了 1949 年之前的婚姻模式。

　　基于以上发现，我们认为，在 20 世纪末之前中国的婚姻匹配研究中，将教育作为主要的社会地位衡量标准，不仅忽略了衡量社会地位的另一个重要因素，而且低估了整体上严格的社会边界对配偶选择的影响。在某种程度上，阶级和教育的关系也随着时间的推移而变化。Han[7]、Raymo 和 Xie[8]、Song[9] 等人关于教育婚姻匹配模式的趋势研究，

[1] Charles, K. K., Hurst, E. & Killewald, A. "Marital Sorting and Parental Wealth." *Demography*, 2013, 50(1).

[2] Kalmijn, M. "Status Homogamy in the United States." *American Journal of Sociology*, 1991, 97(2).

[3] Schwartz, C. R., Zeng, Z. & Xie, Y. "Marrying up by Marrying Down: Status Exchange between Social Origin and Education in the United States." *Sociological Science*, 2016(3).

[4] 陆益龙：《"门当户对"的婚姻会更稳吗？——匹配结构与离婚风险的实证分析》，《人口研究》2009 年第 2 期。

[5] Xu, X., Ji, J. & Tung, Y.-Y. "Social and Political Assortative Mating in Urban China." *Journal of Family Issues*, 2000, 21(1).

[6] Zhang, W. "Class Categories and Marriage Patterns in Rural China in the Mao Era." *Modern China*, 2013, 39(4).

[7] Han, H. "Trends in Educational Assortative Mating in China from 1970 to 2000." *Demographic Research*, 2010, 22(24).

[8] Raymo, J. M. & Xie, Y. "Temporal and Regional Variation in the Strength of Educational Homogamy." *American Sociological Review*, 2000, 65(5).

[9] Song, L. "The Effect of the Cultural Revolution on Educational Homogamy in Urban China." *Social Forces*, 2009, 88(1).

可能实际反映了阶级对婚姻影响的变化，或者阶级与教育之间关系的变化。

　　教育异质婚的变化和阶级异质婚的相对稳定表明，与经济（1949年之前）或政治（1949 年之后）因素相比，女性更有可能基于教育的因素通婚。虽然这种婚姻选择可能在 1949 年后社会变革的背景下是有意义的，但同时也表明，在 1949 年之前的中国农村，由于当时的正规教育非常罕见，所以对女性来说，教育是婚姻选择的一个重要因素。针对 1949 年前婚姻匹配的研究而言，这一发现具有创新性，因为基于 20 世纪末回顾性调查数据进行的教育婚姻匹配研究无法涉及这一时期。

　　本文是关于 CSSCD-RCCSH 的首批成果之一，我们希望利用该数据库对这一重要过渡时期的中国农村婚姻模式进行更为深入细致的研究。随着 CSSCD 的地理覆盖范围和变量可用性的扩展，我们希望可以直接研究家庭土地、住房和其他类型资产在不同历史时期的数量和变化是如何影响中国农村的婚姻模式的。在未来，我们还计划对跨村、跨公社、跨县的农村婚姻模式变迁做进一步的探讨[①]。

附录 A　样本数据构建及婚姻年龄模式比较

　　这里我们总结了从 CSSCD-RCCSH 完整数据库中提取样本数据时所采用的限制条件，分析这些限制条件对样本数据构建的影响，通过与20 世纪中期及之前的中国农村婚姻模式的定性特征进行比较，对这些样本数据的代表性和质量进行了评估。

[①] Lavely, W. "Marriage and Mobility under Rural Collectivism." In R. S. Watson & P. B. Ebrey (Eds.). *Marriage and Inequality in Chinese Society*. Berkeley: University of California Press, 1991；王跃生：《社会变革与婚姻家庭变动：20 世纪 30—90 年代的冀南农村》，生活·读书·新知三联书店 2006 年版；Zhang, W. "Class Categories and Marriage Patterns in Rural China in the Mao Era." *Modern China*, 2013, 39(4).

一、完整数据和样本数据的比较

为了构建样本数据，我们对完整的 CSSCD-RCCSH 数据库采用了一系列限制条件，其中包括 6734 个家庭、8964 名成年男性和 8092 名成年女性。表 A1 总结了每个限制条件后剩余的记录总数。对于 1966 年在编制登记表时已经丧偶的男性和女性，由于缺乏已故配偶的资料，因此寡妇和鳏夫不包括在分析的样本数据中。在我们的数据中，约四分之一 45 岁及以上的成年男性，即 1016 人中有 379 人没有配偶的记录。正如下文讨论的那样，当时未婚的比例与中国历史上男性丧偶比例或从未婚配的比例是一致的。同样，当配偶只有一方居住在村里时，由于另一方（通常是丈夫）在其他地方工作，非常住居民配偶的信息十分有限，这导致我们将另外 900 名女性排除在样本数据外。

表 A1　CSSCD-RCCSH 中产生的样本数据的限制条件

CSSCD-RCCSH 中总人数	17065 人
没有配偶记录的个人	6756 人
已婚夫妇（夫妻双方都有记录）	10300 人（5150 对夫妇）
妻子父亲的社会阶层无从考证	3587 对夫妇
已婚夫妇（夫妻双方都有记录），且社会阶层可用	1531 对夫妇
妻子或丈夫的教育背景不可识别	72 对夫妇
已婚夫妇（夫妻双方都有记录），且教育背景和社会阶层均可用	1459 对夫妇

1966 年登记的夫妇双方均在世的记录中包括 5150 对夫妇，但在进一步限制条件之后，我们的样本数据减少到 1459 对夫妇。最重要的限制条件是，我们在分析中使用的样本只包括妻子父亲的社会阶层可用的夫妇。由于对妻子父亲社会阶层的记录并不系统，导致在这一限制条件

下我们排除了完整样本数据中超过三分之二的夫妇，仅剩下 1531 对夫妇的数据，只有他们中的妻子父亲的家庭阶层背景是明确且可用的。[①]在 1531 对社会阶层信息可用的夫妇中，另有 72 对夫妇的教育程度无法辨认，这样仅剩下 1459 对夫妇可用于进行最终的分析。

我们只选择妻子父亲的社会阶层可以利用的夫妇，以最大限度地确保获得关于妻子家庭背景的准确数据。社会阶层背景记录在妻子的登记表上，但我们很难确定这一阶级成分是根据妻子的原生家庭还是根据丈夫的阶级成分划分的。阶级成分是 1949 年土改前后划分的，因此 1949 年以前结婚的妇女通常会被划分到其丈夫的社会阶层。在 1949 年之前结婚的女性中，完整数据库中 90% 都与丈夫的社会阶层相同，只有 50% 记录了（在分析样本数据中）与父亲相同社会阶层的信息。在 1949 年以后结婚的女性中，完整数据库中 70% 记录了与丈夫相同的社会阶层，63% 记录了（在分析样本数据中）与父亲相同社会阶层的信息。换句话说，即使是 1949 年以后结婚的女性，阶级成分也不能准确反映家庭出身，所以我们需要利用她们父亲的阶级成分。如果我们利用妻子的阶级成分数据对整个样本进行分析，结果会大大高估阶级同质婚的程度。

两个样本的比较表明，由妻子父亲的社会阶层可用的夫妇组成的样本数据，在丈夫的社会阶层和丈夫与妻子的社会阶层的单变量分布方面，类似于完整的数据库。样本数据中丈夫社会阶层的分布与完整数据库中丈夫的社会阶层分布相似（表 A2），样本数据中夫妇教育程度的分布与完整数据库中的分布相似（表 A3）。换句话说，妻子父亲的阶级成分被记录下来的概率，以及她和她丈夫被纳入本文分析样本数据的概率，似乎与丈夫的阶级成分和夫妻的教育程度无关。

[①] 在户籍登记表上，妻子父亲的信息记录在一个名为"家庭主要社会关系"的开放字段中。虽然在记录每个关系的信息类型方面，不同表格之间存在普遍的相似性，但在记录哪种关系或记录谁方面存在很大差异。

表 A2　CSSCD-RCCSH 和样本数据中的丈夫的社会阶层

丈夫的社会阶层	占比（%）	
	CSSCD-RCCSH	样本数据
地主 / 富农	6.2	6.4
上中农	8.1	8.5
中农	21.1	20.6
下中农	16.9	19.9
贫农 / 无地农民	47.7	44.7
总计	100.0	100.0
总数（N）	5117	1524

表 A3　CSSCD-RCCSH 和样本数据中夫妻教育程度的分布

教育程度	丈夫（%）		妻子（%）	
	CSSCD-RCCSH	样本数据	CSSCD-RCCSH	样本数据
文盲	38.9	35.4	75.9	71.5
识字 / 初小	35.7	37.3	11.1	13.6
小学	18.7	21.2	10.0	12.2
中学	5.3	4.9	2.5	2.6
高中及以上	1.4	1.1	0.5	0.1
总计	100.0	100.0	100.0	100.0
总数（N）	4931	1459	4931	1459

　　妻子父亲的社会阶层数据可用的夫妇的年龄分布，与夫妇总体的年龄分布有所不同，这一点值得讨论。如表 A4 所示，年轻的妻子更有可能获得父亲社会阶层的信息。如果妻子父亲的社会阶层只有在她的父亲还活着的时候才被记录下来，那么这个年龄模式就和预期的一致。在 1930 年以后出生且 1949 年以后结婚的妻子中，有近 40% 的人包含了她们父亲的记录，并被纳入我们的样本数据分析中。然而，在 1930 年

之前出生的妻子中，只有大约 20% 的人有她们父亲的记录。由于本文的分析依赖于夫妻教育程度和阶级成分不同组合的夫妇数量，因此这种模式只可能在极端情况下会影响我们的结果，即分析结果显著差异不仅取决于个人自身的教育程度和社会阶层，而且还取决于丈夫的社会阶层和妻子父亲社会阶层的组合。

表 A4　妻子出生序列中妻子父亲的社会阶层的可用性

妻子的出生序列	妻子父亲社会阶层的记录	
	占比（％）	总数（N）
＜ 1900 年	15.1	172
1900—1909 年	9.2	293
1910—1919 年	13.3	737
1920—1929 年	25.2	1086
1930—1939 年	38.5	1347
1940—1949 年	39.9	908
总计	28.7	4543

二、与既往婚姻模式研究的相似之处

检验这些数据是否适用于本文分析的关键是评估年龄、教育程度和阶级成分的婚姻模式的定性特征是否与历史上其他阶段中国人口的特征相似。CSSCD-RCCSH 中当时（1966 年）已婚人口比例的年龄模式与历史上及 20 世纪中期中国人口的年龄模式相似，这有助于确认样本数据分析中婚姻数据的适用性。表 A5 中的总计一行是按年龄分列目前已婚男女的比例。几乎与 20 世纪末有数据可查的所有中国人一样，女性结婚时间更早，比例也比男性高得多[1]。20 世纪中期的中国

① Chen, S., Campbell, C., Lee, J., et al. "Categorical Inequality and Gender Difference: Marriage and Remarriage in Northeast China, 1749–1913." Chapter 11. In C. Lundh, & S. Kurosu (Eds.). *Similarity in Difference: Marriage in Europe and Asia 1700–1900*. MIT Press, 2014, pp. 393–438.

农村几乎没有变化，大多数男性结婚不迟于 25 岁，大多数女性不迟于 20 岁[①]。在数据可考的传统中国历史人口中，几乎所有女性都是在 20 多岁之前结婚。因此，在表 A5 中的 CSSCD-RCCSH 显示未婚的女性中，几乎所有年龄较大的女性都极有可能曾经结过婚，但当时处于丧偶、离婚或与配偶分居状态，没有任何关于她们前配偶的信息记录在登记表中。[②]

表 A5　按年龄、性别、阶级成分和教育程度划分的当前已婚比例

	男性			女性		
	已婚比例观测值 20—29 岁	已婚比例观测值 30—39 岁	已婚比例观测值 40—49 岁	已婚比例观测值 20—29 岁	已婚比例观测值 30—39 岁	已婚比例观测值 40—49 岁
阶级成分						
地主和富农	0.31 159	0.75 116	0.86 69	0.61 94	0.91 102	0.79 97
上中农	0.51 156	0.84 143	0.87 75	0.64 97	0.94 80	0.92 72
中农	0.41 449	0.8 348	0.88 277	0.7 302	0.86 310	0.93 268
下中农	0.48 300	0.81 283	0.88 240	0.71 234	0.93 255	0.85 183
贫农	0.35 876	0.76 904	0.77 713	0.8 935	0.93 935	0.89 656
总计	0.39 1940	0.78 1794	0.82 1374	0.74 1662	0.92 1682	0.89 1276

---

① Parish, W. L. & Whyte, M. K. *Village and Family in Contemporary China*. University of Chicago Press, 1978, pp. 162–169; 与此形成鲜明对比的研究，请参见王跃生：《社会变革与婚姻家庭变动：20 世纪 30—90 年代的冀南农村》，生活·读书·新知三联书店 2006 年版，第 54—78 页。

② 例如，有相当多女性户主的丈夫在村外工作，往往没有被记录在社会阶层登记表上。

续表

	男性			女性		
	已婚比例 观测值 20—29 岁	已婚比例 观测值 30—39 岁	已婚比例 观测值 40—49 岁	已婚比例 观测值 20—29 岁	已婚比例 观测值 30—39 岁	已婚比例 观测值 40—49 岁
教育程度						
文盲	0.36 212	0.69 617	0.77 584	0.89 498	0.93 1407	0.89 1192
初小	0.38 440	0.82 712	0.85 553	0.75 377	0.83 176	0.87 63
高小	0.42 823	0.86 285	0.91 164	0.68 564	0.88 76	0.8 10
初中或 高中	0.37 448	0.76 144	0.79 33	0.56 228	0.77 17	1 3
不清楚	0.63 16	0.92 39	0.85 40	0.83 23	0.8 25	0.8 15
总计	0.39 1939	0.78 1797	0.82 1374	0.75 1690	0.91 1701	0.89 1283

　　为了检验样本数据对婚姻模式研究的适用性，我们考察了受教育程度和阶级成分影响的结婚比例、年龄模式等定性特征是否与历史上中国人口的研究一致。在中国，社会地位高的男性结婚更早，比例更高；而社会地位高的女性结婚较晚[①]。因此，表 A5 也列出了按年龄、教育程度、阶级成分划分的已婚的比例。在历史上的中国人口中，教育程度与社会地位对婚姻的影响基本是一致的。对于 30—39 岁和 40—49 岁的男性，我们发现受教育程度越高，结婚的机会就越多，至少受教育程度

---

① Chen, S., Campbell, C., Lee, J., et al. "Categorical Inequality and Gender Difference: Marriage and Remarriage in Northeast China, 1749–1913." Chapter 11. In C. Lundh & S. Kurosu (Eds.). *Similarity in difference: Marriage in Europe and Asia 1700–1900*. MIT Press, 2014, pp. 393–438.

在高小之前是这样的。[1] 女性则表现出相反的模式，不识字的女性结婚最早且比例最高，受过良好教育的女性结婚较晚，比例较低。文盲女性和受过一点教育的女性之间的差距是最明显的。

　　表 A5 中已婚比例与夫妇阶级成分的关联也与历史上中国人口的婚姻模式基本一致。在 20—29 岁的男性中（他们都在 1949 年后成年），那些来自贫农和无地家庭，以及 1949 年以前地主和富农家庭的男性结婚比例最低。对前者来说，经济水平的平衡和社会地位的提升可能无法克服其他方面的短板，而对后者来说，阶级成分的划分和对"坏阶级"的歧视政策让他们的儿子在婚姻市场不受欢迎[2]。在 40—49 岁的男性中，许多人在 1949 年之前已经结婚，贫农和无地家庭男性结婚的可能性最小，而地主和富农家庭男性结婚的概率和中农差不多。在女性中，20—29 岁、30—39 岁年龄组的地主和富农家庭的女儿结婚的可能性最小，而贫农和无地家庭的女儿在 20—29 岁年龄组中结婚的可能性最大。

---

① 受过中学教育的男性群体是一个例外，他们在相关年龄组中的人数很少。

② 王跃生：《社会变革与婚姻家庭变动：20 世纪 30—90 年代的冀南农村》，生活·读书·新知三联书店 2006 年版，第 62—69、420—422 页；Zhang, W. "Class Categories and Marriage Patterns in Rural China in the Mao Era." *Modern China*, 2013, 39(4).

剪子湾：一个北方村庄的
人口迁移与身份认同

一 村庄的生态与历史文化个性

剪子湾村"地处山西太原市郊东山脚下的丘陵地带，其区位结构凭借村中央长 600 多米、高 80 多米呈南北走向的土崖分为上下两部分。土崖上的村落大都是在 20 世纪 80 年代后兴建的具有现代气息的砖瓦房建筑，而土崖脚下的则是被村民所乐意称道的剪子湾村的原生态形貌，单那整齐划一的村民所栖息生活的土窑洞就足以让外来者流连忘返"①。

《太原市南郊区志》记载，"剪子湾——原名沙河。百余年前，由山东来一打剪匠落户，技艺超群，故名"②。尽管沙河村何时形成现已无据可考，但其地理环境的特征则真实地再现了该村落历史的沧桑变迁。沙河村有两个鲜明的特色：一是地处东山丘陵地区，地势险峻；二是与太原市区毗邻，属城乡接合部地区。那么，从社会生态学和环境学的角度而言，有山有水的地理因素使得人们有可能到此定居下来；加上该地与市区相邻，人们的生活起居具有较强的适应性。而地方志中所载山东一打剪匠在沙河落户生活，则从个体经验的层次上证实了剪子湾村的生态学意义。

当然，剪子湾的区域地理生态环境"既是自然特征，也是人类行

---

① 行龙：《走向田野与社会》，生活・读书・新知三联书店 2015 年版，第 298 页。
② 太原市南郊区地方志编纂委员会编：《太原市南郊区志》，生活・读书・新知三联书店 1994 年版，第 125 页。

动的产物"①，正是剪子湾临河而居与地处城乡接合部的双重因素孕育了剪子湾民众极富地域性的生计方式。据村中老人讲，沙河是土崖对面的一条季节性河流，河两岸淤沙丰厚，人们曾依靠河沙种植蔬菜水果维持生计，此种生计方式一直持续到新中国成立初期。剪子湾村地理环境衍生出的另一生计特征就是坟地的形成与看护。因地处山区，又与市区接壤，太原城东的富人、官员、商人等死后均葬在了剪子湾，血缘谱系和宗族观念驱使着人们要为死去的人寻求一个合适又便于祭拜的墓地，而剪子湾村的自然环境适应和满足了城里富有人家的"亡灵"需求。在田野工作中，笔者了解到该村落最早的家户有七家，并且都是从外地逃荒避难来的，到此之后大都为城里人看护坟地以维持生计。村中殷伍老人说："这地方好生存，离城很近，外地逃来的人一开始就是给人家看坟地，帮着锄草，别让坟地给荒芜了，依此挣口饭吃。时间一长，与村里人熟悉后，就租别人家的窑洞住下，或者费些周折自己打一孔窑洞定居下来。"②因此，剪子湾村特有的生存方式成了外来人的避难所，就像村人自己说的，这是一个"移民村"，全都是外地人，都是没法活下去了才来到这寻求生计的。在"四清"运动中，剪子湾村在工作队的带领下进行了阶级成分复查和登记，通过梳理和统计，不难看到其时剪子湾民众的地域来源是极为广泛的，之后，"九省十八县"便成了剪子湾村人口状况的代名词，而"蛮子坟"（即在山西经商、为官的南方人死后葬在此地）则成了剪子湾村落的一个重要组成部分。

就地理环境和行政管理而言，东西横亘的东山山脉余端和南北贯穿的北沙河相交于阳曲、太原、榆次三区的接壤处。这里地处三县边陲，墓冢横生，历代统治者鲜有顾及，故在民国之前，该地区常常被达官显贵选作墓址。"幼儿夭亡，于夜间，托人扔在荒野沟壑。"③便是指剪子

---

① 〔美〕裴宜理:《华北的叛乱者与革命者（1845—1945）》，池子华、刘平译，商务印书馆 2007 年版，译者前言第 5 页。

② 访谈对象：殷伍，65 岁，2005 年 4 月 5 日。

③ 〔清〕贠佩兰:《道光太原县志》卷九，山西人民出版社 2008 年版。

湾这样的地方。比邻的一些村落如郭家坟、黄家坟、闫家坟、王家坟等都有强烈的墓葬意味。著名学者章开沅先生祖上有章节文，嘉庆戊午年八月二十八日生，曾署山西绛州、平定州，补授代州，癸酉同治六月二十六日寿终，葬山西阳曲县东门外沙河村①，"章节文次子子楠，历署河东西场大使，光绪乙亥六月二十一日寿终，亦葬其父墓地。其三子子桐以及子楠之长子、次子均葬于山西太原东门外剪子湾沙河村墓地"②。墓冢横生的地理环境和自然特性，使得剪子湾村在人文景观上形成了有别于其他传统村落的诸多特征。

晚清以降，随着政治形势的变化和社会动荡的加剧，各地流荡的难民辗转迁徙并不断定居于剪子湾，使得该地逐渐成为一个难民的聚集地。20 世纪 40 年代末，中国共产党军队解放太原时，剪子湾一百多名村民的生存世相并未发生明显的改观，而是依旧延续着传统的谋生策略，从事着最底层的社会职业，挣扎在几近崩溃的生存边缘。面色苍白的守坟者、跪坐街边的算命先生、站着给人剃头的剃头匠、蓬头垢面的讨要乞丐、贼眉鼠眼的小偷、奄奄一息的病人、形容枯槁的穷困车夫、不时卧倒在路旁的死尸等纷纷呈现于此。在儒家传统观念的话语体系中，士农工商的职业分途构成了社会的主流，而社会秩序的边缘者则不被社会所接纳和认可，甚至被视为某种异端，因此低级而凌乱的剪子湾也就多了几分邪恶、潦倒、肮脏的特征。而与之截然迥异的却是太原城内"百货辐辏，商贾云集"，"店铺林立，蔽天光、发地脉"③的繁荣景象。

在这种强烈的对比之下，剪子湾村人的身份认知逐渐被"符号化"和"定型化"，一度被社会的主流文化所排斥和睥睨，因此，一般勉强能维持生活的人，是不愿意到剪子湾的，因为此处的居民多为守墓者、乞丐，他们身上的邪气、晦气似乎有传染蔓延的可能，这些都是人物殷

① 章开沅：《〈荻溪章氏家乘〉初探（三题）》，《浙江社会科学》2003 年第 3 期。
② 刘大鹏：《晋祠志》，山西人民出版社 2003 年版，第 5 页。
③ 安捷、杨志忠主编：《太原市志》（第三册），山西古籍出版社 2007 年版，第 5 页。

阜、不甚机巧的城内人所不能容忍的。曾经家族落魄但尚能维持生计的郝继忠老人回忆说："我父亲到处接零活，打短工。有好几次已经接到活了，但雇主听说我父亲是剪子湾的人，就赶紧给了工钱，打发走了。人家说剪子湾的人都是坟堆子里爬出来的，不吉利。父亲找活干的时候，一般也不会告诉雇主自己是剪子湾的。"①剪子湾人身份的自我认知和自我解释，可以说是一种弱者的话语系统。"弱"的认同意味着恪守某一自我形象，缺乏随环境变化而修正生活故事的能力。漂泊者们自知处于弱势地位，繁华的城市中心很难有他们的立锥之地，家乡也无法存身，于是他们栖身剪子湾，在与同是难民身份的邻居的和谐相处中获得意义和价值，形成了内群体偏好于亚文化认同。这种由历史累积、社会发展和人为建构等多种因素合力促成的剪子湾晦暗、潦倒、肮脏的特征一旦形成，反过来也就决定着来此谋生者的社会属性和群体特征，两者互现并互相强化。

　　总体而言，剪子湾村在历史上是一个缺乏关怀的地区，也是一个时运不济的城郊聚落，正是剪子湾的地理位置、生态环境、生计方式、职业构成等众多因素共同促成和造就了剪子湾徘徊于社会边缘的历史特征、文化品格和社会属性，而这样的历史文化个性又进一步吸引着生活陷入末路的难民以及迫于生计而漂泊者纷纷定居于此，这些脱离原有生活秩序的人通过在不同空间中的位移和对不同空间的体认，融入剪子湾村之中，在与村庄传统与历史流变的相互交错中构建着新的身份认同。

二　人口变迁的历史过程

　　近代以来，频繁的战乱、崩溃的小农经济、紊乱的社会秩序、不时而至的天灾人祸等多重原因使一个世纪以前那些无法按原有生活方式和游戏规则生存的人，在不经意间纷纷发生迁徙、流动。从前文的叙述

---

① 访谈对象：郝继忠，75岁，2004年11月4日，曾任村会计。

中，我们可以得知，剪子湾村虽然偏僻，但它毕竟与城市相邻，加之已有的历史个性与文化特征，自然而然地使其成为落魄之人和乡村末路者的首选之所。从该村保存下来的一些史料遗存中，可以具体勾勒出近一百年间剪子湾村的人口变迁脉络。

第一则：剪子湾 1949 年的人口土地统计情况

该时期有三十八户，一百六十七人，耕地六百六十二亩。①

第二则：光绪年间地契②

立卖永远契书人杨长保自因钱粮紧急无处起兑今将祖遗道场沟村西白四十亩院白地一口计地十亩五分内有□□□□许起不许理开列四至东至卢处西至郭处南至河心西至□□言明夏秋粮二十斗七升情愿卖给本县民人尹全永耕种承同中言明时价二十千文整其钱当交无欠日后倘有户族人等争端者不与买主相干卖主业面承当立永远卖书存照

光绪二十六年

说合人：王铎　中保人：杨素

族邻：张嘉龄　代表：王磕　甲长：石瑛

第三则：民国时期地契③

立卖契人尹兆喜今因正用将坐落丈子都陈家峪村破院一所东至李处西至崖南至河心北至崖底上下金石土水一并相连同中说和情愿出卖与张锡益名下永远永业言明时价洋二十八元当日钱业两交各无异说自卖之后倘有亲族邻佐争执或先典未赎情事由卖主一面承当与买主无干空口不凭立卖契为证。

公证人：村长李绥　闾长宋九严

说和人：王金锁　书契人：郑福

民国二十四年阳历二月二十七日

---

① 剪子湾大队土改档案，山西大学中国社会史研究中心藏。
② 剪子湾地契资料，山西大学中国社会史研究中心藏。
③ 同上。

第四则：民国时期分家契①

立分单文约人尹兆福、尹兆喜、尹兆明协同家长舅母村内老者
证明商酌同中说和将祖遗剪子湾村窑院一所按三股均分尹兆喜分到
内靠西正窑上下三眼西房二间门外过街地一条于民国二十九年十月
十七日协同村长办事人等将以土房窑地分到三面议定各无异说恐后
无平立分单文约为证。

执笔人：尹兆喜

民国二十九年阴历十月十七

村长：李绥　　闾长：周瑞庭

同中说和人：范棣华　　侯辑五　　李永胜

代笔人：秦奕熙

在第一则史料中，显示出 1949 年剪子湾村的人口数量为三十八
户；第二则史料中已经有关于"甲长石瑛"的记载，第三则史料中出现
了"公证人闾长宋九严"的字样，而第四则显示该村尹姓家族居住历
史比较长，人口相对较多。根据清顺治元年（1644）摄政王多尔衮的政
令："各府州县卫所乡村，十家置一甲长，百家置一总甲，凡盗贼、逃
人、奸鸠窃发事故，邻佑即报知甲长，甲长报知总甲，总甲报知府州县
卫，府州县卫核实申报兵部"②，以及康熙四十七年（1708）清圣祖下诏
整饬保甲"十户立一甲头，十甲立一保长。若村庄人少不及数，就其少
数编之。无事递相稽查，有事互相就应"③。由此大致可以推断出，到清
光绪二十六年（1900），剪子湾村已经有十户以上的家庭，故而有甲长
的设置。民国年间阎锡山政府颁布的《县地方设区暂行条例》规定：在
村以下设闾，"以每 25 家为一闾，闾设闾长，受村长副指挥"④，各村编
闾不拘泥于 25 家，如因居住集中，不便分配，在 25 家以上，50 家以

---

① 剪子湾地契资料，山西大学中国社会史研究中心藏。

② 《清世祖实录》卷七，台湾华文书局股份有限公司 1982 年版。

③ 《清朝文献通考》卷二十二，浙江古籍出版社 1988 年版。

④ 李德芳：《民国乡村自治问题研究》，人民出版社 2001 年版，第 46 页。

下，或不满 25 家者，亦得编为一间，设间长一人。根据《县地方设区暂行条例》也可以推断出：剪子湾村在 1935 年的时候已经有间长的编制，说明该村在此时已经有 25 户以上的人家。而剪子湾村土改时期阶级成分统计表显示 1949 年该村的户数为 38 户，由此可知，晚清至民国初年间剪子湾村的家户数量应在 10 户至 25 户，而民国中期至解放初，其家户数量应在 25 至 38 户之间。此外，笔者翻阅了剪子湾村在集体化时代的清队登记表[①]，我们从中也可以对其人口迁移的具体情况有进一步的了解和掌握。具体如下：

郑瑞英，1913 年生，河北宁晋县人，1936 年迁入剪子湾。

薛秀英，1929 年生，太原市东山人，1948 年嫁给剪子湾李五小为妻。

武长喜，1912 年生，河南人，1937 年入住剪子湾。

赵长兵，1928 年生，太原市人，1947 年迁入剪子湾。

王牛小，1896 年生，山西寿阳人，1931 年迁入剪子湾。

张桂兰，1913 年生，河北人，1941 年迁入剪子湾。

赵书璞，1908 年生，河北人，1947 年迁入剪子湾。

杨玉香，1930 年生，太原市东沟人，1944 年被卖给剪子湾乔富贵为妻。

贺金莲，1921 年生，太原市杨家峪人，1937 年被卖给剪子湾乔保富为妻。

高樱桃，1922 年生，太原市大窑头人，1938 年迁入剪子湾。

李双鱼，1919 年生，山西盂县人，1936 年嫁给剪子湾荆万义为妻。

荆万义，1911 年生，山西盂县人，1933 年迁入剪子湾。

窦来顺，1935 年生，河南人，1945 年随父迁入剪子湾。

李近义，1909 年生，河北人，1947 年迁入剪子湾。

吕书科，1901 年生，河北涉县人，1921 年迁入剪子湾。

[①] 剪子湾清队登记表（1970）、"阶级成分登记表"（1965），山西大学中国社会史研究中心藏。

毕改珍，1931 年生，河北邢台人，1938 年迁入剪子湾。

马玉兰，1922 年生，太原市人，1937 年迁入剪子湾。

张存贵，1907 年生，山西临县人，1949 年迁入剪子湾。

张凤祥，1896 年生，原居住地不详，1932 年迁入剪子湾。

张拉小，1936 年生，河北曲周县人，1946 年迁入剪子湾。

宋小三，1902 年生，河北邢台人，1930 年迁入剪子湾。

冯秀英，1898 年生，太原市人，1920 年嫁到剪子湾尹家。

从上述档案资料中可以看出，先后有 22 个外地人迁入剪子湾村并组建家庭，结果使得该村在 1921—1948 年期间共增加了 19 户人家。另外，再加上剪子湾村庄内部派生的其他家庭组织，如宋双全、赵来花夫妇，郭栓牛、郝学珍夫妇，宋小三、石珍梅夫妇以及乔金虎、郭代小家庭，王锁柱、杨粉英家庭，赵改莲、薛有才家庭，周瑞铭、郝玉珍家庭，共 7 个家户。综合起来看，这就意味着剪子湾村在民国年间至少增加了 26 户人家。这样，我们以《县地方设区暂行条例》规定来进行推断，则剪子湾村设闾长的时候就已经具有 25 户以上的人家了。如此算来，则该村在 1949 年应至少有 51 户人家，而这又与 38 户的统计信息不相符合。从我们所掌握的史料中没有提供这些人口的具体去向，但村庄居民整户整户地减少，这种情况可能是由于各种意外死亡所引发的。在近代华北农村社会动荡、灾乱频仍的局面下，这些生活在社会最底层的人们，穷困潦倒，挣扎在死亡线上，他们可选择的个体生存方式少之又少，他们抵御社会风险的能力弱之又弱。在一个被死亡和肮脏充斥的村庄空间里，却留有一线的生机，穷途者已经没有其他谋生的路，而他们又还想活下去，他们需要建立自己的地缘性空间，并且以此形成各自的身份认同。

三 "我者"与"他者"的身份认同

在人类学家眼里，人口迁移本身可以被看作是一种"旅行的文化"，它包含着"连续和断裂、本质和变迁以及同质和差异的历史性对话"。[①]
村中尹万智老人的祖辈就是被天灾人祸挤到剪子湾村的代表人物之一。
作为本村最原始的家族，他的祖辈正是在穷途末路的时候在剪子湾找到
了生存的机会。"我的生父姓李，祖籍河北保定，1938 年我才出生七个
月，全家被迫逃难到太原市，不久父亲就失踪了，我母亲经人介绍嫁给
了剪子湾的尹兆喜，继父没有儿子，所以我就继承了他的尹姓。我的尹
姓祖辈原先也是居住在太原城内，因为家道没落而从内城迁移到剪子
湾，成了这里最早的居民。在 1949 年以前，这里一直是荒无人烟的坟
地，祖上好几代人都是以帮人挖坟墓、看坟墓为生，现在居住的几口窑
洞也是祖辈们留下来的。"[②]城内的居民因为家道衰败而流落到剪子湾村
看守坟地，是整个社会发生巨变给原本属于富足阶层的卑微个体带来的
灾难性的骤变，也是从上而下的垂直流动的结果。在另一位老人乔银虎
的记忆中："其实我们家才是剪子湾最老的居民，但是家里一直都很穷，
在村里没地位。幸亏后来家族当中小子（指男性）多，家里慢慢就兴旺
了，亲戚们后来发了财就搬到城里面居住了。我这没本事的就还留在
村里。"[③]

　　作为历史记忆的各种文本，由于叙述者的不同，其传递的个体情感
也会发生变化。但在剪子湾村，不同的叙述者尽管采用不同版本的祖源
传说，但是都会回归于相同的集体情感。刘振江老人的记忆是最有代表
性的，他讲述道："我老老爷（曾祖父），因为老家邢台遭了蝗灾，就一
路逃难至此。剪子湾在一百多年前就是个人来人往的地方，没法生活的
人随意挖个窑洞就住下来，生活稍微好一点就搬到城里去住了。最早的
几户人家都是以在坟地种植粮食为生，我老老爷和我爷爷等人有空的时候

①　Clifford, J. "Traveling Cultures." In Grossberg, L., Nelson, C. &Treichler, P. A. (Eds.),
　　Cultural Studies, New York: Routledge, 1992, p. 17.
②　访谈对象：尹万智，70 岁，2008 年 4 月 12 日，曾任村会计。
③　访谈对象：乔银虎，70 岁，2005 年 5 月 4 日。

就去城里帮人家钉鞋。"①几年来的田野调查过程中,笔者所访谈的村里最早的七户居民几乎都有着类似的流浪、谋生经历。贺金莲老人弄不清自己的祖籍所在,不知自己小时候被卖过多少次。每次被卖时,人贩子总是要她根据买家的需要,说自己的年龄大小。最后一次是在 1937 年,她被卖到剪子湾,终于过上了贫困但却相对安定的生活,贺金莲老人的人生轨迹并非难民们的特殊样本,而是流浪到剪子湾的女性们的常见情形。

连同天灾人祸,社会近代化进程带来的交通便利等因素也加速了剪子湾人口的流动。穷困潦倒的人来到剪子湾,从坟地上的供品中寻找生机。"虽然迷信说法吃供样是不吉利的,但是为了填饱肚子人们不顾这了。有这么一个地方能让人活下来,对于祖先们来说,比什么都重要。"②各个家庭对于自己祖先以及如何到达此地是有共识的,即都是因为基本的生存问题受到了挑战才迁至此地。这使得人们开始就相信"自己"是漂泊者,能被此地接纳就已经是万幸,因此,产生了"我者"同于"他者"的观点。这种"集体同一性和自我同一性的一致性"③使得各个时期的剪子湾村被相同的"内心情感"凝聚在一起,并以自己独特的方式表达出来。

即便是个别日渐兴旺的家族,他们有条件到更好的城内去生活,但存留在内心深处温情的身份记忆与群体认同依然使他们不忍离开剪子湾村。因为对于绝大多数剪子湾的先民们来说,他们已经习惯于同一群生活在最底层的难民们交往,并在这种松散平等的关系中满足日常交往需求,获得社会支持和情感支持。虽然他们也在城内干活,与城内人交往,但由于地域身份和社会地位的不对等,他们无法平等地与占据优势地位的城内人进行交往。城内人的冷漠、歧视和排斥,往往使他们的

---

① 访谈对象:刘振江,71 岁,2005 年 4 月 7 日。
② 访谈对象:李万福,72 岁,2010 年 7 月 2 日。
③ 〔英〕安东尼·吉登斯:《现代性与自我认同:现代晚期的自我与社会》,赵旭东、方文译,生活·读书·新知三联书店 1998 年版,第 92 页。

情感受挫。先民们将自己的社会关系和群体情感投向熟悉的难民群体，形成一个内卷化的社会关系网，在这种内卷化的社会关系网中，他们在共同建构着"看坟的""外地来的""逃荒的"等极具地域特征的身份认同。

在社会结构和体系中，每个社会人都被分类或范畴化，为此人们获得了多重的群体身份和群体成员资格。在以社会资本、文化资本、经济资本和权力资本为核心价值负荷与分类线索的社会中，每个个体都被界定在不同的范畴和群体，这些范畴和群体实际上也表征了社会成员对资源占有的情况，同时范畴和群体的本身也洞悉了社会的分化和群体的差异。[1]在这个过程中，作为社会构成的个体无法完全通过对自身的审视完成身份识别和社会认同，而总是在与外群体的比较和互动中明晰自身的身份归属和认同取向，并在此基础上形成内群体偏好。所以，就身份认同而言，剪子湾民众内群体偏好的形成不仅有着自身的文化取向和社会基础，如固守着自己的底层意识与价值观念，抛弃所谓的面子、身份、地位，而且还在与主流中其他群体的比较中形成了自身的身份分类，正是在这样一种对自身文化归属和身份特征的认知以及与其他社会群体的差异性审视中，剪子湾民众生成了自己的文化逻辑与理念。从被原有生活秩序抛离的角度而言，剪子湾村人的身份认同无疑是被动的，但从个体原本就拥有的生存机会而言，这一过程又是主动的，正是这种被动与主动的张力成为剪子湾村民众"我者"与"他者"同一性身份认同出现与形成的驱动力，而这又与彼时社会变迁洪流下社会秩序的瓦解与重构、阶层结构的流动与固化等因素休戚相关。

四　结语

综上所述，文章通过考察近代以来剪子湾的人口迁移历程，探讨

---

[1] 李培林等：《中国社会分层》，社会科学文献出版社2004年版，第143页。

了山西区域社会史研究中的身份认同问题。总体来看，剪子湾村民的身份认同并非一蹴而就，而是经历了长期的发展过程。作为社会认同和身份归属形成的生态学基础，剪子湾固有的历史地理生态环境是我们在考察时必须予以关注的重要因素，其最突出的表征就是位于太原市东郊地带，传统窑洞居住模式和灵活的城乡生活关系网络使得外来人口较为容易地在此地区定居下来，并衍生出与该地区域生态环境相适应的谋生策略和生活方式，孕育出的生计方式不仅保障和维持了剪子湾民众的基本生存所需，而且为其历史文化个性的生成奠定了相应的基础，吸引着生计无着、衣食不继、流离困顿的难民纷纷投身于此，正是在不断的人口迁徙和流动的过程中，从四面八方聚集到剪子湾村谋生的人们一方面体现了各自的特性，但另一方面又在这一特定的生活空间内逐渐形成了一种"我者"与"他者"的身份认同感，正是在这样一个过程中，我们不仅看到了近代以来中国农村社会变革进程中村庄结构、人口迁徙及身份认同生成的复杂图景，也进一步加深了对山西区域社会史变迁的理解。

论集体化时代米山医疗的典型化

米山镇（原为乡）位于山西高平市东南部，因在长平之战中作为赵军屯粮之地而得名，新中国成立后隶属晋东南长治专区，是原太行革命根据地的腹心地带。1955 年组建的"米山联合保健站"在全国创下首例，其模式经周恩来总理批示后向全国推广，米山也因之成为新中国农村集体保健医疗制度的发祥地和先进典型。多年来，米山虽一直受到学界的关注，却始终缺乏专门性研究，学者们仅仅在研究合作医疗时援引米山作为启端之例而一笔带过[1]，并未在典型化方面进行深入探讨。尽管近些年学术界对集体化时代典型的研究日益增多，但大都选取国家在政治经济方面树立的典型，研究旨趣则主要探求典型塑造的通则[2]，结论集中在较为单一的维度中；也有少数学者从历史回顾和文化视角开展了研究[3]，但总体上都缺乏对典型生成过程中的历史语境和底层逻辑的

---

① 许三春：《当代中国农村合作医疗制度起源探论》，《中国农业大学学报（社会科学版）》2013 年第 3 期；王绍光：《学习机制与适应能力：中国农村合作医疗体制变迁的启示》，《中国社会科学》2008 年第 6 期；曹普：《改革开放前中国农村合作医疗制度》，《中共党史资料》2006 年第 3 期；张自宽：《对合作医疗早期历史情况的回顾》，《中国卫生经济》1992 年第 6 期；张自宽等：《关于我国农村合作医疗保健制度的回顾性研究》，《中国农村卫生事业管理》1994 年第 6 期。

② 李元珍：《典型治理：国家与社会的分离——基于领导联系点的分析》，《南京农业大学学报（社会科学版）》2015 年第 3 期；刘勇：《树典型：二元分立社会结构下马克思主义大众化的一种技术路径》，《社会主义研究》2012 年第 5 期；董颖鑫：《从理想性到工具性：当代中国政治典型产生原因的多维分析》，《浙江社会科学》2009 年第 5 期。

③ 苗春凤：《当代中国社会树典型活动的文化传统探析》，《河南大学学报（社会科学版）》2011 年第 6 期。

深入挖掘，所形成的结论难以解释典型经验的丰富和复杂性，也不足以打开透视新中国历史经验的新视野。本文拟在细致解读和阐发米山医疗典型之生发与展开的基础上，深入把握国家话语与地域社会融入的内在理路，并据此探析集体化时代典型化的深层逻辑。

一　元实践内外面：历史层域中的"联合保健"

这里的"元实践"用以指谓典型形成之前的实践，具有典型之"素材"或"前史"的意涵，亦为典型的一部分。米山典型的元实践起自1955年3月8日，迄于1956年3月15日。元实践究竟是"国家之为"还是"地方自为"，素为学界所争议。一种观点认为元实践是地方社会的自发行为，被上层"发现"后"培养"成典型[1]；另一种观点认为典型是政治直接制造的，具有为政治服务的首要性[2]，也有论者将典型视为政治刻意为之的结果而给以负面判定[3]。笔者以为，这两种观点均带有外入推定倾向，结论难免绝对而抽象。深入米山历史经验发现，元实践外力来自国家，但国家是通过融入县乡村等形成不同层域而综合注力，同时与在地资源交织借力，是国家在多维层域与地方多元型构的过程。

（一）多力介入：1955年联合保健站的创生

"米山联合保健站"早期实际上是由包含米山在内的"三乡"联建，呈现出多力介入的特点。1955年，有三个值得关注的时间节点和档案文本，分别是3月8日的《米山乡、下冯庄乡、南朱庄乡农业生产合作社开办联合医疗预防保健站计划草案》（以下简称《草案》）[4]，4月

---

① 钟贤哲：《"典型政治"：国家治理的逻辑》，《武汉理工大学学报（社会科学版）》2012年第5期。

② 冯仕政：《典型：一个政治社会学的研究》，《学海》2003年第3期。

③ 刘林平、万向东：《论"树典型"——对一种计划经济体制下政府行为模式的社会学研究》，《中山大学学报（社会科学版）》2000年第3期。

④ 《县卫生科关于米山、下冯庄、南朱庄等保健站综合性工作的草案、方案、汇报》，高平市档案馆档案，档案号59-2-9。

6 日的《米山乡、下冯庄、南朱庄关于成立农业生产合作社联合卫生保健委员会及开办农业生产合作社联合预防医疗保健站计划方案》(以下简称《方案》)①，9 月 5 日的《高平县米山、下冯庄、南朱庄等三个乡试办农业生产合作社联合预防医疗保健站工作汇报及五至八月份工作总结汇报》(以下简称《汇报》)②。《汇报》称保健站"首先是由县委提出如何组织医社结合，以米山为重点进行试办，经过研究米山等三个乡农业社和当地医卫力量的具体情况后，制订出成立保健站的计划方案，经县委批准，开始创办的"。显然，这里以"县委"为代表的县级国家力量已先行介入，表明元实践并不能完全归为底层民众的"自发"和"创举"。当然也不能据此断定元实践就是国家直接打造的，因为县级国家力量只是诸力中的一种，且这一力本身已是县域化之后的产物，其作用发挥还需借力诸多因素，而档案中所记元实践从"县委提出如何办"到"经县委批准"，这中间其实已包含了大量的地方性探索和诸力间的互构与平衡。查志书发现，保健站成立前还"经过高平县卫生院院长秦保育、乡领导郭贵让和医生毕维忠多次研究酝酿"以及"原卫生部医政司司长张自宽的帮助"③，两相对照表明，至少在《草案》《方案》之后，已有"国家卫生部医政司""中共高平县委""县卫生局""县卫生院""乡领导""乡医"六种实体性力量介入其中，形成元实践动力机制的基本构造。

(二) 划定主干：元实践运展与"乡干社干"

作为元实践构想的文本呈现，《草案》详细分析了成立保健站的时代背景、组织领导和经费收支预算等，一个月后又据此制定具有执行指向的《方案》。分析元实践构想的微观运展，其首要诉诸的便是"县

---

① 《县卫生科关于米山、下冯庄、南朱庄等保健站综合性工作的草案、方案、汇报》，高平市档案馆档案，档案号 59-2-9。

② 同上。

③ 《米山中心卫生院志》编纂委员会：《米山中心卫生院志》，未刊出本，2005 年，第128 页。

乡社"这一正式组织及其体制内的主要干部。《汇报》记载：4 月上旬，县委宣传部部长李培基主持召开了三个乡的"乡主干和社干"座谈会①。这是个关键举动。在中国共产党的执政经验里，"座谈会"是一种普遍而独特的工作方法。它不同于正式的上下级之间安排部署工作的会议，而是在上下意图尚未达成一致的情况下，为"争取意见"和凝聚共识而采取的前置步骤。座谈会避免了工作部署会的刚约性和机械性，但又全程隐含着对上级指令性意见的传递与领会。这次座谈会上，李培基开篇就为参会人细致讲解了"成立保健站在农社内开展卫生工作，保健社员的身体健康，（对于）有力支持农业生产的重大意义"，还展望了"以农社建立保健站开展农业社的卫生工作及其成效，预计划有哪些成绩"等。② 这是以国家话语先声定调，但与会者能不能围绕其意向开展研讨，就要求组织者尽可能充分掌握与会者的身份、态度倾向、行事个性，甚至包括一贯表现和各种可能情况，以确保座谈会主调不偏离期许方向。而进一步思考则不难发现，乡社主干的划定意味着县级层面业已认定这一群体蕴藏着支持元实践之巨大潜能。换言之，该群体作为国家农村社会主义改造的实际干部和基层政权中富有实际权威的代表，若能施以恰当的组织引导，就会成为元实践构想进入到最底层的中坚执行力量，因而座谈会的首要目的就是引导和激发乡干社干对元实践的支持。这次座谈会上每个人的发言未见诸文献，档案所见仅略为："座谈会持续了一整天时间，大家一致认为（建立保健站）符合广大社员的要求。"③ 但依理度之，不难明悟座谈会在统合干部意见时的复杂性。

（三）组织起来："保健委"与"保健站"

乡干社干意见统一后，便"决定由各社干回去在社员中宣传，争

---

① 《县卫生科关于米山、下冯庄、南朱庄等保健站综合性工作的草案、方案、汇报》，高平市档案馆档案，档案号 59-2-9。
② 同上。
③ 同上。

取意见"。但元实践要快速推进，还要有能够有效整合各种资源的组织结构，即"健全组织"的需要。组织结构分为领导机构和业务机构。据载，社干回到社员中"争取意见"的过程为，"经过10余天时间"后，三个乡"于4月26日正式成立农业生产合作社联合卫生保健委员会（以下简称'保健委'）。"保健委"作为元实践在乡村层面的领导机构，其中的实际人员正是"乡干社干"这一群体，具体构设如下：

> 其（按，保健委）组成人员以每乡选出乡主干代表1人，计3人，每社选出社干代表1人，计18人（按当时三个乡共18个初级农业社），共计21人，成立农业生产联合卫生保健委员会。推选南朱庄□□□为主任委员，米山乡秘书李双根、下冯庄乡闫保孩为副主任委员。各社成立保健小组，民主选出保健员3至5人，组长由委员兼任，在委员会领导下，在保健站的帮助下，进行各项卫生工作。[1]

究其实，"保健委"是对乡社中正式组织结构及其人员的直接横移，也就是说元实践的组织结构相对于乡社官方组织机构而言，既移植了乡社正式组织结构内的权威和人力，保证了元实践实施的有效性，又相对划切出一个较为完整的独立面，确保集中开展工作。

对应"保健委"这一领导机构，元实践的业务机构即为"联合保健站"，内设如下：

> 保健站是在保健委领导下组成，设正站长1人，由保健委员会主任委员兼任（义务职）；设副站长1人，中医毕维忠兼；设中医2人（张云瑞、史玉州），西医1人（李英），医助1人（崔玉山），练习生1人（毕永泉），司药1人（毕维孝），会计1人（王恩祥），共9人。

---

[1]《县卫生科关于米山、下冯庄、南朱庄等保健站综合性工作的草案、方案、汇报》，高平市档案馆档案，档案号59-2-9。

　　　　下设秘书、财经、统计三股，股长、股员由主任委员指定专人
负责。①

　　按规定，"保健委"与"联合保健站"及各自的上下位链属关系
如下：

　　　　保健站是直属于保健委员会和当地党政领导进行工作的，得接
　　受县人民委员会卫生行政部门的工作指示和布置，以及县卫生院、
　　所的业务指导和监督，站内的所有卫生工作者，要在当地卫生工作
　　者协会的领导下，服从会内的一切措施。②

　　综上而知，"保健委"与"保健站"分别侧重于政治和业务需要，
围绕政治属性和技术属性大致形成两条组织链：一是县人民委员会—县
委卫生行政部门—保健委—联合保健站—保健组；二是县卫生院、所—
联合保健站—保健组，这两条组织链，由县域而乡域而村域，纵横交
错，既满足了医疗系统可以遵循医药卫生技术逻辑运行并能获得上级业
务部门的技术指导和专业帮扶，又将分散的医药卫生资源组纳进来，使
医药卫生系统始终嵌属在国家正式组织结构之中，保证对国家意志的
接榫。

　　（四）乡医带头：在地医疗资源的自我更生

　　在地医疗资源重组是元实践的根本指向。这一过程包含两个方面：
一是元实践构想与在地资源深刻互动并在具体互动中将在地的关键人
力和物力重新赋形，进而整合到元实践的肌理之中。二是在各种变革
到来时，地域社会中一部分资望较深的乡医率先感应局势，找到与此
结构深度互动的方式，回应现实困境，进而突破自身、重新激发出活
力。联合保健站成立前，"米山有1个联合诊所、2个中医药铺，南
朱庄有1个保健诊疗所，下冯庄有1个私人诊所（中医4人，西医3

---

① 《县卫生科关于米山、下冯庄、南朱庄等保健站综合性工作的草案、方案、汇报》，
　　高平市档案馆档案，档案号59-2-9。
② 同上。

人)"①。《汇报》谓联合保健站"以南朱庄、米山乡两个诊所为基础"②。查志书进一步确知，当时"米山联合诊所有 3 家私人药店和 10 个乡医"③。姓名可考的乡医有 8 名：毕维忠、张云瑞、李保山、毕维孝、程德孩、姬晚生、邢江河、毕永泉。④ 再堪比前文保健站构成人员发现，保健站 7 名医生中有 4 名来自原米山联合诊所，分别为：毕维忠、毕维孝、张云瑞、毕永泉，他们构成了重组在地资源的核心圈，而这 4 名医生中"毕"氏就占 3 名，前 2 名还是同村"维"字辈的兄弟，显然这是依托村级社会中的血缘与地缘关系等传统力量，并有机整合到保健站组织结构内的一组特定关系群体，带头人就是毕维忠。

毕维忠的乡医身份来历是典型的传统中医理路。志书谓其"自幼在高平县城有名的广和庆药店当学徒，出师后，在三甲、李村一带行医十多年，由于他苦心钻研中医学理论，给群众看病认真负责，效果明显，所以当地群众称他为神医。新中国成立后，他回到本村自办药铺行医"⑤。这段简介虽出自后来语境，但从中仍可析出三个要素：一是毕维忠的医学知识汲自"名药店学徒"的正统途径；二是具有较长时间行医经验，且自有药铺；三是善钻研，疗效好，有口碑。此三要素使得毕维忠成为具有一定威望的乡医。但在新中国成立初期，对毕维忠及多数乡村具有传统资历背景的中医来说，还有一个隐在的身份焦虑，就是如何成为国家认同的医师资格而对其传统身份资本进行有效转移。这也是乡医带头的重要内生力。事实上，毕维忠在 1953 年就已"适应形势变化"，"亲自带头，联络米山附近的乡村医生，办起

---

① 《县卫生科关于米山、下冯庄、南朱庄等保健站综合性工作的草案、方案、汇报》，高平市档案馆档案，档案号 59-2-9。

② 同上。

③ 《米山中心卫生院志》编纂委员会：《米山中心卫生院志》，未刊出本，2005 年，第128 页。

④ 同上注，第 194 页。

⑤ 同上注，第 147 页。

联合诊所"。① 而当个体经营和联合诊所遭遇营利困局、呈虚落之象时，比如据 1956 年 3 月 15 日《山西日报》载："米山乡联合诊所，到 1954 年年底结账时，全部家具只能折合现金 250 元，全年赔本 500 多元，他们深感无法维持。""他们为了维持业务的开展，采取小病大治、轻病贵治的办法。""1954 年一支盘尼西林价值 9 角，诊所出售 2 元 4 角。联合诊所医生当时思想很混乱，医生出去不归所，在外看病收下的钱不归所，联合诊所陷入了瘫痪状态。"他又"主动"向县委汇报情况并参与研究解决对策②。乡医的这种身份与利益困境以及由此潜在的"进步意愿"自然是被元实践敏锐感知并及时加以调用的"正能量"。《方案》出台后，乡社即组织"医卫人员 8 人，召开 3 个乡的医卫人员座谈会"，按"自愿两利原则"，动员医卫人员参与组建联合保健站。③ 动员的主要策略可以概括为"赋干于医""赋职于医"和"赋工于医"，分别为毕维忠担任保健站站长，其他乡医在保健站内司职，最终以挣取工分作为待遇。带头乡医经此多重召唤和反复镜像，逐渐培育起新的职志，不仅获得"国家资格"和新的行动权能，实现了传统中医身份资本的时代转换与意义重铸，而且使传统在地医疗资源与现代国家结构和医学体系成功接轨，既基于地方传统，又有了新的变化。

二　典型之路：从地方到全国的"米山经验"

1955 年 5 月 1 日联合保健站的正式成立标志着元实践的基本形成。由于米山在人、资、物和地域上均是元实践的主体构件，故直名为"米

---

① 《米山中心卫生院志》编纂委员会：《米山中心卫生院志》，未刊本，2005 年，第 147 页。

② 同上注，第 224 页。

③ 《县卫生科关于米山、下冯庄、南朱庄等保健站综合性工作的草案、方案、汇报》，高平市档案馆档案，档案号 59–2–9。

山联合保健站"。有关典型化，诸多论者谓典型化是国家直接推动的，甚而曰典型完全是国家代言人，典型化就是国家化[①]，于是将典型视为从一整套固定政治目标中线性推导出来的一个结果，把无数历史细节和具体机制笼统递归为典型背后存在着一个——类似于米格代尔（Joel S. Migdal）所批判的——有机而未加分化的"国家"[②]，甚至把这个"国家"视为人格化的行动者，用政治人物的言行化约典型之路，实际上是将研究对象极简化了。米山经验显示，典型是国家与地方在多个层面多维累进、互化凝合而成的结晶与织体，无法拆取分析，亦难以尽述。笔者权且撷取若干剖面加以阐释，读者自应有复合之关照。

（一）话语凝练：作为"典型"的叙事结构

元实践的所有事件不可能囫囵般成为典型化的客体。典型化的前提是元实践具有可表性，能以清晰的名相和指涉言达于世。米山典型叙事包含两方面：一是定名。1956 年 11 月，卫生部和山西省成立专项调查组赴米山考察访问，重点就是权量赋名问题。张自宽回忆："这次调研将米山依靠农村集体经济组织和社员群众出保健费而享受医疗保健费减免的办法定名为集体保健医疗制度。"[③]二是叙述。前述"三个档案文本"即见语词推敲之端倪，但最终依此形成标准表述并奠定基调的是由高巨川执笔、毕维忠署名的《一个新型的农村卫生保健站》一文[④]，兹取若干语段分析：

语段一：

1955 年，米山等三个乡已组成 18 个农业社……群众生活有了显著改善，社员们最迫切的要求是工伤疾病能得到及时救治，以

---

① 钟贤哲：《"典型政治"：国家治理的逻辑》，《武汉理工大学学报（社会科学版）》2012 年第 5 期。

② 〔美〕米格代尔等主编：《国家权力与社会势力——第三世界的统治与变革》，郭为桂等译，江苏人民出版社 2017 年版，第 12 页。

③ 张自宽：《亲历农村卫生六十年——张自宽农村卫生文选》，中国协和医科大学出版社 2011 年版，第 282 页。

④ 毕维忠：《一个新型的农村卫生保健站》，《山西日报》1956 年 3 月 15 日第 2 版。

增加出勤，保证完成生产定额任务。米山联合诊所一停诊，群众
可着急了。群众有病无处看，多次向乡长提出："咱们社里办个诊
所吧。"

该段有关元实践的起因被着重表述为"群众需要"，颇可注意的还
在于，这一"需求"又是通过农业社会主义改造时期"国家生产建设"
之需求来规约和表达的，语词背后其实已暗含典型是国家与地方彼此深
植和一体双面的结构性表征。

语段二：

医务人员对于入社建站，成为社里的保健医生，异常兴奋，他
们反映：这是农业合作化给农村医生带来的广阔前途。医生入站
后起初觉着生活有保障了，安定了，但又产生了"干不干、二斤
半""公事公办"等错误思想。群众说："这是换庙不换神。"乡党
支部和保健委发现问题后，用 25 天时间，进行整站工作……

"整站"的结果是：医生待遇从固定工资制改为评定劳动工分、记
分粮的办法，就使医生个人利益和社员们的集体利益完全统一起来，加
上实行了奖励制度，大大激发了医生们的社会主义积极性。服务态度空
前转变了。

以上有关医生思想态度及群众和党支部之正反表述，恰是折射出元
实践的复杂面向，但典型叙事显然对元实践中与典型化要求相关联的、
零散无序的经验元素要进行规整、异位、重组和提纯，同时对与之相
"背离"的因素形成话语遮蔽，或以负面标签反向勘定，消弭概念与情
景之间的张力，凸显典型的导向性。

语段三：

农业合作社每个生产大队，都设：1 个保健室、1 个接生站。
并把米山等 3 个乡共分为 4 个卫生区，82 个卫生地段。每个卫生
区有责任医生 1 人，保健员 14 人，接生员 8 人；每个卫生地段有
地段卫生员 2—3 人。由于保健站医生深入田间、工地和责任地区
巡回，鼓舞了社员们的劳动热情。社员们在紧张劳动中这样唱道：

"同志们加油干，医生经常到河岸，万一发生伤和病，有咱联合保健站。"

该段以清晰的网格化区段和精准的数字，同时以一种契合受众感性经验的底层民间歌谣的文艺化手法，升华出元实践可摹效的特点和可信赖的正面形象。因之，典型叙事是依循高度结构化和标准化的格式，通过特定话语将元实践表述为一个应时应运、逻辑明晰、路径明确、道德向上和愿景美好的"标准结构类型"，使元实践成为一套可理解、可陈述、可传布的具象化叙事模式。

（二）报章扩布：典型符号的传播与强化

典型叙事形成后，要有推广扩布的传讯机制，将其通过媒介传播而标签化。就此而言，1956 年 3 月 15 日是元实践迈向典型化的转捩点。是日，中共山西省委下发专门指示要求："各市、专、县卫生局（科）应当立即采取积极有效的措施，普遍宣传和推广米山创办保健站的经验，并且依照他们的做法结合当地具体情况，分别在今年（1956 年）9月、12 月底以前，协助一切有条件的农业生产合作社，把自己的保健站建立起来"，指示直言："这里所说的保健站，就是以米山等 3 个乡联合保健站为标准类型的保健站。"[1] 配合这一指令，《山西日报》当日头版刊发了政府指示全文和毕维忠的《一个新型的农村卫生保健站》。为形成全方位宣传效果，《山西日报》同日发表了《农村基层保健组织的发展方向》的社论文章和《高平县米山等乡的保健站经验正在全省推广》的简讯，称米山联合保健站是"崭新的农村卫生保健组织形式"，"给我们发展农村卫生保健机构，提供了新方向，树立了榜样"[2]。省级官媒同日内以几近整期的规模报道米山，强烈宣发出"米山医疗典型"的声誉符号。之后，随着全国农业集体化形势的发展，米山开始见诸国家级媒体，典型化进一步在全国展开。1972 年 6 月 24 日，《健康报》

---

① 毕维忠：《一个新型的农村卫生保健站》，《山西日报》1956 年 3 月 15 日第 2 版。
② 同上。

刊发《充分发挥公社医院在合作医疗中的作用》长文，介绍了米山在落实毛主席关于"把医疗卫生工作的重点放到农村去"的情况以及在实践中解决卫生队伍思想建设和培训医生等方面的本土经验。1973年4月29日，《人民日报》刊登《积极支持，具体帮助，共同前进——米山公社卫生院帮助大队巩固合作医疗的调查》，介绍了米山公社卫生院在帮助大队巩固合作医疗方面的具体办法。此外，《千里马上再加鞭——米山保健站》《乘革命化东风，办好保健站》以及《学习毛主席著作，甩掉包袱，轻装上阵》《突出政治办革命化的卫生院》[①]等先进性材料和会议文件都对米山典型化起了不同程度的作用。新闻传媒作为一系列符号性的标示，在报道米山经验的同时，反复宣示着米山医疗的典型地位，随着媒体级别的提高，米山的典型化也不断增强，在全国传播开来。

（三）垂级赋权：国家与地方社会往复型构

典型是权威的象征，是作为榜样和标杆而必备的一种无形的认同迫力。米山权威赖于两方面。一是国家各个层面的领导人通过视察、指导、授旗、旌表和题词等多种渠道将一系列象征权威的符号资本反复投射于元实践，赋予其权威性。如1956年，时任卫生部副部长兼党组书记徐云北、山西省卫生厅厅长张金、晋东南专署卫生局局长高宏昌等组成考察队来米山视察指导工作。1959年，时任卫生部部长李德全在省委书记陶鲁笳、卫生厅厅长张金的陪同下来米山保健站指导工作，并题词："认真为广大群众做好农村卫生保健工作而奋斗"。1963年，时任华北局书记李雪峰在省委书记陶鲁笳、省长卫恒的陪同下来米山视察。[②]在新中国的治国经验里，上级"视察"工作，一个重要意图就是昭告对元实践的"关切""认可"和"确证"，并借此引导更普遍的社会认同。同时，米山保健站分别获省卫生厅授予的"充分发挥集体作用，为消灭

---

①《米山中心卫生院志》编纂委员会：《米山中心卫生院志》，未刊出本，2005年，第223—263页。

② 同上注，第195页。

疾病增进社会健康而努力"的锦旗一面和全国文教群英会授予的"农业社会主义建设先进单位"称号，这些荣誉亦为强烈的权威象征。米山获取权威资源的另一重要途径，是在地医疗队伍通过参加各种表彰、评先和交流等会议得以进行上位流动。比如，1960 年带头乡医毕维忠收到周恩来签发的"全国文教群英会"请柬，赴北京参加全国文教群英大会，受到国家领导人的接见[①]。其他医生如赵俊英 1974 年出席全国上海针麻研讨会，翌年又出席全国卫生工作会议。王德才、赵俊英 1977 年赴省城太原参加针麻会议并现场展示针麻手术。贾光甫 1978 年出席全省爱国卫生工作会议。王德才 1979 年出席晋东南科学会议和晋东南计划生育表彰会。是年，贾、赵二人出席省卫生战线先进集体、先进个人代表会。可见，典型化过程中，国家与地方社会诸因素共同构成一个可以共喻和对流的意义系统，且典型打上了不同群体与组织的行动印记。

（四）空间渲染：现场工作会与展览馆

联合保健站成立不久，米山就被作为一个参观学习活动的空间而存在。据报道，保健站成立的次年 2 月，山西全省和专、市及稷山等 6 个县就来米山参观学习，其中稷山县还照米山经验筹建了两个农村地段医院。[②] 随着全国各级卫生部门领导和各地卫生工作者来米山参观考察频率的趋高，对典型从空间上进行总结提炼加以图式化呈现日渐必要，于是米山在米西二仙庙内开办了医疗展览馆。展馆把办站经历和各类事件以特定逻辑排置于有限空间内，集中渲染了米山经验的典型化特征。除开展馆，现场工作会对米山典型起到极强的空间建构效应。1965 年3 月 19 日，高平县保健组织召开"革命化米山公社现场会议"。档案记录，参加这次会议的包括全县卫生保健组织的负责人 61 名，以及医疗

---

① 毕维忠于 1963 年 10 月病逝，年 51 岁。

② 《米山中心卫生院志》编纂委员会：《米山中心卫生院志》，未刊本，2005 年，第205 页。

委员革命化运动中涌现出的积极分子 151 人。[①]不同地域的人来米山参观，强化了米山同域外空间的关联，将米山经验的典型价值投延到更广的地域空间。历时五天的现场会，包括开幕式和领导讲话、参观米山卫生现场和展览馆、共同讨论学习米山经验以及总结评比奖励 22 个先进单位等议程。[②]卫生局局长张文藻在开幕式上讲："通过这次会议我们把革命化的旗帜举得更高，要向米山保健站一样，通过革命化运动，提高医务人员的思想觉悟，改进工作，更好地支援农业生产。"[③]现场会选在米山、讲述米山故事、讨论米山经验、学习米山模范、参观米山展馆，实际上就是依托于米山的情节和主线而组设的空间场景，这个场景构成一个典型展演的"剧台"，它将与典型所关联的声音、图像、文本、话语、事件和人物等所有的符号元素并置和囊织进去，进行仪式性演练和同存性（simultaneity）处理，进而以米山为中心将其转喻为空间级序，通过空间的渲染、定义、分殊，标示出米山在医疗卫生领域的绝对典型地位。

三　多维度思考：典型化过程的深层分析

米山医疗从元实践到典型化的过程，是一个汇集多重历史层域、交织多重符号网络和凝结多重实践维度的"场"。若将新中国医疗卫生系统典型的塑造作为一面透镜去寻绎和把握整个集体化时代典型化的过程，可得到几点启发性思考。

典型化的过程是国家与地方社会动态因应的过程。1955 年，全国掀起建设社会主义的高潮。是年，米山所在的长治专区入社农户占总

---

① 《县卫生局关于米山现场会议方面的材料汇集》，高平市档案馆档案，档案号 59-1-27。
② 《乘革命化东风办好保健站——高平县米山公社中心保健站经验材料》，高平市档案馆档案，档案号 59-1-27。
③ 同上。

农户 63.09%①，而米山等三个乡总户数 1725 户，入社户数计有 1051
户，占比 61%②。元实践正是应农业社会主义改造初期"联合"的主
题而生成并迈向典型化。成为典型后的米山，正值"爱国卫生"蔚为
全国性运动，米山遂在此框架内重定 1958 年实现"学习太阳村，建
设四无乡"的爱国卫生工作目标，在乡里召开将近 600 人的渲染大
会，"社与社、队与队争先恐后表示态度，展开了轰轰烈烈的友谊竞
赛"③，成为卫生先进。1959 年人民公社化运动开始后，"合作医疗"跃
为革命化标符。置此情景，米山再次在推行合作医疗方面取得不菲成
就④，进而实现典型的再造和维续。所以典型不是固定不变的名相或
封闭既定的实体，典型扎根于地方社会在不同历史阶段和时代主题的
运转状况之中，它始终回应不同的现实需求。在面对社会主题变化
时，典型总是通过倒逼努力对自身结构进行再调适，以应对社会图景
更变后的诸多新要求，成为"自上而下"和"自下而上"辩证转换的
过程。

　　典型化的过程是一个经历了层层宣传的过程。米山联合保健站的
成立经历不同层域的多力构建，其典型化又凝结了一代人甚至几代人的
艰辛打拼。它彻底扭转了几千年坐堂中医的医疗方式，改变了医生角
色，颠覆了传统医患关系，建立了农民自己的保健站，提高了乡村医疗
水平。但在元实践典型化的过程中，米山同国家政治层面的关系日渐密
切，元实践逐渐被纳入国家社会政治的整体改造工程，米山成功的逻辑
也折射着新政权成长逻辑。从这一层面讲，米山医疗典型化的过程就是
不断对米山元实践整合提升的过程。全国各地在学习米山先进经验时，

①　中共中央办公厅编：《中国农村的社会主义高潮》上册，人民出版社 1956 年版，第
　　157 页。
②　《县卫生局关于米山现场会议方面的材料汇集》，高平市档案馆档案，档案号
　　59-1-27。
③　《米山乡已经实现了"两无""四净"》，高平市档案馆档案，档案号 59-1-13。
④　《乘革命化东风办好保健站——高平县米山公社中心保健站经验材料》，高平市档案
　　馆档案，档案号 59-1-27。

首先看到的便是一个同国家宏观政策导向高度一致的典范。这是国家政权建设通过医疗卫生而延伸表达的独特性使然。

典型化的过程是对整体实践图景进行再整合的过程。集体保健医疗的实践顺应了农业合作化的总体形势和国家进行社会主义建设的整体安排，同时元实践也努力调用在地资源内生力对传统力量进行再造。但传统力量的无所不在和顽固影响使得医疗革命的道路曲折异常，典型化在改造、利用和摧毁旧势力的时候，难免产生暂时性的不适，这是每一项革命都必然经历的自然而然的阶段。但典型化的表述必然是用主旋律标准将其逐步规整，在米山医疗典型化的各类文件中频繁出现的"完全自愿""无不拥护"等字样便是对"落后分子"改造的表现。所以，从外部入手研究典型很难深入真实样貌。这也是本文倡导内在研究视角的缘由。

典型化的过程是以政治身份重新调配资源的过程。典型化是按照阶级符号区分而对医疗资源进行的一次重新调配。联合保健站并非是所有人、不分任何阶级地位的群体都可以共享的医疗资源。相反，保健站首先是"面向广大贫下中农"，进而服务于整个农业生产活动。在日后的实践中必须时时强调"为革命钻研业务、更好地为贫下中农服务""背一辈子药箱，为革命当一辈子赤脚医生"等[1]，包括合作医疗过程中"三土、四自、一新"办法的实施，以及众多的赤脚医生奔走于田间地头亦农亦医的活动方式，都是这一目标的体现，医药、医生、医疗都表现出同农业、贫农高度结合的特点。这样，典型化打破了过去医疗资源的分布状况，呈现出阶级性和广谱性的特点，且这些分配的具体办法，都同国家农业合作化形势潜在地融为一体。

典型化的过程始终与民众运动相结合而展开。米山医疗合作初期，在毕维忠等人带领下坎坷建站，从医务人员自己创修保健站房址到自己打井、取暖，从自己制造医疗器具到自己生产种植药材等各项活动轰轰

---

[1]《米山中心卫生院志》编纂委员会：《米山中心卫生院志》，未刊出本，2005 年，第256—271 页。

烈烈的开展，再到 20 世纪 60 年代后合作医疗在米山全社 21 个村庄间大规模的开展铺陈，无不显示出这一合作过程的社会运动色彩，并始终伴随着大规模的民众宣传和民众动员。在米山逐步典型化、其经验不断向全国推广的过程中，正是通过号召、命令和相互追比，保证了全国各地民众以运动的形式参与到合作医疗的实践当中，表现出浓厚的运动色彩，而且典型化的速度越快，推广面积越大，这种运动的色彩就越明显。所以，1963 年在米山召开的高平县医药卫生现场会议上，张文藻副县长在总结米山多年来的经验时概括为"发动群众、人人动手、户户动员"十二个字①。

　　典型化的过程是一个不断提高集体整合力度的过程。米山的典型化既是米山地区的典型化和米山保健站集体的典型化，同时也伴随着相关个人的模范化过程，如毕维忠的个人模范化就是例子。可以说，集体和个人的同步典型化是集体化时代典型塑造的普遍特征。纵观其他类型的典型，亦复如是。但这两方面典型化又会转化成集体声誉进而提高集体整合认同的力度。典型化与米山声誉的同步提升，对参与创建典型的在地医卫工作者和广大民众来说，都是一个光荣的事件。此时，典型会转化成米山集体声誉，从而给米山群众以更大的精神力量去推动和维护这一典型，当然也表现为地方政府对典型的投入不断增加，进而在总体上强化了对米山典型的认同度。逮至今日，在米山做田野调查时，仍能体会到米山人对当年米山辉煌的自豪之情，而当年简陋的"米山乡联合保健站"现已发展成为占地面积 6200 平方米、建筑面积 2200 平方米、门诊 2 层大楼、病床 50 张、科室 16 个、总价值 80 万元的一所一级甲等医院②。这在后来全国合作医疗走向解体③，乡镇医院大多不够景气的情况下，更显难能可贵。这就是典型的力量。

---

① 《乘革命化东风办好保健站——高平县米山公社中心保健站经验材料》，高平市档案馆档案，档案号 59-1-27。
② 《米山中心卫生院志》编纂委员会：《米山中心卫生院志》，未刊出本，2005 年，第 1 页。
③ 不包含后来的新型农村合作医疗。

四　结语

"医虽小道，可见时势。"米山医疗卫生的典型化道路折射出了新中国国家与社会关系的独特性。目前关于典型的不少研究成果大都直接抽绎历史并扩展为概念表述，这样的研究路径虽然构造了逻辑严谨的知识梳理与辨析，但难以有力把握高度复杂的历史对象，也减损了新中国诸多微观历史经验之品质。对米山集体医疗元实践不同层次和内容的细察，使我们透过政治逻辑遮蔽和覆盖的浅表，获知面对医疗卫生革命性改造，国家和地方各个层域以及个体的不同表现如何型构、连缀成一幅丰富多元的历史图景，从而为典型奠立形制。在米山典型化的过程中，我们看到了医疗卫生系统的变革同当时农业合作化总体形势和国家意志指向紧密糅合，并与地方社会结构中诸多因素交融叠合而成的独特典型化之路。后典型时代，当社会主题更变后，米山又主动适应新形势，完成自身蜕变，维持典型的更续和再生产，折射出典型较为开放的涵括性。典型治理的机制虽与政治密切相关，包含被政治高度挤压的历史褶皱和强制负累，但同时也充满政治与社会、国家与地方等具体实践过程中的相互形塑、含纳与激发，研究中不能简单用政治框设来裁定典型，应将之回置到具体历史实践之中把握典型化的机制特征。

资料建设

资料建设：构建中国当代史学术体系的基石

中国当代史研究伴随着中华人民共和国的成立破土而生，又伴随着共和国的发展脚步而茁壮成长。近年来，中国当代史研究在资料整理、理论方法、研究成果、人才队伍等方面都取得了长足的进展，其学术意义和现实意义日益凸显。面对"百年未有之大变局"，身临以中国式现代化推进中华民族伟大复兴的滚滚洪流，如何构建具有中国特色的学科体系、学术体系、话语体系成为广大哲学社会科学工作者面临的重大课题，也是一个必须回答的课题。本文仅就中国当代史学术体系的基础性工作——资料建设，提出一点不成熟的看法。不妥之处，尚祈指教。

一 构建"三大体系"是中国当代史研究的重大机遇

构建哲学社会科学"三大体系"和学科体系的进一步明晰，为中国当代史的研究提供了现实的重大机遇。

2016年5月17日，习近平总书记主持召开哲学社会科学工作座谈会并发表重要讲话，明确提出"加快构建中国特色哲学社会科学"，在指导思想、学科体系、学术体系、话语体系等方面充分体现中国特色、中国风格、中国气派。

2022年10月，党的二十大报告再次强调，加快构建中国特色哲学社会科学"三大体系"，要求"持续抓好党史、新中国史、改革开放史、社会主义发展史宣传教育，引导人民知史爱党，知史爱国，不断坚定中国特色社会主义共同理想"。

2023 年 6 月 2 日，习近平总书记在北京出席文化传承发展座谈会并发表重要讲话，进一步强调："在五千多年中华文明深厚基础上开辟和发展中国特色社会主义，把马克思主义基本原理同中国具体实际、同中华优秀传统文化相结合是必由之路。"他在视察国家版本馆时说到，建设中国国家版本馆是我非常关注、亲自批准的项目。初心宗旨是，在我们这个历史阶段，把自古以来能收集到的典籍资料收集全，保护好，把世界上唯一没有中断的文明继续传承下去。盛世修文，我们这个时代，国家繁荣，社会平安稳定，有传承民族文化的意愿和能力，要把这件大事办好。"国家版本馆的主要任务就是收藏，要以收藏为业，加强历史典籍版本收集，分级分类保护好。"①

总书记的系列讲话精神，尤其是在视察国家版本馆时指出的"加强历史典籍版本收集，分级分类保护好"，对中国当代史的资料建设同样具有重要的指导意义。

中国当代史面临的另一个机遇，是学科体系的进一步明晰。长期以来，中国史研究以古代史、近代史、现代史分期，中国近代史时段为 1840—1919 年，中国现代史时段为 1919—1949 年。1840 年鸦片战争至中华人民共和国成立的 1949 年分作两段。2011 年国务院最新颁布的学科目录中，首次将 1949 年以来的历史研究列入中国史一级学科下属的二级学科，称其为中国现代史。过去的所谓"中国现代史"（1919—1949）则划入了中国近代史的范畴。中华人民共和国成立以来的历史，即中国当代史明确为历史学二级学科"中国现代史"。无论学界过去表述的"中国现代史""当代中国史""中华人民共和国史"或更为简洁的"国史"，被统一称为中国现代史。这一学科体系的进一步明晰，表明中国现代史已经拥有了独立的二级学科地位，显示出国家对共和国成立以来历史研究的重视程度。名正而言顺。学科体系的进一步明晰，为其今后的发展奠定了重要的基础，并提供了良好的发展机遇。

---

① 2023 年 6 月 2 日新华社电。

二 "从群众中搜集史料"

1990 年成立的中国社会科学院当代中国研究所，是国内第一个以研究当代中国史为宗旨目标的研究机构。成立伊始，主要领导人即强调"必须掌握原始资料"，"从群众中搜集资料"，写出"真实、生动、可信、可读"的当代中国史。这一重要精神，应当成为构建中国当代史学术体系的原则遵循。

粉碎"四人帮"后，中国社会科学院首任院长胡乔木，在制定社科院科研规划的动员会上即提出："中华人民共和国成立以后的历史，现在还没有人认真地进行研究，要赶快着手研究。"在他的推动下，1990 年 6 月，当代中国研究所正式成立。胡乔木不仅重视当代史的研究，还为当代史的研究提出了系统的理论指导，他明确提出研究要有扎实的基本功："任何科学研究都不能满足于第二手、第三手的资料，必须掌握原始资料，在这方面，确实没有任何'捷径'可走。""如果说，马克思主义是我们的向导，而路则是要我们自己走的，究竟能走多远，要看我们自己付出了多大努力。"① 对于党史研究著述中的有关问题，他主张"要用历史本身来解释历史"，而不要用会议的决议、文件来解释历史。"有些不那么重要的会议，情况写多了，引述了一大堆会议的文件、材料，读者读起来没有多少兴趣，像这样的内容就不要写了"。②

邓力群直接领导当代中国研究所时期，开始着手编写上百册的《当代中国》大型丛书。编写过程中，他就特别强调整理挖掘各类材料。他说：《当代中国》丛书在编写过程中从各个方面积累了大量可信材料，可以成为国史研究的奠基石，要充分利用。另一方面，要整理和挖掘档

---

①《胡乔木文集》第 3 卷，人民出版社 2012 年版，第 124 页。
②《胡乔木谈中共党史（修订本）》，人民出版社 2015 年版，第 246 页。

案材料，包括地方的、部门的、国家的档案。要充分利用和整理档案馆现存的材料，凡是档案馆出版的书、出版的档案，都把它们集中起来。还要把国内已经出版的中华人民共和国史的书籍集中起来。国外对当代中国史的研究材料、书籍、文章也要搜集起来。如果还没有翻译过来，要组织力量全文翻译或者摘要翻译。"[①]

　　曾任当代中国研究所所长的李力安，世纪之交在《光明日报》发表题为《应当重视国史研究》的重要文章，重提胡乔木当年旧话，批评一些国史研究著述中的问题是"文山会海"，要注重"从群众中搜集史料"。他说："现在出版的一些国史方面的书籍，有一个很大的问题，就是'文山会海'。往往是反映上层领导机关的情况多，反映地方的情况少；写领袖等上层人物的活动多，写广大人民群众和英雄模范人物的实践活动少。这样的史书难以真正反映历史发展的全貌，实际也是研究与现实脱节的一种表现。我们的国史稿，决不能只是中央的决策，而应该是部门史和地方史精华的有机融合，是领导决策和群众实践密切结合的历史。国史研究工作者必须深入实际、深入基层、面向群众。因为，人民群众是历史的创造者，特别是广大群众都熟悉当代历史的发展情况，从群众中搜集史料，或者是向某具体事件的直接参与者核实情况，再经过史学工作者的综合、升华，这样写出的历史才会是真实、生动、可信、可读的。"[②]

　　征引以上三位的有关论述，可以看出当代中国史研究中搜集、整理原始材料的重要性和迫切性，同样可以看出当代中国史研究中存在的"用会议决议和文件来解释历史"的弊端。这个弊端也就是学界长期以来感受到的当代史研究多重视上层国家而忽视地方社会的弊端。

---

① 参见刘国新：《尽心尽力完成这项崇高的事业——邓力群与当代中国研究所》，《当代中国史研究》2020 年第 3 期。

② 李力安：《应当重视国史研究》，《光明日报》2000 年 9 月 29 日。

三 "走向田野与社会"

资料建设在学术体系建设中具有重要的地位和作用。如果说，学科体系是构建"三大体系"的基础，那么，学术体系就是构建"三大体系"的核心。一般而言，学术体系包括两个层面：一是有关的思想、观念、原理、理论、观点等层面；二是研究方法、研究资料及研究工具等层面。学术体系是学科体系和话语体系的内核和支撑，一定程度上讲，学术体系的水平决定着学科体系和话语体系的水平。资料是研究的基础，资料的丰赡与缺失，对于研究方法和理论是否得当与正确具有一定的意义。只有占有当代中国实际的丰富资料，才能以当代中国实际作为研究的起点，才能提出具有主体性和原创性的理论观点，才能构建具有当代中国自身特质的学术体系。

有论者指出，当代民间文献史料（包括文件、账簿、信函、日记、笔记等）以其反映基层社会的政治、经济、文化状况和普通农民的日常生活、人际交往、家庭关系、个人境遇等已成为中国当代社会史研究的重要史料来源之一，这类史料如重大日记、笔记等对于研究社会心理是非常难得的，同时也要看到记载者难免会受到政府的影响，因而具有较大的主观性和片面性，运用时需要与历史事实相对照；而且这类史料一般以大队、村社为单位，资料分散，且个案性强，因此是否具有典型性和普遍意义也需要注意。[①] 确实，民间史料不易获得，其典型性和普遍意义也需要注意，但从近年来的相关研究来看，这方面的确也取得了一定进展，例如对集体化时期农村账簿等资料，对人民公社制度、农户收入等进行的较为系统的研究等，已经取得了丰厚的成果。因此，进一步拓展民间文献的搜集、整理和研究，实现民间文献史料和官方权威文献的互动，展现更加丰富多面立体的中国当代史，仍是一个大有可为的学

---

① 王爱云：《如何正确运用中国当代史料刍议》，《党的文献》2014 年第 6 期。

术空间。^①

　　有关当代中国史研究及其资料建设的相关问题，笔者曾经参加过几次有关杂志组织的笔谈^②，结合山西大学中国社会史研究中心多年来在此方面的工作实践，谈过我们的一些想法和做法。重点在于强调"走向田野与社会"，"抢救式"地开展基层农村档案的搜集与整理，并从社会史的角度加强研究。现就 2023 年暑期在山西省太谷区从事这方面工作的具体做法稍做叙述，以此就教于同仁。

　　首先需要交代的是，自 2003 年，也就是"非典"疫情暴发的那年开始，山西大学中国社会史研究中心即注重搜集整理基层农村社会档案资料，迄今已过去整整 20 年。最初，我们是"从家乡做起"，利用家乡人熟地熟的条件进行搜集工作，也从旧书市场搜集到少量档案，数量已相当可观。我们也曾与日本学者合作，开展了为期五年对晋中平原某个村庄的口述访问。随着近年来中国城市化进程的推进和当代史日益受到更多关注的现实，一方面是大量基层档案资料的迅速散失，一方面是社会各界，尤其是书商的"奇货可居"，我们的搜集工作在毫无专门经费的支持下遇到了越来越多的困难。最近这些年，我们调整工作思路，将"从家乡做起"转变为"地毯式的集体调查"。目前为止，已对昔阳、潞城、永济、浮山、绛县等县域进行过集体调查。

　　疫情三年，集体调查工作停顿。停顿期间，我们也在不断地总结反思过去的做法，更加注重调查前的案头准备工作。七月初，学校开始放暑假，中心决定师生推迟一周放假，到太谷区开展集体调查。事前，有关教师整理太谷明清以来的各种县志版本、各种行政图及交通图和文物分布图、集体化时代太谷的典型村庄和模范人物事迹、有关太谷的重要学术著作如王守恩的《诸神与众生：清代、民国山西太谷民间信仰与乡

① 参见金光耀：《新中国史研究三题》，《当代中国史研究》2022 年第 4 期。

② 参见笔者的论文：《"自下而上"：当代中国农村社会研究的社会史视角》，《当代中国史研究》2009 年第 4 期；《"资料革命"：中国当代社会史研究的基础工作》，《河北学刊》2012 年第 2 期；《从社会史角度研究中国当代史》，《社会科学》2013 年第 6 期；《从社会史角度深化国史研究的思考》，《当代中国史研究》2016 年第 3 期。

村社会》《三晋石刻大全·太谷卷》等，甚至太谷境内的戏台、宗祠、晋商大族、庙会集市、碑刻分布等都由教师整理发布，要求师生调查前做好各类细致的案头工作。又请熟悉民间文献的教师做了一个"调查手册"，提请师生调查程序和重点及其注意事项。出发前，又再次召开简短的动员会，明确以指导教师组成各自研究生为主体的八个小组，并强调安全、防暑等事项。我在动员会上曾讲到，集体调查的目的不仅仅在于搜集到多少档案资料，"摸清家底"应当是调查工作的重点。哪些村庄资料已散失？何时散失？知情人为谁？哪些村庄有哪些不完整资料？哪些村庄资料仍保存完好，等等，都要摸清家底，心中有数。能搜集回来更好，"摸清家底"也好。太谷方面的具体工作，已有教师三人提前到县城联系好住宿及下乡车辆，此为"兵马未动，粮草先行"。

事实证明，在做好事前准备工作的前提下，此次太谷集体调查相当顺利而有效。八个小组，无论是山区还是平川，都按照事先的安排有条不紊地开展了大量工作。东西 50 公里，南北 39 公里，面积 1000 平方公里内的近 200 个太谷行政村，几乎都留下了集体调查的足迹。搜集到手的资料也丰富多样，举凡集体化时代的农村档案、地契房契（当地百姓称为"圪墶簿"）、家谱族谱、摩崖石刻、村史村志、笔记日记、信函台账、小报简报等"无奇不有，无所不包"。从集体调查的整体情况看来，山区村庄，尤其是人口稀少、交通不便的散村，资料相对较少。而平川地带的大村资料较多，保存现状也相对较好。有些平川大村和集体化时代的典型村资料保存相当完好，新式的档案柜，分类整理的档案盒，专人负责的管理员，一切都显得规矩整齐，相当完备。此次搜集到的太谷农村档案资料，既有多个村庄相对完整的系统资料，也有不甚系统完整的村庄资料；既有村庄签订协议允许我们带回的资料，又有不允许带走只可以拍照利用的资料；既有实物资料，又有影像资料，可谓收获满满。可喜的是，通过此次集体调查，我们基本摸清了太谷区的"家底"，为进一步的调查和研究工作奠定了一个基础。可叹的是，基层农村档案的存留情况十分堪忧，绝大多数村庄并无专人管理档案，有些村庄档案长期被湮没在早已闲置的旧大队部或旧庙，只有极少数原来的村干部和会计知道档案资料的存放地。水浸土掩，脆弱破损，残缺不全，丢失严重是较为普遍的现象，这对我们是一个极大的震动。

这里我想强调的是，当代中国史的资料，尤其是基层农村档案资料，因为一直以来不在档案保存的范围之内，或有文件规定予以保存归档，但实际落实并不太好，已有相当数量的当代史基层资料散失而不见踪影，少量存世资料需要进行"抢救式"的搜集整理。只有"走向田野与社会"，下苦功夫进行"集体式的调查"和搜集，才能有所收获，才能一定程度上实现"自上而下"与"自下而上"研究的结合，才能传承优秀的中华地方文化，才能留住乡愁。或有论者认为，现今搜集的当代中国基层农村档案多为改革开放前27年的资料，且以村社为单位，个案性强而普遍性差，难以形成所谓的范式和理论。愚意以为，这是一种史学观的偏差。试想，如果我们不去抢救搜集整理此类资料，当代史研究何以反映基层农村的实际？若干年后，后人又会"进村找庙，进庙找碑"吗？他们从哪里寻找研究我们这个时代的历史档案和资料？历史学研究首先需要资料，这是历史学的定律，也是目前构建中国当代史学术体系的基石。任何范式和理论都应该建立在基本的资料基础之上，没有资料支撑的任何范式和理论都只能是空中楼阁。我们宁可下苦功搜集整理资料以为研究的基石，也不愿在空中楼阁里提出什么空洞的范式和理论。况且，改革开放前后两个历史时期，"是两个相互联系又有重大区别的时期，但本质上都是我们党领导人民进行社会主义建设的实践探索"，"两者决不是彼此割裂的，更不是根本对立的"。[①]

四　关于当代史的资料分类

搜集得来的资料，需要分门别类。分门别类，条分缕析，目的是便

---

① 中共中央文献研究室编：《十八大以来重要文献选编》上，中央文献出版社2014年版，第70页。

于研究者检索查阅，综合分析。

一般而言，距今愈远资料愈少，距今愈近资料愈多。当代中国即现实的中国，当代中国史的资料较之古代不仅数量更多，而且更加纷繁多样。如何分类，诸家也有诸多看法，现在可以看到的诸如《中国现代革命史史料学》《中国现代史史料学》等即有不同的分类和标准。这里特别一提的是李文等著《中国当代社会史研究理论与方法刍议》一书，该书专列《中国当代社会史史料概说》一章，其中一节介绍"传统史料的系统和与社会史有关的传统史料"，将此分为档案馆系统、文史资料系统、地方志系统、专业研究机构系统等"四大系统"，其中专业研究机构系统又分为党史和国史编研机构系统、各业务条线的编研机构系统、专业学术研究机构系统等"三小系统"。作者在本节最后一段写道："社会史档案汗牛充栋，卷帙浩繁，除以上涉及的档案搜集与整理系统外，中国当代史学者还应留心如'两报一刊'这类时文报纸，以及如《华北建设》一类邸报，这些时文和报纸及连续出版物本身就是社会历史生活的一个记录。研究者还应拓宽史料的视野，有'他者'的意识。海外机构作为'他者'，搜集了大量反映 1949 年后中国社会的档案和文献。如美国和英国的解密档案，这些文献中有大量聚焦中国社会的史料。"① 应该承认，这是笔者迄今看到的从社会史角度对当代史资料进行分类最为系统而全面的叙述，最后一段提到的有关问题，也是我们应该高度重视的问题。

该书接下来的一节为："积档成山：社会史视角下对史料的发掘、整理与研究"，指出"早在 20 世纪八九十年代，涉足中国近现代社会史研究的第一批学者就开始了他们很有特色的档案和资料的搜集工作"，其特点是"视角向下，走向田野，关注基层，自下而上"。② 在接下来具体介绍"农村基层史料的搜集与整理"时，首先提到了山西大学中国

① 李文等:《中国当代社会史研究理论与方法刍议》，当代中国出版社 2019 年版，第 186—196 页。
② 同上注，第 196 页。

社会史研究中心学术团队。其实，对于当代中国社会史资料的搜集与整理，各家均有自己的特色，也都取得了一定的成绩，我们也是处在不断摸索讨论的过程中。虽然，迄今为止我们已经搜集到山西境内 300 多个（包括太谷区的资料）村庄的档案资料，但"从具体内容来看，各个地区都有自身的体系和特点，或以个人档案突出，或以村庄组织活动突出，或以较为完整的账册突出，或以极为详细的经济活动的分类统计数字突出"①，很难确定一个统一的分类标准。不过，整体看来，"目前中心所藏档案资料可分为八大类，分别为支部群团文件、行政文件、上级文件、科技档案、个人档案、财务档案、历史档案、内部资料以及其他类型的档案资料"。②

我们认为，因为不同时期建档的具体要求不尽一致，现存不同时期的农村档案就会呈现出不同的样态。以山西为例，1962 年有山西省档案管理局的《关于建立健全农村人民公社文书、档案工作的意见》；1963 年有山西省委的《关于生产队和生产大队普遍建立档案的通知》；1976 年有山西省革命委员会的《地市县级机关清理鉴定档案工作办法（草案）》《人民公社建档工作办法（草案）》及《生产大队建档工作办法（草案）》；1980 年对 1976 年的三个《办法》进行修改，省委办公厅又发布了《关于档案工作三个管理办法的通知》，等等，20 世纪 80 年代后的山西农村档案以此为准绳建立起来。"这一规范化、制度化的进程长达 19 年时间，可谓漫长。"③ 正是由于农村文书和档案的管理与分类不同时期有不同的要求，因而"远近高低各不同"。我们坚持的分类原则是"因地制宜"，即按照不同村庄现存档案的分类而分类，有些保存较为完整且分类明晰的农村档案，完全没有必要进行再分类。如此，

---

① 行龙主编：《集体化时代农村档案丛编·总序》，第一辑《上吾其公社卷》（本辑主编马维强）第一册，商务印书馆 2022 年版，第 7—8 页。

② 同上注，第 8 页。

③ 参见张俊峰：《文本的历史：集体化时代山西社队文书档案的形成、特征及意义》，《中共党史研究》2009 年第 12 期，收入行龙主编：《回望集体化：山西农村社会研究》，商务印书馆 2014 年版。

既保留了档案的原貌，又省去不少工力，何乐而不为？当然，对于那些非系统完整的农村档案文书，我们会按照以上所示"八大类"进行重新分类和整理。新近出版的《集体化时代农村档案丛编》第一辑即为一个式样，今后仍会根据具体情况进行调整。

史学研究的目的在于"通古今之变"，司马迁写《史记》"虽叙三千年事，其间详备者，唯汉兴七十余载而已"。1949 年中华人民共和国建立以来的中国当代史研究，恰逢其时地迎来了大好的发展机遇。构建具有中国特色的当代中国史学科体系、学术体系、话语体系已成为学界的共同话题，"走向田野与社会"，"从群众中搜集史料"，真正实现"自上而下"和"自下而上"的结合，正是构建当代中国史学术体系的基石，也是坚持和发展马克思主义，必须同中国的实际相结合，必须同中国优秀传统文化相结合的题中应有之义。

"资料革命"：中国当代社会史研究的基础工作

  自 20 世纪 80 年代初以来，中国社会史研究已成为中国历史研究中的一朵奇葩，尤其是区域社会史研究，倍受青睐。可以说，就中国社会史研究领域而言，无论是古代的、近代的还是现代的，都有了长足的发展和积累，其中，中国近代社会史的发展显得更为强势一些。相比较而言，中国当代社会史的研究却姗姗来迟，明显滞后了很多。

  对于中国当代社会史何以滞后于中国古代、近代乃至现代社会史，为何难以繁荣兴盛，有着各种各样的评说。但是，笔者认为，其中一个主要原因恐怕还是囿于"史观"方面的制约，即过多依赖于 1949 年前后形成的阶级斗争学说主导下的中国革命史、中共党史和共和国史的框架。毋庸讳言，这样的研究路径基本上属于政治史的范畴，注重对政治、军事、外交等重大历史事件、方针政策的探源，以重要领导人物在国家历史进程中的历史地位和作用为讨论焦点，遵循的是"自上而下"的视角，忽视普通民众的生活生产实践内容，忽视中央领导层的决策在基层农村社会的具体落实过程和地方对中央、普通百姓对来自上层作用与影响的反应等方面的研究。对此，笔者郑重提出："我们不能不承认，长期以来形成的中国革命史、中共党史的研究框架更多的是研究上层领导或高层领导的思想与活动以及重大历史事件，尤其以党为主体的历史事件，甚至党的历次代表大会成为党史和革命史的叙事主线，说到底是一条政治史的主线。基层农村社会尤其是亿万农民的生存环境、衣食住行、人际交往、精神心理状态、日常生活等，我们了解和研究得仍然十分有限。'自下而上'地研究集体化时代的历史，就是要给基层农村和广大农民更多的关注，从农村和农民的角度，从'理解的同情'出发，站在地下看天上，站在地方看中央，上下贯通，左右相连，整体地全面地了解和认识这个特殊的历史时代。"①

　　因此，中国当代社会史研究难以发展壮大起来，实际上是长期以来"自上而下"与"自下而上"割裂所导致的结果。当然，笔者提倡从"自下而上"的视角去研究中国当代社会史，并非是从一个极端走向另一个极端，而是立足基层农村社会，从普通民众的生活变革入手，去探讨整个历史进程中上层与下层、中央与地方、精英与大众、国家与农民之间是如何相互发生作用共同生成了复杂多样的历史画面。这就需要在研究实践中真正将"自下而上"与"自上而下"两种路径结合起来，而不是隔断开来，否则，很容易将原本丰富鲜活、有血有肉的历史图景简化为单纯的政治史，或者看不到国家权力意志的存在，将社会史研究表面化、"碎片化"。

　　另外，中国当代社会史研究之所以会面临困境，一个更为根本性的原因还在于资料的掌握和利用上。也就是说，官方公布的档案资料不仅有限，而且大多仍限于国家宏观层面上的资料，如重大决策、事件的回忆录，领导人物的年谱、书信录、文稿、文集、传记，政策文献选编，等等，这些关于上层人物和大事件的资料记录从根本上决定了研究者的历史视野很难从普通民众所在的基层社会出发，很难做到自下而上地去看待历史的生成和演变。在此，笔者并非要对以往的政治史架构一概否定掉，而是想指出，单纯的自上而下的当代中国史研究只能呈现历史的某一个面相，"革命史和党史毕竟不能代替全面的完整的历史，除了政治还有经济，除了革命还有生产，除了斗争还有生活，除了中央还有地方，除了领导决策还有基层百姓的众生相，历史本来就是有血有肉、丰富多彩的画卷"②。可见，中国当代社会史研究应当承担的一个重要使命就是要最大限度地"把历史的内容还给历史"（恩格斯语）。

---

① 行龙：《"自下而上"：当代中国农村社会研究的社会史视角》，《当代中国史研究》2009 年第 4 期。
② 同上。

可以肯定地说，中国当代社会史研究要想确立自身的学科地位，取得质的飞跃和发展，必须首先在研究视角（史观）和研究资料（史料）上超越已有的革命史、党史和国史解释体系，以自下而上的社会史视角切入，贯通上层与下层、内部与外界的多重关系。就史观的革新对于当代史研究的重要性而言，也有学者指出，"当前，档案资料的开放，固然是制约当代史研究的一个瓶颈，但更大的瓶颈可能还是治史的理论与方法。当代史研究发展状况的不均衡，很大程度上是因为缺乏治史的眼光和方法"[1]。不过，在笔者看来，只强调史观的重要性还不够，还必须高度重视对新资料的发掘与利用，也许正是大量层出不穷的新资料才会真正使得解释历史的视角与方法发生范式变革。

现在看来，大力提倡和开展中国当代社会史研究，不仅需要一场"史观"上的革命，更需要一场"资料革命"。对治史者而言，任何历史研究都需要从占有资料、分析资料开始。众所周知，近三十年来中国社会史研究在理论与方法方面均有了相当的积累，并广泛吸收借鉴人类学、社会学等相邻学科的东西，形成了一整套的研究架构和概念体系，这些都可以为中国当代社会史的进一步发展提供宝贵的经验参照。当我们谈论如何推动中国当代社会史研究这一问题时，实际上我们缺乏的不只是"史观"上的革新，即研究视角的拓展和转换，我们可能面临的更大问题是"史料"方面的缺失。所以，目前中国当代社会史的兴盛发展更需要注重对相关档案资料特别是基层档案资料的不断发掘、搜集、整理和利用，这或可称为一场新的"资料革命"。其实，新资料的发现和利用，往往也意味着新的解释方法、新的研究视角的出现，这对于社会史研究领域而言，尤其如此。

事实上，在20世纪初梁启超倡导新史学，首开"史学革命"之先河，即提出了"史观"革命和"史料"革命。前者主要针对旧史学中的

① 王海光：《时过境未迁：关于中国当代史研究的几个问题》，《党史研究与教学》2004年第5期。

"四弊"（"知有朝廷而不知有国家、知有个人而不知有群体、知有陈迹而不知有今务、知有事实而不知有理想"）和"二病"（"能铺陈而不能别叙、能因袭而不能创作"），后者则强调"文字记录以外者"和"文字记录者"均为获得各种各样史料之途径。[①] 这对于当时及后来的中国历史研究起到了巨大推动作用。例如，顾颉刚提倡"眼光向下"，"到民间去"，古物、史料、风俗、物品和歌谣都有其来源及经历，要用"平等的眼光"去对待和研究；傅斯年主张"上穷碧落下黄泉，动手动脚找东西"，与陈寅恪、李济等人对明清内阁大库档案的搜集、安阳殷墟的考古发掘，等等，这些都是新的史料观点的代表者和践行者。[②]

很显然，我们在此所强调的"资料革命"这一提法，是对前辈学者探讨新史料观这一传统的继承和发扬。以笔者所在的山西大学中国社会史研究中心来说，十多年来，我们坚持不懈地以集体的力量积极开展所谓"集体化时代"农村档案资料的搜集、整理和研究工作，已经形成了燎原之势，方兴未艾。据初步统计，我们已搜集到了遍及山西几十个县市范围的二百余个村庄档案资料，总量达数千万件。这批数量巨大、弥足珍贵的基层档案资料，已得到了诸多国内外专家学者的高度关注和赞誉。有学者称，这些农村资料的发掘和利用将有助于开辟中国历史研究的新领域，进而使之不断走向深入；有学者称，这批基层资料的搜集整理工作功德无量，对研究社会主义在中国农村的具体实践将发挥其应有的作用；还有学者认为，这批原始档案资料是有史以来关于中国农民生活生产变革的第一次系统的全方位的文字记录，这就决定了它们对于研究当代中国农村社会变迁具有不可替代的重要作用等。毫无疑问，随着大量基层社会档案资料的发现、整理和利用，必然会引发一场新的"资料革命"。而这既适应了中国当代社会史研究不断走向繁荣的内在需求，

---

① 梁启超:《梁启超史学论著四种》，岳麓书社 1998 年版，第 105—276 页。
② 详见王汎森:《什么可以成为历史证据：近代中国新旧史料观点的冲突》,《新史学》1997 年第 8 卷第 2 期；桑兵:《晚清民国的学人与学术》，中华书局 2008 年版，第 103—128 页。

也将有助于研究者运用新的视角和方法去探讨当代中国社会变迁的实践内容，不再只是在以往宏观性的自上而下的分析路径下，对广大普通民众的多样化生活图景，要么缺乏充分的关注，要么进行"政治化"的切割或简化处理。所以，我们理应将集体化时代的基层档案资料建设作为开展中国当代社会史研究的基础工作给予足够重视，有了这样一个厚实的资料基础，真正学科意义上的中国当代社会史才可能日渐发展壮大起来。

不过，中国当代社会史资料的重要性仍未引起人们的充分重视，至今为止，尚缺乏全面系统的发掘和整理。而问题的另一面则是，有大量资料正在迅猛的城市化和现代化浪潮中逐渐流失。对此，我们深有体会，也倍感痛惜，同时也更加认识到进行资料建设的迫切性和重要性。那么，怎样才能在更加广泛的意义上将"资料革命"这一工作开展起来呢？根据我们多年积累的经验，最根本的还是要充分地依靠集体与团队的力量进行资料的搜集、整理和研究，这也是有些研究者仅凭个人兴趣而自发进行的搜集行为所无法相比的。

事实上，此种"集体调查"的做法在中西方史学实践中已有先例可循。如以"史学即史料学"一语闻名的傅斯年在其创办的"中央研究院"历史语言研究所，即主张"集众式的研究"，以集体的力量搜寻新史料在当时成了一种口号，形成了一种集体的自觉，而非个人的嗜好。[1] 而在法国年鉴学派那里，同样将"集体调查"作为他们重要的研究方法。J. 勒高夫在谈到吕西安·费弗尔《为史学而战》一书时说，费弗尔在书中提倡"指导性的史学"，今天也许已很少再听到这一说法。但它是指以集体调查为基础来研究历史，这一方向被费弗尔认为是"史学的前途"。对此，《年鉴》杂志一开始就做出榜样：它进行了对土地册、小块田地表格、农业技术及其对人类历史的影响、贵族等的集体调查。这是一条可以带来丰富成果的研究途径。自 1948 年创立起，高等研究实验

① 王汎森：《什么可以成为历史证据：近代中国新旧史料观点的冲突》，《新史学》1997年第 8 卷第 2 期。

学院第六部的历史研究中心正是沿着这一途径从事研究工作的。[①]

另外，还需要说明的是，笔者在此强调"集体调查"方法对于大力开展资料建设的重要性，主要是基于两个方面的考虑：其一，社会史研究者要有足够的"走向田野与社会"的自觉性；其二，中国当代社会史资料本身的复杂性、多样性。具体而言，"走向田野与社会"这一口号是在我们多年从事社会史研究与教学实践基础上提出来的，从本质上讲它也是一种核心的问题意识，有着丰富的内涵。它不仅有助于进一步扩大史学研究的资料范围，而且能够使研究者获得历史的现场感。所以说，社会史研究中的田野工作，首先要进行的是一场"资料革命"，也就是说，在获取历史现场感的同时获取地方资料，在获取现场感和地方资料的同时确定与认识研究内容。

至于中国当代社会史资料的复杂性与多样性问题，亦是我们从已搜集到的大量基层档案资料中认识到的。举例言之，根据我们初步的分类整理，这批资料不只包括村庄一级的档案资料，供销社、粮站、医疗诊所、广播站、学校、百货公司、林场、水库、厂矿等地方的资料也是应有尽有，不胜枚举。毫无疑问，面对这样一个庞杂的"资料群"，仅仅凭借研究者的个人行为是很难胜任的。只有通过"集体调查"，才能在这场新的"资料革命"中全面系统地搜集档案资料，从档案资料中发现问题，从发现问题中解释历史，形成一个良性互动的循环链，进而将中国当代社会史研究不断向前推进。

总之，中国当代社会史研究任重而道远。全面系统地进行中国当代社会史资料的建设工作，特别是能够潜心多年投入"资料革命"的工作当中，更是一件非常艰苦的基础工作。但是，笔者始终坚信，历史研究，掌握资料是第一位的，有了完整翔实的资料，才有可能书写出全面完整的当代中国史，也最终才能去完成包括中国古代、近代、现代直至当代社会史在内的整部中国社会通史的巨著。

---

① J. 勒高夫等主编：《新史学》，姚蒙编译，上海译文出版社 1989 年版，第 14—15 页。

基层农村档案发见记

一 "回归傅斯年"

2012 年岁末，受台湾"中央研究院"谢国兴先生之邀，我第三次来"中研院"进行学术访问。此次访问除参加由明清研究推动委员会举办的"十字路口的明清研究"座谈会为"规定动作"外，其余时间均属"自选动作"了。"朝读易一卦，时钞史数行"，如此闲适的学术之旅不仅使人感到摆脱喧嚣日常后的放松，而且似乎体味到了那种信马由缰思绪飞扬的内中自由。随谢先生一起去台南考察民俗，到位于台北市中心的诚品书店购书，再去台湾大学及台大周围数不清的小书店看看，最后就是在"中研院"傅斯年图书馆、近代史所图书馆和档案馆查资料看书了。

位于台北南港区的"中央研究院"精致秀丽，山色青青，其优美的环境和优质的服务，每每为学人津津乐道，这为我闲适的心情平添了一份优美。

然而，有一件事在此次来台之前就有过"预设"，这就是一定要再去院内的胡适纪念馆和傅斯年图书馆去感受，感受他们的精神和风范，感受他们的治学环境和生活环境，甚或是感受他们的点点滴滴。

即如胡适先生的为人一样，掩映在树木之间的胡适纪念馆朴素而内敛，绿藤缠绕，白墙蓝窗，给人一种静谧而优雅的感觉。1958 年至1962 年胡适先生任"中央研究院"院长期间在此度过了生命的最后岁月。室内的陈设依其生前的式样布置，赭红色书柜，卡其布沙发，茶几上的烟缸，阳台上的老式躺椅，书房里泛黄的书籍，还有陈列室中的著作、手稿、信札、遗物，等等，睹物思人，仿佛房子的主人仍在人间，或许他刚刚出去上班？散步？

离开纪念馆之前，我又特意买到一套印制精美的胡适手迹明信片。置身主人的故居，揣摩着主人清秀的字体，"有几分证据说几分话，有七分证据，不能说八分话"，顿感胡适先生的这句名言蕴含着千钧之力。

史语所傅斯年图书馆距胡适纪念馆咫尺之遥，据说当年胡适先生既有回归台湾之意，就曾致信时任"中研院"院长的李济，希望为其在傅斯年图书馆附近找一小块地方，由自己出资买下，盖几间小房以便安心读书写作。从胡适纪念馆步行到傅斯年图书馆，不免使人想到两位亦师亦友的牵连。1950年11月，年仅55岁的傅斯年猝死在台湾大学校长任上，胡适在其日记中写道：

> 这是中国最大的一个损失！孟真天才最高，能做学问，又能治事，能组织。他读书最能记忆，又最有判断能力，故他在中国古代文学与文化史上的研究成绩都有开山的功用。[1]

据云，傅斯年死后，胡适也曾说过这样的话，大意是：有人攻击我，傅斯年总是挺身而出，他说"你们不配骂胡适之"。那意思是只有他才配骂。傅斯年也承认这一点。从风靡一时的"我的朋友胡适之"到傅斯年的"你们不配骂胡适之"，胡、傅交谊可见一斑。我在这里想到的是，胡、傅的学术思想也有相通之处。从胡适的名言"有几分证据说几分话"，我们自然会想起傅斯年的那句名言"史学便是史料学"。

从台北回到太原，回到自己工作的山西大学中国社会史研究中心鉴知楼，我即有了与中心师生讨论访台感受的冲动。2013年1月12日，一个周末的上午，我第一次自己动手做PPT，以"回归傅斯年：'动手动脚找东西'"为题，在鉴知楼内向中心师生汇报访台感受，傅斯年的生平、事功，胡适与傅斯年之交谊，尤其是傅斯年撰写的那篇《中央研

---

[1]《胡适的日记》（手稿本），台北远流出版公司1990年版，1950年12月20日条，无页码。引自王汎森：《傅斯年：中国近代历史与政治中的个体生命》，生活·读书·新知三联书店2012年版，第268页。

究院历史语言研究所工作之旨趣》成为感之受之最浓烈的主题，傅斯年在《旨趣》中那些明快的话语不时回响在我的耳畔：

> 近代的历史学只是史料学，利用自然科学供给我们的一切工具，整理一切可逢着的材料，所以近代史学所达到的范域，自地质学以至目下新闻纸……

> 凡一种学问能扩张它研究的材料便进步，不能的便退步。

> 宗旨第二条是扩张研究的材料。

> 一分材料出一分货，十分材料出十分货，没有材料便不出货。

> 总而言之，我们不是读书人，我们只是上穷碧落下黄泉，动手动脚找东西。

> 历史学和语言学发展到现在，已经不容易由个人作孤立的研究了，它既靠图书馆或学会供给它材料，靠团体为它寻材料，并且须得在一个研究的环境中，才能大家互相补其所不能，互相引会，互相订正，于是乎孤立的制作渐渐地难，渐渐地无意味，集众的工作渐渐地成一切工作的样式了。这集众的工作中有的不过是几个人就一题目之合作，有的可就是有规模的系统研究。[①]

傅斯年，这位曾经被毛泽东接见，又被毛泽东点名批评的"极少数人"，是五四运动中北大学生运动的组织者，又是《新潮》杂志的创办人；是"中央研究院"历史语言研究所的第一任所长，更是"史料学派"的代表性人物；他因两次抨击两位国民政府行政院长而赢得"傅大炮"称号，又因绰号"郭大炮"的"质询"而猝死在台大校长任上。斯人已去，毁之誉之对他而言已不重要，重要的是，傅斯年的遗绪何在？

"史学便是史料学"，现代的历史学需要"集众的工作"。傅斯年不仅为此鼓之呼之，而且身体力行，乐此不疲。自 1928 年成立"中央研究院"设立历史语言研究所，直到 1950 年辞世，傅斯年终身任职史语所所长。据云，自 1928 年中研院成立到 1937 年抗日战争爆发前，史语所是

---

① 见《历史语言研究所集刊》第 1 期。

中研院 13 个所中最有成就的一个研究机构。从精心网罗陈寅恪、赵元任、李济这样的著名学者，到指导甚至"严格监督"青年学者们的研究方式；从擘画史语所前景自撰《旨趣》，到躬身田野考察前往考古发掘现场；从绞尽脑汁想方设法争取研究经费，到心急如焚无微不至地解救病中的梁思永；从广州、北平、上海、南京、长沙、昆明，到四川李庄的板栗坳、再迁南京、后到台北……这就是那个"最能做学问"，"又是最能办事，最有组织才干的天才领袖人物"（胡适语）傅斯年。

傅斯年精心经营的史语所，有一个非常鲜明的特色，就是"集众的工作"，正是这种"集众的工作"使史语所产生了一大批专业历史学家、历史语言学家、人类学家和考古学家；正是这种"集众的工作"使史语所产生了一大批轰动于世的学术成就：语言组曾划分出中国语言分布图，也曾派遣团队调查各地方言，并以语音记号记录了 14 个省份的数百种方言；考古组发掘了分布于 8 个省区的 55 处遗址，持续九年的安阳发掘震惊中外。中国考古学前辈苏秉琦指出：只有在安阳发掘之后，历史学家们才敢于将商朝作为一个真正被证实了的朝代，放在他们著作的开篇；人类学组在东北，尤其是在西南地区进行了富有成就的多项田野调查；历史组最重要的工作则是明清内阁档案的收集与整理，而这一工作"可以说明老一代与新一代学者史料眼光之不同"。[①]

这是一个有趣的故事，却不是一个令人轻松的故事。我们知道，自明代设军机处后，内阁成为主要处理文档的机构。1908 年，自明至清堆积成山的内阁档案从大库移到走廊上，大学士张之洞决定将档案从大库转移到学部，同时建议将书籍搬出保存，并将剩余档案材料烧毁。时为张之洞属下的学部官员罗振玉"亟言于文襄，谓是皆重要史料，不当毁弃"，张遂改变主意，建议将这些档案转移到更加安全的地方。1911 年的辛亥革命迫使档案搬家，次年，档案移至历史博物馆。从那时起，

---

① 王汎森：《傅斯年：中国近代历史与政治中的个体生命》，生活·读书·新知三联书店 2012 年版，第 102 页。

包括时任教育部长的著名藏书家傅增湘在内的许多官员都曾光顾过这座"小山"式的纸堆，但他们大多沉溺于在纸堆中寻找珍贵罕见的宋版书，在他们看来，除宋版书外，这些材料既无价值也不入眼。1921年，历史博物馆因预算赤字竟然将150吨的纸张作为废纸卖给了造纸厂！又是这位罗振玉得知此消息后，出了三倍的价钱买下了这批资料，并挑选出版了其中的一些档案。事有连续和奇巧，又是这位罗振玉，他也因为个人财政困难把档案卖给古物收藏家李盛铎，李盛铎的心思也在其中的宋版书，他也因负担沉重打算再卖给日本人或哈佛燕京学社。最后，还是傅斯年获得资金购买了这批档案。在这一辗转搬移买来买去的过程中，我们可以看出史语所同仁与清代学者迥异的史料观。像傅增湘、李盛铎这样的藏书家和古物收藏家，关心的只是宋版书，而傅斯年则认为，宋版书对史语所毫无价值，陈寅恪说得更为直接明了："我辈史语所人重在档案中之史料，与彼辈异趣。我以为宝，彼以为无用之物也。"①

"我以为宝"之大批档案到手后，傅斯年发动并指导大批人力对此进行分类整理，其中，由李光涛挑选、编辑并出版了100卷档案。至今，这项编辑出版工作仍在持续进行，数量已达300多卷。与此相联系的另一项工作是，在档案整理的过程中，居然发现了几百年来人们普遍认为已经失踪了的一千多页原版的《熹宗实录》（1621—1627）。由此促使傅斯年着手另一个更加庞大的计划，即校勘和整理《明实录》，这个计划一直持续了40年，结果是出版了154卷《明实录》。是的，如果没有这些档案资料的收集、整理、出版，我们今天读到的众多明史著述不知会缺失几多，甚又谬舛几多。

如果说中国古代史学六家三体源远流长，那么，近现代的中国史学则是众派林立迭有翻新。按照许冠三先生的分类，自梁任公以来的中国

---

① 1929年3月10日陈寅恪寄给傅斯年的信，引自王汎森：《博斯年：中国近代历史与政治中的个体生命》，生活·读书·新知三联书店2012年版，第103—104页。

近现代史学就有所谓的考证学派、方法学派、史料学派、史观学派、史建学派五大学派，而傅斯年、陈寅恪则是史料学派的代表。[①]1949 年以来，作为中国近现代史学主流的"史料学派"被长期阻隔甚至遭到无情的批判，台北的傅斯年也好，广州的陈寅恪也好，同样淡出人们的视野甚或被遗忘，即使年轻一代的知识人，对他们的思想和成就也知之甚少或一知半解。只是到了 20 世纪 80 年代后，中国史学界才开始反思近半个世纪以来学术上的失误，陈寅恪、傅斯年的名字才重新被记起。甚至掀起了不小的"研究热"，史学研究同样开始向中国近现代史学的起步阶段回归，重新开始重视史料收集史料利用。此一时也彼一时，还是时势比人强！

我想，无论我们过去、现在或将来如何评价傅斯年及其"史料学派"，在"史学便是史料学"的旗帜下，傅斯年以"集众的工作"方式将史语所的研究推向到了一个时代的高峰，人才辈出的史语所在中国学术界留下了让人惊羡不已的诸多佳话。我十分敬佩他们的成就，也十分敬佩他们的工作。

忆想 10 年来山西大学中国社会史研究中心集体化时代基层农村档案的发见、收集、整理、研究的全过程，顿感胡适之、傅斯年之辈距离我们并不遥远，他们的学术思想正是我们应当追逐的目标。记得《回归傅斯年："动手动脚找东西"》报告的结束语，我用了 8 个字表达自己的心绪："虽不能至，心向往之。"

二 2003 年岁末

2003 年，一个不平凡的年份。一场被称为非典型肺炎的流行病自南而北席卷而来，人们的日常生活在不安中似乎平静了许多。这一年，对山西大学中国社会史研究中心而言，是一个收获的年份。岁末，我们发见并收获了第一批集体化时代的基层农村档案资料。

---

① 参见许冠三:《新史学九十年》，岳麓书社 2003 年版。

　　第一批档案的发见和收集是在太原的南宫旧书市场。

　　南宫的全称应该是叫工人文化宫，大概是因为位于太原市北面的尖草坪也有一个工人文化宫，一南一北两个工人文化宫，民间遂简称南宫、北宫了。市中心宽阔的迎泽大街中段之南，就是这座建筑于20世纪50年代的南宫，据说它还是那个年代太原市的几大建筑之一。南宫的南面和西面就是占地数千平方米的旧书市场。说是旧书市场其实也并不确切，街道两旁林立的店铺，甚至地摊上都可以看到古玩、瓷器、钱币、印章、字画，当然，最多的还是旧书和报刊。20世纪90年代中期开始，这里逐渐发展成了太原市最大的旧书市场，山西南北各地，包括北京、天津、河北等地的书商和"淘书者"每到周末便云集于斯，熙熙攘攘，煞是壮观。

　　我本来算不上什么"淘书者"，也就是一个一般的读者。记得20世纪80年代末到90年代初，当时正是读大学和研究生阶段，一个人得空就会骑着自行车到位于太原市解放路的新华书店和不远的古籍书店去购书，在解放路书店二层书架上也买到一些块儿八毛或几块钱一本的"打折书"，多数是一些学习用书。90年代中期，山西大学图书馆由北院的旧馆迁入新馆，新图书馆台阶下乱七八糟地堆放着要处理的旧书，烈阳似火的夏季，我曾很兴奋地发现并便宜地买到一批1949年前出版的专业书籍，如1954年中华书局竖排版之梁启超《清代学术概论》、1954年作家出版社竖排版之郑振铎《中国俗文学史》、1956年人民出版社版之傅衣凌《明清时代商人及商业社会》、1957年中华书局竖排版之阿英《鸦片战争文学集》（全二册）、1959年中华书局竖排版《庚子事变文学集》（全二册），等等，至今仍摆放在自己的书架上。20世纪90年代中期南宫旧书市场开市后，我倒也是去过几次，也就是一般地走走看看，顺手牵羊地买点感兴趣的旧书。意想不到的是，2003年岁末却有了新的发现。

　　那是一个周末的上午，一个年关将近寒风凛冽的上午。也许是上半年的非典型肺炎使人们蛰居得太久了，南宫旧书市场人头攒动纷繁嘈杂。时近中午，买到几本旧书后，我径直走到南宫的后门，也就是山西歌舞剧院北面的小铁门准备离去，旁边墙根一个鼓囊囊的、红蓝相间的蛇皮袋子吸引了我的目光。主人姓刘，一位30岁出头的年轻人，简单寒暄后，他将袋内的东西倾囊倒出，竟然是大小不等皱皱巴巴的一堆契约文书。至今仍然记得这次发现时的激动心情，除了一般多见的地契、房契外，这堆文书中也夹杂着不少稀见的合股经营煤窑、煤场、买卖煤窑、窑井、修窑、租窑等契约，时间是在清代嘉庆年间直到民国初年。山西是一个煤炭大省，煤炭是百姓生产生活中的重要营生，此类有关煤窑的民间契约想来一定会在民间存世，一直以来却难睹其面目与内容，如今得见真如得见零金碎玉一般。粗糙薄脆的麻纸、不甚讲究的毛笔字、大小不等的格式，这些契约在我的手中一张张翻过，犹如昔日山沟间煤窑发出的回响。10年过后，此时此刻，我从楼下的档案室借来这批第一次发现的煤窑契约，仍不免几分好奇之心。

且看这张8人"修窑"合同：

立合同修窑约人：

王保和、万宜温、吴祚隆、王庆宜、杨守度、梁恒昌、任生掌、吴祚昌等，今揽到西梁泉村后龙天庙沟梁姓山界旧有自成窑壹座，风正二甬四至照揽约内俱明，众伙同心，议定合伙公修一应。所费之钱，案（按）股均摊，不许退前续后。窑成之日，案（按）股倾煤，周而复始。山界内窑场房物，案（按）股均占，不许争夺。至于山界外另祖（租）道钱，案（按）股均摊。议日窑成出煤，二百担为班，新旧窑以肆陆均分，新窑以陆，旧窑以四。公修窑约入开烈（列）于后。今立合同修窑约，一样捌纸，各执一纸为证。

窑股人名：王保和贰股、万宜温壹股、吴祚隆贰股、王庆宜壹股、杨守度壹股、梁恒昌壹股、任生掌壹股、吴祚昌壹股。

同治十年九月十五日

再举一例有关"寄葬"的民间契约：

立借地约人张万魁，系寿阳县人氏，屡年在白石村受苦，不幸妻李氏身亡，次子二周兄与媳妇罗氏，三人身亡，无处葬埋，乞人与吴本成说和，暂时寄葬其在堡墙地内。墓土有损坏，与地主人无干，此地不许再葬同分周兄（？），立约为证。

道光十四年四月初一日立
借约人张万魁[1]

我们很难想到一张煤窑契包含如此丰富的历史内容，我们也想不到"寄葬"是需要契约的。我和小刘经过一两个回合的讨价还价后便成交了，我带着这些珍贵的资料高兴地打道回府。临别时，我一再叮嘱小刘下周如期再来，有什么好东西尽管可以带来看看。

事隔一周后，依然是一个寒风凛冽的上午，我如约来到南宫旧书市场。大概是因为他们也有相对固定的摊点位置吧，小刘已经在后门口等我，只是他不像上次那样倚着墙角守着一个蛇皮袋子，而是周围胡乱堆放着更多个袋子，有些显然是刚从袋子里倒出来的书册和纸张，他裹着一件粗布大衣站在中间，在我看来，简直有点煞有介事甚至神气十足。眼前的一大堆资料，就是后来我说的集体化时代的基层农村档案资料。我清楚地记得，整整一个上午，我也裹着一件大衣，蹲在地上翻检浏览着这批资料。风比较大，我还不时地起来整理被吹乱的单页纸张，来往的"淘书者"偶然过来看一眼，也有的带着异样的眼光在打量，但始终没有人和我抢买这些东西。

我对这些农村档案资料倍感亲切。

青少年时代我是在农村度过的。家乡是山西南部一个再普通不过的小山村，不是山清水秀，而是土地贫瘠，但却有一个富有历史感的村名——文侯村，传说春秋战国时代魏文侯曾路经此地。村子不大，到20世纪70年代末我上大学之前，也就五六百人。村子的东西两边是两条上百米的深沟，就是这两条深沟把文侯村和两边的村子自然分割开

---

[1] 此两份契约均藏于山西大学中国社会史研究中心档案室，收集人：行龙；整理人：胡英泽。

来。村南是典型的黄土高原地貌，沟壑纵横间分布着小块梯田，习惯上叫作"岭里地"，素有"七十二架岭八十二条沟"之说，我在上大学之前曾经跑遍这"七十二架岭八十二条沟"去拾柴割草种庄稼。村子的北面有少量的所谓"平地"，其实只是地块较大坡度较小而已。干旱始终困扰着这个历史悠久的小山村，乡民的生活用水祖祖辈辈靠的是从几十米甚至上百米深的水井里一桶桶地"绞水"，一遇干旱年，水井水位降低，便须到上百米的深沟里去挑水，直到20世纪70年代中期，通了电以后乡民才开始吃上自来水。文侯大队（20世纪六七十年代称村为大队）分7个生产小队，每个小队有兼职的会计和"工分员"，大队则有一位专职的会计。大队的会计乡民们都称他"老会计"，因为他年纪较大，而且做会计也很有些年头，白白胖胖，干净利落，但好像脾气不大好。有时候去大队部，偶尔可以看到老会计案头作业后，神秘地抱着一沓子账簿，踏上狭窄的木楼梯送到上面的小阁楼上去。生产小队的"工分员"大不了我几岁，非但没有什么神秘感反而很是熟悉，记不清有多少次夜晚到他家里核对每月全家人挣到的工分。"工分工分，咱的命根"，那个时代的农村，工分就是粮食，就是钱财，挣不够工分就面临着交钱抵分甚至扣除口粮的困境。翻检着眼前这批属于太原地区成堆的基层农村档案，我的时空感似乎有些混乱，这就是生我养我的那个名叫文侯村的历史记录吗？这就是老会计整天看着记着又神秘地送到小阁楼上的宝贝吗？如今，老会计和我们生产小队的"工分员"都已离世而去，睹物思人，令人唏嘘不已。

好似看到了庐山真面目，整整一个上午我坐在那里不断翻检着这批档案资料，思绪却飞扬在生我养我的那个晋南小山村。这批档案资料内容非常丰富，包括清徐县高白公社东于大队1956年高级农业社农业生产计划表；1962年劳力情况、妇女劳力分类、先进单位报奖表、复查土地登记及各队水地旱地表；1965年至1968年复员转业退伍军人花名册、应征青年政审表；1967年各队干部材料、改分自留地及人口迁出与死亡统计表；1968年各种制度及生产计划、适龄青年花名册、普通男基干花名册。20 世纪 70 年代的材料，有活学活用毛泽东思想积极分子登记表、调整自留地意见、接办中学请示报告、煤矿决算表、冬季菜存统计表、团员花名册、退团统计表、各分支整建团记录、治保规则、爱社公约、合作医疗管理办法、插队干部登记表、妇代会材料，等等。除东于大队的基本材料外，又有大量来自太原市、太原市委政工组、太原市委生产指挥组、太原市人武部、团市委、市革委政工组、太原市委农林水利组及中共清徐县秘书处、县革委、县团委、县人武部、县妇联等上级部门下发的各类指示、通知、简报、意见等文书，用纷乱如麻形容这大堆的档案资料毫不为过，用眼花缭乱形容我当时的状态也是恰如其分。

　　在纷乱如麻和眼花缭乱中，其实也有很多好玩的东西隐含在里面，单就眼前这批资料的纸质和书写来看就很有趣。1949 年以前包括许多 20 世纪 50 年代的文书，大多用毛笔书写在粗糙的麻纸上，一般是小楷的行书字体，或工整中见功夫，或稚嫩中见认真，或有字迹潦草难以辨认者，颜色当然是墨黑的了。一些关于土地和粮食的数字，不是用现行的阿拉伯数字，而是沿用传统的"苏州数码"①。20 世纪 60 年代以后的文书，多见的是蜡版刻字，或者两页纸中间夹一张复写纸的复写版，颜色多半是蓝色，或有少数红色和绿色，这样的硬笔字有些煞是好看。纸张已开始有所谓的"粉连纸"，质量好一点的白而厚，差一点的不仅薄，看上去也有些发暗。"文革"时期的文书，最大的特点就是"红"，大报小报多出现通栏的大红标题，许多报纸的一版左上角有框起来的毛主席语录或"最高指示"。一般单位和部门所用的稿纸，都有大红的单位名称，通知、通报、指示等文书也以大红标题出现，不过文字倒也简练，似乎不像我们现在的文书那样冗长。这是一个时代的文字书写，这是一个时代的历史记录。

---

① "苏州数码"又称苏州码子，也叫草码、花码、商码，是中国早期民间的"商业数字"，脱胎于历史上的算筹，因产生于苏州而得名。今港澳地区的街市、旧时茶餐厅及中药房仍偶尔得见。

时近中午，我的思绪回到了现实的南宫旧书市场，人们在逐渐离去，市场也安静了许多，就连小刘我也感到亲近了许多。这次，我甚至没有和他怎么讨价还价，很痛快地给他付了钱。小刘在一边热情地替我装箱打包，我在一边打电话叫来车子拉货，既满载而归，又满心欢喜。

记得紧接着的下一周，我又按约定时间，骑着自行车找到小刘租住的河西大王村，同样又带回来一批档案资料。这就是 2003 年岁末山西大学中国社会史研究中心发现并收集第一批基层农村档案资料的过程，一个令人难忘又有点令人激动的过程。

三　走进张庄

张庄，全中国上百万个村庄中的一个普通的村庄，却因一位美籍作者的一本书而闻名于世。一个村庄，一位作者，一本书——张庄，韩丁，《翻身》。

张庄位于山西东南部的"上党"地区，1965 年前的张庄隶属潞城县。虽名张庄，张姓却不占多数，其实是一个多姓杂处的村庄，那个时候村内就有四十多个姓氏。村子不大，只有 200 多户人家，人口在千人左右。从古城长治北边出发，经过 20 里平川后缓缓爬过一座山冈，张庄便出现在人们的视野中。村里的主街是南边沟壑的延长带，每逢夏季暴雨，沟壑的洪水流经主街，再注入村中央的大池塘。主街的两旁垂直地分出几条小街，小街又分出更小的巷子。整个村子很像一座迷宫，外形虽然规则而整齐，但却布满了杂乱无章的街巷、院墙以及倚墙建筑的低矮土房，土坯砌的墙和泥抹的屋顶都取自脚下的泥土。倒了的土墙，塌了的院门，下陷的屋顶，几乎到处都可以看到，偶然看到几处抹上草秸和石灰的院墙，甚至用砖盖起来的房屋，那便是富户和乡绅的住处了。

大池塘附近有一片开阔的场地，过往的大小马车、车夫可以在大车店休息，车夫也可以在长棚屋的通炕上过夜，棚屋的尽头就是一排马槽，车马劳顿，打尖歇脚，不过如此。大车店旁边有小杂货铺，杂货铺往北，有申氏家族建造的一座砖木结构的家庙。除此之外，村里村外，又有土地爷、观音菩萨、药王菩萨等几处小土庙。"有趣的地方"还有酒房、铁匠铺、木匠铺、药铺、小织布作坊，但"无论哪一行工匠，到了农忙季节，都得下地干活。只有那些地主老财，留着长长的指甲，穿着拖到脚跟的长袍。他们是做梦也不会想到要在劳动中弄脏自己的双手的"。[①]

张庄人的生产生活方式也是传统而简单的，木质的犁、耙、耧，自上古以来就没有改变过形状的锄头，自制的土布衣服、上党鞋等，一如我们在一些文学作品中看到的那个时代的影像。韩丁描写的张庄人的"吃"很是生动而具体：

> 张庄农民吃的饭也很简单。因为玉米是主要作物，所以一般人早上都吃玉米面疙瘩，中午吃玉米馇粥或玉米面饸饹，晚上吃的是掺上一点饸饹渣的小米粥。七月里，收了麦子，大家就吃几顿白面面条。这在他们看来，就算是一种了不起的奢侈了。只有几户最有福气的人家才能一直吃到八月，也只有这几户人家才能保证全年都能一日三餐。大多数人入冬以后都要减成两顿饭，有的甚至只能吃一顿。由于缺乏营养，他们就尽量少活动，好把精力保存到第二年春天。[②]

这就是韩丁在《翻身——中国一个村庄的革命纪实》中描述的张庄，这就是 1948 年张庄的速写画。正是在 1948 年 3 月的开春季节，韩丁走进了张庄，走进了这个普通的中国村庄。

走进张庄之前的韩丁有着一段与中国结缘的传奇般经历。1919 年，韩丁出生在美国芝加哥。1937 年考入哈佛大学，两年后转入康奈尔大

---

① 〔美〕韩丁：《翻身——中国一个村庄的革命纪实》，韩倞等译，邱应觉校，北京出版社 1980 年版，第 21 页。

② 同上注，第 25 页。

学专攻农业机械。1945年，对中国革命抱有浓厚兴趣的韩丁以美国战争情报处分析员的身份来到中国，他目睹了重庆谈判，并结识了毛泽东、周恩来、宋庆龄等高层人士。1947年他以联合国救济署技术人员的身份又一次来到中国，先后在东北、绥远、冀南等地主持拖拉机开垦计划和拖拉机培训班。同年，韩丁接受邀请到当时在山西潞城五区的北方大学教习英文，从此和张庄有了不解之缘。

那个时候，上党革命老区在新发布的《土地法大纲》指导下，正轰轰烈烈地开展一场翻天覆地的土地改革运动。北方大学的校园也沸腾了，几百名师生在校园汇聚起来，捆行李，打背包，穿上统一的蓝布衣服准备下乡参加土改。戴着一副厚厚深度眼镜的北方大学校长、著名历史学家范文澜做了"文雅的、具有学者风度的欢送讲话"，在齐鸣的锣鼓声中北方大学的土改工作队出发了。韩丁被这样的场面深深地打动，远望工作队的旗帜渐渐消失，他径直走向校长的办公室，激动地向范文澜校长主动请缨参加土改："这一时刻，是我一生中最想看到，最想投身的时刻。我能不能参加一个工作队呢？哪怕做个观察员，能够了解土改是怎么回事呢？"①3天之后，韩丁得到答复，校长允许他一边在北方大学教习英文，一边可以参加距离学校只有3里地的张庄土改工作队。韩丁从1948年3月进入张庄，直到8月24日离开，从春季到夏季，整整半年时间，他作为观察员参加了张庄土改工作队，同时为《翻身》一书搜集到第一手的文献和口述资料，更重要的是他作为一个"直接参与者"的亲身体验。

如果说韩丁来到中国，走进张庄是一个传奇，那么，《翻身》的孕育和成书就像母亲孕育孩子般地经历了一个痛苦的过程。1966年以英语成书，1981年中译本《翻身》出版，本身也是一个痛苦的过程。白夜先生在中译本的序言中饱含深情地描述了这一过程：

①〔美〕韩丁：《翻身——中国一个村庄的革命纪实》，韩倞等译，邱应觉校，北京出版社1980年版，第12页。

一九四八年春天，他以观察员的身份，同工作队一起来到了张庄。他虽然是观察员，却尽可能把自己变成一个农民。他同农民一起吃饭，一起劳动，一起学习，一起讨论，身上沾满了泥巴，心中转变了感情。许多农民成了他的知心朋友，向他的耳根说悄悄话，把各种秘密，严肃的和荒唐的，都无保留地交给他。他在笔记本上，用蟹行书写出了方块字国家的记录。一个美国人，远客海外，的确要有艰苦卓绝的精神，才能办到。材料收集齐了，事情并没有那么顺利。那个时候，他一个人背了二十斤重的材料，徒步翻过了太行山，东下华北平原。蒋介石的飞机来轰炸了，他就伏在材料上，仿佛母亲保护自己的婴儿一般。这些材料到了美国，又给官方查禁起来。他为此打了好几年官司，几乎倾家荡产，才把材料弄回来。经过长时期的构思和写作，等到一九六六年《翻身》出版，已经是收集材料十八年以后的事了。母亲的孕育是痛苦的。然而，不经过痛苦的孕育，婴儿又怎么能够诞生？①

用韩丁自己的话来说，《翻身》"兼用了小说家、新闻记者、社会学家以及历史学家的笔法"，"无论在风格上或内容上都很像一部记录影片"。本书共7部67节，前两部介绍张庄土改前的历史，从第3部开始，分"访贫问苦""谁来教育教育者""复查""彻底的重新估计""解疙瘩"5部，记述张庄土改及土改运动中的"纠偏"工作。张庄人的生产、生活、婚姻、家庭、教育、宗教、"诉苦会"、"过关会"、党支部大会、整党会议、农民协会、贫农团、妇女会、互助组、工作队、村干部、民兵、妇女、教徒、寡妇、游民、兽医、接生婆、小炉匠，等等，在韩丁的笔下都显得那样熠熠生辉。

1966年英文版《翻身》正式出版后，20万册平装本销售告罄，一时洛阳纸贵。有人认为，《翻身》可以与斯诺的《西行漫记》相媲美，

① 白夜:《写在〈翻身〉的前面》，见〔美〕韩丁:《翻身——中国一个村庄的革命纪实》，韩倞等译，邱应觉校，北京出版社1980年版，第3页。

是描写中国革命的两部经典著作之一。《翻身》还被译成法、德、日、意大利、西班牙等 10 种语言,在美国之外的发行量高达 30 万册。英国著名剧作家大卫·哈利还将《翻身》改编成话剧搬上舞台,在英国等国上演。虽然,这部描写中国一个普通农村土地改革运动的中译本比它的英文版推迟了 18 年,20 世纪 80 年代初的中国又是一个改革开放,拨乱反正,否定"文化大革命"的年代,相信更多的中国人甚至也没有读过中译本《翻身》。但是,我们若想了解那个如火如荼的时代,我们要了解那个背影尚在的中国农村社会,我们就不得不去读《翻身》。实在说,我在此前也是只知其书名而未读其全书,等我在太原市南宫旧书市场发见第一批集体化时代的基层农村档案资料,并且逐渐产生了认识和研究那个时代的欲望后,《翻身》就是我的第一本教科书。

我是和自己的研究生一起去读《翻身》的,我们是把《翻身》与《中国乡村,社会主义国家》一起比对着去研读的。

3 位美国学者,政治学家弗里曼、历史学家毕克伟、社会学家塞尔登联手所著的《中国乡村,社会主义国家》,1991 年由耶鲁大学出版社出版英文版,2002 年由社会科学文献出版社出版中文版。该书曾获美国亚洲研究协会约瑟夫·列文森奖,代表了 20 世纪 90 年代美国中国问题研究的最高水平。与《翻身》的英文版相比,《中国乡村,社会主义国家》迟到了 20 多年。相同的是,两本书的主题均聚焦于中国农村社会的变革,均取材于一个具体的乡村;不同的是,《翻身》的研究对象是张庄这样一个普通的乡村,《中国乡村,社会主义国家》的研究对象则是集体化时代已闻名全国的河北省衡水地区饶阳县五公村。如果说,《翻身》属于"革命叙事",它以革命历史为线索,用近似报告文学的形式来再现中国革命的必要性和正确性,那么,《中国乡村,社会主义国家》则属于所谓的"现代化叙事",它以五公村带头人耿长锁的生活轨迹为线索,探讨 1935 年到 1960 年五公村的社会变革,以及这一系列的变革与传统文化、国家与农村、战争与国家建设之间的关系。

两书最大的共同点就是"在地式"的田野调查。韩丁参加土改工作队，在张庄整整待了半年时间，他和村民一起下地干活挑大粪，一起参加各种会议，村民习惯性地称他"老韩"，又有人叫他"孩子王"。《中国乡村，社会主义国家》的作者从 1978 年起，共访问饶阳 18 次，每次时间在几天到三周之间。该书中文版的序言中，有这样一段记述：

> 简直数不清有多少饶阳县特别是五公村的朋友帮助过我们，即使这会给他们带来不便。假如没有他们的合作，此书便不可能问世。从 1978 年起，我们就和那里的村民在生活上打成一片。我们眼看着他们的孩子长大成人，又有了自己的孩子。我们曾高兴地参加过婚礼，也曾悲伤地在坟墓旁献过花圈。在那些年代，我们彼此间逐渐建立了尊重、信任和友谊的关系。我们睡在老乡的大炕上，吃过鲜美的饺子，也喝过衡水老白干。我们欣赏过河北梆子甚至也曾在偏僻的田间小路上被强盗打劫过。①

2005 年大年后的新学期伊始，我曾组织了一个由中心全体教师和研究生参加的读书会，大家人手一册崭新的《中国乡村，社会主义国家》和一册复印本的《翻身》，如饥似渴地读，认认真真地读，夜以继日地读。大约两周后，开始了集中式的讨论，人人谈读书心得和体悟，有时我就重要的篇章和问题给大家做一点讲解和启发，有时就是师生之间、同学之间的讨论或争辩。至今快 10 年时间要过去了，回想起来，那仍是一场非常集中和过瘾的读书会。2005 年 3 月 5 日，我带着 2 名博士生郝平、李伟，4 名硕士生常利兵、马维强、赵永强、张艳一起去上党地区考察，在时任挂职武乡县副县长刘进同志的热情引导下，参观了武乡八路军纪念馆和武乡县档案馆。次日，3 月 6 日真是一个巧合的日子，我们居然在韩丁和同事戚云走进张庄的同一天也走进张庄，然时间已经过去整整 66 年！由于大家在学校熟读了《翻身》，文本的知识已心中有数，同时怀揣着一种急切的认识张庄、了解张庄的心情第一次走

---

① 〔美〕弗里曼等：《中国乡村，社会主义国家》，陶鹤山译，社会科学文献出版社 2002 年版，第 1—2 页。

进张庄，因而人人都有一种兴奋和亲切的感受。67 岁的张庄老支书王金红热情地接待了我们，在他的引导下，我们参观了张庄展览馆、教堂、"广场"、大队部，还有各种旧式农具和用具，走街串巷辨识《翻身》中提到的主要人物的宅院和大门，在村委会仔细翻阅保存完好的各类档案，桩桩件件，倍感亲切。

3 月 9 日，王金红被我们邀请到山西大学。当晚，我到他住宿的交流中心 105 房间进行了长时间的交谈，他讲张庄、讲韩丁，绘声绘色、滔滔不绝，我被他的热情深深打动。次日（3 月 10 日）是个星期天，我们借历史文化学院会议室，专门请王金红举行了一天时间的座谈会，老人对张庄的往事和今事如数家珍、娓娓道来，同学们不时地提出各种各样的问题请教，他都不厌其烦地认真回答，互相间的交流和对话非常顺畅而愉快。

通过王金红先生的热情联系，4 月 10 日，山西大学迎来了几位从北京专程赶来的尊贵客人，他们就是韩丁的妹妹寒春及韩丁的女儿阳早、女婿阳建平。中心的同学们已将几天前准备好的《张庄：一个美国人眼中的中国村庄》的图片系列展，置放于文科大楼一层大厅，不同系科的同学们不断地簇拥在展板前欣赏观看，议论讨论，山大校园掀起了一场不小的"张庄热"。

4 月 11 日晚，当时山西大学最大的室内活动场所——文科楼 300 多人的报告厅内座无虚席，甚至过道上、讲台旁都坐满站满了参加报告会的师生。一场名为"韩丁与张庄"的学术报告会在此举行，受邀做报告的正是寒春、阳早、阳建平及王金红，当我对几位客人做简单的介绍后，全场即刻响起热烈的掌声。寒春讲母亲坚持真理不畏困苦的精神，讲她和哥哥韩丁小时候的故事，讲她落户中国，一直在北京郊区农场从事农业科技工作，每年作为优秀外国专家出席人民大会堂的茶话会经历；王金红讲张庄的过去与现在，讲韩丁自 1948 年作为"土改工作队"成员第一次走进张庄，一直到去世前 15 次来张庄的经历，讲他自1987 年受韩丁邀请第一次去美国，直到韩丁去世赶赴美国参加葬礼的故事；阳早讲"在中国永远不会觉得乏味"。至今回想起来，在我主持的许许多多不同形式的报告会中，这是一场最富感染力的报告会，也是一场深受教育的报告会。刚宣布报告会结束，同学们便涌上讲台将几位客人团团围住，他们纷纷拿来笔记本、书本甚至喜爱的小饰物请报告人签名留念。客人们不知签了多少名，也不知照了多少相，余音绕梁，久久散去。

此次走进张庄，包括集体研读《翻身》和《中国乡村，社会主义国家》及举办"韩丁与张庄"报告会，第一次使中心的师生感受到集体化时代研究的魅力，感受到了"走向田野与社会"的学术魅力。事过不久，两名在读硕士生要英民和刘栩又到张庄调查数日，通过王金红老支书的帮助，借回张庄现存的所有档案资料，并将其全部复印、整理、编目，整整齐齐地存放在中心的档案室内。之后，要英民的硕士论文《天主教在一个普通村庄的变迁》，刘栩的硕士论文《一个乡村权力结构的演变与分析》，均以张庄为个案，结合档案、文献与田野工作撰写，虽显稚嫩，然扎实有据，深得答辩委员好评。2010年毕业的博士生邓宏琴，则通过近5年时间对张庄的田野调查和档案文献阅读，完成了她的博士论文《"翻身"与"深翻"之后：集体化时代乡村权力实践的微观透视》。以博士论文为基础写成的多篇论文已在《开放时代》刊物公开发表。

张庄的老支书王金红成了中心师生的好老师和好朋友，同学们在上党地区进行田野考察，总会得到他热心的帮助。他有一个儿子在太原工作，一些同学与他相识相交。王金红偶尔来太原，同学们都想去见他，或者请他到中心做客。2008年暑期，中国社会史研究中心从旧图书馆十层搬迁到现在的鉴知楼，王金红先生又帮助我们从上党地区收集到许多农具、拖拉机、织布机、碾盘等实物，甚至请来了当地的大妈帮我们安装织布机，教同学们穿梭织布，大大充实了"集体化时代中国农村社会"综合展的内容。

2008年10月8日，一个秋高气爽、阳光灿烂的上午，校方在布置一新的鉴知楼前举行简单的"集体化时代的中国农村综合展"剪彩仪式，在家的学校领导悉数到位，王金红作为一位特殊的来宾也一同参加了仪式，见证了我们一起创造的成果，分享了我们一起感受的喜悦。

集体化时代农村社会研究的重要文本

集体化时代的中国农村社会研究虽已引起学界的重视，但基层农村社会资料的搜集和利用仍然是我们面临的一个问题。笔者几年前曾撰写《"自下而上"：从社会史的角度研究集体化时代的中国农村社会》一文，特别指出："从'自下而上'的社会史视觉研究集体化时代的农村社会，还有一个基础的，也是很重要的工作就是对基层农村资料的搜集和整理"[①]，呼吁在这批资料快速散失的状态下，起而行之，抓紧抢救搜集。山西大学中国社会史研究中心近年来已经搜集到300多个基层农村的档案资料，所涉内容"无奇不有，无所不包"。本文拣取其中的"阶级成分登记表"予以介绍，并对利用此资料开展集体化时代的农村社会研究提出一些初步的想法，不妥之处，尚祈指正。

一 引言："并不容易获得"的"阶级成分登记表"

自土地改革的20世纪40年代，直到改革开放的20世纪80年代，阶级成分都是国人的重要政治身份，或者说是一种政治标签。对于一个家庭或个人来说，划分阶级成分或"重新登记"多数也经历不止一次，日常生活中个人填写的各种表格也必有"阶级成分"或"家庭出身"一栏赫然在目。然而，由于"阶级成分登记表"在那个时代属于档案而被封存管理，个人要想获取这类资料几乎没有可能。对中国农村社会素有

[①] 山西大学中国社会史研究中心编：《社会史研究》（第三辑），商务印书馆，2013年。

研究的黄宗智先生曾提道：

> 关于单个村庄的客观阶级结构的资料相当有限。现存关于每个村庄的阶级成分详细而准确的资料，多是在土改时收集的并在"四清"中被系统核实过的。然而这些资料并不容易获得。那些我们通常在研究中使用的官方数据，往往过于简略而且并不包括单个村庄的情况。事实上，共产党向外部世界所提供的是经过细心选择的若干村庄的数据，这些数据被用来证明官方对农村社会结构分析的真实性。……直到现在，我们能够掌握的确实可靠的资料只有几十个村庄的数据，这些数据主要来自于解放前完成的人类学实地调查。[①]

是的，对我们这些对国史和党史没有太多研究的人而言，最初涉猎土改和"阶级成分登记表"也是源自"人类学实地调查"的各类报告和著述。2005 年春季，山西大学中国社会史研究中心曾组织"再读《翻身》"读书会，并邀请韩丁的妹妹寒春等家属及张庄时任支部书记王金红举行报告会，从韩丁那本"兼用了小说家、新闻记者、社会学家以及历史学家的笔法"，"在风格上或内容上都很像一部记录影片"的著作中，从寒春及王金红等人的口述中，我们开始了解张庄，了解土改，了解"阶级成分"，但那毕竟是字面上的感想认识，不可避免地有着隔雾看花的感觉。

也就是从那个时候开始，山西大学中国社会史研究中心全体师生，不避寒暑，栉风沐雨，坚持"走向田野与社会"，广泛搜集散落在全省各地农村的基层档案。到目前为止，我们已经搜集到涉及全省南北各地 300 余个村的历史档案，总量当在数千万件以上。这批档案最早的在明清时期，绝大多数则属于集体化时代，内容包括农村总账、分类账、分户账、日记账、工分账、社员往来账、实物收付账、现今收付账、实物明细账等各类纷繁多样的账册；中央、省、地、市、县、乡（公社）、生产大队、生产小队各级政府的文件、计划、总结、制度、方案、意

---

① 黄宗智：《中国革命中的农村阶级斗争——从土改到文革时期的表达性现实与客观性现实》，见黄宗智主编：《中国乡村研究》（第二辑），商务印书馆，2003 年，第 73 页。

见、报告、请示、指示、通知讲话等各类文书，政治、经济、军事、文化、宗教、教育、卫生、社会方方面面无所不包；阶级成分登记表、斗争会记录、批判会记录、匿名信、告状信、决心书、申请书、判决书、悔过书、契约、日记、笔记等个人与家庭档案无奇不有；宣传画、宣传册、领袖像、红宝书、红色图书、各地不同时期的各类日报、小报、各类票证，等等，我说真是"无所不包，无奇不有"。①

"阶级成分登记表"是山西大学中国社会史研究中心收藏较多的一种基层农村档案，是集体化时代农村阶级档案的一种类型。目前为止，我们已以数据库的形式，初步整理出 10 余个县份，60 多个村庄，近300 个生产大队超过 10000 户（家庭）的相关资料。我们相信，随着搜集工作的进一步展开，还会有更多这类档案的发现。

事实上，"四清"时期重新进行阶级成分的登记，是当时一个普遍的要求，也许没有一个家庭可以漏掉。只是事过半个世纪后，这批档案已有相当一部分散失，或者正在迅速散失的过程中。但是，广大的农村基层单位，仍然因为不同的原因会有很多存留在世，不少县级的档案馆也保留了此类资料，这些已经为近年来的田野工作所证实。

那么，我们不禁要问，中国共产党是何时在农村进行阶级划分和登记工作的？相比其他时期而言，"四清"运动时期形成的"阶级成分登记表"有何自身的特点？它对于集体化时代农村社会研究有何价值？若有价值，我们又该如何把握和利用？

二　1933 年以前的农村阶级思想

阶级分析方法是马克思主义政党分析和治理社会的重要方法。20世纪初，各种社会思潮风起云涌，阶级理论也随之传入中国。李大钊、陈独秀等早期共产主义者开始运用阶级理论分析中国社会。但是，直至

---

① 行龙、马维强：《山西大学中国社会史研究中心"集体化时代农村社会基层档案"述略》，见黄宗智主编：《中国乡村研究》（第五辑），福建教育出版社，2007 年。

国民大革命失败，共产党人对于中国农村社会阶级的分析仍无统一的标准和认识。更何况，其他政党和社会团体对于阶级理论是否适用于中国尚存疑问。国民党的右派十分惧怕共产党，特别是当时蓬勃发展的农民运动，损害了国民党在农村的政治和经济基础。梁漱溟等乡村建设派，也始终认为中国并无阶级，也无阶级斗争，而是伦理本位和职业殊途，改造社会的关键在于教育农民。梁漱溟与毛泽东的两次争论，即基于中国是否是阶级社会的分歧。

20 世纪 20 年代中后期，毛泽东对于中国农村阶级的认识和分析经历了一个逐渐完善和成熟的过程。

1925 年，《中国社会各阶级的分析》一文提出"革命的首要问题"，即"谁是我们的敌人？谁是我们的朋友？"，并将农民分成小资产阶级（自耕农）、半无产阶级（半自耕农、贫农等）和无产阶级（雇农、游民等）。同时，他又将自耕农分成三种，第一种自耕农是有余钱剩米的，即每年劳动所得，除自给外，还有余剩。他们的经济地位与中产阶级的小地主颇接近，他们"对于现代的革命在他们没有明了真相以前取了怀疑的态度"。这部分人在自耕农中占少数，大概不及百分之十，是自耕农中的富裕部分。第二种自耕农是恰足自给的，即每年收支恰足相抵，不多也不少。他们的生存状况正在恶化，"对于反帝反军阀的运动仅怀疑其未必能成功，不肯贸然参加，取了中立的态度，但绝不反对革命"。这一部分人数大概占自耕农的一半。第三种自耕农每年都要亏本，多数是从原来的殷实人家衰败下来的。他们在革命运动中颇要紧，"颇有推进革命的力量"，是"小资产阶级的左翼"。这一部分人数约占自耕农的百分之四十。一旦革命潮流高涨可以看得见胜利的曙光时，第三种"左倾"的自耕农会马上参加革命，第二种中立的自耕农也可参加革命，第三种右倾的自耕农也得附和革命。总之，小资产阶级的自耕农是全部可以倾向革命的。

1927 年，毛泽东在《湖南农民运动考察报告》一文中将农民划分成地主、富农、中农、贫农（包括次贫和赤贫）。

1930 年，毛泽东在《反对本本主义》一文中说："我们调查农民成分时，不但要知道自耕农，半自耕农，佃农，这些以租佃关系区别的各种农民的数目有多少，我们尤其要知道富农，中农，贫农这些以阶级区别阶层区别的各种农民的数目有多少。"他又说，"我们调查工作的主要方法是解剖各种社会阶级，我们的终极目的是要明了各种阶级的互相关系，得到正确的阶级估量，然后定出我们正确的斗争策略，确定哪些阶级是革命斗争的主力，哪些阶级是我们应当争取的同盟者，哪些阶级是要打倒的。"在这里，我们看到，毛泽东已经逐渐摒弃以租佃关系为基础的阶层区别，代之以剥削关系为基础的阶级划分。

三　1933 年的两个重要文献

中国共产党在其成立前后就开始对包括农村在内的中国社会进行阶级分析，但系统而准确地论述农村"阶级成分"划分问题却是后来的事情。

中国共产党对农村阶级成分的划分是在土地改革的具体实践过程中明确起来并不断完善的。

1933 年 10 月，毛泽东为纠正土地改革中扩大阶级斗争范围的"左倾"错误，写成《怎样分析农村阶级》一文，在该文中，毛泽东将农村划分为五大阶级，即地主、富农、中农、贫农和工人（含雇农），划分阶级成分的标准主要是两条：生产资料（主要是土地和生产工具）占有状况和参与生产劳动状况。地主"收取地租"，"占有土地，自己不劳动，或只有附带的劳动"；富农"一般占有土地"，"一般都占有比较优裕的生产工具和活动资本，自己参加劳动"，但是"雇佣劳动（请长工）"；中农"许多都占有土地"，"自己都有相当的工具"，"一般不出卖劳动力"；贫农"占有一部分土地"，或者"全无土地"，占有"不完全的工具"，"一般都须租入土地来耕"，而且"一般要出卖小部分的劳动力"；工人（雇农在内）"一般全无土地和工具"，"完全地或主要地以出卖劳动力为生"。

　　与毛泽东此文同时颁发的另一个重要文献是中华苏维埃共和国中央政府做出的《关于土地斗争中一些问题的决定》，这个决定进一步对阶级划分过程中的 20 个实际问题做出了更加详细的规定，尤其是细化了富农与地主、富裕中农的区别，对富农的界定、富农的待遇都有了明确的规定。

　　1933 年的这两个文件，是中国共产党土地改革史上最早的重要文献，也是中国共产党农村阶级分析和阶级成分划定的指导性文献，解放战争时期、中华人民共和国成立后所进行的土地改革，均以 1933 年的这两个文件为底本，进行适当修改和增删后重新发布，中央认为其关于阶级成分的规定基本上是正确的。例如，1947 年 11 月颁布的《中共中央关于重发〈怎样分析阶级〉等两个文件的指示》，进一步肯定这一阶级分类，并认为其关于阶级成分的规定基本上是正确的。1948 年 5 月，中央委员会又一次颁发《中国共产党中央委员会关于一九三三年两个文件的决定》，在适当删减和修改的基础上，"将这两个文件作为正式文件，重新发给各级党委应用"。

四　20 世纪 40 年代的阶级政策

　　抗日战争时期，中国共产党执行的是抗日民族统一战线的土地政策，即一方面减租减息一方面交租交息的土地政策。1942 年 1 月，中共中央发布《关于抗日根据地土地政策的决定》及其附件，2 月 4 日发布《关于如何执行土地政策决定的指示》，指导各解放区掀起了大规模的减租减息群众运动，老区的土地改革和阶级成分的划分也同时展开。尽管抗战期间，阶级政策有所缓和，但是仍然要削弱封建势力，仍然要发动群众进行土地斗争。

　　山西大学中国社会史研究中心现藏最早的"阶级成分登记表"档案，是 1944 年阳城县"评成分底册"，虽然内容较为简单，但基本经济情况和成分"决定"一目了然。举其一例（见图 1）：

　　　宁维祺，卅一年：民房 32 间，厕坑 2 个，园地 11.07 亩，旱
　　地 47.6 亩；卅十二年：自己雇长工 1 人，种园 2 亩，其余的都是
　　出租；卅十三年：同上。以上自己无有劳动。决定：地主。

解放战争时期，中共中央的基本政策口号是"彻底平分土地"。

抗战结束后，鉴于新的国内和国际局势，以及农民对土地的迫切需求，中共中央的阶级政策和土地政策有了调整，将减租减息的政策改为没收地主土地分配给农民。1946 年 5 月 4 日，中共中央颁发了《关于土地问题的指示》，即"五四指示"，号召放手发动群众，解决土地问题，实现耕者有其田。为了总结"五四指示"颁布以来的经验，进一步推动土地改革工作的开展，并适应革命形势的发展，完善党的土地政策，1947 年 7 月至 9 月，全国土地会议在河北省平山县西柏坡村召开。1947 年 9 月 13 日，通过了《中国土地法大纲》，号召彻底平分土地。

全国土地会议确定的"平均分配一切土地"的方针，助长了农民群众中存在的平均主义倾向，农村中存在严重的过"左"倾向，阶级划分也出现了一定程度的混乱问题。1947 年 11 月 29 日，中共中央关于重发《怎样分析阶级》等两文件的指示，作为农村阶级划分的指导性文件。1948 年 1 月 12 日，又将任弼时的《土地改革中的几个问题》，也作为阶级划分的又一指导性文件。需要注意的是，任弼时的这一小册子在此阶段的农村运动和阶级划分工作中具有重要的指导作用。

1948 年 2 月 15 日，中共中央

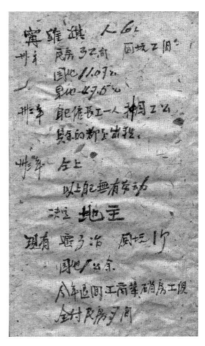

图 1　1944 年阳城县"评成分底册"

通过了《关于土地改革中各社会阶级的划分及其待遇的规定（草案）》，目的是纠正农村阶级划分存在的问题。但最终并未公开发表。

五　中华人民共和国成立初期的土改与划阶级

中国共产党关于农村阶级成分的划分标准，中华人民共和国成立后普遍执行的标准就是在1950年6月《土地改革法》基础上，于1950年8月4日政务院第44次政务会议通过的《中央人民政府政务院关于划分农村阶级成分的决定》：

一、为了正确地实施一九五〇年六月三十日中央人民政府公布的《中华人民共和国土地改革法》，特公布本决定。

二、中央人民政府政务院认为一九三三年瑞金民主中央政府为着正确地解决土地问题而公布的两个文件，即《怎样分析农村阶级》和《关于土地斗争中一些问题的决定》，除开一小部分现时已不适用外，其余全部在现时的土地改革中是基本上适用的。这两个文件在一九四八年五月曾经中共中央重新公布，并在土地改革工作中加以应用，已证明其在现时的土地改革中是适用的。因此，中央人民政府政务院特将这两个文件稍加删改并加以补充后，再行公布，作为今后正确解决土地问题的文件。在这两个文件中，凡系本院所补充决定者，均加上"政务院补充决定"字样，并于这两个文件外，增补《政务院的若干新决定》。

三、由本决定所公布之文件，其文字解释如有与土地改革法相抵触者，均按土地改革法执行。

四、各省人民政府得根据各地方的实际情况和本决定公布之文件所规定的原则，颁布划分阶级的补充文件。但这些文件应呈报本院备案。

这一时期的农村阶级划分仍以1933年的《怎样分析农村阶级》和《关于土地斗争中一些问题的决定》这两个文件为蓝本。需要注意的是，1951 年 3 月，中共中央又通过了《关于划分农村阶级成分的补充规定（草案）》。鉴于当时农村土改工作的复杂情况，这一草案，最终只作为内部参考文件下发。

六　20 世纪 60 年代的阶级档案

在 1960 年冬到 1961 年春农村整风整社运动中，中共中央华北区就提出了在农村逐步建立阶级档案的问题，而且在各省、市、自治区都进行了一些试点工作。《中共中央华北区关于在农村建立阶级档案的指示》认为：

> 经验证明，在农村建立阶级档案，不仅可以帮助我们系统地了解每一个乡村阶级情况和革命斗争历史，而且可以帮助我们在长期的复杂的阶级斗争中，正确贯彻执行党在农村的阶级路线，明确依靠谁、团结谁和谁作斗争。阶级档案，是我们进行阶级斗争的有力武器，也是向广大群众，特别是青年一代进行阶级教育、革命传统教育的好教材。

1963 年 1 月 19 日，中共山西省委《关于生产队和生产大队普遍建立档案的通知》要求将四个方面的材料立卷归档，第二条就是："阶级变化情况。应包括解放前后、土改前后和合作化前后的阶级状况。历年来较大的社会改革运动中阶级斗争和阶级成分的变化等情况。"

中国社会史研究中心现存 1963 年运城县北相公社西张贺大队"阶级情况分户登记表"（见图 2），很可能就是这次试点工作中存留下来的农村档案。此档案按每个生产小队装订成册，案宗题为"各阶级情况分户登记表"，"工作队"为"文件作者"，不同于"四清"时期的登记表一律用毛笔或钢笔填写，本档案以蜡版刻印，一体蓝色。时间明确在 1963 年 5 月。内设土地改革时期情况、高级社时期情况、公社化时期情况三大栏。土改时期情况含户主姓名、性别、年龄、家庭成分、家庭人口、经济情况（土地、牲口、房屋、自行车、缝纫机、猪、羊、车辆、换水工具、每

人平均粮食、每人平均现金、借贷关系）、党或团、家庭主要成员简历、
参加过何种反动军警宪党会道门、当时思想态度表现。高级社时期和公
社化时期增加阶级成分变化情况。

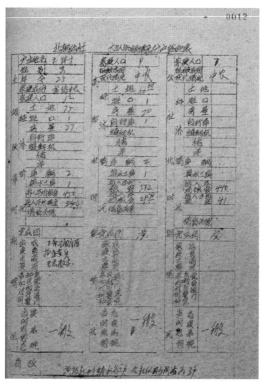

图2 1963年运城县北相公社"阶级情况分户登记表"

1963年12月6日，华北区发布《关于在农村建立阶级档案的指
示》，要求"农村阶级档案，应该包括每户的阶级成分登记表，以自然
村或生产大队为单位编写的革命简史和典型人物的家史"。规定"阶级
成分登记表由省、市、自治区统一制定格式，以县人民委员会的名义
印发"，"进行阶级登记的工作，不要登报"。该《指示》最后一句话为
"阶级成分登记表样式（略）"，这大概就是后来"四清"运动中普遍使
用的阶级成分登记表规定样式。

1964年9月10日，《中共中央关于农村社会主义教育运动中一些

具体政策的规定（修正草案）》（即后十条）发布，明确规定"在这次运动中，必须有步骤地进行下列十二项工作"，其中第六项为"清理阶级成分，建立阶级档案"。与此同时，中共中央华北局批转《中共中央华北局办公厅关于农村阶级档案及其他档案收集和管理办法的规定（草案）》，规定"每户阶级成分登记表，一律用十六开纸，用毛笔或钢笔填写（不得用铅笔或圆珠笔），一式二份，一份交县，一份由公社（或大队）保存"。这也就是我们现在仍然可以在县级档案馆及乡村两级发现此类档案的原因。

1966 年前半年，山西各地普遍进行了阶级成分的登记，登记表纸张硬厚，设计内容一致。手头三种不同县份（文水县、平遥县、永济县）的阶级成分登记表均集中在 1966 年 4 月到 6 月。表分正反两页，正面内容为：户主姓名、性别、年龄、民族、家庭出身、本人成分、在家人口、在外人口；家庭经济状况：土改时、高级社时、现在；家庭主要社会关系及其政治面貌；家史简述；备考。背面家庭成员简况：姓名、与户主关系、性别、年龄、民族、家庭出身、本人成分、文化程度、宗教信仰、是否社员、现在职业及职务、参加过什么革命组织、参加过什么反动组织、受过何种奖励与处分；主要经历和主要政治表现、备考。编号、填写人、填写日期一应俱全。只是永济县的阶级成分登记表"家庭成分"一栏，分"现在复议评定"和"土改划分议定"两项，与文水、平遥两县仅此区别。兹录一则永济县的"阶级成分登记表"的内容（见图 3、图 4、图 5），以窥一斑：

　　山西省永济县青渠屯公社西下大队第四生产队

　　阶级成分登记表　编号 22

　　曹占宾，男，41 岁，汉族。

　　家庭成分：现在复议评定上中农，土改划分议定上中农

　　在家人口：3

　　家庭经济状况：

　　土改时：1947 年解放时，土地 50 亩，房子 6 间，大车半辆，

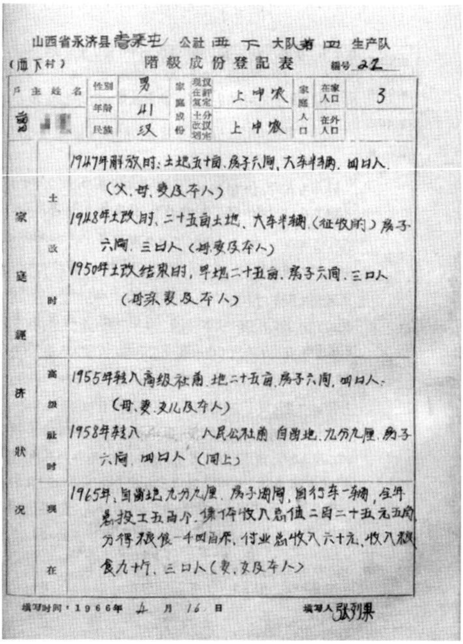

图3　永济县青渠屯公社西下大队"阶级成分登记表"（正面1）

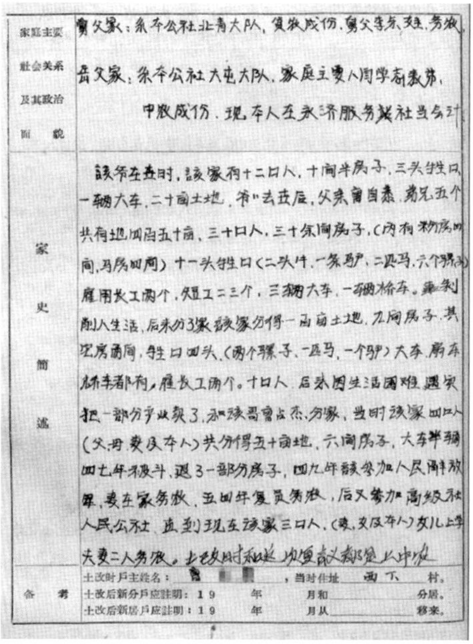

图4　永济县青渠屯公社西下大队"阶级成分登记表"（正面2）

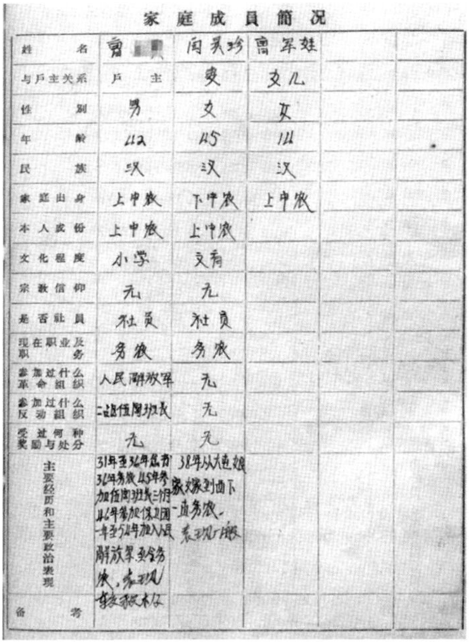

家庭成員簡况

姓名	曹[illegible]	闫秀珍	曹军娃		
与户主关系	户主	妻	女儿		
性别	男	女	女		
年龄	42	45	11		
民族	汉	汉	汉		
家庭出身	上中农	下中农	上中农		
本人成份	上中农	上中农			
文化程度	小学	文盲			
宗教信仰	无	无			
是否社員	社员	社员			
现在职业及职务	务农	务农			
参加过什么革命組织	人民解放军	无			
参加过什么反动組织	二战伍阎班长	无			
受过何种奖励与处分	无	无			
主要经历和主要政治表现	31年至36年当青 36年务农45年参加伍阎班长三个月 46年参加保卫团一年至54年加入人民解放军至今务农，表现学习积极	38年从大迪娘家嫁到西下一直务农。表现一般			
备考					

图5　永济县青渠屯公社西下大队“阶级成分登记表”（背面）

4口人（父、母、妻及本人）。1948年土改时，25亩土地，大车半辆（征收的），房子6间，3口人（母、妻及本人）。1950年土改结束时，旱地25亩，房子6间，3口人（母亲、妻及本人）。

高级社时：1955年转入高级社前，地25亩，房子6间，4口人（母、妻、女儿及本人）。

1958年转入人民公社前，自留地9分9厘，房子6间，4口人（同上）。

现在：1965年自留地9分9厘，房子2间，自行车1辆，全年总投工500个，集体收入总值225元5角，分得粮食1400斤，副业总收入60元，收入粮食90斤。三口人（妻、女及本人）。

家庭主要社会关系及其政治面貌：

舅父家：系本公社北青大队，贫农成分。舅父李乐娃，务农。

岳父家：系本公社大屯大队。家庭主要人闫学志，表弟，中农成分，现本人在永济服务社当会计。

家史简述：

该爷在世时，该家有 12 口人，10 间半房子，3 头牲口，1 辆大车，20 亩土地。爷爷去世后，父亲曹自恭，弟兄 5 个，共有地 450 亩，30 口人，30 余间房子（内有粉房 4 间，马房 4 间），11 头牲口（2 头牛，1 头驴，2 匹马，6 个骡子）。雇用长工 2 个，短工二三个，3 辆大车，1 辆轿车。靠剥削人生活。后来分了家，该家分得 100 亩土地，9 间房子，其他房 2 间，牲口 4 头（2 个骡子，1 匹马，1 个驴），大车、扇车、轿车都有，雇长工 2 个，10 口人。后来因生活困难，遇灾把一部分产业卖了，和该哥哥曹占杰分家。当时该家 4 口人（父、母、妻及本人），共分得 50 亩地，6 间房子，大车半辆。1947 年被斗，退了一部分房子，1949 年该参加人民解放军，妻在家务农，1954 年复员务农，后又参加高级社、人民公社，直到现在该家 3 口人（妻、女及本人），女儿上学，夫妻二人务农。土改时和这次复议都是上中农。

家庭成员简况（背面）：

户主曹占宾，男，42 岁，汉族；家庭出身：上中农，本人成分：上中农；文化程度：小学；无宗教信仰；现在职业：务农；参加过人民解放军，参加过什么反动组织：二战区五旅班长；主要经历和主要政治表现：1931 年至 1936 年念书，1936 年务农，1945 年参加五旅班长三个月，1946 年参加保卫团一年，至 1954 年加入人民解放军，至今务农。表现较积极。

妻闫英珍，女，45 岁，汉族；家庭出身：下中农，本人成分：上中农；文化程度：文盲；无宗教信仰；现在职业：务农；主要经历和主要政治表现：1938 年从大屯娘家嫁到西下，一直务农。表现一般。

女儿曹军娃，14 岁，汉族；家庭出身：上中农。

这就是一份普通的"阶级成分登记表"所记载的内容。

事实上，在 20 世纪 70 年代初的"一打三反"、清理阶级队伍、整党建党过程中，都有过复核和登记阶级成分的举措。而在 70 年代末，政府又颁布了有关阶级成分的决定，各地重新进行阶级成分登记。但是，就目前所能看到的"四清"运动以后形成的不同形式的阶级成分登记表来看，唯有"四清"时期的阶级成分登记表数量最多、内容最系统和翔实，此后的登记表均是在"土改"或"四清"复议基础上重新登记的。因此说，"四清"阶级成分登记表无疑是一种难能可贵的非常值得深入挖掘的史料。

七　集体化时代农村研究的重要文本

"阶级成分登记表"是集体化时代农村社会研究的重要文本。

第一，"阶级成分登记表"相对真实可靠。从土地改革到"文革"开始后的"四清"运动，阶级成分的划分和登记在多数地区至少有过两次，这就是土改时期的划分和"四清"时期的复议及重新登记。我们知道，阶级成分曾经是那个时代个人和家庭最重要的政治符号。韩丁在《翻身》中写道："阶级成分的划定，最终将要决定每一家的前途"，"换句话说，划分阶级成分这件事，绝不是什么纸上谈兵，什么统计人数或者人口调查。这是采取经济和社会活动的基础，而这些行动是会从根本上影响到每一个家庭和每一个人的。"潞城县委陈书记在重新划分阶级成分的报告中要求："我们必须解释、讨论、报告、审核、划成分、发榜；再解释、讨论、报告……要反复地搞。这很麻烦，很困难，很费时间。但是人家并不嫌麻烦，因为这是决定他们命运的事情。"[1]1948 年 2 月 22 日《新土地法大纲》在全国公布后，韩丁以队员的身份参加了张庄复查土改情况的工作队，从"自报公议"、确定标准、会议讨论、"三榜定案"到复查、再次划分、"纠错"、"纠偏"，整个过程严肃而紧张。至于各地不同程度的错划漏划，或者政策掌握上的宽严不一等问题，毕

---

[1]〔美〕韩丁：《翻身——中国一个村庄的革命纪实》，韩倞等译，邱应觉校，北京出版社 1980 年版，第 509 页。

竟不是主流的东西。

"四清"时期的阶级成分复议同样是非常严肃认真的。一般的做法是，省、县两级组织专门的工作队进行培训，然后深入社队一线，开展工作。发动群众，访贫问苦，忆苦思甜，自报公议，民主评定，张榜公布，整个过程环环相扣，严肃认真。《洪洞县社会主义教育典型经验汇集》中，有一份1965年龙马分团《清理阶级成分的情况和体会》，其中讲到，龙马公社1947年冬解放，1948年春至1949年春相继进行了土改，同时进行了纠偏。但"由于土改时群众没有很好发动，解放十多年来，又未进行过阶级教育和阶级清理。群众干部阶级观念十分模糊，土改划成分的老底大部分已经丢失，没有可靠的文字记载，外来户大部分没有迁移手续，原籍的成分不清。因此，近几年来，错报、篡改成分的不少"。工作组入住后，建立了由以贫协为主导的清理阶级成分领导小组，培养骨干，训练登记队伍。访贫问寒，召开各类座谈会，利用历史资料和摸底材料，综合分析研究，按生产资料和生活状况排队进行内部审查。之后印刷提纲，向群众宣讲，做到"家喻户晓，人人皆知"。"村内村外，田间地头阶级成分成了大家谈话的中心，有的找贫协，有的找工作队，有的书面申请要求复议自己的成分"。最后是自报公议，民主评定。"即群众自报公议，清理小组初审，群众再议，领导小组批准，社员大会通过定案"。群众反映说"这次划成分很民主，比土改时细致多了"。

第二，"阶级成分登记表"的时限是一个相对而言的"长时段"。"阶级成分登记表"中的"家庭经济状况"一般有土改时、高级社时、现在三栏，时限大约从20世纪40年代的老区土改到20世纪60年代的"文革"之前，部分登记表也有反映土改前家庭经济状况的内容，这样一个至少20年或更长时段的研究资料，在中国现代史的资料中是一种相对而言的"长时段"资料了。我们知道，尽管现代史的资料中，已有许多个人回忆录、日记、笔记等刊布于世，但与"阶级成分登记表"相比，这些都是较为零星和分散的，"阶级成分登记表"相对的成规模，系统性、完整性、全面性都是这些资料不可比拟的。更何况，"阶级成分登记表"还有一个代际性的特点，我们可以从"阶级成分登记表"中看到一个家庭至少三代的大致情况。

中国现代史的研究也要避免"碎片化"的陷阱，就像中国古代史的研究要避免先秦、两汉、魏晋、隋唐、宋、元、明、清那样的细化，甚至不顾"问题意识"而人为割裂的现象一样，中国现代史的研究也要注意避免土改、合作社、人民公社、"文革"分段研究的弊端。"阶级成分登记表"这样"长时段"的系统资料正是我们克服此种弊端可以利用的极好材料。

第三，"阶级成分登记表"内容十分丰富。传统中国农村是一个"自给自足"的自然经济结构，生产生活以一家一户为单位。就农村存留的文字资料而言，最多的应是以家族为单位编撰的族谱和家谱，极少数所谓的文人留有极少数的日记、笔记、账本等散见文书，再有就是碑刻和遗物了。只是到了中国共产党领导的集体化时代，才有了以村（生产大队或生产小队）为单位的系统全面的集体文字资料，"阶级成分登记表"是集体化时代最为系统完整的资料，也是内容最为丰富的资料。资料的丰富性，为我们了解和研究这段历史提供了坚实的基础。比如，从登记表中提供的家庭人口数量、年龄、性别、民族、职业、婚姻状况、文化程度、宗教信仰等信息中，可以分析人口的数量变迁、性别结构、年龄结构、职业结构、文化教育结构、宗教信仰结构等基层社会的基本状况，甚至可以验证那些层层上报的各类统计表格和数字的真实与否。从"家庭经济状况"中提供的土改时、高级社时、现在（"四清"时期）三个阶段的分析中，不仅可以看出家庭经济状况的变化与变迁过程，而且可以验证政策层面上的富农问题、中农问题，甚至土改是否过火、阶级斗争是否扩大化这样的"大问题"。从家史的叙述中可以看到一个具体家庭的分合演变、职业转换等信息，从家庭关系及政治面貌中可以看出其"历史问题"和政治身份，如此等等，不胜枚举。

需要指出的是，内容十分丰富的"阶级成分登记表"虽然以表格的形式分类填写，看似各项分隔开来，互不统属，实则政治、经济、文化等方面互相联系，反映的是一个家庭的整体面貌。内容丰富的另一面，换个说法就是内容繁杂，以"家庭经济状况"而言，除登记一般的土地、房屋、15 岁以上的劳动力外，详细一点的登记表还有更为繁杂的瓦房、土房、窑洞、棚子、旱地、平地、水地、梁地、坡地、树、果树、牛、马、骡、羊、猪、鸡、车、犁、耙、耧等有关信息。如果将所有"阶级成分登记表"的各种信息综合起来，整个变量至少在 300 个以上，真有点"剪不断，理还乱"的感觉。另外，由于"阶级成分登记表"以家庭为单位进行登记，尽管其反映的是一个家庭的整体面貌，但它毕竟只是一个家庭。以一家一户，甚至一个或几个村庄的"阶级成分登记表"讨论相关的问题，样本不足是一个很大的缺陷，也有"只见树木不见森林"的困惑。

八　量化历史研究的尝试

面对"剪不断，理还乱"和"只见树木不见森林"的困惑，我们尝试建立了"阶级成分数据库"，试图以量化历史研究的方法对此进行综合的分析与研究。

自 2014 年 9 月至今，山西大学中国社会史研究中心与香港科技大学人文学院李中清、康文林团队合作建立"阶级成分数据库"。从现已收集的 300 多个村庄基层档案中，我们发现有 10 余个市县，60 多个村庄较为系统的"阶级成分登记表"，总计约有上万份。这些市县是：阳高县、原平市、盂县、太原市、昔阳县、文水县、祁县、平遥县、侯马市、曲沃县、闻喜县、运城市、永济市。

综合数十年来中心对集体化档案的治史积淀和李、康团队在量化数据库领域的丰富经验，2014 年 10 月，经过多方协商讨论，我们将"阶级成分登记表"这一历史文本分解成 200 多个变量，并对社会史研究中心 17 名硕士研究生进行录入培训。在数据录入的过程中，录入员可以根据各生产大队或生产队的填写特点适时调整和增加现有变量种类，以期所录变量能够客观和准确地反映历史文本中所蕴藏的极具价值的丰富信息，能够突出反映出不同地区不同村庄的社会、经济、文化结构方面的不同特点。2015 年 4—6 月，我们综合讨论录入过程中出现的问题和疑惑，大幅度调整和更改变量列表，特别是对一些模糊不清的变量类型进行细致分别。同时对第一期的录入数据进行合成工作。至 2016 年底，数据库中的户数已达到一万户左右。目前，中心已经有老师和同学利用数据库进行尝试性的分析与研究。

"阶级成分登记表"记载的各阶段家庭和社会关系信息与长时段的家庭历史变迁过程，使得这一史料成为集体化时代农村社会研究的重要文本。建立历史数据库，采用大数据的方法进行历史研究，不仅可以有效避免个案研究的碎片化倾向，而且可以运用社会科学的研究方法发现隐于背后的历史规律和社会逻辑。从目前山西地区的"阶级成分登记表"来看，学术界的很多课题和成果仍值得进一步深化研究，甚至纠正偏见误识。与此同时，需要清楚的是，在将历史描述文本转化成变量数据，并运用计量方法进行研究时，需要注意几个问题。

一、避免唯数据论。在我们将阶级成分登记表转化成变量数据时，分解了连贯性的历史描述语言，可能会造成历史文本的失真。这就要求我们及时总结经验和教训，检查核对录入的数据，适时调整变量列表，尤其注意同类不同质的情况，比如房屋，有砖房、瓦房、草房、窑洞、边子、场棚等。在利用和分析数据的时候，必须参考原文，将变量放置于连贯的历史叙述中理解。切忌断章取义，以偏概全。

二、注意扩展史料。集体化时代的农村社会基层档案资料极为丰富，"四清""阶级成分登记表"只是浩瀚资料当中的一种，且不同年代存在不同样式和内容的成分表。尽管数据库的优势不言而喻，但是不可只听登记表一面之词，而应尽量扩充史料。在可能的情况下，应将登记表放在整个村庄或地区的资料当中进行理解，并用其他类型的档案进行补充和参考。比如，这一阶段的收入分配，即可以参考村庄粮食分配方面的统计资料。

三、重视田野调查。几十年来，中国社会史研究中心一直倡导和坚持"走向田野与社会"的治学理念，其目的不仅仅在于地方基层档案资料的搜集保护，更为重要的是近代社会史研究必须注意地方性知识和社会实践逻辑，自下而上地研究社会结构及其变迁。因此，仅靠书斋里的苦思冥想是无法理解农村、理解农民的。数据库中诸多让人摸不着头脑的概念词语，多是地方知识的产物。比如吕梁地区称房屋为"房则"，阳高地区称内兄为"大兄哥"。

"四清""阶级成分登记表"记载的信息，具有回溯性的特点。因为"四清"时期的土改底册大多已经丢失，登记表上的信息多是靠访问村内"三老"和挨家挨户回忆填报得来。由于这个原因，每个村庄或大队的数据质量高低不同，涵盖的细节详略不一。尽管"阶级成分登记表"有一些历史的局限，但并不妨碍作为一种有价值的历史文本及其据此形成的历史大数据来进行研究和分析。就目前学界对于该史料的利用程度来看，仍有巨大的潜力以资发掘。

九 余论：中国当代社会史需要一场"资料革命""史观革命"

1949年以后的中国当代史已经成为"名正言顺"的二级学科，当代史的繁荣之象越来越向我们逼近。以我自己的感受而言，顺应这一趋势，中国当代社会史的研究也越来越受到学界重视。忆记2007年，田居俭先生在《当代中国史研究》（2007年第3期）发文，开始倡导"把当代社会史提上研究日程"，两年以后，笔者也在同刊发文（2009年第4期），倡导从社会史的视角研究当代，现在已有中国社会科学院当代史研究所李文先生主编的《中国当代社会史》问世，这样的局面真有出人意表之慨。还有，最近几年来，相关的专业刊物也在陆续刊登"笔谈"文章，笔者就曾先后参与了《河北学刊》、《社会科学》（上海）和《中共党史研究》的三个笔谈。然而，在参与过程中，笔者却"另有一番滋味在心头"，这就是，我们一方面要积极倡导和推动当代社会史的研究，另一方面又要脚踏实地做点基础工作，切忌一哄而上，落入俗套。

早年就致力中国社会史研究的王家范先生在《社会科学》主持的"中国当代史学科建设"笔谈中，有一篇题为"史学重心的第二次下移：对当代史研究的期望"的短文，提出来这样一个问题：

> 证据越多越好，多一分证据就多一分底气。最怕的是以发现某"新史料"为满足，就此件说此事，胆大的还横加发挥延伸，由此及彼，难保不出纰漏与笑话。因此，我建议在当代史研究兴起之初，特别需要建立"史料学"课程，以培养后进，就像军训演习队形一样，看无实战效应，却是将来打仗时必须先得具备的"严守纪律"的素质基础。

"当代史研究将不再有古代史学研究常遇的史料贫乏或枯竭之窘，但也可能遭遇前所未有的'史料横溢'的挑战"，这是王先生提出开设"史料学"课程的出发点。我的另一方面的担忧则是，目前中国当代史研究的资料，多限于已经公布的上层文件选编、文稿、文集、回忆录、传记、报纸、杂志等"大路货"，反映下层社会实态的基层档案、各类账册、上下级往来文件、各种会议记录、个人及家庭登记表、笔记日记书信等以往不入法眼的"地方性"资料仍然没有得到很好的利用，这是我们遭遇的另一个挑战。应对这一挑战，需要我们"走向田野与社会"，更加深入地从事收集和整理工作。

全面的、整体的中国当代社会史，应当是"自上而下"和"自下而上"相结合的当代史；同样，它的取材和资料也应是"大路货"和"地方性"资料的结合。中国当代社会史的研究不仅需要一场"史观"上的革命，同样也需要一场"资料革命"。在笔者看来，"阶级成分登记表"正是中国当代社会史研究可以利用的重要资料。

法国年鉴学派的代表人物勒高夫在谈到年鉴学派创始人费弗尔《为史学而战》一书时写道：

费弗尔在书中提倡"指导性的史学",今天也许已很少再听到这一说法。但它是指以集体调查为基础来研究历史,这一方向被费弗尔认为是"史学的前途"。对此《年鉴》杂志一开始就作出了榜样:它进行了对土地册、小块田地表格、农业技术及其对人类历史的影响、贵族等的集体调查。这是一条可以带来丰富成果的研究途径。自 1948 年成立起,高等研究实验院第六部的历史研究中心正是沿着这一途径从事研究工作的。

愿以勒高夫的这段话作为本文的结尾。

从村落档案看当代中国乡村

——山西大学所藏"集体化时期村落档案"综述

在当代中国乡村研究领域，囿于村级第一手资料不足，学者们一直苦于无法从整体上把握当代村落的详细状况。为此，有学者一直在中国农村开展实地调查，利用口述调查资料进行相关研究。[1] 近年来，山西大学中国社会史研究中心所藏"集体化时期"山西省村级第一手资料受到学界的关注。这些资料在理解当代中国乡村方面极其宝贵，十分重要。

所谓山西省的"集体化时期"，是指从 20 世纪 30 年代抗日战争时期成立变工队、互助组到 20 世纪 80 年代人民公社的解体约 50 年的时期。村级第一手档案资料由村落保存下来的上级政府下达的上级来文与村级公共机构（互助组、初级合作社、高级合作社、人民公社生产大队以及生产小队）的档案（阶级成分登记表、户籍登记表、会议记录、账簿、村干部与农民的自我批评书及揭发书等）构成。自抗日战争时期起，山西省即是中国共产党最重要的根据地之一。其后的集体化与人民公社时代，山西还涌现出了平顺县西沟村、昔阳县大寨村等闻名全国的集体化模范村[2]。整个集体化时期，在推行新中国农村政策方面，山西

---

[1] 如三谷孝编：《中国农村变革与家庭、村落、国家——华北农村调查记录》，日本汲古书院，1999 年。三谷孝编：《中国农村变革与家庭、村落、国家——华北农村调查记录》第二卷，日本汲古书院，2000 年。

[2] 所谓模范村，是指从彻底贯彻新中国农村政策的村庄当中筛选出最具代表性的村庄，将其作为模范典型，在全国农村进行推广。

省一直是具有代表性的先进地区。

1980 年以来，山西大学中国社会史研究中心的学者首先是在太原市的旧书市场（位于太原南宫古玩市场内）收购了大量村落档案。此后，该中心得到各地县乡政府的配合，有组织地从山西省内的村落调查和收集了大批的村级第一手资料。现在该中心收藏了约 202 个村庄的档案（其中 182 个村落的档案已整理完成）。档案总量多达 470 个档案柜（长、宽、高分别为 85cm、37cm 和 40cm）。本稿将利用山西大学所藏"集体化时期村落档案"，就当代中国乡村研究的现状和课题进行探讨。[1]

一 山西省村落档案资料的形成

山西大学所藏的村落档案资料当中，20 世纪 60 年代至 20 世纪 80 年代这一时期的资料最多。1949 年之前的资料有少量保存，20 世纪 50 年代的资料也不多。20 世纪 60 年代政府正式下达指示，要求村落保存档案资料，此后村落档案就经由正规的程序并保存了下来。保存资料的范围、分类、保存时间等均按照上级指示要求采取统一标准。

20 世纪 60 年代，山西省敢为天下先，是国内第一个下达指示，要求保存村落档案的省份。自抗日战争时期起，山西省一贯就是中国共产党的"模范根据地"[2] 之一，集体化时期也是国内较早开展集体化运动的地区，积累了大量的村落档案。这些村落档案的保存和利用成为中国当代史研究的重大课题。山西大学的乔志强教授等历史学者从 20 世纪

---

[1] 本文参照文献如下：行龙主编：《回望集体化：山西农村社会研究》（商务印书馆 2014 年版），行龙、马维强：《山西大学中国社会史研究中心"集体化时代农村社会基层档案"述略》（《中国乡村研究》第五辑，福建人民出版社，2007 年），山西大学中国社会史研究中心编：《风华正茂——中国社会史研究中心成立 20 年》（山西人民出版社 2014 年版）等。

[2] 抗日战争初期，山西省是八路军最早开展活动的地区之一，是八路军总司令部所在地，也是中国共产党率先推行根据地政策并获得成功的地区。

50 年代起就着手研究山西区域社会史。[①] 他们收集了大量有关山西义和团运动和山西水利史的资料，并进行了田野调查。[②] 此可谓中国区域社会史研究之滥觞。他们的研究也对山西省村落档案的发现与保存产生了影响。

1962 年 4 月 4 日，山西省人民委员会办公厅下发《关于建立健全农村人民公社文书、档案工作的意见》。文件中要求"人民公社要注意经常收集革命历史文书资料，尤其是土地改革、镇压反革命运动、贯彻党的社会革命主义总路线、粮食的统购统销、农村合作化运动、人民公社运动及生产建设的有关文书和资料"[③]。文件中还规定了如下九类人民公社应该收集和管理的资料。（1）上级来文。（2）人民公社的工作计划、报告、指示文书、决议、通知、调查报告书等。（3）人民公社发动的政治运动的有关资料。（4）人民公社的会议资料。（5）人民公社的统计数据、基本数据、财务档案。（6）各生产大队提交的报告书。（7）改造大自然的有关基本建设及技术革新、革命的相关文书、资料。（8）上级组织下派的工作组对公社的检查报告书。（9）其他应该收集的档案、资料等。

1963 年 1 月 19 日，中共山西省委员会下达了《关于生产队与生产大队档案管理与保存的通知》[④]。根据《通知》指示，要求整顿生产队与生产大队的同时，建立档案管理和保存制度，村级机构应该收集和保

---

① 乔志强（1928—1998）教授是当代中国社会史研究领域的代表性学者，历任山西大学历史研究所所长、社会史研究中心主任等职。乔志强主编的《中国近代社会史》（人民出版社 1992 年版）是中国最早的中国近代社会史的学术著作，学界评价颇高。

② 比如，乔志强编著的如下著作:《曹顺起义资料汇编》（山西人民出版社 1956 年版），《义和团在山西地区史料》（山西人民出版社 1980 年版），《退想斋日记》（标注）（山西人民出版社 1990 年版），《近代华北农村社会变迁》（人民出版社 1998 年版）。

③ 山西省人民委员会《关于建立健全农村人民公社文书、档案工作的意见》（1962 年 4 月 4 日），韩晓莉收集，韩晓莉、李勇整理《忻州繁峙大沟大队档案资料》第 99 号，未出版史料，山西大学中国社会史研究中心收藏。

④ 中共山西省委员会《关于生产队与生产大队档案管理与保存的通知》（1963 年 1 月 19 日），参见前揭《忻州繁峙大沟大队档案资料》第 99 号。

存以下四种档案：（1）基本状况材料。如村内的户籍、人口、土地、劳力、牲畜和家畜、各种农作物的产量变化、集体经济的发展史、收益与分配状况等。（2）阶级变化状况。解放前与解放后、土地改革前后、集体化前后的阶级状况。各年度社会改革中阶级斗争与阶级成分变化状况。（3）党的建设与干部状况。村内党组织的设立、发展状况、干部变化、干部与群众的关系等。（4）其他显著状况和特别情况的记录档案，等等。

山西省隶属中共中央华北局管辖，1963 年 12 月 6 日中共中央华北局下发《关于农村阶级档案管理与保存的指示》①。《指示》指出，"在整顿农村地区的公社及其工作作风的同时，还应该建立阶级档案管理制度，要全面了解各村的阶级状况与革命斗争史，要注意在复杂的阶级斗争中正确坚持党的农村阶级斗争路线，明确应该相信谁，斗争谁。阶级档案是阶级斗争的有力工具，也是对广大群众尤其是青少年进行阶级教育和革命传统教育的教材"。该《指示》规定应该收集保存以下四种档案资料。（1）按户填写的"阶级成分登记表"。（2）自然村或生产大队的革命斗争简史与重要人物的个人史与家史。（3）自然村或生产大队的重大事件与建设成绩以及各个关键时期的主要干部的在职与调动状况。（4）此外，主要反革命分子的罪行也应该记录，作为反面教材加以保存。

为推进村落档案管理和保存工作，1976 年 9 月 20 日，山西省革命委员会在运城地区召开了档案管理的学习交流会。会上制定了《人民公社档案管理与保存规定》和《生产大队档案管理与保存规定》等文件，随后下发。② 在人民公社和生产大队的档案管理与保存方面，制定

---

① 中共中央华北局《关于农村阶级档案管理与保存的指示》（1963 年 12 月 6 日），参见前揭《忻州繁峙大沟大队档案资料》第 99 号。
② 山西省革命委员会办公厅《人民公社建档工作办法（草案）》（1976 年 11 月 9 日），山西省革命委员会办公厅《生产大队建档工作办法（草案）》（1976 年 11 月 9 日），参见前揭《忻州繁峙大沟大队档案资料》第 99 号。

了"三簿、三卷、三项制度"。所谓"三簿"，是指"档案领取登记簿、档案发布登记簿、档案使用查阅登记簿"。所谓"三卷"，是指"上级来文卷、本大队档案卷、内部资料卷"。"三项制度"，是指"档案保管保密制度、档案调阅制度、档案处理制度"。[1] 根据这些制度规定，由生产大队统一登记和管理档案的收发工作，记录各种会议的会议内容，采取统一的档案发布格式。此外，还规定人民公社和生产大队的档案包括如下六种：党支部、群众团体、青年团档案，革命委员会档案，上级来文，个人档案，财务档案，历史档案。在各种档案的整理办法、保管期限、卷装办法、排列顺序等方面也做了进一步规定。

1980 年 2 月 13 日，中共山西省委员会办公厅下发《关于档案管理工作的三个管理"办法"的通知》，对 1976 年档案管理和保存的有关规定进行了部分修正，并正式下发执行。[2] 与 1976 年的规定相比，增加了"科学技术"相关档案，档案种类变为七种，取消了"革命委员会"的措辞，其他内容基本未变。此后不久，农村地区开始实施家庭联产承包责任制，与此同时，村落档案管理和保管制度也彻底发生改变。现在山西大学中国社会史研究中心收藏的村落档案资料，大多基于 20 世纪 80 年代之前的档案管理制度而保存。

二　村落档案资料的主要内容

山西大学中国社会史研究中心收藏的村落档案资料当中，最早可追溯至 1945 年的李顺达互助组资料、医疗卫生与灭蝗运动资料，1945—1949 年战争对张王大队的影响和村庄战时负担资料等。1949 年前的档案资料大多收集到了县档案馆和省档案馆。该中心收藏的资料主

---

[1] 山西省革命委员会办公厅《生产大队建档工作办法（草案）》（1976 年 11 月 9 日），参见前揭《忻州繁峙大沟大队档案资料》第 99 号。

[2] 中共山西省委员会办公厅《关于档案管理工作的三个管理"办法"的通知》（1980 年 2 月 13 日），参见前揭《忻州繁峙大沟大队档案资料》第 99 号。

要是 1940—1982 年间的资料，尤其是 20 世纪 60 年代和 70 年代的资料占一大半。这些村落档案资料中最常见的资料主要包括以下三种。

（一）阶级成分登记表

在每个村落的档案资料中几乎都有"阶级成分登记表"。此外还包含阶级成分划分、更正、更正申请等相关资料。"阶级成分登记表"一般包含如下内容：（1）土地改革前和高级合作社时每户的人口（劳动力）、财产（土地、房屋、牲畜、农具）的占有状况；（2）家庭生计状况（自耕农、雇农、经商等）；（3）家史及其变化。从这些资料中可以分析村民的婚姻圈、社交范围、土地所有状况、生活状况、家庭人口、家计、村民们的生计等信息。

（二）账簿资料

互助组、初级合作社、高级合作社、生产小队、生产大队的账簿记录着集体化时期村里的财政、经济、分配制度与基本统计数据等信息。账簿资料包含有总账、分类账、分户账、日记账、工分账、社员财务交易账、实物收支账、现金收支账、实物明细账、各项收支账、粮食账、固定财产登记账、一般财产登记账、无价证券登记账、公积金账等。总账和分类账记录着一年间的所有收支状况。分户账与日记账记录着每户每天的各种经济活动状况。工分账记录着每户的工分数，与社员财务交易账一起，记录着社员一年间从生产队预支的粮食和现金等，年底生产队要将工分换算成现金，抵扣之前各户预支的粮食和现金，清算账目。现金收支账分类记载了生产队的日常现金收支状况。粮食账和实物账是玉米、杂粮、小麦等农作物的相关统计。财产登记账是将大队、小队的财产换算成现金进行登记。

（三）上级来文档案

在当代中国，下达公文通知是中央、省、地区、县、人民公社领导农村（生产大队与生产小队）和农民的主要手段之一。地方政府层面的公文是结合当地状况将中央的指导方针再进一步细化说明，然后再基于当地状况发出具体指示。通过这些资料，我们可以窥探国家治理体制的全貌，了解国家是通过几个层级控制农村的。在农村，一般会将这些公文资料进行整理，装订成册，作为执行政策的依据加以使用。比如，侯马市上平望村就保存了 36 册上级来文。其中，中央下发的公文资料 1 册，内容包括 1971 年 1 月《关于农村人民公社分配问题的指示》、1971 年 9 月《部队农业生产的纳税问题》等。省、地区党委会下发公文 5 册，内容包括 1960 年 9 月《给小学教员与手工业者分配土地的通知》、1961 年 1 月《山西省农村人民公社会计制度》、1961 年 12 月《山西省农村人民公社生产大队会计处理实例》、1966 年 5 月《中华人民共和国贫下中农协会组织条例（草案）》、1971 年 7 月《全省农业学大寨经验交流会会议资料集》、1971 年 11 月《关于再次确认倡导晚婚计划生育的若干政策问题的意见》。地区下发的公文包括 1962 年 1 月《重视农具改革的通知》、1973 年 7 月《关于全地区 1—7 月间触电事故的通报》等。这些公文在村干部会议上都进行了传达。

作为农村的上级机构，人民公社经常会对农村进行直接领导。上平望村的上级机构是高村人民公社，现在上平望村仍然保存着 4 册高村人民公社的公文资料。通过这些公文资料可以窥探人民公社领导农村的具体个案状况。人民公社下发公文的主要内容如下：1959 年的公文资料有《开展除害去病突击运动，搞好夏季卫生，献礼党的生日》《第一季度卫生工作安排》《关于识字班学生毕业考试及二次评定的通知》《关于第三次农闲教育工作检查及评定的通知》《社员工资的评定方案》；1961 年的公文资料有《高村人民公社信用合作社规约》；1963 年的资料有《关于对贫困生产队的援助、分配、使用及管理的暂定办法》《关于宣传社会主义、安排教育运动的意见》《传达张玉生产大队的劳动定额管理》等。

人民公社的上级机构是县党委员会和县政府。县级机构对村庄的指导以政策层面为主，多采用正式的规定和命令等形式。这也凸显出县是中国共产党政权领导农村的核心。上平望村保存着曲沃县党委会的公文资料 10 册，其内容主要包括 1953 年《关于领取第二季度村内经费和村干部补助金的通知》《关于禁止私自挖掘坟墓的指示》《关于整理 1952 年搁置的契约、督促典当业者办理纳税证明的通知》；1956 年《关于今年冬学前集中力量消灭文盲工作准备的通知》《关于民校自 6 月 1 日起放假 1 个月的通知》《关于大力举办农忙托儿所的通知》；1957 年《农闲时期农民教育计划》；1963 年《完善农业水利，实现农业增产》《加强妇女思想教育》《正确处理婚姻家庭问题》《守护大众卫生、保持劳动力、维持农业生产》；1964 年《第三个十年计划报告》《实施农业长期计划的意见》《粮食、棉花、油料、烟草的收购方案》《试点整顿万亩灌溉地区的报告》；1965 年《关于普及半农半医的方案的通知》《关于加强对集体下乡知识青年工作的意见》《农村政治工作条例》等。

县的上级机构是市（或地区）。市作为省级外派机构，在省级和县级机构中发挥着上传下达的作用，工作内容主要是信息交流和政策调整。与县级相比，市级层面的政策指导也多偏宏观。上平望村保存有侯马市的公文资料 16 册，其主要内容如下：1961 年《关于确定农村基本核算单位工作的若干意见》《侯马市农村人民财务管理方法（草案）》《关于 1961 年分摊农业税的通知》《关于在中小学校和师范学校进行教学革命的意见》；1962 年《人民公社劳动管理工作的总结报告》；1963 年《关于牲畜和家畜工作总结及处理意见》《保护、管理种畜、雌性家畜的基本制度》；1973 年《传达侯马公社党委会关于农村财务人员的报告》《传达上官大队干部参加集体劳动的调查报告》《加强指导农村有线广播网的通知》；1974 年《认真执行毛泽东"广积粮"的指示》《大量侯马运输社大量社员积极参加"三夏"》；1975 年《市委书记李景冈在上山下乡知识青年大会上的讲话》《认真学习无产阶级专政理论、完成上山下乡知识青年工作》，等等。

通过分析这些保存在村落的各个层级的上级公文资料，可以探究中国政权的权力体系及其治理体制结构的运营状况。

三 人民公社档案资料案例：阳高县上吾其人民公社

在山西大学所藏村落档案资料中，人民公社层级的资料最为齐全的是上吾其人民公社的档案资料。从这些数量庞大的人民公社档案中可以窥知当代中国基层行政机构是如何管理村庄的。上吾其人民公社位于汉族传统的边境地区，这里邻近晋北农业地区和内蒙古草原地区的分界处。降雨量稀少，属于干燥地区，土地大多贫瘠。据 1964 年全公社的基本数据显示，公社共有农民 999 户，人口 4000 人，耕地面积为 26700 亩。1978 年亩产为 66 公斤。山西大学中国社会史研究中心收藏的上吾其公社的档案资料共有 113 册，档案的形成时期为 1952 年至1977 年。根据档案内容，可以将这些数量庞大的档案分为六种。

（一）经济与生产相关资料

上吾其人民公社的农业生产、副业以及分配、财务税务相关资料共有 20 余册，其档案资料内容主要包括以下几个方面。农业方面，包括各生产大队的人口、耕地及分类（水田、旱田）数据、农作物产量、生产收益预测、土地使用状况、水利、水土保全、各种牲畜与家畜统计、饲料、肥料、手工业产品数量与从业者人数、植树造林状况、副业产品与工业品的进货与销售状况、各年度生产计划、收支计划与年度统计报告、国家税收与投资状况等。生产合作社方面，包括各合作社的成立时期、入社农户的阶级成分、合作社的干部状况、财务状况、人口与劳力、社员的政治面貌、耕地状况、特殊农田（果树园、林地、草地等）数量、牲畜数量、主要农具相关档案资料与生产合作社内供给缺粮户的明细月表、粮食分配类型统计表、粮食严重不足统计表、饲料扣除与留种明细表等统计表资料。此外，还有人民公社固定财产库存清点、租借状况、财务收支决算与转让、公社食堂运营状况、"四清"运动期间物资清点表等资料。有关各农户的农业生产的统计资料也有涉及，比如反映 1952—1953 年上吾其公社各村各户的农业税和土地产量的"分户清册"与 1956 年分家计划、劳动力调整表等。这些资料反映了农村经济中农业、副业、林业、手工业和商业以及金融从计划阶段到实施的全过程。借助这些资料进行分析,我们可以探究集体经济的组织形式、规模、效率等有关集体化时期的村落状况与农户经济实态,尤其是可以窥探"平均主义"经济的真实面相。

(二)反映国家参与农村治理和农民政治生活的资料

集体化时期,毛泽东政权通过共产党、青年团组织与行政体系牢牢控制着农村和农民。这批资料当中保存有《中共上吾其人民公社党委会党员、组织状况》《共青团上吾其人民公社团委会团员、组织状况》等有关党团的档案资料 7 册。农村地区有关资料包括党员个人信息统计表、入党志愿书、入团志愿书、党团组织间的介绍信及证明、党团人数增加状况、入党审查许可通知书、入党相关的上级决议与审查意见等。这些资料中记载着入党、入团的资格标准和审查方法等信息,如农村地区的党员团员的年龄、性别、籍贯以及他们的政治思想状况、职业、学历、家庭及亲属状况、家庭经济状况、个人的社会关系、个人的政治态度与行为等。

有关村级行政体系与运营状况的资料有 6 册,如《生产大队干部有关统计表》《群众组织状况表》《阶级成分统计表》等。资料内容主要包括妇女联合会、治安保卫委员会、监察委员会的个人花名统计表、组织状况表,各大队红卫兵与革命委员会成员的个人信息登记表,大队干部统计表,干部调动统计表,干部经济状况分析统计表,非党员干部的个人信息登记表,阶级成分统计表与阶级构成的变动状况统计表,受处分领导干部的组织处理登记表,公社、大队、生产队三级干部"反右派运动"时期意见汇总记录,社会主义教育运动以来社员生活状况调查表,贫农协会组织状况有关统计表,政治运动中受到批判的"牛鬼蛇神"状况统计表,群众揭发干部记录,干部申诉记录,七类分子与反动会道门相关调查统计表,各大队破旧立新没收物资统计表等。此外,还有公社的电话会议记录、农村干部选举材料等资料。借助这些资料，我们可以分析村级政治运动状况以及国家乡村治理的实态。

（三）民兵组织及征兵相关资料

集体化时期，农村地区的治安、征兵、国防训练等工作都是由民兵组织承担的。目前保存有该公社 1956—1958 年及 1963—1964 年的民兵、征兵资料。资料内容主要包括公社的民兵组织资料、普通民兵登记册、应征入伍者状况登记表与政治审查表、预备役军人登记表及政治思想调查表、民兵与应征青年日常外出登记表等。从中我们可以得知应征者及预备役军人的年龄、性别、健康状况、学历、政治思想、阶级成分。有关政治思想的调查中，涉及国防理念、治安工作方面的活动、日常生产中的态度、对农业集体化的态度、对粮食政策的态度、干部与群众的关系、遵纪守法状况、"反右派运动"期间的态度等内容。此外，资料中还有该公社的烈士家属、失踪人员、伤残军人的相关统计、特别休假、定期补助金等统计表。

（四）自然灾害、社会救济及教育相关资料

阳高县自古贫困，气候变化多端，自然灾害频仍。上吾其公社资料中保留了很多有关自然灾害与救济的资料。比如，1962—1963 年社会主义教育运动以来救济资金、救济物资使用登记表显示，当时以户为单位，基于人数、劳动力等标准实施救济。1962—1963 年救济总账簿与 1964 年公社救济金收支检查表中详细记载了公社内各村的救济金额，棉布、棉花、粮食、贷款。借助 1964 年各大队照顾的棉布与救济棉布的发放名册、发给社员的棉布的有关统计表等资料，可以得知当时的救济对象以贫下中农为主，对中农及以上阶级的村民很少救济。1964—1965 年上吾其下辖各村救济金发放的有关干部会议记录显示，有干部指出发放救济金时存在违反民主主义的现象。1964—1965 年的抗旱运动记录反映了社会各界对旱灾的应对状况。

农村地区教育相关资料记载着农村教育经费的分配、教员个人信息、教育规划等信息。其中也包含一些研究农村地区教育所需的珍贵资料。主要资料及其意义如下：从 1958—1963 年县教育局下发给上吾其公社的教育经费分配以及用途资料，可以得知当时教育经费大多用于小学的运营经费，其他则用于公费医疗、保健费、小学的保暖费、设备费、民办教师补助等。1966 年教员政治登记表除了记载有教师本人的一般个人信息、学历等信息之外，还包含家庭状况、新中国成立前的经济状况、本人的历史问题、奖惩、详细履历及社会关系（亲属状况）等内容。依据这些资料，可以得知当时教员当中贫下中农出身的不多。1977 年教育事业规划书（草案）与 1976 年全县学生招生简章显示，1976 年高中、初中、小学的招生计划是基于毕业人数和在校人数确定的。此外，资料中还包含 1964—1965 年全公社接受过培训的医疗相关人员花名册。这反映出 20 世纪 60 年代的乡村医生状况。

（五）人口、家庭、婚姻关系相关资料

人口、家庭、婚姻关系方面的资料，内容相当充实、保存完好。资料详细记录了集体化时期的人口变动、年龄构成、性别比例、人口流动、家庭规模、婚姻圈等信息。1958 年各村户口登记簿是以家庭为单位进行登记，是全公社的人口统计。1957—1958 年社员收入对比表分类比较了 1957 年和 1958 年两个年度的各户人口、收入，记录了当时社员的生活水平。1965 年的人口变动状况统计表记录了当年的出生率、死亡率、迁出、迁入等状况。1964 年上吾其公社基本状况统计表中包含着户数、总人口、全劳力和半劳力等信息。对照前述的户籍簿，可以得知人口变动与人均耕地面积变化。1965—1976 年该公社婚姻登记申请记录中保存 10 年间婚姻介绍信和结婚申请书。从这些资料中我们得知当时婚姻年龄一般在 20 岁前后，男性年龄大于女性、新娘子绝大多数是阳高县本地人。婚姻介绍信中必须填写阶级成分，结婚申请书则不做要求。从 1964—1968 年的迁出、迁入存根和 1965—1969 年的迁出、迁入登记表可以得知，这一时期公社迁入人口大多来自阳高县和内蒙古，迁出理由大多是婚姻和工作，迁出目的地是周边村庄、阳高县城、大同市等地。

（六）"四清"运动资料

"四清运动"是集体化时期农村地区最重要的政治运动之一，相关资料丰富。资料主要包括：1965—1972 年上吾其公社"四清"案件与政事表中记载了该公社大部分村庄的"四清"案件材料。诸如干部的政治经济问题，群众揭发揭露干部过错资料，干部自我批评及"四清"经济赔偿统计表，"四清"运动中清工分、清现金、清库房资料。当时调查人员大多是生产大队的书记、村长和生产队长等村干部，被揭发的错误多是经济问题和政治路线问题。

经济问题大体包括干部的偷盗、贪污、白吃白拿、多吃多占等。比如有一个干部的相关资料中包含如下内容：1964 年"四清"最终处分决定资料、"四清"案件决议的审查许可表、处分结论、最终处分决议、本人的自我检查、证明材料、贪污贵重物品的返还结果、1970 年以后的处分决定等。该干部当年 47 岁，贫农出身，1950 年入党。历任上吾其村公安特派员、农业社副主任，当时担任该村的党支部书记。其错误是滥用职权。盗窃 91 次、收受贿赂、勒索金额共计 783.29 元。其他错误还有诬告政治对手、缺乏阶级觉悟、乱搞男女关系和通奸。政治问题大多是指干部参加过国民党政府、伪政府、一贯道、九宫道等组织。

四　村级档案资料案例：平遥县西游驾生产大队

频繁发动政治运动是集体化时代的特征之一。学者们多从中央层面或省级层面研究这些政治运动，但囿于资料有限，研究基层社会尤其是农村地区开展政治运动的研究并不多见。山西大学收藏的村落档案资料中，涉及村庄政治运动的资料颇多，尤其是平遥县西游驾生产大队的政治运动档案极其丰富。该村位于太原盆地西南，地势平坦，土地肥沃，是粮棉生产基地。1963 年时，该村共有 561 户，人口 1753 人，土地 6015 亩，粮食总产量 950412 斤，平均亩产 205 斤。该村档案资料可分为村民个人信息资料与生产大队、生产队资料两大类。尤其是村民个人信息资料数量颇多。

（一）村民个人信息资料

村民个人信息资料共计 200 件，每人 1 件，按一人一档，将资料分装在档案袋。个人信息资料分以下三类：党员干部个人资料，赌博、投机倒把的村民个人（犯错误者）资料、村内无产阶级专政对象（地主、富农、反革命分子、坏分子、右派分子）个人资料。

党员干部个人资料有 30 人份。每人档案资料分量多寡不一，少者 1 张，多者上百张。内容包括"四清"运动期间村内关于党员干部的"四不清"问题的审查鉴定书，有关干部经济问题的自我交代、自我检查和政治立场的有关自我认识，他人揭发揭露档案（如工分问题、利用职务便利进行贪污的问题）等。

犯错村民的个人资料有 120 人份。内容涉及有过投机倒把、贪污粮食、赌博等不法行为，参加过伪政权或国民党政权，参加过阎锡山领导的组织、有反革命活动事实的村民们的自我交代、自我检查与证明、揭发书等。此外，还有村里的媒婆、理发的、小学教员、手工业者等集体化时期受到"特别"对待的村民们所写的个人自我检查。

无产阶级专政对象的个人信息资料有 40 人份。内容主要包括个人罪恶史、现在状况、个人履历、家庭与亲属状况以及个人检查、五类分子鉴定报告书以及"文化大革命"后大队和县军事管制小组给无产阶级专政对象摘帽的申请书、鉴定通知书等。这些资料详细反映了农村地区阶级斗争的开展状况。当时地主、富农、反革命分子、坏分子、右派分子的判定标准包括雇用短工，租赁房屋的剥削行为，拉拢干部的行为，地主、富农反攻倒算报复农民的行为、恶毒攻击中共中央政府等。村里对五类分子进行严格的监督管理，对他们的处分和管制措施包括没收财产、参加五类分子会议、清扫街道、外出时必须报告等。

国家意识形态在村里也得到了彻底的贯彻。村落档案资料显示，新中国成立后，秧歌、说书、旧戏曲、鬼票（给死人烧的纸钱）的印刷和使用、在房屋梁上画八卦图、迁坟等均被禁止。

（二）生产大队与生产队资料

集体化时代，上级是如何指导村庄乃至生产队层面的政治运动的？这些政治运动又是如何推进的？村里的政治运动又是如何开展的？西游驾生产大队档案资料中收录了有关全村及生产队的政治、生产活动资料22册。这些资料反映了当时政治运动的发动状况。主要内容包括村党支部、市革命委员会、"四清"办公室、妇女联合会的活动记录，国家、省、地区、县各级政府的政策命令资料。资料当中具体包括揭批资本主义会议记录、群众揭发记录等3册，坏分子、反革命分子、右派分子、刑事犯、与敌人和伪政权有瓜葛者以及各种反动组织登记表1册，有关无产阶级专政对象的鉴定及后来"摘帽"的有关申请书、报告书和审查意见等1册，妇女联合会、计划生育指导小组的妇女工作座谈会记录，妇女活动状况，计划生育个人信息，妇女夜校等1册，以及农业生产计划书、分配表、年报等2册等。另有上级来文11册。

五　结语

如上，我们简要介绍了山西大学中国社会史研究中心收藏的数量庞大的村落档案资料概要及其研究价值。当利用这些资料时，我们需要留意如下几个问题。

第一，这些档案资料大多形成于强调阶级斗争的特定时期。在阶级斗争扩大化的大背景下，村干部和村民们总是以阶级斗争的视角来观察和思考农村社会，因此相关记录也有充满个人想象、与事实不符之处。比如，村民的揭发中所述之事是否属实，还有待确认。

第二，村干部和村民在制作这些村落档案时，经常会模仿上级公文中的政治话语和概念。村民们在使用这些话语和概念时，他们对此是如何接受和理解的？这个问题必须慎重思考。比如，在干部的个人检查中经常出现"资产阶级思想""剥削阶级观念""修正主义""无产阶级专政下的继续革命"等词语，村民们是否真正理解这些词语的本来含义，还有待进一步探讨。利用这些资料时，我们有必要考虑村民们的真实想法和认识。

第三，村里的账簿资料记录了集体的经济活动。但是，在集体化时代，尤其是在"大跃进"和"文化大革命"时期，村干部经常夸大本村的农作物产量、种植比例、自留地面积、副业收入等，或者为了保护本村利益，经常谎报相关信息。使用这些数据时，也应当注意。

第四，村落档案资料中包括村民的家庭、亲属关系，宗教信仰（迷信、强制改变信仰），盗窃，乱搞男女关系，告发等内容。资料中含有大量个人信息。有些事件当事人仍然在世或者他们的后人仍在村里生活，因此在阅览、利用这些档案资料时，必须遵守学术伦理规范。

我们相信，利用这些档案资料，可以深化当代中国农村研究。但另一方面，也有必要同时去当地确认档案资料内容，弄清事实关联，尤其是有必要开展口述调查，去倾听理解当时村民们的真实心声。有必要对年老村民、村里的老干部、农村妇女、乡村教师等农村的各个阶层都进行口述调查，关注乡村社会的丰富面相。只有同时兼顾村落档案资料和口述调查资料，并相互对照确认，才能够接近当代中国农村的真实面相。

集体化时代的农村基层档案与山西社会研究

在当代中国史中，除了研究中央或地方领导的思想与活动以及重大历史事件、重要方针政策外，还有一股重要的研究趋向，那就是社会史研究。社会史研究遵循"自下而上"的视角，重视普通民众的生产生活实践内容，探讨中央决策在基层社会的具体落实过程和地方对中央、普通百姓对来自上层作用与影响的反应等。站在农村和农民的角度，从"理解的同情"出发，站在地下看天上，站在地方看中央，上下贯通，左右相连，有助于整体全面地了解和认识这个特殊的历史时代。这种研究无疑有助于弥补以往忽略基层社会和民众生活的不足，使在呆板的政治、经济之外，注入社会和文化的新鲜血液，形成有血有肉、丰富多彩的历史画卷。当然，以"自下而上"的视角去研究中国当代社会史，并非是从一个极端走向另一个极端，完全弃制度、体制于不顾，而是立足基层农村社会，从普通民众的生活变革入手，去探讨整个历史进程中上层与下层、中央与地方、精英与大众、国家与农民之间是如何相互发生作用并共同生成了复杂多样的历史画面。这就需要在研究实践中真正将"自下而上"与"自上而下"两种路径结合起来，而不是隔断开来，否则很容易将多姿的历史图景简化为单纯的政治史，或者看不到国家权力意志的存在，将社会史研究表面化、碎片化。

这种研究路径和取向对资料的发掘利用提出了挑战。有学者指出，"当前，档案资料的开放，固然是制约当代史研究的一个瓶颈，但更大的瓶颈可能还是治史的理论与方法。当代史研究发展状况的不均衡，很大程度上是因为缺乏治史的眼光和方法"①。不过,在笔者看来,仅强调史观的重要性还不够,必须高度重视新资料的发掘与利用,也许正是大量层出不穷的新资料才会真正使得解释历史的视角与方法发生范式变革。因此,大力提倡和开展中国当代社会史研究,需要一场"资料革命",并以此促成研究方法和水平的提升。

一　从"单兵作战"到"集体调查":档案的搜集

目前在中国国内,集体化时代的资料已经得到了一定的重视,但也仅限于研究者,在农村很少有人对它们加以保护、管理,而是往往把它们当成废品,使其成为废品收购站的回收物及造纸厂的原料。尤其是近十多年来,伴随着社会主义新农村建设的推进,城中村改造、工业化、市镇化发展的步伐加快,一些村庄原有的办公地点的重修和新建,加上对农村基层档案重视不够,这些本已丰富多样、应有尽有、数量巨大的反映当代中国农村变迁的档案资料愈来愈消失严重,当我们询问这些资料时,很多村庄均已不见它们的踪影。而有些村庄材料已在破旧的老屋子、老柜子、老箱子中尘封了多年,并未得到很好的保护,当我们在田野调查过程中发现这些珍贵的第一手档案资料时,往往会因一些重要资料(如新老区土改和新中国成立初期的各种资料)被虫蛀鼠咬得面目全非、损毁严重而心生惋惜、慨叹,同时也更加认识到进行资料建设的迫切性和重要性。

正是出于上述多方面因素的考虑,作为历史研究者,我们向来有重视民间文字资料的治史传统。在"走向田野与社会"的宗旨下,我们于2000年前后便开始注重对集体化时代农村原始档案资料进行"抢救式"的搜集工作,希望通过我们的长期努力和实践,能够最大限度地去搜集保存新中国成立前后的30多年中所生成的多种多样的农村档案资料。

---

① 王海光:《时过境未迁:关于中国当代史研究的几个问题》,《党史研究与教学》2004年第5期。

目前，我们一方面在已搜集到的 250 多个村庄档案资料的基础上，继续扩大资料搜集范围，在资料的数量和规模上实现新的突破；另一方面，除了乡村外，我们还广泛搜集乡镇、工厂、学校、医疗、水利、林场等方面的各类资料，以实现资料的丰富多样性。

最初，我们对资料的搜集工作以"单兵作战"为主，即多为学生或研究人员从自己的家乡着手，在熟悉的环境和有力的人脉资源基础上，各自展开田野调查，进行资料收集，之后的整理也主要以个人为主。虽然零散，但有序展开，一些区域的资料也得到了大力挖掘。不过，与迅速流失的资料相比，个体抢救的力量仍然有限，而且困难较大，调查者之间也难以进行互动交流。一般而言，保存有档案资料的村庄往往位于较为偏僻的地区，路途较远，交通又不便。前往这些地方需要大费周折，而又时常会一无所获。资料本身不易遇到，而获取这些资料则更加困难。一些村民对我们的工作存在误解，怀有很强的戒备心。遇到这种情况，就需要住到村庄里，通过各种方式让村民了解我们的工作是在抢救历史文化资源，是为了从事学术研究，有时候一住就是半个月。这些档案大部分被置放在布满灰尘、蜘蛛网的房间，并被厚厚的尘土掩盖。从内容和形态上看，农村基层档案兼具复杂性与多样性，可以说是一个庞杂的"资料群"，单靠个人的努力远远不够，而需要依靠团队的力量进行分工合作。

因此，在个体调查之外，我们又展开了大规模的集体调查，即进行有组织的团队搜集，同时在搜集单位上，由以村庄为单位，扩展到以县市区域为搜集范围，进行全面的"地毯式"搜集。我们分别利用寒暑假期组织研究人员和研究生、本科生组成多个田野小组，每次进行大约为期一周的地毯式调查。这种集体调查充分调动各方的资源和力量，使调查得以顺利开展。如 2015 年在临汾市浮山县，中心师生分为 8 个田野小组，分别在本县张庄乡、响水河镇等 8 个乡镇所辖范围的村庄进行了考察和资料搜集工作。调查得到官方机构以及档案馆、县志办等文化部门的大力支持，不仅使我们这些异乡人得到了从书本上无法捕捉到的浮山县历史文化、经济社会发展状况等信息，而且也使我们能顺利进入村庄搜集资料、展开调查。通过深入乡村田野，与当地农民进行访谈、交流，我们在不同程度上亲身体验到浮山农民生产生活的历史和现状，丰富和强化了研究生分析问题和联系实际的能力，可谓教研相长。再如更早些时候在潞城县的调查中，我们以太行区第二届群英大会合作英雄、1952 年全国劳动模范魏元胜的家乡魏家庄为中心，以集体化时代的乡村社会变迁为主题，以普查农村基层档案为目标，走访了周边 30 余个村庄，并对其中的 3 个村庄展开重点访谈，共收集到 7 个村庄 30 余编织袋资料。此次调查不仅加强了对本科生科研实践的训练，同时也挖掘抢救了大量农村基层档案，弥补了中心在潞城市没有田野调查点的空白，完善了中心集体化时代农村档案资料库的建设。可见，这种集体调查无论从资料搜集，还是对于历史现场的体验和把握，以及促进交流和学术思考，均具有单兵作战所无法相比的优势。

在资料搜集的过程中，我们首先主要通过教师、学生、亲戚、朋友等各种社会关系，建立不同线人组成的信息网络，多渠道、多方式地了解某一地区农村档案资料保存情况。根据掌握的信息，分别前往相关村庄开展调查。一方面了解资料保存情况，尽可能地将资料搜集回来，并签订资料使用协议，另一方面，同时展开初步的口述访谈。对于那些档案保存较好，却不可能将资料搜集回来的先进村庄，应做好备案，以便将来开展研究时到当地现场查阅。对于已搜集到资料的村庄，给予及时的回访调查，把已经整理好的村庄档案目录送给村委会，以备村庄使用时查阅，并积极沟通，建立良好的合作关系，为以后做深入访谈和调查研究打好基础，同时，也表示希望他们提供一些新的资料保存信息。至今，我们已在太原市郊的晋水流域，晋中的平遥、祁县、昔阳等地区，晋东南的阳城、沁水、平顺、潞城等县市地区，以及晋北的大同县、阳高县，忻州地区的繁峙县、滹沱河流域，晋南的临汾、平陆、永济等县市，分别建立了长期的田野调查点，这就从资料信息来源方面确保了我们开展当代中国农村档案资料搜集工作的顺利进行。

二　呈现丰富原貌：档案的整理与出版

当然，资料的搜集仅仅是工作的第一步，收藏并非目的，如何利用这些档案资料进行学术研究、如何使这些珍贵的档案资料为学界所利用是我们从事此项工作一开始便有的追求，这就需要对这些收集到的档案资料进行细致整理。

我们从 200 余个村庄中选择了 20 个村庄，选择的标准是：首先从村庄档案资料的完整性连贯性出发，无论是在时间方面还是在资料内容方面，所选村庄资料都保存完好，全面系统；其次，从某一类型资料的完整性做出选择。例如，平遥县双口村以村民个人档案资料记录为突出，保存得非常系统完整。太原市郊剪子湾、赤桥村等村庄资料从新中国成立前后开始有文字记录，一直延续到人民公社解体时期，整体上十分丰富，连贯完整。还有定襄县闫家庄村经济生产方面的账册统计资料保存齐全，前后连贯一致。还有的村庄档案资料以"四清""文革"等一系列政治运动为特点，内容丰富多样，系统连贯，具有很高的历史研究价值。

就整理过程中的分类标准而言，我们主要以村庄档案的规范性管理为准来确定分类标准。村庄档案主要包括农民从事经济生产劳动中的各种报表，农民参加各类大小政治运动中的文字记录，上级文件、宣传学习材料等，民兵、妇联、共青团等基层组织的活动记录，等等。除此之外，我们还结合当时国家颁布的有关农村档案管理文件要求，参照农村档案资料建设的八大类，在确定大的分类基础上，根据档案管理体系和资料本身的生成性质和特点进一步细化分类。但总的分类原则是根据村庄档案资料本身来进行，力争在不破坏、不扰动档案的原始性和完整性的同时，又能充分体现出分类整理的科学性、规范性、学术性，以便充分发挥出这些珍贵档案资料的研究价值。

在山西大学中国社会史研究中心，对资料的整理同样建基于集体力量，也是中心研究人员和每个研究生的必修课。资料整理依序而行：第一步是以村落为单位对档案进行分类；第二步是目录编排工作，即将分好类的资料一张张录入到电脑中，建成电子文档，同时对每份档案进行编码，一个编码对应一份档案，同时对每份档案重新装袋，这样更容易检索。这项工作的任务量尤其巨大，整理者分工，每人负责一个类别的档案，最后归纳汇总；第三步是装柜，按照第二步整理而成的目录，以档案袋为单位，装入档案柜中，编号保存。同时，关于档案资料的电子化、数据化方面的工作也在不断尝试，例如我们建立的"集体化时代农村社会基层档案数据库"正在网上逐步开放。

在整理过程中，对于档案资料的修复与保存是另一项重要工作。每一份搜集到的档案资料都是它所处时代的历史呈现，都需要进行妥善的处理与保管。然而，由于年代久远，又往往不被人们重视，一些档案资料不同程度地受到了潮湿和虫鼠的破坏。为此，我们成立了专门的资料整理修复工作室，购置了先进的处理设备，全面细致地对这些档案资料进行铺平、熨烫、复原和扫描。同时，我们建立了恒温恒湿的资料保管室，以使档案免受进一步的损坏。

为做好这些工作，中心师生投入大量心血，以分组的形式编排工作日程，充分利用课余空闲时间投入其中。年年寒暑假，在田野调查与休息之余，师生便聚在中心的工作室，进行资料整理与编目工作。几张书桌拼接起来便是简易工作台，常常是十几台机器同时运转，一干就是一整天；为防止灰尘与病毒，家用围裙、医用手套与口罩成为简易的"防护服"。热火朝天的工作场景常常令人欣慰和感动。我们经常讲，史料整理爬梳是史学的基本功夫，档案的整理过程其实也是对集体化时代农村档案的研究和利用的过程，师生在其间接触到第一手的原始资料，从而能熟悉材料、提出疑惑并进行分析。许多研究生的学位论文即是通过这样的实践获得了灵感与想法，中心教师的一些研究成果事实上也是在这一过程中产生与萌芽的。这也算是我们多年从事社会史研究与教学实践的一点收获。

　　经过近几年的大力搜集整理，农村基层档案的面貌也逐渐清晰，将其汇集、分批出版的时机已经成熟。我们选定20个村庄共约100册的完整资料文本，包括：（1）晋北地区：临县的阳泉村、玉坪村；阳高县的上吾其村；繁峙县的下茹越村、东山底村；定襄县的闫家庄村。（2）晋中地区：太原市郊的赤桥村、剪子湾村；平遥县的道备村、洪善村、双口村；祁县的里村。（3）晋东南地区：阳城县的南关村、润城村；长治市郊的张庄村；平顺县的西沟村。（4）晋南地区：侯马市的上平望村、张王村；曲沃县张村；平陆县的三门村。我们知道，"集体化"是一个特殊的时代，这些农村基层档案资料也深深地打上了那个时代的烙印。原始资料上的一些细节，例如资料上的印章、涂抹修改的痕迹、当地方言的书面表述方式，甚至是记录载体的不同质地和记录人员的字体，都是反映当时农村社会真实历史面貌的重要内容，尤其是在后现代史学的关怀下，文本本身即是一种历史存在，采用影印的方式出版最为可行和妥当，这种方式更能原汁原味地体现这批档案资料所反映的历史面貌，也更有利于学者的使用与研究。由于档案资料浩如烟海，单凭纸质出版物根本无法承载过多的信息，建立电子资料数据库，将档案文本数据化则是有效解决问题的极好途径。在现代电子扫描技术快速发展和数据库管理系统日益完备的时代条件下，通过与专业数据制作公司的合作，将能够长远有效地解决这个难题。我们在影印出版的同时也跟进电子数据库的建设工作。

　　在出版资料和建立数据库档案的选取上，以尊重村庄档案原始体系为原则，对收集到的该村庄或单位的所有档案资料进行全部出版，但涉及党和国家重大问题、重大政治事件且尚未做出结论、不宜公开的档案除外。具体而言，有的村庄档案资料尽管年代编排混乱，内容重复交替，但已经整理好、装订成册，若以其他方式进行编排，很可能打乱其原本体系与内在脉络，所以不宜拆解；有的村庄档案资料已濒临毁灭，发现之时即处于散漫无序的状态，村庄并未对其进行过系统整理，不能自成体系，对于这样的档案我们按照不同的类别和年份进行了重新编排，以便查阅。总之，最大限度地呈现村庄档案的原始面貌，以及最大限度地方便研究与利用是我们的编辑原则。

三　草根何以发声：文本里的基层社会

到目前为止，我们进行田野资料采集的分布点已经从南到北遍布了整个山西省，收集并整理的档案资料涉及山西晋南、晋东南、晋中、晋北等地，共有470余档案柜，总计在数千万件，种类俱全，十分丰富。因为这些村庄档案资料是与每一个村庄自身的发展变化紧紧联系在一起的，凸显了村庄内部、村庄与村庄之间、村庄与国家之间的各种上下级关系、内外关系，可谓全面翔实地记录了集体化时代中国社会变迁的历史画面，同时不同区域、不同时期的档案体系呈现出不同的特征，诉说和诠释区域社会的生活和文化，也昭示着一个时代的沧桑巨变。

从依托对象或反映的内容来看，这些档案基本以村庄为主，还有一些为公社、灌区、供销合作社、百货公司、工厂等单位的文本资料和实物。村庄档案资料的内容以村庄和村民生产生活以及社会交往活动为主，甚而有涉及乡民个人的档案资料，不乏细腻生动的内容，对于我们近距离接触政治斗争与日常生活交叉背景下村民的生活和思想世界是不可多得的史料。公社档案资料的内容主要包含公社所辖各个村庄的基本情况，各类表格和统计数字，更有宏观性和概括性，反映的信息和内容也更全面。以灌区、供销合作社等为依托单位的档案资料的内容具有专题性的特点，如灌区档案资料多反映水利工程的兴修和使用，以及水利管理等，供销合作社档案涉及合作社进货、销货及加工各样成品、与各农业社往来账目等的情况，百货公司档案主要是关于进销货以及货源和销路等的公司运营情况。

从基层档案的特点来看，大多数村庄都保留有"阶级成分登记表"、完整的账册资料以及上级文件，这可能是村民对档案资料选择性留存的结果，也是他们认为的最为重要的部分。同时，每个单位的资料又各具特点，如有的个人档案非常丰富，有的包含村庄基层活动情况的资料较多，有的成册上级档案连续而完整，有的则主要是历年的账册，有的以极为详细的各种经济活动的分类统计数字呈现。

总观目前中心所藏档案资料，可分为八个大类，分别为支部群团文件、行政文件（包括上级文件）、科技档案、个人档案、财务档案、历史档案、内部资料以及其他类型的档案资料。

以比较典型的平遥双口村资料试举例。双口村的档案在大类上包括了生产大队、生产小队和村民个人的各个层面，在内容上涉及政治生活、经济活动、精神文化、民兵治安、人际关系、婚姻家庭等各个方面。这批资料与以往学者利用的史料相比，特点在于更加微观，也十分琐碎，一些在今日看来是无足轻重的小事在当时都被记录下来，谁卖给谁一个锅盖，谁偷了大队多少粮食、在哪里偷的，被干部抓住后如何受到打骂，谁在结婚时摆酒席收礼，谁穿衣服派头大（方言：装体面），人们如何在个人日常活动受到限制的情况下挤在某个村民的家里听说书到深更半夜，等等，类似的材料比比皆是。村民只要踩进"雷区"，或者是偷杀了两只羊，或者是倒卖了一袋肥田粉，或者是赌博被逮住了，就得从出生到长大、从吃饭到娱乐、从思想到行为对自己的"灵魂"做出方方面面的检查，写出材料。这样，一个个生动的人物形象便跃然纸上，许多"小事件"的现场场景和人物对话也都清晰可见，人物心理的变化以及相互间由揭发和质问而产生的紧张也得到呈现。

在许多自我检查和他人揭发的材料以及各种会议记录里往往把一些日常生活中的个人感受与思想轨迹、个人成长经历与社会关系、个人的"错误行为"和"罪恶活动"、家庭的日常生活、村子里发生的大小事情都记载下来。这些材料是因村民违反国家政策的反其道而行所留下来的活动记录。对于村民不安心于农业劳动，跑出去做小买卖、搞副业或者进行偷窃的约束限制为我们了解村民除了农业劳动以外的谋生打开了一扇窗；对于农村一些娱乐活动的禁止和对村民日常思想言论和宗教信仰的约束为我们了解他们的娱乐活动和精神世界提供了信息。

总之，这些材料里蕴含着集体化时代乡村民众细碎琐屑而跌宕曲折的日常生活和生命体验，而对生活过程进行观察和体验，尊重有血有肉的个体行动者和具体而多变的生活过程本身就极富意义。[1] 又"历史学家可以力求在对行为、先后事件与生活经历的叙述中来说明大规模的结构与进程。因为——在某种程度上，并带有某些折射——历史结构与过程总是存在于人们的经历和行为中，可以通过它们表现出来"。[2] 所以，在这些人们日常生活经历的背后是国家权威对乡村社会变迁的影响，我们也可从中透视乡村社会结构的变化以及村民对于历史的改变。

四　回望集体化：山西乡村社会变迁

在搜集整理资料的实践中，我们逐步形成了"走向田野与社会"的研究方法和学术思考。可以说，"田野调查"无论对于资料收集还是展开学术研究都至关重要，这主要是基于两个方面的考虑：其一，社会史研究者要有足够的"走向田野与社会"的自觉性；其二，中国当代社会史资料本身的复杂性、多样性。具体而言，"走向田野与社会"这一口号是在我们多年从事社会史研究与教学实践基础上提出来的，从本质上讲它也是一种核心的问题意识，有着丰富的内涵。它不仅有助于进一步扩大史学研究的资料范围，而且能够使研究者获得历史的现场感。

在这种研究理念和方法的支撑下，建基于收集到的集体化时代基层档案资料，山西大学中国社会史研究中心展开了关于集体化时代基层社会的相关研究。我们已经出版了《阅档读史：北方农村的集体化时代》，

---

[1] 阎云翔：《礼物的流动——一个中国村庄中的互惠原则与社会网络·序言》，李放春、刘瑜译，上海人民出版社 2000 年版。

[2] 〔德〕于尔根·科卡：《社会史理论与实践》，景德祥译，上海人民出版社 2006 年版，第 86 页。

这部著作着眼于 20 世纪 40—80 年代的北方农村社会变迁，以浓缩精华的形式选取典型资料予以呈现，书写了集体化时代的北方农村从互助组、初级社、高级社到人民公社的变迁历程，从普通老百姓的生产生活、生产实际，观念变化、心理状态等层面反映了北方农村社会生活的历史细节。此书的编著，综合运用官方文件、公告与农村基层文书、账册，既考虑到了政治史发展的宏观脉络，又充分关注微观的乡村场景，而且是用农民的语言原汁原味地再现农村的生产和生活，并予以学理意义的解读阐释，呈现出集体化时代国家对农民生活的改造和乡村社会的历史变迁面貌。

山西在集体化时代是一个特殊省份，享誉全国的"农业学大寨"运动中的样板村大寨，全国农业劳动模范李顺达、申纪兰所在，"西沟精神"的源泉地平顺县西沟村，被毛泽东推为治水保土工作典范的阳高县大泉山，抗战时期的太行根据地等都在山西区域内，这可能并非偶然或历史巧合，更是由于特殊的地理位置、文化渊源、政治关联而在集体化时代"显山露水"。这反映出山西在集体化时代农村社会研究领域中的区位意义。《回望集体化：山西农村社会研究》是中心师生对集体化时代山西社会多主题研究的合集，多以一手的、独具个性的档案为核心资料，从方法·视角、文本·叙事、模范·典型、生产·改造、运动·事件、身份·生活、田野·社会等角度论述了农村社会的方方面面，从多学科的层面审视了农民与国家、个人与集体、村庄与国家工业化、政治身份与社会认同等话题。

中心近些年来培养的博士、硕士研究生中的研究也多以集体化时代的乡村社会为研究主题，就研究单位而言，有的是基于对具体村庄的个案研究，这些村庄有的比较典型，如赤桥村、西沟村、张庄村，有的比较普通，如道备村、南关村。也有的研究是基于公社这一层面的，如高平米山，还有的是基于一个县域范围的，如榆社县，还有的以独立的河流和水利体系为研究单位。从研究主题来看，涉及集体化时代的农田水利建设与农业技术、妇女解放、医疗卫生、日常生活等社会变迁的多个面相。

　　集体化时代农田水利建设成就卓越，高度集权的政治体制为农田水利建设提供了强有力的政治组织保证，集体经济体制为大规模开展农田水利建设提供了经济基础，人民公社体制的确立为国家的社会动员提供了有力的制度化渠道，这样不仅能够集合大规模农田水利建设所需的劳动力资源，而且可以整合分散的社会资源，克服区域资源短缺的困境，形成资源分配的宏观性和有序性。[1]这在水土保持工作中优势明显，地方政府在短时间内对劳动力进行统一筹划安排，在某种程度上弥补了资金不足和生产技术落后的缺陷，且克服了传统时代拘泥于个体、家庭式的治山保水作业状态，最大限度地聚合劳动力，实现了粮食生产和水土保持工作的协调促进。[2]

　　妇女解放是新中国成立后社会改造的重要主题。公社体制和集体化的农业生产方式为妇女的劳动就业提供了条件，妇女们不再局限于家庭的狭小空间，而是在参与集体劳动、社区决策、各项政治社会活动中重构着个人的身份认同和社会形象，不仅身心获得自由，也在就业和薪酬上拥有了和男人同样的权利与机会。妇女的经济地位、社会地位和参与经济、政治和社会活动的能力得到提高，女性经济独立、男女平等的社会观念也逐渐为人们所接受。[3]同时，妇女解放也映射着乡村婚姻观念与行为的变迁。集体化时代的国家政策和社会管理制度对农民的婚姻观念和行为产生较大影响，法定年龄的婚姻登记制度取代了村庄里的童养媳等早婚现象，年轻人在择偶中的独立自主代替了传统时代的父母之命、媒妁之言，村内婚比例上升。同时，村民的实践也体现出一定的地方性特色和自主性行为：村民在择偶中理性地选择"既成分又不成分"

① 郝丽娟：《集体化时期的农田水利建设——以平遥县道备村为中心的考察》，山西大学硕士学位论文，2012年。
② 翟军：《集体化时代吕梁山区水土保持工作初探——以山西省三川河流域为例》，山西大学硕士学位论文，2011年。
③ 杜俊芳：《集体化时代的农村女劳力——以南关村为中心的个案研究》，山西大学硕士学位论文，2009年。

这一路径，更强调离婚自由而非婚姻自主。双向的、多形态的身体政治实践反映出农民的婚姻行为既被刻上了深深的时代烙印，又实践着自己的行为逻辑。[①]

医疗卫生改造同样是集体化时代国家社会治理的重要内容。曾经分散于乡间的医疗资源经过反复重组整合后在很大程度上打破了原有以家族和个体经营为主的分布格局，并纳入了国家整体医疗卫生体系中，这使国家权力、新的意识形态能够借助医疗深入乡村。同时，广大民众以高涨的热情参与医疗卫生运动，接受内化着国家新的意识形态、新的政策主张，并逐渐熟稔新的阶级道德评价规则。值得注意的是，新的医疗卫生体制保持着传统医生以家庭和村庄熟人社会为主的乡村生活方式和以"礼"为中心的人情交往网络，以集体制度为表征的医疗卫生运动内部始终存在着一种离心倾向，在有限范围内承认了传统社会及其医疗形态，其式微及合作医疗的最终解体在某种程度上显示出传统的坚韧及新体制对于传统的融合。[②]这种融合还体现在乡村赤脚医生的医疗实践和中西医结合的层面上。新中国成立后为了弥补西医卫生医生的不足，也为了利用中国农村传统留下的中医进行卫生保健，中西医结合被纳入国家卫生方针。在实践中，乡村赤脚医生受到中西医培训，其医术继承兼顾中西，两者在规模、成本、覆盖面积、流动性等方面差异颇大，中西医赤脚医生融合自身知识和实践优势展开医疗实践。[③]

为了提升农民的知识文化水平，新中国成立后曾在全国范围内大规模开展扫盲运动，国家意志和意识形态也随之深入基层，扫盲运动以及与此相关的读报小组成为建构农民国家观念的媒介和路径。读报小组是贯彻党和国家各种政策、推动各项工作、联系人民群众的基本组织形式。读报活动和内容与农村互助组、合作社、人民公社各个阶段的经济

① 李保燕：《集体化时代农民婚姻行为研究——以平遥县道备村为中心的考察》，山西大学硕士学位论文，2012年。

② 李全平：《医疗卫生运动与乡村社会》，山西大学硕士学位论文，2010年。

③ 杨立群：《赤脚医生：一个时代的背影》，山西大学硕士学位论文，2015年。

发展和政治导向紧密相关，也结合了农民的特点和思维方式，不仅促进了当时各项社会运动的开展，而且也有助于提高农民的政治觉悟，促进他们之间在农业生产技术、思想意识上的相互交流，丰富了农民的社会生活。从信息传播的角度，读报小组作为一种动员形式和组织方式而存在，是 20 世纪 50 年代农村宣传网的有效实践形式，促进了党和国家各项方针政策的有力传输。[①]

在整个集体化时代，商品贸易和个体经济受制于意识形态和政治经济体制，是社会经济发展的禁区，但在合作化之前活动活跃，甚至得到国家的组织与支持。新中国成立初期的华北城乡物资交流大会是在当时恢复国民经济的背景下开展起来的，本着"城乡互助"的原则，交流会上农民把剩余的粮食和土特产品推销出去，进而提高了购买力，并产生了更多对生活日用品和农业生产用具的需求，直接地促进了城市工商业的发展，形成了良性互动，城乡经济联系加强。同时，由于交流会中设立展览馆，发挥了展品征集、宣传动员、典型示范、宣传爱国主义等功能，促进了国家的政治整合，促进了新的生产工具和技术的传播，也促进了"劳动光荣"等思想观念的传播。[②]

在国家深入村庄各个方面和层面的历史背景下，乡村民众的日常生活也发生着巨大变迁。政治身份虽限定了个人的社会地位和角色，但他们也努力寻求着自我主体性的实现。革命的现代性逻辑虽然主导了村庄的政治经济体制和运行机制，但村民的生存理性和村庄传统的日常生活逻辑仍坚韧地嵌入到革命的枝蔓脉络中。在村庄里，贫下中农遭受打击、地富反攻倒算、地富腐蚀干部、干部贪污谋私、集体私分、群众分田单干、投机倒把、偷窃、迷信活动、赌博、坚持宗教信仰等以与国家政策相违背的"反行为"的面貌呈现出来。在这些"反行为"的背后，是集体化时代的村民对生活需求的表达和他们真实生活的体现。以往的

---

① 王霞：《20 世纪 50 年代山西农村读报小组研究》，山西大学硕士学位论文，2012 年。

② 王巧鹏：《国计民生：1950 年代初华北城乡物资交流会研究》，山西大学硕士学位论文，2014 年。

研究突出国家相对于民众而言所具有的绝对优势和管理权力，但在国家对民众的规训中我们其实也看到了乡村民众利用时间和空间的优势争取主动权、表达自我的积极能动的一面。[①]

不可否认，国家意识形态和制度安排是中共社会改造和村庄变迁的主导性因素，但村庄自身的实践同样昭示着蕴含在底层大众中的传统及其自主性的强大力量。那么，集体化的经济体制和生产方式的变革使村庄进行了怎样的整合重建，村庄的日常生活实践到底是怎样的，在日伪政权、国民党政权、中国共产党政权的相继更替中村庄到底经历了怎样的变迁，遭遇了怎样的困境，又做出了怎样的调整和适应？其间的实践逻辑和运作机制是什么？以生产和革命的逻辑关系为主线来把握政治话语与制度安排、权力政治与地方实践之间的深层逻辑关系，当能呈现出乡村中的国家与大历史中的小社会。[②]而以权力的实践形式为主题，对集体化时代村庄生活运行机制的探讨可能能更加深刻地揭示中国共产党政权的特征及其治理对于乡村社会变革所产生的历史意义。[③]

[①] 马维强：《双口村：集体化时代的身份、地位与乡村日常生活》，山西大学博士学位论文，2009年。

[②] 常利兵：《村庄叙事：1937—1957年的赤桥社会》，山西大学硕士学位论文，2005年；常利兵：《红旗飘飘——西沟村的革命、生产及历史记忆（1943—1983）》，山西大学博士学位论文，2010年。

[③] 邓宏琴：《"翻身"与"翻身"之后：集体化时代乡村运作机制中的权力实践》，山西大学博士学位论文，2010年。

田野考察

剪子湾寻梦

　　章开沅先生九十华诞，华中师范大学拟以出版文集的方式为纪念实在是一件很有意义的事情。

　　我们这一代中国近代史专业的同仁，应该说都是章先生的学生。从大学时代开始，研读章先生的有关论著就是我必做的功课之一。章先生年事再高一点，也就是在最近的十几年时间里，我有幸亲炙多了一点，耳濡目染，如沐春风。这里记述的是十年前与章先生的一次交往，也是对我个人及山西大学中国社会史研究中心研究工作很有意义的一件往事。

　　记得前些年，曾看到章开沅先生在《寻根》杂志上发表过一篇文章，记述他携老伴黄怀玉女士在太原、西北地区寻觅祖先足迹的事。2011 年 1 月，北京师范大学出版社出版了章先生的一个集子，书名叫作《寻梦无痕：史学的远航》，其中一篇题目即《寻梦无痕》，此篇文章第二个小标题为"剪子湾寻梦"。现在，我把这个小标题借用过来。因为，这件事与我有些牵连。

　　章先生这样写道：

　　　　2004 年 9 月 14 日，在山西大学行龙副校长热情陪同下，我与内人怀玉驱车前往太原市杨家峪剪子湾村。到达村委会办公室，老支书薛银宝等候已久。他对杨家峪剪子湾村的沿革稍做介绍后，就引导我们前往祖坟原址，即原来的沙河村。此地与东山相距 30 公里，沿途均为连绵山坡，可以想见当年多为荒凉的坟地。但现代化的商业大潮迅速淹没了原先的农村，整个剪子湾已与太原市连成一片；原先杨家峪公社已经演变为街道办事处，人烟稀少的沙河村也被房地产开发商建设成为颇具社区规模的高层住宅群，并且改名为很有气派的"富康苑"，人口稠密，熙熙攘攘，真是时过境迁，面目全非。"沧桑易使乾坤老，风月难消今古愁。"眼前的急剧时空转换，对我的心灵产生了巨大震撼，片刻间几乎失语，失忆，脑际一片茫然。幸好老支书指点章氏坟地大概的方位，怀玉急忙为我摄影留念，这才又使我回到清醒的现实。

老支书又带我们拜访剪子湾村的老会计，他曾亲眼见过原沙河村墓地，这样的老人在当地已为数不多了。原来行龙副校长早已亲自到过村委会，为我们这次寻觅祖先的足迹做了充分的准备。

记得2004年5月间，接到华中师范大学朱英教授的一个电话。他告诉我，章开沅老先生祖上曾有多人在山西做官，有几位葬在太原郊区的沙河村。章先生有意去太原寻觅祖先足迹，要我事先代为询问。放下电话我即找出太原市地图仔细查看，却是怎么也找不出这个"沙河村"来。再向校内多位太原籍退休老同志打听，方知此"沙河村"就是现在的剪子湾村。不几日，我就一个人赶到现山西省第三人民医院对面的剪子湾村，确认剪子湾村即为旧时的沙河村。6月份，我第二次到剪子湾村考察，找到了在村里做多年会计工作的尹万智先生。此次从与老会计的谈话中得到两个信息：一是他家祖居剪子湾村，祖上有几代人曾以"打坟"为业，当年的沙河村西北方就有一片大坟场，章氏墓地或许就在这里；二是剪子湾村最早的聚落在村东南，一律是临坡挖出来的土窑洞。据说在太原市新的公路规划中，剪子湾村将整体搬迁，这些土窑洞将不复存在。这两个信息都很重要，第一个信息使我对章氏墓地心中更有底数；第二个信息则给了我一个不小的震撼：这个平平常常不起眼的小村落将在城镇化的浪潮中"灰飞烟灭"？我们可否以此为个案，保存现有的历史记忆？可否以此为试点推动我们正在进行的集体化时代的基层农村社会研究？

2004年的暑期是中心师生都比较忙的一个假期。8月5日到15日，由中山大学、香港大学、香港科技大学、北京师范大学、厦门大学和本中心联合举办的"第二届历史人类学高级研修班"在北师大集中授课后，在山西临汾、洪洞开展田野考察，闭幕式及总结会在山西大学举行，我和中心的六名师生参加了此次研修班活动；8月28日，台湾"中央研究院"研究员刘石吉来中心访问，并做了题为"明清区域社会经济研究"的报告；9月3日到7日，中国社会科学院近代史所茅海健研究员及台湾"中央研究院"吕上芳研究员到访，茅海健做了题为"戊戌变法再研究"之报告；9日，由华中师范大学中国近代史研究所和本中心联合举办的"商会与近现代中国学术研讨会"在平遥古城举行，11日在山西大学举行闭幕式，章开沅先生也同时来到山西大学。

2004年9月14日，一个细雨蒙蒙的上午，我陪章开沅先生夫妇驱车前往剪子湾村。车子在东山公路上盘旋，不时可见一旁废弃的旧窑洞。一行四人先到村委会办公室，寒暄之后，老支书和老会计便带我们到章氏墓地，即现在的"富康苑"小区。随后，来到老会计尹万智家。

老会计的宅院是剪子湾村幸存不多的几处窑洞式住宅之一，三眼土窑依崖而开，中间一间算作客厅和过道，东边一间为卧室，西边一间为客房，平时可放置杂物，东西两间隔墙相通，是典型的北方窑洞式建筑。记得，章先生和老会计坐着两把椅子，章夫人黄老师坐在炕沿上，我则随手拉了一个木凳坐下，听老会计将往事慢慢道来。开始谈话不久，就见黄老师将一个简单的录音机放在旁边的桌子上进行录音。章先生在《寻梦无痕》中引述了老会计的有关口述，我是等于再一次听老会计讲述章氏和剪子湾的往事。

事情真的很是凑巧，此次开车的山西大学司机赵曙光师傅，竟然与老会计是老相识，他在插队期间，就在老会计的领导下在剪子湾开拖拉机！赵师傅和老会计的讲述大体相符，再次证实了章氏墓地与剪子湾关联的历史。

当天下午，我们邀请章开沅先生在文科楼大报告厅做"读书与做人"的报告，用章先生的话来讲，他是"把自己放在一个学生的角度来交流"。台上台下，章先生与学生多有交流，山大学子领略了一位人文科学出身的大学老校长的风采，报告会很是成功。

在跟随章先生的几天时间里，我曾向他请教开展集体化时代农村社会研究的设想，并向他汇报了我们近期开展的工作。章先生对此给予充分肯定，并鼓励我们首先从收集基本资料做起，首先从剪子湾做起。应该说章开沅先生此次到山西大学及剪子湾的访问，使我们对集体化时代基层农村档案资料的收集工作增添了信心，也直接促成了我们对剪子湾村的调查与研究。

2004年9月下旬开始，我多次带领学生深入剪子湾开展调研活动。起初，我们曾成立了一个包括美术学院青年教师在内的"剪子湾课题组"，对村内所有现存街道、宅院、景观、公共场所进行了系统的摄像和拍照，留下了一批珍贵的影像资料。接下来，中心的在读硕士生常利兵、马维强、刘素林、王长命等先后开始对剪子湾进行口述历史的访谈，这项工作持续了两年时间，访谈对象在50人以上。大家无论寒暑，走街串巷，出这家门又进那家门，剪子湾村里的人认识并且熟悉了我们的研究生。在常利兵现存的当年田野工作日志中，我发现了他"梦见剪子湾"的记载："因为自己对剪子湾的关注、重视和付出，晚上睡觉居然做梦在村里组织开展调查会，参加者主要有尹、郝、王、李等人，甚是满意。早上醒来时还觉得好像真的一样。"可以说，剪子湾的调查是我们初期开展集体化时代调查研究用功最多的一个村，也是对田野工作的一次真正体验。

剪子湾村现存档案资料的发现也很偶然。10年前，对于集体化时代的基层农村社会研究，有些学者很重视口述史的方法，清华大学孙立平先生就曾主持过这样的项目。但我一直认为，除了口述，以及摄像保存现有景物、录音保存当事人的"声音历史"、深入研究对象进行生活体验外，收集现存的档案资料也非常重要。也许是历史学的职业特性使然，开始我就强调文献资料的收集和利用，这是因为，口述的东西毕竟属于个人记忆，难免会有记忆的差错或因当事人情感牵出来的差错，一定程度上讲，文献的记载要比口述更准确，文献的不足又可以通过口述来进行补充和完善。当然，文献也会有不真实的甚至是作假的，这就要求我们历史学者具备识别和判断的能力。把文献和口述结合起来，正是提高识别和判断能力的一个方法。剪子湾的个案就是一个实例，当我们对整个村子进行了系统的摄像拍照和大量的口述整理后，许多事情仍然是"剪不断，理还乱"，呼唤文献成为我们一时的急切愿望。

2004 年 10 月 18 日，剪子湾的档案资料终于被同学们发现。据常利兵工作日志记载，17 日晚，他与老支书薛银宝通电话，谈到剪子湾是否仍保存着档案资料的事情，老支书含糊地说，早就已经找不到了。他答应第二天同学们来后再谈。次日上午，常利兵、马维强、刘素林三位同学一起坐公交车再赴剪子湾时，老支书已在村委会等待，大家帮着他一起回忆档案资料的保存情况，老支书又好像含糊地有点印象。随后，他从抽屉内取出一把钥匙，走向旁边一间久未打开的仓库。仓库的墙角放着一个旧柜子，锁早已生锈，怎么拨弄也打不开，老支书索性找来一把小铁锤砸开锁，里面竟然就是他印象中的档案资料。三位同学从上午 11 点一直到下午 4 点，不停地整理这些散乱的档案，后来向老支书打下借条，将档案运回中国社会史研究中心。

剪子湾的档案资料十分丰富。最早的应是数十张清代至民国时期的地契和房契。一个硬皮的资料袋封面用毛笔写有这样的字样："这是路长远保管下来的土改时期的房、地契约。注：路是土改时的民政委员。"署名"四清工作队，1966.7.24"。更多的资料起始于 1966 年，终止于 1993 年，包括个人阶级成分登记表、入党入团申请书、修建房屋申请书、运动期间批判稿、自我检查稿、检查书、交代材料、介绍信、证明材料、各类花名册等；有关剪子湾村的年度生产计划、水利建设计划、养猪生产任务表、口粮统计表、资金平衡表、现金分配审批表、灾害救济表等；各级各类下发的宣传材料和文件，尤其是剪子湾所属太原市南郊区各部门的文件种类繁多，大到胡耀邦总书记视察山西省部分偏远山区时的谈话，小到中共太原市南郊区杨家峪乡人民政府关于加强安全工作的通知，涉及土地、水利、农机、化肥、种子、农药、民兵、治安、宣传、卫生、组织、党团、妇幼、民兵、婚丧，等等，真可谓"无奇不有，无所不包"。

剪子湾村的档案资料，是中心早期收集整理的第一个村庄档案资料，与后期收集的 200 多个村庄的资料比较而言，它虽然不是那样的全面而系统，但却首次向中心师生展现了集体化时代基层农村档案资料的基本面相，增强了我们进一步开展相关工作的信心，正所谓"当时明月在，曾照彩云归"。至今，在中心收集档案资料的 200 多个村庄中，剪子湾肯定是师生耳熟能详的一个。

乔健先生的乡土关怀与我的赤桥情结[*]

今天上午，李、金两位院士做了很好的演讲，对乔健先生在人类学、民族学上的学术成就做出了很高的评价。我作为一个外行，作为乔健先生的一个学生，不敢对先生的学术妄加评论。我谨代表乔健先生家乡的山西大学，对乔先生多年来对山西大学及山西省社会文化事业发展做出的特殊贡献表示诚挚的感谢，并借此机会祝贺乔健先生从教四十周年和七十岁寿辰。

我的报告将分为两个部分：一部分是乔健先生的乡土关怀，亦即对山西及山西大学的贡献；另一部分则是我自己的赤桥情结，也即对1948—1957年的赤桥社会变革的专题报告。

一、乔健先生的乡土关怀

乔健先生，祖籍山西介休，其父乔鹏书先生是山西大学早年的毕业生，也曾执教山西大学政治学系。改革开放后，乔健先生作为最早的几批回国人员，回到故乡从事学术文化交流活动。1992年，先生应邀来山西大学主持"中国佛教思想与文化"国际研讨会，来自中、美、英、俄、韩、新加坡等国家的六十多名代表参加了此次讨论会。

1994年7月22日，在乔先生的积极筹备和大力支持下，山西大学华北文化研究中心宣告成立。费孝通、李亦园、中根千枝等著名学者，

---

* 2005年4月，我有幸参加了在台湾东华大学举办的"族群与社会国际学术研讨会"，本文即为我在此次会议上的发言稿。

通过乔先生的邀请，光临成立大会。同时，乔健先生被聘为中心荣誉主任、山西大学荣誉教授。之后，乔先生陆续将自己的藏书捐赠给中心，建立"乔健图书数据室"。中心成立十多年来，在乔先生的指导和带领下，举办了一系列学术活动，先后完成了"山西乐户研究计划""华北贱民研究"两个重大课题，现在正在进行的是欧盟项目：中国农村可持续发展前景——赤桥计划。中心现已有博士、硕士二十多名，形成了一支年富力强的研究队伍，在国内外具有一定的影响。我想，等到2014年中心成立二十周年时，将是硕果累累、桃李满园。届时，再请乔健先生及在座诸位光临指导。

乔健先生对故乡有着赤子般的关爱，对山西大学可谓情有独钟。除了成立、指导华北文化研究中心的工作外，他对山西大学的对外学术交流也做出了积极的贡献。从1999年开始，在乔先生的积极推动下，台湾东华大学、香港中文大学、山西大学三校每年利用暑假时间，广泛开展了校际交流。在座的吴天泰教授曾去过山西，我也曾以带队教师身份来过东华大学。

还有就是乔健先生慷慨捐资兴学，鼓励青年立志成材。1992年，乔先生代表其父及海外亲属捐资15000美元，设立"乔鹏书先生纪念奖学金"。迄今本奖学金已颁发12届，265名同学受奖。1999年为纪念乔先生的妹妹乔晓芙医师，又捐资5万美元设立"乔晓芙人文奖学金"。迄今本奖学金也已颁发三届，18名同学受奖。

近年来，乔健先生多次奔波台湾、香港、大陆三地，为推动三地的学术交流做出了卓有成效的贡献，尤其是对山西大学的多方面贡献使我们感触良深。中国有句古语叫作"春种一粒粟，秋收万颗子"，我相信，乔先生的这种努力，一定能够在中国大地生根开花，结出累累果实。

二、我的赤桥情结

我的专题报告题目是："1948—1957年的赤桥社会的变革"。

　　需要说明的是，我对人类学、民族学确实是一个门外汉，提交这样一篇论文是否符合"族群与社会"的会议主题、是否切题，我是完全没有把握的。好在各位都是本领域的知名学者，对我来讲，即使"献丑"也愿意提出来向大家学习。另外，这里讲到的赤桥村，现在是欧洲联盟共同体项目——中国农村可持续发展前景课题研究的七个案例村之一，乔健先生作为这个项目的总负责人，从课题的申请立项到村庄的长期调查研究，均给予了总体性的规划和指导。所以，在今天这样一个场合报告这篇论文，我想还是有它的特殊意义。

　　赤桥村毗邻太原名胜晋祠，是一个千年古村。本村最有名的传说就是《史记》记载的智伯家臣豫让刺杀赵襄子未遂，自刎后血染桥面的故事，赤桥也因此得名。另外，有一个名人就是刘大鹏。赤桥地理环境中最重要的因素是晋祠的水，村人因水而种水稻、造草纸、磨面粉，尤其造纸是村民的主要营生，也因水与周围乡村发生过严重冲突。

　　抗日战争期间，赤桥村是一个居村，下辖三村，又有村公所，各级各类政权机构中，村人就有 41 位。其中有一些骨干在历次运动中又充当了地方领导人物。可以看出，这些人既属于国家集权体系中的人物，要为国家服务；又游离于国家角色，在乱世中寻求自己眼前的出路。

　　在赤桥村作为我们的一个研究个案之前，有着一段不得不说的经历，即《退想斋日记》（刘大鹏遗著）一书的发现、校注和出版，以及与之相关的诸多课题研究。因此，也可以说是自己与赤桥结下的一段学术情结。

　　早在 20 世纪 50 年代，现已故去的业师山西大学历史系乔志强先生在一次参观晋祠圣母殿时，于众多碑石中偶然发现了《刘凤友先生碑铭》，便有了搜集刘氏文献的念头。在山西大学图书馆线装书库薛愈老先生的帮助下，从刘大鹏的一位亲戚家中找到了这批珍贵资料，并由薛老先生从收藏者家中借来数册，乔先生不分昼夜地在学校摘抄，这便是业师 1980 年以刘氏《潜园琐记》为基本史料，出版《义和团山西地区史料》的基础。

直至 1980 年，业师发表的《山西地区的义和团运动》《从〈潜园琐记〉看义和团》《辛亥革命前夕学堂的兴起》等论文，大多引用了这批资料。《退想斋日记》及刘氏其他部分手稿后来入藏山西省图书馆。1982 年，笔者正式拜师乔先生门下，此后先生便安排我到省图书馆抄录刘大鹏《乙未公车日记》和《桥梓公车日记》。两部公车日记抄录完之后，先生又安排我和同窗徐永志抄录《退想斋日记》中的"有关社会史资料"，次年又有下一届研究生崔树民、王先明的加入。直到 1985 年四五月间，仍有近半数日记未能抄录。是年暑期，笔者又从历史系本科高年级学生中请了三位学生到图书馆整日抄录，事遂告终。至 1990 年6 月，乔志强先生标注的《退想斋日记》遂由山西人民出版社出版。

在此期间，笔者对刘大鹏的家乡赤桥村的了解和掌握的内容也日渐丰富，加之学界和社会人士对《退想斋日记》及刘大鹏的关注，赤桥村便成为我们进行区域社会史研究的个案之一。随后，由笔者所主持开展的"明清以来山西水资源匮乏及相关问题的调查与研究""明清以来山西人口、水资源与农村社会变迁"等国家课题，就是立足于晋水流域范围内的诸多村庄进行的，其中赤桥村就是其中一个很重要的田野调查点。作为一个历史久远、传统深厚、不断嬗变的村庄，赤桥村称得上是中国社会历史变迁的一个缩影，因此研究这样一个内地村落既有典型性，也有普遍性。

可以说，赤桥村个案的选择直接缘起于《退想斋日记》的发现以及国内外学人对刘大鹏的研究，而两位最早的发现和研究者却已平静地离去。每当念及此事，笔者不禁怅然。

（一）村庄的地理历史

"《山海经》曰：'悬瓮之山，晋水出焉。'悬瓮山左山曰卧虎山，头枕蒙山，尾蟠悬瓮，状如卧虎，因以为名。山麓有村，曰赤桥。在县治西南距城八里，南北西三面地甚狭，且矿碛难耕。"①

---

① 刘大鹏：《晋祠志》卷五《古迹》，山西人民出版社 2003 年版，第 117—118 页。

　　赤桥村是一个千年古村，位于太原市晋源新城西南，南接驰名中外的旅游胜地晋祠，北邻西镇村，西依卧虎山和悬瓮山，东靠太汾公路。原名为石桥，据村中观音堂内残存的清乾隆年间的碑文记载，曾先后叫过刘村、韩村。相传战国时，智伯家臣豫让在石桥上刺杀赵襄子未遂，自刎时血染桥面（又传宋太祖赵匡胤箭射卧虎山，流血染桥），故改名为赤桥。

　　赤桥村人有一个传统，即主要依靠手工造纸维持生计。村庄历来人稠地狭，土地贫瘠，"稼事之多者，田不过三四十亩，少则一二亩，鳞塍雉陇，层迭不平。刘获植种，车马难施，悉以肩仔"①。尽管村庄当时"东资晋水灌溉者稻田五六百亩，麦田三四百亩"，可是以耕田养家糊口的不过十之一二，而村人造草纸者则达十之八九。"妇女事纺织者寡，助男造草纸者多。木杵击水之声，连夜不辍。勤则勤矣，而每日所易金钱，足够糊口而已"。②可以说这样的经济生产方式的形成与赤桥村固有的地理结构和生态系统有直接的关系。

　　在传统社会中，水资源是赤桥村人日常生活实践的一个重要因素。村民们祖祖辈辈赖此农耕种稻、赖此水磨磨面、赖此洗纸造纸，甚至可以说是赖此养家糊口。正因为如此，水资源成为村民关注和争夺的焦点。清道光年间发生的石梯口事件让我们清晰地看到了一种地方性资源——水的利用和控制，如何使得多种力量卷入其中，进而发现村庄日常生活惯习的遭遇、整合和延续。

　　刘大鹏《晋祠志》卷三十《河例一》载：

　　　　遵断赤桥村洗纸定规碑记（一样两石，一竖唐叔虞祠正殿中，一竖赤桥村兰若寺正殿前阶上）：晋水发源于悬瓮山前，环祠数十里而遥，均沾润泽，或灌田亩，或旋转碾磨，或淘洗纸料。取用不同，而所以沐圣母恩惠，一方之人，万世之远，依之以为生，固无

---

① 刘大鹏:《晋祠志》卷五《古迹》，山西人民出版社2003年版，第117—118页。
② 同上。

异也。惟用水虽为四河，而实分为南北两股。本村旧在晋祠镇总河北界，薄堰以南用水洗纸，早晚就近便莫甚焉。情因每年春秋之际，北河渠甲挑浚渠道，春季清明前三日决水，至谷雨前三日放河，秋季霜降前三日决水，至立冬前三日放河。决水至时各十余日，河内无水，不能洗纸，村中造纸之家不得已即赴难老泉金沙滩洗纸，历年久远，从无异词。乃于道光二十四年间，晋祠镇士庶补修庙宇，以思报本，因而渠甲等于泉水（即石塘左右）两岸高架石栏，以致洗纸难下（渠甲意在由此兴讼，以图渔利）。无奈从旁开口，下水洗纸。于二十五年二月间被南北渠甲刘煌、张蚊等阻拦，以致本村董事人任宝成、赵玉璧、郝英、刘三台、刘钟英等，控于王天（炳麟，四川安岳县进士）案下，未蒙断结而调遣。继来署篆者戴天（广仁，奉天宁县优贡生）、田天（丰玉，江西瑞昌进士）屡讯不决。村人不能久待，无奈陈情于府辕，蒙陆天（应毂，知府）随委阳曲县靳天（廷钰）勘讯，未断而荣升州牧。嗣蒙踵任陈天（景曾）留心研讯，准情酌理，断令仍照古迹下水处紧接石栏地面开挖道路，并置坚厚木门二扇，以便随时启闭等。因而张蚊等违断不服，主使张琼林等翻控臬辕蒙劳天（崇光）、批委候补州杨天（振鹭）诣勘明白，会同邑侯毓天（名嗯，正蓝旗笔帖式）传集两造研讯确实，创立新规，彼此便利。两造允服，情愿息讼。判云：查得晋祠一水，各村灌溉所资，赤桥村在该庙河内洗纸，虽偶一为之，亦属不得已之举。讯据两造各执一词，而利泽所关，碍难遽事更张，前断筑礅修门极为平云，但使赤桥村终年有水则在本村洗纸尤觉便益，无事舍近求远，更启讼端。今据两造所供，又诣勘各村渠道，访察舆情，自应谅为变通，俾两造允服无词。查春秋二季，晋水一渠议定挑渠之规，向来自下而上。一经筑坝，则赤桥村无水，终以十日为期，停工不洗，有碍生计，故须远借金沙。若改为自上而下，由庙内起挑，至斗门筑堰，且有五府营、花塔等村帮夫赶挑，则赤桥村每年春季无水不过三日，停洗无多，事属可行。惟在秋季或遇雨水连绵，又值农忙之际，则挑挖需时，不能与春季一概而论。今复经本县亲诣勘明，将孙家沟沙堰改为石堰，雨花池退水渠益加宽广，则小站营等村水患无虞，而赤桥村洗纸可以便宜行事。两造均称利益，可垂诸久远，永息讼端。（孙家沟为北河大患，沙堤一溃则北河水涸，若在盛夏苗多就槁。经此断案，北河农民欢然称颂，乃北大寺村人谓为该村风水遂止，不改沙堰为石堰。）仍饬该庙住持遵照前断，禁止游人在金沙滩（即石塘）抛掷砖石，踏践堤堰，以期各安生业，取其两造允服甘结。详情各宪批示遵行。施行结案之后，张琼林、杨正芳等于十一月间翻控府辕，蒙陆天仰本县程天覆讯，判云：查此案缠绕，讼无结期，本县细阅前卷，逐河勘讯，该河春秋二季挑浚筑堤，致水不能下流，赤桥村人不能洗草造纸，业经前县委员会勘讯断，春秋挑河三天放水，赤桥村人停工三天。据称秋季河工较大，断令以五天挑河放水，如遇天降霖雨之日不计外，即以五天为止，如届期水不能放，准其到金沙滩洗纸（俗名洗纸为喘朵儿），饬差协同乡约，将堤堰门项堵盖，各具切结，附卷完案。夫酌理准情，揆几度务，舍劳而就近，易旧则为新章，息事便人，成一方之美利，万世之良规也。用是刻之贞珉，使后之人用遵而不紊云。道光二十七年岁次丁未暮春赤桥村同事人王文耀、赵燕昌、赵玉堂等勒石。[①]

在石梯口事件中，前后共有二十二人直接参与了事件本身的诉讼过程，南北渠甲四人，赤桥村庄八人，断案官员十人。而且事件"屡讯不决"，即使结案也被渠甲等人多次"违断不服""翻控府辕"，致使石梯口事件历时近三年方才了结。实际上，这是渠甲、村人、官府三方为了自身利益的获得与维系而进行的一场诉讼。按照乡规民约，赤桥村民向来在"决水之日"从石梯口下水洗纸，"返造成纸易金钱，以养身家"；而渠甲者"多奸猾，最喜兴讼，一有讼端即可按亩摊钱，于中渔利矣"；

---

① 刘大鹏:《晋祠志》卷三十，山西人民出版社 2003 年版，第 572、573 页。

作为中央集权代言人的地方官员，"有司断案十分公允，乃若辈抗违不尊，翻控数次，方才结案，亦由有司之申饬不严耳"。这样的一场基于彼此利益的博弈，凸显出了一种地方性资源在乡村社会运行中所扮演的重要角色。

赤桥村人千百年来仰赖晋水的恩泽，"或灌田亩，或旋转碾磨，或淘洗纸料"，遵循着传统中国农业社会里的生存逻辑，"有例无程，历年久远，无人管辖，至雍正七年始设渠甲，经理总河兼辖四河，而四河渠甲不得干预总河之事"。[①] 但是，我们从石梯口事件中还是看到了南北河的渠甲们是如何阻扰和干涉属于总河北界薄堰口南赤桥村人生产草纸所需水源的。也许"靠山吃山，靠水吃水"这样一句日常谚语，动态地反映出了一个内地村庄传统变迁中权力政治的实践过程。

1948—1957 年是中华人民共和国新政权建立后赤桥村进行"社会主义建设"探索的 10 年，它直接指向了后来的"人民公社"和"农业学大寨"运动，而在此之前的 10 年时间，则是一个战火纷飞的年代。战火纷飞的年代，衍生和成就了纷繁复杂的赤桥村级政权和社会。

1937 年 11 月，日军攻陷太原县城后占领了附近的赤桥村。随后在赤桥村组织成立了所谓的日伪居村政权机构，赤桥作为主村，辖制明仙、纸房、西镇三村。主村下设居村村长、副村长、书记、保卫团、水闸人、闾长等职位，任职人员除副村长有一人是外村之外，其余四十二人均为本村村民。这些所谓的"中介人"在革命政权的话语中大多成为汉奸、叛徒之类，但是不容否认的是，他们有的在 1949 年新政权建立后仍然充当了村庄重建、整合进程中的领导式人物。比如在农业合作化运动中担任副业组长的王必曾担任赤桥日伪居村副村长，担任会计的聂四火曾担任居村书记，担任社长的刘义曾担任居村保卫团长，作为信用社主要成员的张志、李玉曾担任三闾闾长，等等。

同时，赤桥村还有一种政治组织机构——村公所，设有村长、副村

---

① 刘大鹏：《晋祠志》卷三十一、三十二，山西人民出版社 2003 年版，第 585、601 页。

长、闾长、书记、村役等职，卫中立为村长，高省军为副村长。它的主要职能是维系地方乡村社会的日常生活。但是在村庄沦陷后，赤桥村公所则显出了其乱世时期复杂多变的表象。我们从中可以看出，所谓的村庄精英人物，既属于国家集权体系构建的一部分，又可以立足村庄随时游离于这样的一种制度性安排而寻求眼前的出路。

1938 年 3 月 13 日，村庄中已 89 岁高龄的胡岚支于午后直接找到村人刘大鹏，说自己的三儿子前数日将其殴打辱骂，撵出家中，不与饮食。胡的侄儿来接其姑养活，并状告于村长卫中立，但是村长不闻不问，毫不理睬；后再将此不孝之举告于副村长高省军，他同样对此事不予理睬，还说什么现在的世道如此之乱，哪还顾及此等琐碎之事？所以，在村庄颇享有威望的士绅刘大鹏先生针对此事也只好慨叹道："嗟乎！世人不以不孝之子殴辱亲生之老母为大罪，可见世风之坏已臻极点矣。"①

1938 年 10 月 15 日，村公所开始起派村费，连续四天，但缴钱者寥寥无几。而村长、副村长、闾长、村役等二三十人却每日在村公所吃饭，"有酒有肉，均系公费，概不惜钱，亦不怜恤邻里乡党"。② 可见，对于一般村民而言，在村公所任职的人员还是拥有着一种普通民众难以轻易抗拒的权力，不管这种权力在面对国家、外来侵略者再次做出什么样的变相和适应，它都会在一定权限范围内成就自己。

1939 年 12 月 16 日，赤桥村公所奉日军的命令，鸣锣召唤各家户到村公所集会，日军要从村庄人群中召集 15 岁至 25 岁的年少之人"作为少年团之丁"，然后再到晋祠驻地由日军训练以备派遣少年团出兵开战。李守义老人回忆说，当时的年轻人都得去，可是又不愿卖命打仗，自己人打自己人，所以有的在途中逃跑，跑不掉的多被打死。他向笔者讲述了自己的一个亲戚，壮小伙子，在向花塔村的二姐家逃跑时被日军发现后活活打死。

---

① 刘大鹏遗著，乔志强标注：《退想斋日记》，山西人民出版社 1990 年版，第 521 页。
② 同上注，第 534 页。

　　村中老人戴石立说，当时赤桥村日伪居村政权机构和村公所基本上都搅和在一起了。此外，任职的人大都是地主、富农、中农，日本人来了之后，他们就积极地迎合"小日本"，主要就是想找个靠山能保住自己的那点家产、权力。比如村人刘大光能在 1937、1938、1939 年连续担任居村副村长，除了自己是地主之外，还与他的孙女婿在晋祠充当日军的翻译官直接相关。而一些贫农后来也加入了日伪政权和村公所，实在是没办法活下去了，便妄想着能像富有的那些人一样给自己找条出路，但仅仅是"跑腿的"而已。

　　1945 年 8 月 15 日日本人投降后，赤桥村人还没来得及欢庆胜利，便又成了阎锡山统治的一个据点。为了保证"兵农合一"暴政的具体实施，阎政府在赤桥村组建了一系列的政权机构：赤桥治村敌伪政权组织，分别设有治村村长、治村助理员、治村书记、治村地籍员、治村户籍员等机构，还在日伪政权组织的基础上设置了赤桥居村村长、居村兵农合一评议员、农官、书记、水闸、闾长等分机构；伪晋源县赤桥村进步委员会，下设赤桥进步委员会、主任、副主任、委员、成员；赤桥治村兵役组织，具体设有赤桥治村连部，下设连长和排长，同时还设有兵役分队长和兵役间班长；赤桥治村同志会组织，设有治村特派员（专门指派）、赤桥治村特派员、兵农基干、妇女干事、同志会；另外还有三青团、国民党、铁甲基干、反干团、奋斗团等组织。在一系列组织机构中有中国共产党成员 131 人，全系本村村民，实际上他们成了"兵农基干"具体的执行人。比如村民芦胜志、王必等人担任居村村长，芦胜志还担任赤桥居村兵农合一评议员，还有刘义、陆羽钧、刘义柱、刘会元、高升等人担任赤桥间长、进步委员会成员等职。在后文的叙述中我们还会看到这些人在村庄农业合作化运动中担任着主要职务和拥有的权力。

　　处在战事频仍中的赤桥村民，平日里吃不饱穿不暖，还得在与自己朝夕相处的那些充当村庄政权人物的乡邻的催促下被迫交粮交钱，加上各种摊派繁多，好多村民不堪忍受，被迫害致死。再者，由于年轻力壮的人大都被迫去修筑炮台，充当常备兵、预备兵，导致村里的大量稻白地荒芜；而上了年岁的老人和妇女只能靠做草纸度日。

正如村庄老人韩皋生唱的那样："兵农合一聚宝盆，家败人亡鬼吹灯。兵农合一好，黄蒿长了一人高。"这样的一种历史记忆形象生动地向我们讲述了阎锡山管制时期村庄的真实故事，同时也能让我们在更加微观的叙事中感悟历史、构建历史。

当然，阎锡山统治时期村庄政权组织机构庞大，种类繁多，又有诸多村民自觉或不自觉地加入了一个被寄以生存希望的村庄权力网络中，毕竟村庄精英人物的衍生效应成了人们眼前权衡利弊得失的重要参照系。但是，在外界力量的主导下，影响和控制着整个村庄人们生活的权力仍旧被那些家底条件优越的地主、富农、中农所掌控。

（二）村庄重建与整合

1948 年 7 月 20 日，赤桥村庄获得了"解放"。

村庄老人张坤俊给笔者讲述了 1949 年初工作队进村后的情景：一是宣传政策，发动群众，寻找积极分子；二是组织农会，具体贯彻政策；三是划分阶级，三榜定案；四是制定分配土地方案，平分土地后出榜公布；五是发放土地房产证，确保村民的产权。但是，土改工作队入村后便遇到了一些困难，如在召集村民大会时人们却顾虑重重，颇费周折，怕"变天"，开始几乎没人敢发言。此时，村里的积极分子便被派上用场了，他们领头开始了贫雇农的忆苦大会。

经过两个多月的土改工作，赤桥广大贫下中农分房分地，有的贫苦村民还分到了粮食、农具、水磨、碾子等，扬眉吐气，万分高兴。土改期间，村庄贫雇农及部分中农、上中农、下中农共分得土地 474.39 亩，分到房间 134.5 间。

贫雇农大都分得了土地、房屋等财产，除少数人在外或不接受分给的土地之外，还有一部分中农（包括下中农、上中农在内）成分的村民也因生活需求和房地占有数量的不同而得到了分配。而所有这些被重新分配的资源则主要来自对村庄中地主、富农、中农、农业劳动者等私有财产的强制性、制度性的安排。

表1　赤桥村被分房地财产情况统计表（1949年）

成分 \ 项目数量	户数（户）	分地（亩）	分房（间）	备注
中农	1	52	24	其中分地占总分地数的74.39%，分房占总分房数的92.94%，被分户数占总户数的4.57%。
上中农	8	50.88	16	
农业劳动者	2	50	5	
地主	2	81.3	38	
富农	2	118.7	42	
合计	15	352.88	125	

说明：笔者根据赤桥村庄档案的相关内容绘制。

表2　赤桥村土地改革后划定阶级成分情况（1949年）

成分数量 \ 项目	贫农	中农	上中农	下中农	富农	新富农	地主	破产地主
户数*	149	102	45	10	14	3	3	2

说明：笔者根据赤桥村庄档案的相关内容绘制。

土改之后是互助。互助合作运动的起始阶段，赤桥村庄面临着几个实际问题：一是该村曾是"兵农合一"的试点村，村庄的生产发展遭到了极大的破坏，一般村民生活极度贫困，缺少耕畜和大型农具，只有组织起来才能克服困难。二是赤桥村历来就是一个人多地少的村庄，很多

---

* 由于中华人民共和国成立后各种政治运动的反复进行，村庄人口和户数的统计前后也不一致，有时出入较大。比如1949年村庄有234户，892人；1950年为237户，896人；1951年为239户，901人；1952年为241户，909人；1953年为244户，928人；1954年为248户，945人；1955年为251户，961人；1956年为250户，950人；1957年为256户，976人。但是在1966年前后村庄"四清"运动中阶级成分复议时确定村庄土改后共有328户，这与1949年底1950年初的户数统计相差近100户，而与1966年的331户相近。因此，笔者根据村庄调查和档案资料的分析认为，这种差数主要是由于村庄人口复杂，外来户不断，社队人口统计只限于入社人数的登记，"四清"工作队的统计数字则主要针对的是村庄中在住的所有人口等方面的原因所致。

村民靠做草纸等生意维持生计，土改后归田务农，种地不是行家里手，也需要组织起来互助生产。三是遭到战争破坏的赤桥村庄要恢复生产，就需要尽快恢复水地和菜田，而只有组织起来才能更好更快地修复废渠、旧井等。

但是组织起来走互助合作生产发展的道路和继续走自由单干的所谓"资本主义"道路的矛盾始终在村庄存在着。

村庄社会结构复杂多样，造纸副业是很多村民收入的主要来源。比较贫苦的村民土改后又开始卖房卖地，而有的人却开始买地买房，这样有些人势必发展为新式富农。村民杨来顺给笔者讲述了当时的情景："当时人们都不敢相信怎么一下子就有地有房了，所以有的村民就乘机将地房卖掉以便手头积攒点钱维持生活，寻思着自己再去找活干或者继续像以前那样给有钱人家做工。"我们可以看出，土改工作队给村庄带来的根本性变化并非让所有村民对之有了心底的归宿，事实上，短期进行的轰轰烈烈的土改运动也不可能在刹那之间将长期所形成的封闭、自私、短浅的小农意识彻底地加以改变。赤桥村固有的传统和区位结构造就了如此的选择。

1952 年 10 月，赤桥村成立了草纸推销社，社长刘义，理监事张志、刘会元，会计聂四火，业务张文生。到 1953 年村里又成立了信用社，主要成员张会、李玉，金融款存放随便，入股资金个人自愿投入。随后政府号召互助合作，农村要有三社占领阵地，群众走集体互助组。当时响应号召，全村成立了两个互助组，槐树社搞了一个手工业草纸社，农业为副，社长张会，农业组长卢胜志；前头社成立了农业互助组（由区政府领导）。同一年，赤桥村又成立了农业互助组，组名就叫前进社，组长郑池，记工员刘会元，23 户搞生产，稻白地 39 亩全部进组，土地互助耕种，生产的粮食各户收入齐年算工，副业造草纸也是各户收入。

随着村庄集体经济的巩固和发展，村中互助组——前进组（即前进社）规模越来越大，这个组是以贫下中农为主组织起来的，当时所有穷苦的人组织到一起，"他们认识高，干劲大，说干就干"。而另一些互助组是以富裕一些的人组织起来的，他们怕吃亏，名义上是互助组，实际上是变工组。

1954年赤桥村由互助组转入了初级农业生产合作社，社名为曙光初级农业社。

在初级社成立的同时，社员通过民主选举的方式产生了本社的主要负责人。其中，社长一人，由高四中担任，农业组长为郑池，副业组长为王必，保管组长为高升，会计为刘会元，技术员为李福泉，农业副业生产活动全部在曙光初级社统一安排进行。而利益分配问题经过社内讨论决定：土地报酬按产量石数进行分红，人工按劳力分红，社干、义务工到年终看出勤多少、补贴工，并经过四评（评土地、评劳力、评底分、评农具）活动最后决定。下面的统计图表比较全面地说明了赤桥村庄1954年曙光初级社及其年终结算、分配的基本情况。

表3　1954年赤桥村曙光初级社基本情况

户数	人口		劳力				政治面貌		阶级成分		耕地种类及面积		
	男	女	男		女		党员	团员	中农	贫雇农	稻地	白地	自留地
26户	46人	43人	全劳力	半劳力	全劳力	半劳力	5人	2人	10户	16户	34.3亩	22.1亩	7.6亩
			23人	9人	16人	7人							
备注	村庄另有造纸旱池10个，副业造纸全归社里所有，强劳力12人为农业组（组长丁喜元）专营农业，半劳力和女人、有造纸技术的社员专搞副业造纸，农忙时副业停顿搞农业，到秋收后完全搞副业。												

资料来源：太原市南郊区档案赤桥大队党支部（赤桥村史家史卷宗），1978年12月9日。

说明：笔者根据村庄档案记载的相关数据制表，为保持资料的原貌特征，一些误差数据未做纠正。以下涉及合作化时期的相关数表不再说明。

表 4　1954 年赤桥村曙光初级社年终结算分红的基本情况

项目	数量	项目	数量	项目	数量
土地总产量	148.3 石	每石分红数	6.432 元	公积金抽取数	110.98 元
农业纯收入	2353.2 元	每劳动日分红数	1.582 元	公益金抽取数	101.81 元
副业纯收入	8420 元	每户平均收入数	414.30 元	稻谷亩产数	576 斤
总收入	10773.2 元	每人平均收入数	121.00 元		
备注	1954 年土地分红制，土地 40%，劳力 60%。金融以万元计算为人民新币一元。				

表 5　1954 年赤桥村曙光初级社社员分配粮食情况

种类	硬稻谷	软稻谷	红软豆	谷子	糜子	玉茭	黄豆	小麦
斤数	11238	1600	751	3829	533	1016	794	2749
备注	除了交公粮以外，社员尽分现粮，下缺口粮由国家供应。							

　　进入 1955 年，赤桥村曙光初级社发生了一些变化。社内没有土地的社员出现了变动，主要是因为土地分红所引发的矛盾。一些社员看到专搞手工业生产有前途，并且都是外县人，于是有 7 户离社；同时带有土地新加入曙光初级社的共 8 户。针对社里的变动，社队领导经过商议专门成立了社务委员会，社长高四中，副社长郑池，政治副社长刘义，会计刘会元，保管员任晋忠，技术员李福泉。同时，社内也进行了一定程度的组织分工，农业专管三个组，副业分成三个组，同时实行社长会计半脱离制。

表 6　1955 年赤桥村曙光初级社基本情况

户数	人口		劳力				政治面貌		入股金额	耕地种类及面积		
	男	女	男		女		党员	团员		稻地	白地	自留地
27 户	56 人	52 人	全劳力	半劳力	全劳力	半劳力	7 人	5 人	2327 元	41.35 亩	23.98 亩	8.12 亩
			24 人	11 人	18 人	7 人						
备注	1955 年，初级社社员开垦荒地 38 亩，播种山坡地旱地 14.2 亩。											

与表 3 相比较，我们可以发现 1955 年曙光初级社的组织规模有所扩大，总人口由原来的 89 人增加到 108 人，劳力、耕地面积等均有增多，尤其是开垦出了 38 亩的荒地专营农业，因此，该年度分红结算的情况相比上一年有较多的变化。

表 7　1955 曙光初级社粮食分配情况

总产量	留机动粮	扣留部分				劳力 74%		土地 26%	
		公粮	种子	饲料	卖余粮	总数	每劳动日	总数	每石产量
39940 斤	1587 斤	2036 斤	1944 斤	492 斤	22133 斤	8778 斤	1.018 斤	2970 斤	17.15 斤
备注	存库	上交政府	入库	喂养牲畜	稻谷售给国家周转回粮	社员应分的现粮，全社通年共用劳动日数 7868 个，土地总产量 165 石。			

表 8　1955 年曙光初级社年终分红结算情况

项目	总收入	总支出					
		农副业原料	公积金	公益金	土地报酬	劳力报酬	奖励金
农业收入	6634.11 元	1810.40 元	132.90 元	66.31 元	1200 元	3414.70 元	10.00 元
副业收入	16825.70 元	8087.60 元	336.50 元	168.30 元		8203.30 元	30.00 元
总计	23459.81 元	9898.00 元	469.40 元	234.61 元	1200 元	11618.00 元	40.00 元
备注	每石产量应分 7.276 元，每劳动日应分 1.477 元。每户平均收入 477 元，人均收入 125.30 元。						

通过上述两年度赤桥村庄曙光农业初级社基本情况的比较，我们可以看出进行过内部调整和改革的初级社，其组织规模有所扩大，社内人口增多，而社员的物质生活也随之有了进步和提高。比如每户的收入由先前的 414.30 元上升到了当时的 477 元，每个人的收入也由原来的 121.00 元提高到了 125.30 元，尤其是公积金提取额是 1954 年度的四倍

多，公益金的提取额为 1954 年度的两倍多。

对于刚刚创建一年的曙光初级社而言，这样的发展速度和所取得的成绩是令人兴奋的，更重要的是，它为新一轮的村庄合作化运动提供了模板和向往。因为初级农业生产合作社的优越性是通过统一经营土地、统一使用劳动力以及在此基础上给农民深刻的集体主义教育与政治文化学习，从而大大推动爱国丰产竞赛和互助合作运动的进一步深入发展而体现出来的。

1955 年秋季，中央号召在全国各地开展大规模的高级农业生产合作化运动。当时的赤桥村民也纷纷响应政策要求尽快入社，就像村民所言，不积极入社好像就不是走社会主义道路一样，村民激情高涨。这样，曙光初级农业生产合作社由原来的 27 户扩到了 92 户，翻了近四倍。随着入社潮流的猛进，要求参加入社的人愈来愈多，考虑到该村范围大，怕社大难搞，于是另建了两个社。在村西组建了一个桥建社，户数 82 户，社长陆羽钧，副社长张三货，政治副社长吴二喜，会计张塔元；村南又建立了一个建华社，户数 48 户，社长刘义柱，副社长王富，政治副社长张继中，会计聂四火。旧有的手工业社 28 户，社长任忠正，农业副社长卢胜志。

伴随着全民集体主义思潮在全国各地的广泛宣传和贯彻，村民们纷纷要求将私有财产、四评作价归社，生产农具、牲畜、副业工具等生产资料全归社内管理，并主张取消土地分红制，在全村贯彻按劳分配、多劳多得的精神，实行定额管理制度。原社内主要干部郑池仍旧热情高昂地给笔者讲述了当时合并大社后的情景："尽管有的村民不太愿意将自由的财产充公上交给社里，但是也不得不跟着大家一起加入高级社。不跟着大家干，就随时有被批斗的可能，况且根本不允许你单干，你也没资格单干，心存怨恨，也得跟着潮流走。村里当时被批整过的那些人就是在走合作社问题上表现消极，老想着自己干，那个时代就不兴这个。……改组后的农业社大大推动了村庄生产，产量有了提高，村民收入也有了大的增加，所以群众干劲十足，精耕细作，纷纷争取村庄农业生产上的大胜利。"

1956 年 1 月 5 日赤桥村庄进行了合作社的大改组，四社合并为一社进而转为曙光高级农业社。此次改进使村庄农业的生产更推进了一步，统一规划，统一安排，手工业社有土地归农业社，无土地归手工业社，单干户思想表现不好不准入社（当时有六户没获准入社）。

表9　1956年高级曙光农业社的基本情况

户数		250 户	耕地种类及面积	稻地	437.95 亩		备注
人口	男	520 人		白地	335.5 亩		地主户人口9人，富农户人口48人，管制生产3人；稻地全部社内经营，白地299.25亩社内经营，另有山坡旱地69.3亩；男社员底分2590分，每10分底分入股分基金69元，女社员底分876分，每10分底分入股分基金34.5元，共入股分基金20672元，贷款户72户，免勤户13户。其中老社两年积累公积金580.18元，公益金328.62元。社内开展文艺生活，设立了俱乐部、图书馆。折固定财产，小农具不在其中。当时草纸生产满足了城市人民的需要，城市居民很满意；石灰生产大大支援了国家建设，扩大了生产。
	女	448 人		自留地	56.25 亩		
劳力	男	全劳力	207 人	折固定财产	毛驴	38 头	
		半劳力	104 人		绵羊	88 只	
	女	全劳力	113 人		山羊	36 只	
		半劳力	79 人		打稻机	9 架	
政治面貌	党员	18 人		水车	1 架		
	团员	14 人		造纸业	旱池	42 个	
阶级成分	贫农	119 户			产量	3944 斤	
	新下中农	68 户		烧石灰	2450000 斤		
	老下中农	38 户	副业状况	打草帘	37000 元		
	新上中农	6 户		社员外做	23590 元		
	老上中农	8 户		运输工	7203 元		
	富农	9 户		脱灰□	56 元		
	地主	2 户		毛驴加工	6764 元		

表 10 1956 年曙光高级社收入支出分红年终结算情况

总收入部分			总支出部分		分配部分	
项目	数量	金额	项目	金额	项目	金额
粮食收入	547235.8 斤	58561.11 元	生产费用	39849.44 元	公积金	9729 元
副产另收入		7973.72 元	管理费用	194.37 元	公益金	3253.19 元
蔬菜收入		15476.11 元	农业税	2852.31 元	社员分配	149169.64 元
副业收入		122606.55 元	保险税	153.79 元		
其他收入		584.25 元				
总计		205201.74 元		43049.91 元		162151.83 元
备注	参加分红劳动日 69836 个，每个劳动日应得报酬 2.136 元。					

通过对赤桥村庄初、高级社基本情况的比较分析，可以明显地发现，在入社的户数、人口、劳力、阶级成分、农业耕种和副业经营模式等方面都有了较大的变化，例如副业的分工越来越多样化，另有 9 户富农、2 户地主加入了高级社。1956 年曙光高级社总收入的规模显著增多，诸如蔬菜、副业和其他方面所带来的收入，而该年度的收入总额是 1954 年收入的近 20 倍，是 1955 年的近 10 倍多；每个劳动日的分红数量由 1.582 元、1.477 元上升到 2.136 元。随着总收入的增加、组织规模的扩大，管理费用、农业税收、副业保险等因子也成了村庄农业社组织系统协调运行所不可缺少的了。

与往年一样，1957 年赤桥村庄又响应政府号召力争大丰收，"改良土壤垫测地，出垅展堰扩面积，小畦变大畦，土地连片好耕作，地内修改三条路，地内送肥有方便，改河修渠水利化，灌溉田地有计划"。村庄外界 14.1 亩耕地由东庄村联盟社经营，同时扩建砖窑一厂，新建房屋三间，砖窑三个，灰窑一厂。农业分了五个大队，副业造纸统计各队经营，男女劳力由各队调动使用，实行"三定一奖励"制度。另外，村内设置了有线广播站，共安装了喇叭箱 108 个。

表 11　1957 年曙光高级社的基本情况

户数			256 户	社队里另建了畜舍 19 间
人口	男		518 人	
	女		458 人	
劳力状况	男	全劳力	208 人	
		半劳力	102 人	
	女	全劳力	116 人	
		半劳力	77 人	
牲畜状况	骡子		5 头	
	马		1 匹	
	牛		1 头	
	驴		23 头	
	绵羊		108 只	
农具类别及数量	胶皮车		2 辆	
	铁轮车		1 辆	
	小平车		37 辆	
	打稻机		10 架	
	毛桶		45 只	

表 12　1957 年曙光高级社年终结算分红情况

本年收入		本年支出		本年度收益分配	
项目	金额	项目	金额	项目	金额
农作物	66064.63 元	农作物	17229.88 元	公积金	17212.00 元
蔬菜	14502.33 元	蔬菜	4698.56 元	公益金	4220.44 元
		其他	5391.44 元	劳动报酬	142024.67 元
养羊	389.56 元	养羊	384.25 元		

续表

本年收入		本年支出		本年度收益分配	
项目	金额	项目	金额	项目	金额
养猪	36.38 元	养猪	19.86 元		
造纸	106689.79 元	造纸	21890.20 元		
窑业	64694.06 元	窑业	28686.93 元		
运输及劳务	3834.13 元	运输	1901.33 元		
非生产	1200.13 元	非生产	385.98 元		
		管理费	529.64 元		
		税收及保险费	12419.83 元		
总计	257411.01 元	总计	93537.90 元	总计	163457.11 元
备注	1. 种植业收入为 80566.96 元，种植业支出为 27319.88 元；畜牧业收入为 425.94 元，畜牧业支出为 404.11 元；副业及非生产收入为 176418.11 元，副业及非生产支出为 52864.44 元。 2. 该年度应分配劳动日 69319.419 个，应分配数为 141896.85 元，每个劳动日实际分配数额为 2.047 元。				

　　总之，就以上诸多赤桥村庄农业生产合作化运动数据提供给我们的外显性事实而言，集体化视野里的村庄已然走进了一个祥和、安宁、生产、奋进的美好前程。但是每当笔者在文本和田野的枝蔓中去接近这样一个有着千年文化演变的村落时，就切身地体会到了争斗并没有停止的缘由。

　　就在 1956 年农业生产合作化运动的革命风暴席卷全国，低级社向高级社迅速发展的时候，赤桥村当时有着刚刚组织起来的半社会主义性质的桥建社和建华社，以及手工业社。合转并社的浪潮导引了曙光高级农业社的匆忙诞生。由于当时小社并大社的土地所有制问题① 基本得到

① 主要是指初级社时在土地私有制基础上实行作股入社、统一经营，耕畜与大中型农具等生产资料折价入社或统一由初级社租赁使用；而高级社则是将农民私有土地、耕畜与大中型农具等主要生产资料改为集体所有，其中私有土地无代价归集体，（转下页）

解决，但是在利益分配问题和投工折价的财产上出现了两种意见：一种是按高级社的社章办事，按劳动工分红分粮；另一种则不然，主张按土地财产分粮分红。因此，"在当时出现了损公肥私挖社会主义集体经济的妖风，他们主张吃干分净，在各方面都要突出。这时反映在村庄内部两条路线的斗争非常激烈，经过反复的思想宣传、斗争和较量，最终取消了按土地分红的不合理制度。……我们的胜利就是阶级敌人的失败。被推翻的地主富农，人还在心不死，他们决不甘心自己的失败，还要做最后的挣扎。诚如列宁所指出的，他们总是以十倍的努力，疯狂的热情，百倍增长的仇恨来拼命斗争，想恢复他们被夺去的天堂"[①]。

正当曙光初级农业社转入高级社的时候，曾在土改中被划为富农分子并且担任过初级社副业组组长的王必对村庄曙光高级农业生产合作社的出现进行了自我表达，高级社"比秦始皇并治六国还要厉害"。前文曾提及过的富农分子刘元也对村办高级社的做法说出了自己的怨言："农业社就像五月里的茅粪，发得圪嘟圪嘟地。"这样的一种阶级话语是对当时由初级社转向高级社时土地、耕畜、农具、财产等私人所有变为集体所有造成的潜在性利益剥夺感的反映。从土地改革成功后的"耕者有其田"的实现到个体私有基础上的单干、互助组、初级社的连环变革以及对村庄资源的强制性平均分配所引发的阶层冲突实际上凸显的是一种利益的诉求，但是在新政权的巩固与建设的高度集权体制中此种诉求在更多的时候不得不成为被革掉的对立性阻碍。

1957 年斗争的起因主要基于这样的事实：赤桥村庄较为富裕的村民过去做草纸生意时就留存着碾草纸碾和造草纸锅仍然属于私人所有的情况。富农分子刘元有吊池、四面锅，余志士也保留着四面锅。他们每锅造草就拿三元钱的租赁费而且灰泥还归他们个人。斗争就此展开，是

（接上页）私有耕畜、大中型农具等按照当地平均价格由社作价收买为集体所有。社员的零星树木、家禽、家畜、小农具和经营家庭副业所需的工具等，仍归社员私有，均不入社。（参见太原市农业合作史编辑委员会编：《太原农业合作史》，山西经济出版社 2001 年版，第 101 页。）

① 《赤桥大队阶级斗争史》，内部资料，1974 年，第 4 页。

保留这种个人所有呢还是归集体所有？当时村里主要有两种意见：一种强调这两项生产资料属于商业性质应该个人保留，另一种意见则是生产资料就应该折价归集体所有。经过斗争、宣传、批判，集体轻而易举地取得了胜利，这样赤桥村庄内的一切私人生产资料折价归了集体。但是斗争并没有结束。就像现任杨存富书记所言，"当时几乎天天在搞斗争，不搞又不行，政策让搞，所以村里只能照办"。

村庄并社前，手工业社的人一者做草纸，再者种地，还吃国家供应粮。到并社时，"有土地的社员还以为是土地分红，就退了供应粮入了社，可是在分配时土地分红取消了，这些人就瞪眼了，有些后悔。同时，赶并社时他们损公肥私，把社会主义扩大再生产的资金按他们所挣的工按1.50元预先分了红，主要是怕合并后吃了亏，分的少"①。可是曙光农业合作社1957年利益分配时，每个劳动工2.35元，而且还按工分红分粮。这样一来，那些预分了红的人就有了一种收入不均的心理过结，说什么"曙光社剥削他们"。村庄党支部就此多次召开群众大会，极力澄清的一个问题就是究竟谁剥削谁。正如广大群众被灌输的政治思想那样：党内不同思想的对立和斗争是经常发生的，这是社会的阶级矛盾和新旧事物的矛盾在党内的反映。

不过又有一些胆大妄为的人在村里发泄自己的不满，"农业社搞不好要倒台，好面豆面不见面，红面搅上榆皮面，煮疙瘩就是总路线"。于是，"一些群众受欺骗就公开闹分社，有的仍在闹退社，乌烟瘴气，不可开交"。

结　论

以上对赤桥村1948—1957年的叙事尽管显得有些粗浅和泛化，但我们仍不难从这样的叙事中发现农业合作化运动在30多年集体化期间

---

① 《赤桥大队阶级斗争史》，内部资料，1974年，第5页。

所产生的奠基性作用，甚至可以说是 1958 年后人民公社制度安排的最直接的前提。其意义就在于它指向了 1958 年后的历史。

近些年来，我们必须得承认这样一种事实，即对 1949 年以降的中国社会历史研究成果大多集中在"人民公社"和后来的"文革"时期，而且宏大的历史建构多于地方实践的解读，意识形态主导的历史阐释多于地方经验具体扮演者的心声。在如何评价中国集体化时代的问题上我们学界并没有得出多么富有见地的、客观的、实事求是的结论来。当然这与当代中国史研究问题的路径选择有着很大的关系。众所周知，在中华人民共和国新政权建立后，通过暴风骤雨式的地权均化的土地改革运动，执政者以革命惯有的强制性的剥夺方式改变了传统乡村社会存在的基础，而且新政权在乡村社会获得了广大贫苦农民的强有力支持。由于政权的合法性是以暴力为基础，所以屈服、赞同、追随和神化政权的强制性成了社会民众以及掌权者共有的习性，而赤桥村以土改、互助、农业合作化为中心的日常生活实践就遵循了这样一种逻辑过程。因此，对 1957 年之前的农业合作化运动研究不能仅局限于一种简单的、宏大的历史还原，应该将重大历史事件在不同地方乡村社会中的动态实践过程加以"深描"，进而有助于我们对那些隐藏于"过程—事件"背后的相对稳定的制度、结构因素进行解释。而这些动态中的制度、结构因素在后来的"大跃进""人民公社""四清""文革"等运动中仍起着主导性的作用。

通过关注赤桥村农业合作化运动的整个事件过程，笔者深深地感觉到了一股无形力量的存在，并且时时在制约着村民们的一举一动，无论是公的还是私的。这种力量就是中华人民共和国新政权的建立所带来的无处不在的权力。在 30 多年的集体化时期，这种权力网络是以一种政治合理性来型塑的。而这种政治合理性之所以能够得到支持和实现，一方面基于 20 多年党的革命传统行为所形成的威望，另一方面则是土改运动的全面胜利，也是权力实践最直接的现实的物化的基础。在权力网络的关系中，新政权的领导者中国共产党是权力政治的所有者和执行者，但是地方实践中的权力获得和体现则是由村庄的精英人物所承担的，也就是说，村庄精英人物是地方社会中国家权力表象的代言人。例如村庄党支部的存在就直接将国家权力操演于地方实践中。另外，在前文的叙事中我们也能够看到，村庄权力的拥有体现了一种强大的惯性，尽管新政权彻底地取代了日伪居村政权、阎锡山敌伪政权在村庄的统治，但是曾经被新政权否认和斗争的村庄政治权力的占有者如王必、刘义、聂四火、高升、卢胜志等人，并没有随着政权的更替而退出权力网络，而且在村庄日常生活生产中扮演着重要的角色。不过富有戏剧性的结果是，这些人在"四清""文革"中受到了重创，在"文革"结束后至20世纪80年代初又被"摘帽"、平反。实际上，这样的一种权力实践过程是中国社会集体化时代一个十分重要的表征，但与此相关的研究却显得很不够。

另外，在赤桥村的叙事中，我们还可以发现权力关系在地方社会中的多重实践。一方面国家政府通过对房地、农具、粮食等财产的强制性分配和占有使得权力介入变成现实；另者，那些私人财产所有者同样有着自我实践的权力，面对强大的"至上权力"的排斥、压迫、规训也时常进行了自我利益维护的权力表达。尽管后者的权力实践被制度性地整合进了一个单一模式中，但是我们从相关的叙事中看到了抗争一直存在着。事实上，村庄中那些通过土改运动分到了房地等财产之后的贫雇农，已经不只是对财产从无到有的获得，而是通过这种财产的制度性占有具有了一种超出占有本身的国家权力的象征。因此，它有着强大的力量去斗争、削弱那些与此相悖的行为，为国家权力意志的体现开道。

总之，立足于村庄合作化进程中的互助组—初级社—高级社，新生国家对地方社会所展开的农业社会主义改造运动取得了巨大成就，并在极短的时间内通过阶级话语和权力政治把千差万别的地方性实践纳入到了一个"政社合一"的人民公社体制当中，似乎民众的权力表达销声匿迹了。但是，在1978年以降的社会变迁中，我们更多时候看到的却是乡村社会中村民为了生存发展和利益维护而不断进行权力的自我表达重新成长起来。实际上它也代表了一种历史的进步，社会主体的多元化，国家与社会间的拓展。

山西省农村调查报告（1）

——2009 年 12 月，P 县农村

一　引言

　　2009 年 12 月中下旬，山西大学中国社会史研究中心联合日本学者对山西省 P 县 D 村进行了田野访谈调查。本文是调查报告 [①] 中山西大学方面口述调查的日文译稿。在翻译之际，出于保护个人隐私的考虑，本文极力避免出现村民真实姓名（关于人名标记，文中按姓名拼音首字母大写表示）。

二　中日考察人员全员参与的调查 [②]

　　（1）村落概况

　　访谈时间：2009 年 12 月 18 日下午

[①] 日方的调查报告另有内山雅生、三谷孝、祁建民《中国内陆农村访问调查报告（1）》（日本长崎县立大学国际信息学报《研究纪要》第 11 期，2010 年 12 月）；田中比吕志《华北农村访问调查报告（1）》（日本《东京学艺大学纪要（人文社会学系Ⅱ）》62 集，2011 年 1 月）；弁纳才一《华北农村访问调查报告（3）——2009 年 12 月，山西省 P 县农村》（日本金泽大学环日本海域环境研究中心《日本海域研究》第 42 期，2011 年 2 月）。

[②] 访问调查由中日双方人员共同实施。山西大学方面人员有行龙、郝平、常利兵、马维强、李嘎、毛来灵、孙登洲、张永平、李保燕、高维娜、郝丽娟；日方人员有三谷孝、内山雅生、弁纳才一、祁建民、田中比吕志（按年龄排序）。此处内容由李嘎整理。

访谈场所：P 县城内 DNH 宾舍

访谈对象：LRX（60 岁，属牛，1949 年出生，村支书、村主任）；CPJ（52 岁，属鸡，1957 年出生，党支部副书记、村副主任）；WYL（44 岁，属龙，1965 年出生，村会计）

概　况

• 本村 1948 年解放。现在人口 3243 人，户数 911 户，总面积 8700 亩，耕地面积 6013 亩。每户平均年收入 3700 元。姓氏以 W 姓、T 姓、H 姓三姓比例最大，其中 W 姓占全村姓氏的 80%。

• 村民委员会委员和党支部委员各有 5 人，党支部书记兼任村主任，村副主任兼任支部副书记。村干部共有 8 人（妇联主任 1 人）。村委会不向村民收钱。村里安装路灯等系国家拨款。

产　业

• 主要产业是农业，主要种植玉米、冬小麦、高粱，有少量苹果树。玉米几乎全部外售，1 斤 0.8 元多一点。高粱一般不吃。玉米产量每亩 1000 多斤。今年由于品种改良，亩产达到 1500 斤。小麦亩产约 700 斤。小麦地可以达到一年两熟，种植冬小麦加豆子，但现在种玉米者居多。玉米秸秆用作肥料。国家支持种粮，每亩补贴 50 元左右。

• 蔬菜，村民自己种一点，自己食用；没有塑料大棚。

• 目前全村有 300 多头牛，奶牛居多。蒙牛企业的代理商过来收购牛奶。猪大约每户饲养 2—3 头。目前全村养殖 4 万多只鸡，蛋鸡比肉鸡多。

• 村中有 7—8 个小卖部（均为个人经营）。

• 全村约 15% 的人口外出打工（在太原者居多，赴省外者少）。也有少部分村民在油坊上班，用大豆榨油。油坊榨油剩下的大豆饼主要用来喂牛、喂鸡，并不用来做肥料。村里农田用的主要是化学肥料，此外，猪、牛、羊等粪肥亦为不少。

教　育

• 以前本村隶属 W 乡时，村内还有中学，现在只有小学，有 300 多名学生在读。中学 1996 年合并到 W 村了。初中毕业后上高中的占 90%。上大学者学医的学生较多。在省内运城、太原等地上学者居多，也有学生到黑龙江、西安等地上大学。村委会对考上大学的学生没有奖励。

医　疗

• 目前村里有 4 个卫生所，实行了全民合作医疗，可以报销医疗费。医疗保险费用今年是每人 30 元（去年是 20 元／人，前年是 10 元／人），药费报销额度为 60%—70%，乡镇医疗报销额度最高可达 90% 以上。是否参加合作医疗是自愿的，本村 93% 以上的村民都参加了。4 个村卫生所全是中西医结合，大夫都是本村人。以前村里有 4—5 个赤脚医生。

W 家祠堂

• 据说，很早以前，W 氏三兄弟一起迁来本村。W 家祠堂土地改革时被没收，现在由大队管理，头道街、二道街、三道街各一处，房子大多倒塌。

水资源

• 村里有 20 多眼深度为 150 米左右的深井，为近七八年所建，打井费每口 4 万元左右。农田系井灌和汾河灌溉，灌溉目前全由个人进行。综合各种花费，灌溉费用大约每亩 60 元左右；仅算水费的话，每亩 40 元左右。

集会与庙宇

• 村中无集市，但每年农历四月初五有庙会，赶会人数很多。在庙会摆摊者不交钱（曾收过一年，但被人骂，所以就不收了）。庙会只有 1 天，但唱戏却持续 3 天。以前村里有很多庙宇，目前只剩下老爷庙（即关帝庙）、观音庙等 3 个庙宇。

天主教堂

• 村里有一处天主教堂，后被破坏，近 10 年前新修了。信教者占比并不高。村里有教徒会去县城的教堂做礼拜。

婚姻与计划生育

•现在多自由恋爱。平均结婚年龄男女均为 22、23 岁。村里结婚花费，算上房子、家用电器等在内，一般在 10 万元以上。

•第一胎若是男孩，不允许生第二胎。第二胎不论是男是女，都罚款 5000 元。生第三胎，就罚 15000 元。若第一胎是女孩的话，则允许生第二胎；第二胎不论是男是女，规定不允许再生第三胎了，若生，就会罚款。

（2）1960 年前后的状况

访谈时间：2009 年 12 月 19 日上午

访谈场所：D 小学

访谈对象：LRX

•1960 年情况最严重，本村是附近饿死人最多的村，据说当时饿死了 200 多人。当时蝗灾相当严重，采用人工捕捉的方式灭蝗。当时本村没人外逃。山东发生灾荒，很多人就逃到山西，来过本村的山东人也不少。他们多是三三两两一起乞讨、要饭，不长住。

（3）村内参观

参观时间：2009 年 12 月 19 日上午、12 月 20 日下午

参观地点：D 村村内的天主教堂

村民委员会

•据 MWB（曾任村治保员，65 岁，属鸡）介绍，D 村村民委员会原本设在关帝庙，村民称老爷庙。位于二道街—庙东街与东南北街十字路口西南一侧。庙门左右各有石碑一通，保存均十分完好。右侧石碑为《重修关帝庙碑记》，因碑身大部分为煤球遮掩，无法看到全部碑文内容。左侧石碑内容为人名及捐金数额，捐金人亦有邻近村落者，落款时间为"民国十年"。关帝庙损毁严重，正殿已完全毁弃。关帝庙在 20 世纪 70 年代以前长期被用作 D 村学校。关帝庙对面过去曾是村里唱戏的地方（老戏台）。

狐狸饲养场

• 头道街天主教堂附近有 1 处狐狸饲养场（主人姓 W，38 岁）。院内养有 200 多只狐狸和狍子，每张毛皮可售 300—400 元钱。其房中挂着 300 多张毛皮，每年可售卖 1000 多张毛皮，收入有 4 万多元。狐是从芬兰运往太原，再由太原运到农户家里。河北辛集有毛皮大市场，有人会来收购狐皮，主要外销俄罗斯。

王家祠堂

• 在头道街中段路南和二道街西口路北各有 1 处 W 家祠堂，破坏程度十分严重。

糖枣作坊

• 在头道街西段路北有 1 处以枣为原料制作糕点的作坊。工作人员有六七人，绝大部分为妇女。

金堂庙

• 位于头道街西口路南，保存状况尚好。

天主教堂

• 以前曾很壮观，后大门被毁，虽已重建，但不如前。本村有 30 多个教徒。

• 12 月 20 日下午，男性 7 人和女性 13 人共计 20 人（其中有 6 个小孩）正在做弥撒。主持礼拜的神父为 Q 县人，据说高中毕业后先去榆次，再到北京神学院学了 7 年（专业为"基督论"）。据该神父介绍，中国目前有 11 所神学院，P 县最早传播天主教的人是意大利的传教士；P 县内类似的教堂有 10 处。

三　行龙、马维强访谈调查

（1）村史

访谈时间：2009 年 12 月 19 日下午

访谈场所：WZX 家

访谈对象：WZX（78 岁，属羊，1931 年出生，历任本村村主任、村副主任、党支部委员）；WYX（66 岁，曾任本村副书记、会计）；LRX

抗日战争时期

• 日本兵给村里的小孩吃过饼干。那时老百姓都很害怕日本兵，女人们把头发耷拉下来，脸上抹上煤灰，穿上烂衣服，以躲避日本人。村民见到日本兵需要鞠躬，否则就会被打耳光或踢一脚。皇协军（伪军）也经常过来，他们随意抓人。此外，在县城里有宪兵队，他们经常欺负老百姓，给老百姓灌凉水，灌得肚子大了再一屁股坐上去，把水压出来。日本兵杀死过 2 个人，还烧过大约四五间房子，副村长的房子也让烧了。日本人还在天主教道北巷轮奸过 1 名妇女。

解放战争时期

• 日本人投降后，本村属于阎锡山的二战区。当时阎实行"兵农合一"政策。阎锡山部队在村驻扎过，他们抢粮食，向村民要吃的，要求给他们送饭、送菜。村里的负责人就给他们派饭，他们嫌菜不好、量少，就会殴打或脚踹村民。

• 当时"兵农合一"按照劳力分配土地，本村人多地少，所以分到地的人不多。WZX 家当时有 7 口人，日本人来的时候父亲已过世，家里剩下了母亲、3 个妹妹、1 个弟弟和 1 个姐姐。家里原本有 15 亩，"兵农合一"之后就变为 3 亩。由于买不起粮食，弟弟和妹妹都饿死了。

土地改革时期及新中国成立初期

• 本村在 1948、1949 年搞土改，农民们都站起来了。刚开始的时候，村里一个当过长工、雇农出身的二赖子当了村长，但不管事。后来村庄成立了贫协会，GZL 担任主席，翠子（妇女）也担任领导，另有三四个干部。工作队来村里搞土改，其中有一个叫 ZMG，后来就留在村里生活了。村中的 WZZ、LXK、WHR、WYS 等几家地主在村公所（老爷庙）被斗争，村民要求地主下跪，还打了他们，但没有打死过人。阶级斗争比较平和，他们的财产被没收，分给了穷人。

互助组、合作社时期

• 本村在 1952 年成立了 2 个互助组，WZX 领导建立了第一个互助组，由 20 多户组成。第二个互助组由 WFS 领导，也有 10 多户。1953 年建立了初级社，由 22 户组成，WZX 担任社长（主任），DEF 任书记。当时有 60%—70% 的村民加入了互助组。初级合作社以土地与劳力四六比例进行分红。1954 年时有 3 个初级合作社，其中胜利社 120 户、和平社 70 多户、建设社 60 户。初级合作社的产量上升，比单干强。1955 年 90% 以上的村民都加入了初级合作社。1956 年成立了高级合作社（红旗社、大社），99% 的农户都加入了。

"大跃进"时期

• 1958 年大炼钢铁，村里把锅砸烂，加上烂铁，然后拉到城南和城东铁厂去炼铁，也去普洞炼铁。300—400 名村民在三道巷集合后，到了指定地点搭上帐篷，住到山上。村里剩下的老弱妇人成为劳动大军，在村干部的带领下加入洪善公社，在全公社深翻土地。那时，劳动大军自带碗筷和铺盖。1958 年村里还成立了跃进队，不好好劳动的坏分子、懒汉被送进该队参加劳动。"大跃进"那会儿产量上不去，但是浮夸成风，谎称一亩地能产 1 万斤谷子（亩产万斤谷）。根据工作表现，将各村划分为卫星、飞机、火车、汽车、马、牛、猪几个等级。

三年困难时期

• 村里人口多，田又旱，饿死了大约 120 人。这一时期主要吃野菜，将玉米芯面、玉米皮、草根、高粱壳做成窝头吃。老人一般都不舍得吃，让给孩子们吃，所以饿死的大多是老人。当时村里人饿得连棺材都抬不动。

（2）WZX 的个人史

访谈时间：2009 年 12 月 20 日下午

访谈场所：WZX 家

访谈对象：WZX

WZX 及其家族史

• 三四岁时，祖父去世，过了一两年，祖母（L 村人，距本村七八里远）也去世了。12 岁时父亲去世，母亲（姓 L）是 P 县城人。5 个舅舅都在城里做买卖，日本人攻打平遥城时死了 2 个，有 1 个姑舅弟兄在拖拉机厂工作。WZX 有 5 个兄弟姐妹。"兵农合一"的时候，死了 1 个弟弟和 1 个妹妹。姐姐比本人大 6 岁，嫁到 P 县城内，做生意谋生，已经去世。大妹妹 75 岁，嫁到太原，在机械制造厂工作；二妹妹属虎，72 岁，嫁到 P 县城内。

• 本人初小毕业，由于家贫，一年上不了几天学。正月开始在老爷庙里上学，春耕（清明节前后）开始就不上学了，冬天农闲时再去上学。家贫的小孩都是如此。本人七八岁开始上学，12 岁时母亲去世，就再也不能去学校上学了。村里有 2 个教员，都是本村的，是被村公所选上的文化人。

• WZX 在村子里当了 38 年的干部，没有当过书记。村里人说 WZX 是村中的阎锡山。1952 年时 WZX 担任互助组组长，1953 年成为 22 户组成的初级合作社社长，1954 年成为 120 户组成的初级合作社（胜利社）社长，1956 年成为红旗高级合作社副社长，主要管理生产。1959 年后半年就当了主任，前后当了 18 年，1954 年开始担任党支部委员。

• 妻子（T 家堡人）9 年前去世了。结婚时老伴 18 岁，本人比老伴大 7 岁。结婚的时候是互助组和初级社时期，当时不让铺张浪费，不让坐轿子，不让骑马，也不让敲锣打鼓。共产党员要带头，结婚时骑自行车，嫁妆是锄头、铁锹、镰刀等 4 样农具。当时准备了 10 桌酒席，自己家的亲戚也多，一桌坐 6 个人，吃 4 个盘子，2 个凉菜、2 个热菜。和婚席（注：结婚当天晚上举行的仪式，主要是吃饭，一些年轻人会在饭桌上捉弄新郎、新娘）摆了 9 盘，算是比较好的，一般是 4 个小盘。

• 本人有 5 个子女。长女 WLZ 嫁到城里，丈夫是裁缝。长子 WCG（小名六日）现在 YQ 煤矿工作，家人都在 YQ。次女 WNZ 在 NZ，次子是 WGL，最小的女儿还没有结婚。本人一生比较清廉，没有送任何一个孩子出去当工人。家里缺房子住不开时，给二儿子批房子，也只是批了3间房子，而不是较大一点的5间。

"大跃进"

• 年轻人都到村外炼钢去了，本人带着老的、身体残废的村民深翻土地。与部队一样，米、面、菜、炭都是自带，然后去食堂吃饭。当时劳动时还敲锣打鼓，搭着擂台进行比赛。

农业学大寨

• WZX本人去过大寨2次。回来后，就集合劳力，没日没夜地折腾，一冬天也不休息。工作主要是进行抽水、控碱、深翻和平整土地。那时挖下的渠道都保留了下来，大部分现在都用着，但已经浅了，地不好，碱地多。

祠堂与祭祖

• 过去村里做买卖的人多，有的曾在票号做大买卖，一家能带动很多人。以前村里古物多，庙也多。W家有3个祠堂，T家有1个祠堂。原来三道巷上的祠堂最大，现在是二道巷上的大。现在保留下的3个祠堂里面没有装饰摆设，只剩下2间空房子了。

• 去年没搞"祭祖"活动。祭祖活动的内容主要是把家谱拿出来，挂在墙上，过年时进行祭拜。腊月二十九，把神子（牌位）摆上，过了正月初五再收起来，一共祭拜7天。此外，还会往家谱上面写上新增人口，内容包括性别、辈分等。WZX的祖上是第十七代迁入本村的。"祭祖"仪式是自愿参加，有人去，也有人不去。

庙　宇

• 村里有老爷庙、舞台、天主堂、观音堂（金堂庙），西庙（也叫大庙）。西庙里供奉的是大神，大概是四海龙王。西庙里还有阎王殿和送子观音庙（娘娘庙），后被拆毁。除此之外还有中寺、后寺。中寺位于本村供销社背面四道巷东口，里面供奉弥勒佛，后来大队在那里搞副业。后寺在正北面，在村外，现在修了房子了。以上这些都是大庙，另外还有小狮子庙。小狮子庙在东面，不知供奉何方神像。1949年前这些庙里的神像就不见了。此外，村街道上每个道都有五道爷庙。东面有护村的河神庙，供奉着 3 个大神像，老百姓叫三官庙，后被毁。

四 马维强访谈调查

（1）村庄政治、思想与信仰

访谈时间：2009 年 12 月 21 日

访谈场所：WZX 家

访谈对象：WZX；WZ（80 岁，属马）；TBS（72 岁，属虎）；FBY（66 岁，属猴）；LPC（76 岁，属狗）

毛泽东思想宣传队

•毛泽东思想宣传队大约有 30 多人。WGX 是妇联主任，WXR 任书记，JSL 任政治工作委员。他们唱样板戏，改编秧歌剧，主要宣传毛泽东思想。

党 员

•党员预备期一般为 3 年，工作积极者一两年就可以转为正式党员。村里对党员实行一年一鉴定，鉴定依据是党员的八项标准。与 WZX 一起入党的有动员群众上交余粮的 ZYP、HLY 以及大队贫协会主席 WH。WZX 本人认为到公社参加政治学习很好，在学习班待了 20 天。少数平时表现好的党员会被派到乡里、县里学习国家形势，参加"农业学大寨会议"等活动。每年冬天开三干会，大约 7—10 天。村干部汇报当年的工作，上级干部布置下一年的任务，还学习毛泽东思想理论、科学种田等。

天主教信仰

•现在全村有 7—8 户，约 30 人信天主教，会长是 TH。天主教不会动员别人入教，取决于个人意愿，教徒一般是家传。教徒们在本村和县城做礼拜，大的节日有圣母升天等。教徒不烧香磕头，但清明节还是会去上坟。11 月 2 日要过"追思以往"（即思念过逝的人）节。FBY

是原 FY 教区天主教神父 FZC 的侄子，其父亲是 FGX，祖父是 FSM。FBY 现在有 1 个儿子和 2 个女儿，儿媳妇和 1 个女婿信教，另一个女婿信大教。相对来说，对教徒的管理比较宽松，没有严格的教规约束。

· 村里的天主教徒集中在 2 队、3 队，10 队信耶稣的比较多。

（2）WXR 的个人史

访谈时间：2009 年 12 月 22 日

访谈场所：WXR 家

访谈对象：WXR（76 岁，属狗，1934 年 12 月 14 日出生，1958—1965 年担任本村治保主任，1965 年起担任村支部书记，当了 20 多年书记）

婚姻状况

· 妻子 ZYL，1938 年 12 月 24 日出生，P 县 N 镇 N 村人，2005 年去世。本村有村民在 N 镇棉花厂干临时工，经其介绍在 1964 年结婚。当时响应新式结婚的号召，加之本人是共产党员，不能铺张浪费，因此婚礼十分简单，就把房子打扫了一下，穿了新衣服。WXR 用自行车把妻子从娘家接过来，在自家请亲戚朋友吃了点便饭，摆了 4 个菜，其中 2 个凉菜、2 个热菜，没有邀请干部。婚后妻子主要维持家务，较少参加公共活动。

家庭状况

· 父亲 WDC，在 JX 县八兴武村干木匠，本人 16—17 岁时父亲去世。母亲是家庭妇女，1974 年去世。长女 WYH，嫁给本村 WFL（原 6 队队长）的儿子 WYF，现有 2 个儿子。次女 WYP，嫁给本村"四儿"（原村电工）的儿子，现有 1 女、1 男 2 个孩子。长子 WWM，娶了本村"明日家"（LS 县南关发电厂工人）闺女，生有 1 个儿子。三女 WYL，嫁给 NZ 村 JCR 的儿子（务农）。四女 WYQ 嫁给 XYJ 村 WP（务农）。五女 WYM，嫁到 P 城内，丈夫搞装修。

学习工作状况

· 解放前，家贫上不起学。本村 1948 年解放后，自己上了两年半学，那时 WXR 已经 14—15 岁了。学习内容有语文、算数、"常识"，教师有本村的，也有县里的。每天清早 6—8 点上一堂算数，吃完饭后再去上语文、自习，下午上"常识"、体育等课。1951 年退学，去 NZ 村学木匠手艺。

互助组

•互助组只要十几个人同意就可以组织，一般合作的多为邻居、亲戚和朋友，大家在劳动生产上互相帮助，没有报酬。本人与 WZX 小时候经常一起玩耍，因此就加入了 WZX 负责的互助组。

•1953 年，在互助组的基础上，DRH 吸收几户成立了 22 户的农业生产合作社，把土地划到一起，集体耕种，按土地和劳力四六分成，四成收入（粮食或现金）归土地所有者，六成收入归集体（合作社），折合成现金按工分红。

•1954 年村里成立了胜利社、和平社、建设社 3 个"大社"（初级合作社），分配方式不再有地股，全部按劳力分配。此时，劳力少的家庭就没有入社，仅仅剩下 180 户。入社采取自愿的原则，但村里面进行了动员。WXR 在胜利社担任作业组组长。

•1956 年成立了高级合作社，分配方式上没有太大变化，本村仅有一两户没有入社。GZL 担任高级合作社主任，HZH 任书记。

•1958 年，本村成立人民公社，本村村民全部入社。

"大跃进"运动

•1958 年 3—4 月，年轻劳力全部上山去大炼钢铁了，剩下妇女、老人组成了野战团。

人民公社解体后

•1 个生产队有 7 个干部，10 个小队就有 70—80 个干部。再加上大队干部，全村共有 100 多个干部。村支书负责管理政治思想，但生产上不去也是支书的责任。1986 年正月 WXR 以工作身心劳累为由写申请退休，县里直到七月才在 WXR 自己提出书记候选人名单后批准他退下来。（当时 WXR 请 WYX 帮忙，让他当了代理书记，时间不长。1987

年进行了正式选举。）WXR 退下来后，旧干部和新干部搞对立，分为两派，闹起来了。几年间村里就换了 3 次书记，村里的行政工作搞得很乱。县里也没有办法，1994 年要求 WXR 复出，担任村支书。WXR 干了 10 个月，改变了以往自己当书记时的做法，按自己的想法干，与新班子已经不能融合，便又退下来了。当时 WXR 上午写申请，下午就被批准了。因为乡里也不愿意让 WXR 继续担任书记了。LRX 在 1995 年接班，担任村支书。

五　郝平、张永平访谈调查

（1）访谈对象：D 村干部

访谈时间：2009 年 12 月 18 日下午

访谈场所：P 大戏堂

概　况

•现在，村里有 6013 亩耕地，其中 179 亩归集体所有。人民公社时期有 10 个生产小队，人民公社解体后合并为 5 个生产小组。

•种植玉米，国家每亩补贴 30 元。由于气候干旱，水位下降，小麦产量较低，且因小麦费工，所以种小麦的相对较少。副业方面，原有 20 多家油坊，现在只剩下 3 家。原料多为大豆、棉花籽，油饼多用作饲料。养殖业方面，奶牛原来 1 户可平均 1 头，2008 年三聚氰胺事件发生后，奶牛数量减少。现在 2 户可平均 1 头。蒙牛代理商来村里收购牛奶。村里还养鸡，大约有 4 万多只。

•村里现有 20 多眼 150 米左右的深井。耕地 100% 可以灌溉。D 村地处汾东灌溉区，每年都从汾河引水灌溉。肥料主要以化肥和农家肥为主。

•每年阴历四月初五是 D 村庙会，届时会请各种剧团来表演。

•3 个 W 家祠堂，土地改革时收归集体。现在除了过年祭祀外，无大型祭祀活动，但仍然保留族谱。

•村里的孩子上初中，多在 W 家庄一中上学。90% 的初中毕业生会读高中。每年平均有 10 多个孩子能考上大学。

•D 村原有 3 座庙，后都拆毁了。D 村西南部有 1 座天主教堂，后被拆毁，之后又进行了修复。

•1948 年 7 月 13 日 P 解放。1977 年 7 月遭遇洪水。

（2）访谈对象：WX

访谈时间：2009 年 12 月 21 日上午

访谈场所：WX 家

WX 个人史

•1941 年 10 月 15 日出生，属蛇。

•1951—1956 年，在 D 小学上小学；1957 年，在太原七中上了半年左右初中（当时上完高级小学后再继续上初级中学的人极少）；1958 年春，转回 P 二中（1958 年后半年，P 二中转为农校），曾到 P 火柴厂炼过钢铁；1960 年，在太原农业师范学院上学；1961 年 9 月，回 P 县 DQ 乡当小学教师 4 个月左右（月工资 22 元），后来辞职；1964 年，担任 D 大队第 1 生产队保管，干了 3 年左右；1974 年担任小队会计；1983—1994 年，担任 D 大队会计；1994 年退休，现为 W 信用社贷款办事员。妻子 WLJ，1944 年 6 月 25 日出生，属猴。

生产小队

•1962 年起，生产小队成为基本核算单位，所产粮食以小队为单位进行核算，发放口粮和分红，公粮由小队上交到城关粮站。运输工具是马车，后来用拖拉机。1 个工分最多时值 0.5 元，妇女每月最少出工 22 天。

其　他

•20 世纪 60 年代，村里有 5—6 口水井。"四类分子"每天早上打扫街道。"文革"时期，农业生产井然有序。副业方面，村里有醋坊（7 队）、粉坊和磨坊（每个小队都有），还有猪场（D 大队所有）。

（3）访谈对象：TBM

访谈时间：2009 年 12 月 21 日下午

访谈场所：TBM 家

家庭状况

•兄弟姐妹 5 人，有 2 个姐姐，20 岁时母亲去世，38 岁时父亲去世。妻子 LYL，1943 年 8 月 29 日出生，属羊。长子 47 岁，其妻 W 村人，有 1 儿 1 女（女儿已出嫁）。次子 45 岁，其妻 L 村人，有 1 儿 2 女。三子，原在太原卖肉，2001 年，被同村 WS 之子杀死。长女，43 岁，嫁到 X 村，做生意。二女，37 岁，嫁到县城。

TBM 个人史

•8 岁在 D 小学上小学，五年级在 L 村上学，六年级在 N 乡上学，1956 年毕业。1958 年到窑头炼过钢铁。1959 年，因为生活困难到包头煤矿上打工 2 年左右（在食堂做饭）。1961 年，从包头回到 P 县后结婚。彩礼 20 元，家中只有 4 间棚子，酒菜也简单，婚礼总共花了不到 200 元。

日本兵

•日本兵在二道街烧过房子。TBM 本人曾在 P 古城东门外为日军修过炮楼。

国民党

•1946 年二月初八，国民党二战区部队与八路军游击队在 N 一带发生战事。XY 县人徐瞎子是八路军连长，曾护送刘少奇过铁路。国民党统治时，D 乡乡长是 YJL，解放前夕打死 26 人，其中有 D 村 1 人。YJL 解放后被俘，在老爷庙前公审，后枪毙于村口。国民党统治时，P 县县长是 YZD，在解放前夕跑到太原（P 随即解放），后自杀。

土地改革以后

•1949 年开始土改。地主有 WHR、WDL，富农有 3 人。TBM 家在土改时，被划为中农，土地 24 亩，当时家有 12 口人。TBM 一家熬盐，1 斗麦子（12 斤）等于 7 斤盐。

•村里的赤脚医生，20 世纪 60 年代有 WHZ、ZAF 和 TZX（兽医）。20 世纪 70 年代有 WEH（LY 村人）、LD（DQ 人）。

"文革"时期

•当时，D 村有十几个知青，其中有一个叫 YKH（女），曾到 TBM 家吃派饭。

•第 8 队生产小队，1 个工分值 0.28—0.4 元。

•1977 年 7 月，P 县遭遇洪灾。RHY（时年 25 岁，四川人）为抢救集体财产牺牲。8 月，在抗洪庆功会上，RHY 被评为"抗洪英雄"。

（4）访谈对象：GCY

访谈时间：2009 年 12 月 22 日上午

访谈场所：GCY 家

家庭状况

•兄长，被征兵到国民党第二战区第 40 师，病死。妻子 TGL，1933 年出生，1978 年因家庭矛盾喝农药自杀。长子 GWZ，在 P 县少管所工作。次子 GWX，JX 市委副书记。三子 GWX，37 岁时病逝。四子 GWM，在 Q 县监狱工作。五子 GWY，在 SJZ 部队。长女病逝。次女在 XY 县煤矿工作。三女在 JX 市土地局工作。

GCY 个人史

•1931 年出生，属猴。

•1944 年（13 岁）在 D 小学上学；1948 年（17 岁）正月被国民党第二战区第 70 师征为常备兵，驻地汾阳；同年 5 月与解放军作战，负伤被俘，在交城山米牙庄养伤，伤愈后回到 P 县。当时 P 县已解放。解放太原时，被解放军征用在太原市武宿一带抬担架，太原解放后回到 P 县。土地改革时，家有土地 16 亩。在阳泉加入运输社，赶马车，运输粮食和煤炭。1950 年结婚，1958 年到 YT 炼钢。

•1960 年父母去世。仅 1960 年，在食堂吃大锅饭 1 年。当时支部书记是 TKY。由于他浮夸虚报产量，大部分粮食上交国家，导致村里出现粮食困难，老百姓将 1960 年困难的原因归结于 TKY。1961 年 WXH 接替 TKY，担任村支书。当时人们的主食是玉米面做的窝窝头。困难时期，有一位榆次的 D 部长曾给村里送过白面和炭等救济物资。

·40 多岁时（大约 70 年代），当了 D 大队第 8 生产小队队长。当时主要农作物为玉米、高粱、小麦（亩产千斤）和棉花。每个小队都有菜园子，8 小队还有一个盐坊。在 8 队，1 个工分值 0.5—0.7 元。

（5）访谈对象：LD 妻子

访谈时间：2009 年 12 月 22 日上午

访谈场所：D 村卫生所（老爷庙隔壁）

家庭状况

·长女在山西省第二建筑公司工作，是预算员；次女在重庆一家公司做企划。三女在晋中学院读书（经济管理专业）；长子在山东泰安医学院读书。

LD 妻子个人史

·1954 年出生，属马。

·1972 年初中毕业，1974 年在 D 小学当教师，1984 年辞职改行从医。LD 原为 DQ 乡的赤脚医生，1974 年迁到 D 村。由于当时限制人口流动，需要提前写申请，获得该乡政府批准才允许迁入。

赤脚医生

·当时实行"半工半医"制度，具体执行情况不详。当时治病主要以中西药为主，打针输液极少。

"五七指示"

·1966 年，为了响应毛主席的"五七指示"，知识青年上山下乡，在农村与农民同住同劳动，当时村里来了十几个上海知青。

（6）访谈对象：LRX

访谈时间：2009 年 12 月 22 日下午

访谈场所：LRX 家

家庭状况

·兄长 LRZ，1939 年出生，1958 年到太铁工作，1962 年回村。弟弟 LRG，1955 年出生，属羊。长姐 LCY，1929 年出生；二姐 LYY71

岁时病逝；三姐 LGX，1945 年出生，当过妇女主任。妻子 LYM，1950
年出生，属虎，高小毕业。长子 LSQ，1979 年出生，属羊，初中毕业，
D 村电工；次子 LSS，1981 年出生，属鸡，在 P 县环卫局工作；女儿
LXJ，1986 年出生，属虎，天津工程技术学院毕业，现在 TY 市青年创
业服务中心工作。

LRX 个人史

•1949 年 7 月 1 日出生，属牛，60 岁。

•1957 年（8 岁）在 D 小学读书；1963 年（14 岁）高小毕业，后
参加生产劳动；1968 年参军到河北；1973 年退伍回乡，1973 年后半
年当 D 大队第 6 生产小队队长（后来又当了 10 队队长）。1980 年在三
干会上就两极分化问题与当时的党支部书记 WXR 争论，后辞去生产
队长；1982—1990 年，在太原铁路工务段承包工程（有 P 农民工 100
多人）；1990 年回村；1993 年任党支部副书记；1994 年任党支部书记；
1995 年至现在任村委会主任兼党支部书记。

•"文革"期间，农业生产正常进行。

•"农业学大寨"，以学习大寨精神为主，在村西修过一条水渠，深
翻土地。1967 年，LRX 曾到过大寨。当时，D 村有专门的林业队。

• LRX 当 6 队队长时，6 队的副业有盐坊、小五金加工、烧焦炭
等。当时 6 队 1 个工分值 0.4—0.6 元。

农业机械化

•D 大队有 1 台"75 式"拖拉机。1973—1975 年 7 队购买了 1 台
拖拉机；1977 年左右 D 大队买了 2 台拖拉机。

D 村历任党支部书记

•JZ（女，1949—1950 年）→ WHS（文盲，1951—1952 年）
→ WXH（1924 年 2 月出生，小学毕业，1952—1954 年）→ WHS
（1954—1955 年）→ HLY（1927 年 9 月出生，初小毕业，1955—1956
年）→ GZL（1918 年 4 月出生，初小毕业，1956—1957 年）→ TKY
（文盲，1957—1960 年）→ WXH（1960—1966 年）→ DCF（女，1939

年 3 月出生，小学毕业，1966 年 3 月—1966 年 7 月）→ WXR（小学毕业，1966 年 7 月—1986 年 7 月）。

D 村历任村主任

• WXN（初小毕业，1949—1950 年）→ WXH（1950—1951 年）→ GZL（1951—1953 年）→ HLY（1954—1955 年）→ GZL（1955—1956 年）→ TKY（1956—1957 年）→ TZS（1919 年 12 月出生，初小毕业，1957—1960 年）→ WZX（1932 年 8 月出生，初小毕业，1960—1971 年）→ JSL（1937 年 5 月出生，文盲，1972—1977 年）→ LTW（1945 年 9 月出生，小学毕业，1978—1981 年）→ WZX（1982—1986 年）。

（7）访谈对象：LRX 母亲

访谈时间：2009 年 12 月 22 日下午

访谈场所：LRX 家

LRX 母亲个人史

• 1912 年出生，97 岁，现为 D 村年龄最大的老人。

• 日本兵进了村，见到的东西全部抢走了。

• 土地改革时，被划为贫农。原有 4 亩地，又分了五六亩地。

• 1960 年，家里没吃没喝。到了做饭时间，水开了，但是还没有米、面、菜，日子非常困难（老人说着说着就哭了）。

六 常利兵、李嘎访谈调查 [①]

（1）访谈对象：TWY

访谈时间：2009 年 12 月 19 日下午

访谈场所：TWY 家

---

① 此处内容由李嘎整理。

家庭状况

• 有 3 个儿子、1 个女儿。3 个儿子都已结婚。修了 1 个 8 间的大院，长子与次子各占 4 间。三子住在三道街的老院子，TWY 夫妇现在住的房子位于村东南的北街。现在长子在本村开了一家钢材市场；还养了 17 头牛，奶牛、肉牛都有。前几天下大雪（指 2009 年 11 月 9—10 日的大雪）冻死了 4 头牛。次子跑运输。三子跟着别人打工。女儿嫁到邻近的南政。

TWY 个人史

• 23 岁结婚，妻子当时 18 岁。当时结婚花了 200—300 块钱，准备了 2 床被子。妻子是本村人，结婚前两人互相不认识，系通过媒人介绍。结婚时，TWY 用自行车把妻子接到家里。自行车当时买不到，问别人借的。结婚时穿的是新中山装，也是问别人借的。妻子穿的是灯芯绒。岳父当时是小队长，家庭条件不错。

• 24、25 岁（1968—1969 年）左右起，TWY 开始当上了小队长，在 7 队连续当了 10 年小队长。当时村里分 10 个小队，主要种植小麦、玉米、高粱。除种植业外，生产大队还养猪、做粉条等。

20 世纪 60 年代的状况

• 1960 年前后，粮食不足，甚至糠都吃不上了。因饥饿至极，坐在地上，都没力气再站起来了。1957—1958 年村里人都被动员外出大炼钢铁去了。困难时期持续了 2—3 年，1960 年最严重。当时，整个大队只有 1 台 75 马力的拖拉机。

• 1960 年，没有吃的，只能挖苦菜或挖草根吃。全村大约饿死 100 人，其中多是老人。饿死人以后，榆次地区派来了工作队，在三道街发豆汤让村民们喝，此项工作持续了几个月。

• 当时食堂做的是"玉米皮皮窝头"，每人 1 顿 1 个，但一天也吃不上 3 顿。因太饥饿，当时参加劳动的人，在农田里偷偷地生吃玉米棒子。据 TWY 妻子讲，当时有些人从家里拿上祖上留下的戒指去附近的 XX 村，跟人家换胡萝卜吃（1 个戒指能换几十根胡萝卜）。

20世纪70年代的状况

· 村里从上海来了十几个知青。当时，TWY当7队队长，全村小队中只有7小队有副业，即做醋。

· 1977年，D村附近10个村联合起来开展沙河治理工程，改造盐碱地。工程持续了3个多月，土地盐碱化程度慢慢降了下来。

20世纪80年代的状况

· 1987—1988年左右，TWY以1600元的价格从平遥农机公司购入1台榨油机，在自己家里开了油坊。原料即黄豆，以每斤0.3元的价格收购黄豆，用来榨油。大豆油每斤能卖1.2—1.3元，豆饼（用作喂鸡等的饲料）每斤卖0.2元。榨好的油或豆饼，都是外面的人来村里收购。油坊一共开了15年，TWY成为本村的第1个万元户。1968—1969年前后，TWY到P县城内集市，以每斤0.3元买上豆子，然后将豆子运到W家庄换成玉米，当时1斤豆子能换1.7斤玉米，再将换来的玉米偷偷地运到QX县集市上卖掉，每斤玉米能卖0.3元。TWY当时每次用自行车能带200多斤麦子，每次能挣40多块钱。这些经历对自己开油坊有直接影响。

诈骗事件

· 七八年前，TWY被骗了十几万元。当时，TWY以高利贷的形式贷给了某个人十几万元，这个人后来突然拿着钱跑了。后来骗子被找到了，但已身患癌症，骗子的妻子也已经被抓进监狱了。TWY辛辛苦苦赚下的血汗钱已无法再追回。

（2）访谈对象：TYF

访谈时间：2009年12月21日上午

访谈场所：TYF家

TYF个人史

· 属马，今年67岁。9岁（1951年）开始在本村上小学，上了6年（其中初级小学4年，高级小学2年）。1956—1957年前后，村里小学有300多名学生，初级小学生全系本村人，高级小学已有H村、D村、

X 村等地来的学生。后来高级小学停办，在 W 开办了县立第五高级小学。1955 年起，TYF 上高小。1955 年时，村里的高小属于民办，需要交学费，每月 0.7 元（公办高小，每个学期的学费才 1 块多钱）。1957年，TYF 高小毕业，考上了初中（P 二中）。1958 年，P 二中改成了"PY 农校"。1958 年后半年开始，基本上就不上课了。

村名的由来

•传说是吕后出游，经过 D 村、X 村时，因本村安排、接待得好，吕后认为 D 村"道德具备一些"，名称由此而来。TYF 家祖上没有经商的，祖祖辈辈以务农种地为生。

天主教堂

•T 家某人入了教以后，与族人就闹了矛盾，于是就把他从本族中分出来了，不允许其再参加祭祖活动。

"大跃进"运动

•1958 年冬天，开展土法大炼钢铁运动。在学校后边建起了炼铁炉，为了大炼钢铁，把学校的火炉都砸了。做饭是在学校食堂。当时还曾深翻土地，但产量却没有提高。1959 年，同学们去静乐县修水库。1961 年 TYF 去孝义，修孝河水库。初中生每月的供应粮原本是 37 斤，高中生是 38 斤。1959 年就分别降至 33 斤和 34 斤。TYF 1961 年后半年回到村里，1962 年学校解散，TYF 开始在生产小队参加劳动。

沙河治理工程

•1956 年治理过一次，1965 年又治理了一次，1977 年是第三次，1977 年的工程规模最大，TYF 本人也参加了。WJZ、HS、XL 等四五个乡镇都参加了此次沙河治理工程。

（3）访谈对象：ZXY（TLQ 妻子）

访谈时间：2009 年 12 月 21 日下午

访谈场所：ZXY 家

ZXY 个人史

•17 岁时，在汾阳城内的教堂结识老伴 TLQ，后结婚。夫妻俩都信教。当时，在汾阳城教堂里伺候神父。丈夫 TLQ 大约 20 年前去世，享年 80 岁。1948 年解放后，夫妇二人从汾阳回到本村，从事农业劳动。

家庭状况

•长子 TH，57 岁，属蛇，妻子汾阳人，其下有 3 子 1 女；次子 TY，55 岁，属羊，妻子 DYJ 村人，其下有 3 子；三子 TL，52 岁，属狗，妻子 NZ 村人；四子 TP，36 岁，属虎，妻子 Y 村人；长女 TZE，60 岁，属虎，嫁到 DYJ 村，其下有 1 子 1 女；次女 TYE，48 岁，属虎，嫁清徐 LH 村，其下有 3 子 3 女；三女 TJE，44 岁，属马，嫁清徐 LH 村，其下有 1 子 2 女；四女 TLE，42 岁，属猴，嫁到 H 村，其下有 3 女。

天主教教徒

•D 村教堂曾被村里占用，用作粮库。此后信徒就各家在各家活动，有时也去 P 县活动。丈夫的父亲（TYK）是医生，也是天主教徒。ZXY 迁回 D 村 10 余年后，公公离世。天主教堂附近姓 T 的大都以干活谋生，与村北的 T 姓不是一家。信教与非信教者平时也相互来往。现在，结婚时，并不一定双方均必须是天主教徒才能结婚。有些人一开始结婚时并不是教徒，但结婚以后就信教了。本村信教的 T 家尚没有与本村人结婚的情况，均是与外地人结婚。村里的天主教徒并不是全来自 T 家，F 姓、W 姓均有信教者。

（4）访谈对象：TYC

访谈时间：2009 年 12 月 22 日上午

访谈场所：TYC 家

村名的由来

•据说西太后慈禧出巡，原计划要经过 D 村和 X 村，本村村民都已在道路旁边准备好迎接了，但最后西太后没来，D 村由此得名。

庙宇与祠堂

•先前村里有很多庙宇，后因各种原因拆了一些。现在 TYC 所住的房子后面，先前还曾有 T 家东门楼，西边不远处有 T 家西门楼。西门楼以东有 T 家祠堂。如今祠堂旧址已盖起了民房。现在 TWY 家房后先前有一处庙宇，名中寺，里面供奉有铁神像，大炼钢铁时被毁掉炼钢了。当时，H 家也有祠堂。村外护村堰上曾建有三官庙。村四周（距村东公路内侧 2—3 米处）均有护村堰，中间为沟。当时的护村堰高度约2—3 米，底部宽约 10 米，顶部宽约 4—5 米。

TYC 个人史

• 上小学时，没事就去上学，农忙时就不去上学了。当时因家贫，没有上多少学。

• 14—15 岁就参加劳动了。因吃不饱，1960 年就参军了，所属部队在天津。1963 年在部队入党，1966 年复员回村。

• 1967 年结婚，当时彩礼钱给了 200 元。TYC 用自家的自行车把妻子接回家。妻子比 TYC 小 10 岁，LQ 村（属 P 县东南 BY 乡，离本村 20 多里）人。介绍人是妻子的姑姑（嫁到本村，与 TYC 是邻居，同属一个生产小队）。结婚时，摆了十来桌酒席，上礼钱的较少，基本是一两块钱。结婚时，TYC 穿的是自家的中山装，妻子的衣服也都是 TYC 所买。结婚时，流行吹军号，新郎在村口等着，新娘来了开始吹军号。

家庭状况

• 有兄弟 7 人，没有姐妹，TYC 是老大。

• TYC 有 3 个儿子、2 个女儿。老大是女儿，在 P 县城里工作；老二是长子；老三是次女，买了辆车，在 P 城里工作；老四是女儿，嫁到了太原，老五是儿子。

新中国成立前的状况

• 新中国成立前，本村南半村经商的多，北半村种地的多。

• 解放战争时期，汾河以西为共产党军队控制，包含本村在内汾河以东为"二战区"地盘。国民党军曾在本村护村堰附近打仗，他们见人就抓壮丁参军。村里人给"二战区"的人送饭，送到村公所（老爷庙），TYC 本人也曾亲自送过饭。二战区的人嫌饭不好，就把饭踢掉。

土地改革时期

• 本村 1950 年开始搞土改。上级派来工作队领导土改。当时他们进入每个农户家里，划分成分，TL、WZZ 被划成地主，WLG 被划为富农。从地主、富农家没收的财产全部堆到农协会。农协会就在现在供销社所在的地方，原本是富农 ZAH 家的院子。

抗美援朝时期

• 村里有三四个人去参加志愿军。欢送会搞得很热烈，骑着马、戴着红花、敲锣打鼓。现村治保主任 WD 的父亲就参加过志愿军，仍健在，已年过 80 岁。村中也有人牺牲在朝鲜战场上。

三年困难时期

• 本村饿死 100 多人，很多人得了急性肾炎，身体浮肿。当时本村情况严重，在周围数村中很突出。水虽然不缺，能浇上地，但就是打不下粮食，土地盐碱很厉害。

"大跃进"政策

• 当时村民到 BY、D 村（半丘陵地区）参加劳动，在工地上吃住。在普洞大炼钢铁（山区）时，住在大棚里，公共卫生十分糟糕。

沙河治理工程

• 共治理了 3—4 次，其中 1977 年规模最大。1977 年夏天，大雨引发洪灾。凡沙河受益村庄都参加了沙河治理工程。秋收时开始治理，农历十一月结束。治理时，加宽加深了河道，工程全部为人力作业。

山西省农村调查报告（2）

——2010 年 7 月，P 县农村

　　山西大学中国社会史研究中心于 2010 年 7 月对山西省 P 县 D 村进行了田野访谈调查，并形成了调查报告①。本文是该调查报告的日文抄译稿。

　　如前稿，出于保护个人隐私的考虑，本文极力避免出现村民真实姓名（关于人名标记，文中按姓名拼音首字母大写表示）。此外，文中还将调查报告原文中所附照片全部省去。

一　行龙、郝平、张永平访谈调查

　　（1）访谈对象：WZX、WXW、MWB

　　访谈时间：2010 年 7 月 23 日下午

　　访谈场所：WZX 家（头道街 62 号）

---

① 日方调查报告参见如下：内山雅生、三谷孝、祁建民《中国内陆农村访问调查报告（1）》（日本长崎县立大学国际信息学报《研究纪要》第 11 期，2010 年 12 月）；田中比吕志《华北农村访问调查报告（1）》（日本《东京学艺大学纪要（人文社会学系Ⅱ）》62 集，2011 年 1 月）。中国山西大学方面的调查报告，参见行龙、郝平、常利兵、马维强、李嘎、张永平（弁纳才一译）《山西省农村调查报告（1）——2009 年 12 月，P 县农村》（日本金泽大学环日本海域环境研究中心《日本海域研究》第 42 期，2011 年 2 月）；同《华北农村访问调查报告（4）——2010 年 8 月，山西省 P 县农村》（日本《金泽大学经济论集》第 31 卷第 2 期，2011 年 3 月）。

宗教与传统节日

· 村内原有中寺、后寺、小寺（尼姑寺）、老爷庙（关帝庙）、西庙、金堂庙（观音庙）等庙宇，老爷庙和金堂庙现在仍然保留，其余均已废弃。

· 清明节要去上坟扫墓。作为本村的传统一直保留至今，即使在集体化时期、"文革"时期也不曾间断。现在的坟地基本上都安置在土改时各自分到的土地内。上坟，一般都集中在上午，全家族的男丁要一起到坟前，即使兄弟关系不睦，也必须一起进出坟地，以示家族团结和睦。近些年，女孩也可以去上坟，以前只能男的去。扫墓要提前准备好菜、酒、水果、纸钱、蛇盘燕样馍等供品。扫墓的程序是：上香、烧纸钱、磕头，然后清理坟地，除去坟周围的杂草，再往坟上添些新土，最后把供品放在坟上。出坟地前，要往坟前树上挂一个絮状纸串，表明已经上过坟了。

· 端午节，家家户户都要包粽子，门前挂艾草，小孩要系五彩线，早上要喝雄黄酒，并在眼睛、耳朵、鼻子上点雄黄酒以辟邪。

· "入伏"时，要吃饺子，将櫂树叶浸泡水中，擦洗身体，防止中暑。

· 农历七月十五和十月初一又叫"鬼节"，在这两天并不去坟地，只是在自己家门口给自己的祖先烧纸钱。烧纸钱的时候，嘴里还要念叨，让祖先过来拿钱。烧完后，还要在焚烧过的纸钱边画一个圈，以防止钱被外人拿走。

· 中秋节，家家户户都要做月饼。还要做一个大月饼，称团圆，晚上等月亮出来后要把大月饼供奉"老天爷"。

· 冬至，在村里又叫"鬼过年"，家家户户都要吃饺子。

· 腊八节，早上天亮以前要吃腊八粥，原料为：小米、红枣、豆。

· 腊月二十三，是灶王爷上天（把一家人过去一年所做的好事坏事都上报给玉皇大帝）的日子，村里又叫"过小年"，吃糖稀。

· 年三十，贴春联、挂宝纸。中午12点时，准备好供品，把自己祖

先的牌位请出来，然后要放炮，村里称"请神"。到正月初五下午，把
祖先牌位收拾起来，然后放炮，村里又称"送神"。

•正月初二，是出嫁女儿回娘家的日子。

•正月十五，村里组织村民闹红火。项目有"旱船"、高跷、背棍、
推车等。先在村里走街串巷，到村民家里闹红火，有时还要到城里参加
县里组织的表演活动。

•本村有 7 个杂姓社、3 个王姓社、1 个田家社。过年时，要做社
火，供十王爷（阎王爷的一部分）。正月初一到十五，社开赌供村民娱
乐，社首抽钱用于社的正常开支。

农业生产

•每年到 2 月时，村里开始修理渠、坝，整地。到清明节左右，引
汾河水灌溉土地。

（2）访谈对象：WZ

访谈时间：2010 年 7 月 25 日上午

访谈场所：WZ 家

WZ 个人史与家庭状况

•出生于 1930 年 10 月 29 日（属马），现年 80 岁。

•WZ 父亲娶过 2 任妻子，大老婆生有 2 个男孩；二老婆生有 4 男 3
女，其中有 2 个男孩过继他人，3 个女孩全被当童养媳卖了（当时年龄
最大的为 11 岁）。

•土地改革时，WZ 家有 4 口人，分到土地 17 亩。

•结拜兄弟 13 人，分别是 JHD、CCF、JSK、<u>WZ</u>、WD、WKJ、
LRG、<u>WZX</u>、WDQ、<u>WXW</u>、<u>LPC</u>、<u>WZW</u>、WJC（画线者仍健在）。这
13 家组成了本村的第 1 个互助组，JSK 任组长，WZ 担任技术员。

•1958 年本是丰收年，但是由于大量劳动力都被动员大炼钢铁去
了，以至于没人去收地里的庄稼。

•1960 年，本村有 108 人死亡，其中绝大多数人死于急性肾炎，身
体浮肿。其中有 1 个小名叫柱子的"钉鞋匠"，人们因为他老实，让他

去看守仓库，结果他反而饿死了。WZ 到了饭点也不到食堂吃饭，因为在食堂吃不饱，他在地里偷吃庄稼。当时很多人都偷吃地里的庄稼。

• WZ 曾当过民兵的分队长，民兵武装部设在三道街的 W 家祠堂。

"四清"工作队

• "四清"工作队共有 20 多人，队长 PYJ，副队长 FWX，指导员 WSX，队员大多来自山西医科院。他们同村民同吃、同住、同劳动。主要是清查干部的贪污问题，清仓库，清账目。

W 家祠堂

• 本村共有 3 个 W 家祠堂，三道街的老祠堂供奉的是 W 家第 1 代到第 7 代祖先，第一代是 WSG。头道街的 W 家祠堂是从第 8 代开始。现在本村 W 家最年长的是第 20 代，叫 WH，现年 82 岁，最小的是第 27 代。WZ 是第 20 代，年龄仅次于 WH。

二 李嘎、郝丽娟访谈调查

（1）访谈对象：HRS（1944 年出生，属猴，67 岁）

访谈时间：2010 年 7 月 23 日上午

访谈场所：HRS 家、沙河

家庭状况

• 本村 H 姓的大多是从附近 H 村迁入；HRS 一族是 70—80 年前从 H 村迁过来的。

1949 年前的灌溉状况

• 1949 年前，本村土地系用汾河水浇灌，全村土地共分三道堰，即头道堰、二道堰、三道堰。第一部分的土地灌溉结束后，将头道堰关闭，然后开始浇第二部分土地，此部分浇灌结束，再将二道堰闭合，最后浇第三部分土地，最终将整村土地浇灌一遍。村西的农田地势最高，无法将汾河水引至村西，此部分土地遂用井水灌溉。全村用来灌溉的深井有 20—30 眼。1949 年后，本村土地属于汾东灌区所辖。

1977 年的洪灾状况

•1977 年本村遭遇严重洪灾。当时，北半村全部被淹，这一区域的老百姓暂时转移至村子南部避难。因为当时下了很长时间的大雨，本村附近的一个小型水库垮坝了。

•当时，主要是用草袋子在村里筑堰堵水，还用了一台柴油机排水。村里有十几户是以前从四川迁过来的，"抗洪英雄"RCY 就是其中一员。

•洪灾退去之后，村里遂筑堰以做防护。据村里老人讲，本村护村堰是 1933 年修筑的，因为这一年水灾非常严重，比 1977 年还要严重。当时筑堰的发起人是 WRE，此人老家是本村的，在 P 县城里开面粉厂、电灯公司。他的后代现在都住在县城里。护村堰的材质全是土，因当时老百姓没有吃的，于是 WRE 雇用本村百姓修堰，把 P 县生产的饼子供给村民们吃。

沙河治理工程

•沙河是一条人工河道，并不是自然河道。1977 年治理沙河的目的是退水控碱，由县里水利局统一指挥。此次工程规模很大，持续了 2—3 年。

农业生产与治水

•HRS 家种了 11 亩地，主要种玉米。农历四月种上，八月十五前后收割。当前，本村玉米的平均产量是 1000 斤左右 / 亩，不过具体地块产量也有所不同。村北的地因是用汾河水灌溉，亩产可达 1300—1400 斤；村西和村东因无法用汾河水浇灌，亩产有 1100—1200 斤；村南因与 H 村相接，没有农田。

•集体化时期的粮食产量每亩只能产 300—400 斤。之所以产量低，主要原因是粮食品种不良。现在粮食品种好了，产量自然就提高了，沙河退水控碱并不是决定性因素。近年来，地下水位下降，盐碱地自然就少了。以前本村的地下水埋藏浅，挖个 1 米多就会出水，现在挖上 3 米也没水。

土盐生产

• 过去村里有不少熬土盐的人家，一直延续到 20 世纪 50—60 年代，当时熬盐副业属生产队。以前会熬土盐的人，现在都已去世。P 县牛肉之所以好吃，很重要的原因就是使用土盐制作。

沙河踏访

• 沙河距本村落 1 里有余。如今，沙河水质污染相当严重，但水质尚可勉强达到浇灌的要求，有少数村民仍用其浇灌农田。

• 从沙河返回本村途中，在旧护村堰旁，发现 3 通石碑。

（2）访谈对象：MRR 等

访谈时间：2010 年 7 月 23 日下午

访谈场所：MRR 家

MRR 家庭状况

• MRR 有 5 个儿子。长子在太谷工作，已退休；次子在本村务农；三子在阳泉煤矿工作；四儿子已过世；五子 MGC 在本村务农，与 MRR 夫妻同住一院。全村的 M 姓仅 3—5 家，属一个家族，但无家谱。其现在所住的房子盖起来已有 40 多年。

MRR 个人史

• MRR 不识字。1962 开始，MRR 就当生产队队长，一直干到集体化结束。其中最后 4 年，担任 4 队队长，其他年份担任 7 队队长。当时每个小队社员有 300 多人。7 队的主要产业就是农业，副业很少；20 世纪 70 年代 7 队有 1 台拖拉机，其他队都没有拖拉机。MRR 调到 4 队做队长以后，曾办过养鸡业，当时 4 队是全村唯一养鸡的生产队，养了几百只鸡。

集体化时期的农业

• 集体化时期，种植的农作物主要有玉米、高粱、谷子、棉花，也种小麦，但很少。当时用汾河水浇灌农田；水费是集体承担，每亩 1 块钱。当时农作物的产量如下：玉米亩产 200—300 斤，高粱和谷子亩产 100—200 斤。现在，由于品种改良，玉米产量亩产可达 1000 多斤。现在收割庄稼与集体化时期并无太大变化，还是使用畜力和人力，原因是机械化收割太过浪费。比如，亩产 1000 斤的玉米地，如果使用机械收割，就要浪费 200 斤。

1977 年洪水灾害

• 县里专门成立了沙河治理指挥部，指挥部就设在 MRR 家附近，由 P 县水利局的 M 局长领导指挥。1977 年收秋以后开工，工程至少持续了半年。MRR 本人被评为"抗洪先进人物"，事后还在县城获得过表彰，当时村里因抗洪被县里表彰的仅有寥寥几人。在参加沙河治理工程后，MRR 去大寨学习了半个月。

本村村民的民生用水

• 以前，村里人都喝井水，当时村里有 10 多口井，但现在这些水井都已被填埋。2—3 年前，村民才开始喝上自来水。

土盐生产

• 以前，第 8、第 9、第 10 小队熬土盐的人多。

（3）访谈对象：HSX（属猴，79 岁）

访谈时间：2010 年 7 月 24 日下午

访谈场所：HSX 家

HSX 个人史与家庭状况

• HSX 是本村人，就住在附近。本村 H 姓的人并不多。18 岁时，嫁给 TZR，丈夫 TZR 于 1976 年因病去世。HSX 共有 4 个儿子，2 个女儿。长子 TRM，1963 年出生，属兔，在家务农，妻子姓 W，为本村人。次子 TXM，40 多岁，属马，在家务农，妻子是 H 人。三子 TYM，属猴，妻子是甘肃兰州人。因丈夫去世，HSX 一人无法养活所有孩子，就把三子过继给本家叔叔。四子 TQM，30 多岁，属鼠，妻子是 J 家堡人。长女 TXL，属猴，50 多岁，嫁到本村 W 姓，一家人在太原上班。次女 TXY，51 岁，也过继给本家叔叔了，丈夫是河南人。

• 位于 T 家街的 T 家祠堂 20 世纪 60 年代被拆毁。T 家街中的 T 姓没有信天主教的。

（4）访谈对象：TCC（属龙，59 岁）

访谈时间：2010 年 7 月 24 日下午

访谈场所：TCC 家（茂盛街 23 号）

TCC 家庭状况

• 离婚后，TCC 一个人住在有 10 间房子的大院子。有 1 儿 1 女。儿子 TXY 初中毕业后，出去跟人学唱戏，现在在山西省晋剧院工作，28 岁，已结婚，媳妇是洪洞人。女儿 TXH，25 岁，前几年嫁到离本村 50—60 里远的地方，已育有后代。

• TCC 有兄弟 7 人。老大 TYC，71 岁，本村务农，养了 1 头奶牛，有 3 个女儿、2 个儿子。老二 TFC，68 岁，原在晋中榆次晋剧院工作，现已退休，有 3 个女儿、1 个儿子。老三 TGC，65 岁，原来也在晋剧院工作，后改行，在榆次一家工厂里当工人，现已退休，有 2 个儿子，全是博士，都已出国，30 多岁，两人均尚未结婚。老四小时候过继给亲戚了。老五即 TCC 本人。老六 TYC，55 岁，在榆次电机厂工作，有 2 个女儿、1 个儿子。老七 TBC，50 余岁，在吕梁晋剧团工作，已退休，有 2 个女儿。4 个兄弟之所以唱晋剧，都是父亲教的，其父亲 1949 年前就靠在私人晋剧团唱戏谋生。

生计状况

• TCC 现在种有 15 亩玉米地。家中养了 8 头奶牛，其中 5 头已产奶。奶牛一般 2 岁半大就能开始产奶，随着年龄的增长，产奶量会逐年减少。村里现有 2 个奶站，在奶站用专用的挤奶器挤奶。平均 1 头奶牛 1 年能赚 1000—2000 元纯利润。奶牛用玉米做成饲料喂养，15 亩玉米地的产量不够 8 头奶牛吃，还要再从外面收购玉米。

养殖业状况

• 全村大约有 930 户人家，其中有 50 余户饲养奶牛，规模一般是 1—2 头，养 8—9 头奶牛的大约有 4—5 户，村里 SJS 家养的奶牛最多，有 10 多头。

• 村西有一养鸡大户，规模在 5000 只左右。养猪的农户大约有

20—30 家，规模一般在 3—5 头。村西北角有一养猪户规模最大，数量达到了几百头。养羊的也有几户，家住天主堂附近的 WPY 养着近 50只羊。天主堂附近另有 1 户养狐狸和貂等，规模很大。

集体化时期的"学习班"

• TCC 母亲因偷别人家玉米，去过"学习班"。TCC 本人进"学习班"是因为与干部意见不合。

（5）访谈对象：LPZ（属兔，72 岁）

访谈时间：2010 年 7 月 25 日

访谈场所：LPZ 家

村里的区域划分与搬迁

• 民国时期，本村的权力机关称村公所，下设间，当时本村有 8 个间，土改后就改成生产队了。

• LPZ 在三道街居住的时候属于第 7 小队，10 年前搬到二道街。

三 常利兵、高维娜、李嘎、郝丽娟访谈调查

（1）访谈对象：JST（1930 年出生，81 岁）

访谈时间：2010 年 7 月 24 日上午

访谈场所：JST 家

1933 年大洪灾与护村堰

• 1933 年汾河泛滥，当时陆（甲）街、T 家街都被淹了。JST 现在住的地方，当时洪水有 1 米多深。本村的护村堰就是 1933 年汾河发大水时修的。听说由时任村长 LXK 指挥修筑。

抗日战争期间状况

• 当时，为了寻找八路军，日本兵三天两头来村里。进村后抢东西，还在村里烧过房子。当时村中有很多柳树，都让日本兵砍伐掉了，因其在灵石富家滩占有煤矿，用柳木做煤矿矿井支架。据说富家滩那边有万人坑。白天日本兵来，晚上阎锡山部队或八路军来。

新中国成立前本村状况

•当时本村经商的人很多，他们都修了大房子。现在 LCZ 居住的房子，系 LCZ 叔叔所修建，当时 JST 大约 5—6 岁。

JST 的家庭状况与个人史

•JST 祖父 JDZ，生于 1866 年，农民，为人耿直，办事公道，在村里当了很多年调解员，村里人称"小包公"。阎锡山部队来村后，住在二道街，搞"编村运动"，搜查"为乱"分子，殴打村民。JST 祖父是在 1947 年投井死的。当时，阎锡山部队经常问祖父，说"你孙子回来没有，快让他回来"（JST 大哥是游击队员）。祖父怕被乱棍打，就投井自杀了。

•父亲 JSY，生于 1893 年。JST 有兄弟 3 人。大哥 JSX，比 JST 大 10 岁，是游击队员，经常给 JST 讲打仗的故事，1947 年在战斗中牺牲。弟弟 JSZ，生于 1936 年。JST 还有一个大他 6 岁的姐姐 JSY，已去世，一个小他 3 岁的妹妹 JSF，1933 年出生，已 78 岁。1949 年前，父亲常年在宁夏银川经商。JST 于 1946 年跟着父亲去宁夏银川上中学，从六年级开始上，1950 年初中毕业，后回村。同年，父亲先于 JST 从宁夏回到本村，拉回 1 头驴和 1 头骡子。1949 年本村实行土改，当时 JST 家划的成分是"贫农"。

•1951 年腊月，JST 结婚，妻子是附近 B 村人。当时给了女方 20 多万元和 2—3 件红袄（新娘坐轿子时穿的衣服）。

•新中国成立初，村里小学在现在老爷庙的侧旁，当时学生有 70—80 人。JST 回村后干了一段时间农活，后来当了老师。教书时感到自己的知识还是缺乏，中间又去 PD 县读书，然后在 XY 县做秘书工作长达 17 年。

附近村落状况与庙会

•以前，H 村是附属于本村的自然村，叫"D 里"，后来才改名 H 村，因为 H 姓和 G 姓分别出了两个举人，遂改名 H 村。

•1949 年前，本村村民到庙会上去买东西。赶庙会最远可到 W 县

X 家镇（会期农历腊月二十五，主要是购买年货），距离本村 10 多里。B 村也有庙会，距本村 20 多里。此外，农历正月二十五是 X 村庙会，三月初七是 W 家庄庙会，四月初五是本村庙会。

其他状况

• JST 曾于 2008 年制作《J 族家谱》（家谱翻译从略）。

四　马维强、李保燕访谈调查

（1）访谈对象：JSL（属牛，74 岁）

访谈时间：2010 年 7 月 23 日

访谈场所：JSL 家

JSL 个人史

• JSL 仅上过 1 个多月学。11 岁时，父亲过世，留下 14 亩地以及老母亲、JSL 和不能参加劳动的兄长 3 人。JSL 本人 17 岁开始参加劳动。

• 1957 年入团，因原团支书调任公社，JSL 在入团 1 年后接任本村团支部书记，兼任本村突击队队长直至 1960 年。1960 年 10 月 10 日加入中国共产党。

• 1960 年后，JSL 出任本村党支部副书记，主要管理学校、卫生、"民政调解"、保健、"治保"、会计和保管。三年困难时期，本村得到省里和县里的支援，开设病号食堂，JSL 开始管理病号食堂，并在工作期间结识后来的妻子 HYL。

• 1967 年，JSL 担任革命委员会主任。革委会主任干了 1 年后，JSL 卸任并开起了拖拉机。

• 1969 年，JSL 出任村主任，跟以前一样，仍带领突击队，管理学校。

• 1978 年后，JSL 被调入人民公社"农机站"任职 2 年，第一年任站长，第二年到 XX 工作队工作。1981—1982 年开始在村里当参谋。

• 现在，JSL 在本村管理档案室、卫生和学校，当"会计保管"。

婚姻与家庭状况

• 妻子 HYL，78 岁，属马，是家庭妇女。娘家住本村二道街，家里以前是做买卖的，集体化以后娘家就不行了。

• HYL 是团员，负责照顾本村病号。三年困难时期，JSL 和 HYL 都在病号食堂工作。JSL 是贫农成分，HYL 是中农成分。

• 两人于 1962 年春订婚，同年秋结婚。订婚宴上吃的是 4 盘菜，豆腐、豆芽、丸子和烧肉。结婚当天，400 多户（500 余口）人家参加了婚宴，省里、县里、公社干部和本村亲朋好友都来了。这 500 多人吃的饭菜不是小数目，又因当时实行统购统销（统一购入统一销售）政策，即使有钱也买不到东西，因此 JSL 只能向大队和个人先借了点粮。

• JSL 育有 3 男 1 女。长子 JZQ 生于 1963 年，现在是装卸工。次子 JZL，1964 年出生，现在做买卖。女儿 JXH 于 1966 年出生，嫁到 XZ 村。三子 JZG 于 1968 年出生，是个民俗画家，现在自己开店当老板。

突击队

• 突击队是由从团员中选拔出来的能干的人组成。1958 年 JSL 出任本村团支部书记兼任突击队队长时，与其他 12 个能干的团员组成突击队，在地里搞科学试验。当时突击队有 22 亩地，种植高粱，产量相对较高。主要原因在于肥料。经过实验和改良，翌年 1959 年，全村 6200 多亩地产粮 120 余万斤（亩产约 200 斤）。仅突击队 20 亩地即产粮 7000 余斤。因 JSL 搞出的这些成绩，在本村女婿 TY 的介绍下，JSL 于 1960 年 10 月 10 日加入共产党。

三年困难时期

• 1958 年"大跃进"运动开始，本村党支部书记 TKY 搞浮夸，致使本村在 1960—1961 两年内死亡 207 人。之后，TY 将本村死亡人数和病号情况上报省委。省委开始调查本村村民死亡状况，并让地区委员会了解情况是否属实。于是，地区财贸部 D 部长、地区商业局 L 局长，还有 Y、H、L 三位科长组成 5 人小组，深入群众了解情况，并上报省委。省委一方面将 P 县党委书记 RJF、县主任 TZS 和本村党支部书记 TKY 列入坏人，另一方面开始给本村提供人力、物力支援。于是，P 县商业局 GSR 局长、地区 D 部长与时任本村党支部副书记的 JSL 这 3 人开始共同管理食堂、管理生活、管理病号。1960—1961 年，病号食堂由国家补给豆奶粉和豆浆。当时，普通人每天配给 8 两粮（1 两 50 克），而病号每天配给 1 斤 2 两。D 部长下达指示，要求工作人员的口粮标准也要与一般村民保持一致，如有违反多吃，当即予以处分。P 县商业局副局长违反该项命令，因多揣窝头，被开除。

• 据 JSL 本人统计，当时饿死的 207 名村民当中，60 岁以上的有 150 余人，60 岁以下的有 50 余人。其中又以做买卖的人居多，因为他们有钱但买不到粮食。

宣传队

• 1964—1965 年，本村搞学毛泽东思想宣传队，共 40—50 人，要求团员必须参加。宣传队队长是团支部书记 WJH，主要是突出政治，学毛泽东著作。

• 此外，本村还有业余宣传队，主要是学大寨，政治上宣传正面模范人物。生产时回小队，有事情去突击，并不影响生产，有时也到外村宣讲，宣传"破私立公"精神。

荒地开垦

• 集体化时期，本村共有 7200 亩地，其中有 1000 亩是荒地。1963 年，村中提议开荒地，JSL 代表村里去和上级政府沟通，结果公社批准了，但县上不同意。回来后 JSL 私自决定不管县上意见，召集村委告知他们上级政府都同意了，于是分了荒地。因为开荒地，群众有了自留地和湿边地，结果到 1964 年村里的粮食不足问题就得到了解决。

副业状况

• 生产氯化钾的副业是 TY 提出来的，利用草木灰制成氯化钾，再出售给国家，收益很可观。为寻找原料，当时还到邻村收购高粱秆、玉茭秆。

• 本村大搞社会主义运动时，集体办了粉坊、豆腐坊、醋坊和酒坊，这些渣滓为养猪提供了饲料来源。于是，大队集体养了 500 头母猪，主要负责给群众分小猪，个人主要是负责把猪养肥再卖肉。

•本村 6000 亩土地中，有 4000 亩地为盐碱地，因此 1949 年前，本村利用碱土熬盐碱的规模就很大。当时，熬好的盐碱运往榆次、太原销售。此后村里进行除碱退碱，土壤得到改良，目前，村里已无一亩碱地。

•村里搞运输队，集体利用村里的 7 辆车，每年冬季都去太原棉毛厂搞运输（具体运输什么已不可考，很有可能是皮棉——弁纳才一）。

•根据国家政策，当时可以无息贷款 6000 元，于是村里贷款购买了 1 台耕地机。本村因有私人关系，向国家无息贷了 8000 元，再加上大队出的 2000 元，凑够 10000 元钱买了 1 台耕地机（每天能够耕地 200 余亩）。这台耕地机也会去 W 站、D 村、X 村、W 家庄等邻村耕地，耕 1 亩地能赚 0.5—0.6 元。

•村里花费 2000 元，买了 1 台轧花机（一天一夜能轧出棉花 1 万斤）。白天在外村（7—8 个村）轧花，晚上在本村轧。每轧 1 斤棉花能有 0.03 元的收益。

•本村又购买了 4 台拖拉机。

阶级出身与婚姻

•在本村，当时地主、富农家的孩子也参加了宣传队。本村地主、富农分子本人及子女的升学、参军和婚嫁虽然很大程度上受到限制，但本村也有成分不好结了婚的，也有人成分虽好却打了光棍。

•地主 WYS 的大儿子结过婚，但因妻子不能生育，把妻子赶回 X 村。二儿子（小名二子），文化程度较好，但受成分影响，30 多岁才终于娶上媳妇。他妻子原来找过对象，但因男方家不同意而精神错乱，后经人介绍嫁给 WYS 二儿子。改革开放后，W 家被没收的 3 座院子还给了 WYS 的二儿子，现生有 1 子 1 女，儿子在北京工作，女儿大学毕业。

•LTY 本人成分不好，但会拉二胡、修自行车，形象好、头脑好，他家子女都结婚了。

•WY 家是地主成分，WY 曾任清华大学教授，1949 年后去了苏联，20 世纪 70 年代退休回村。其女儿在 1989 年去了伊拉克。

（2）访谈对象：JSL

访谈时间：2010 年 7 月 24 日

访谈场所：JSL 家

"三干会"与整党整风

•当时，"三干会"即整党整风，主要是针对村里不了解路线的大队、小队干部，按照中央的政策、路线进行整党整风，每年搞一次。整党整风分"三干会"（由县、公社、大队干部组成）和"四干会"（由县、公社、大队、小队干部组成）两种，时间少则一周，多则半个月。

•"三干会"一般在秋收后召开。将问题遏制在萌芽之中。负责人是人民公社干部，他们和本生产大队干部们一起讨论、研究，一般在小学教室进行，主要是摸底，看存在什么问题。第一天是开幕式，宣传政策，但形式不固定。具体问题具体分析，有时在公社召开，有时在县里举行。主要内容即整治贪污腐化、工作浮夸、私自作怪等不正之风，对农民进行再教育。如果在整风中发现问题，当场就做检查，或口头上说，或自己写，或请他人代写，自己按手印。实在是贪污得多、工作作风又不好的，党内会给予警告处分。每年秋天都会重选干部，那些被警告的干部往往会在秋选中落马。

村庄政权

•本村最早的党员是 DEH，1956 年由他出任第一任党支部书记，当时村里有 7 个党员。最初因思想上认识不充分，且阎锡山经常打死党员，好多人不想入党；第二任书记为 WFS，1957 年当了一年书记。第三任书记由 WXY 妻子接任（陕西人），她当书记 3—4 年。第四任书记为 TKY，当时已有 16—17 个党员。当时入了党就是小队干部，且如果想入党，政治觉悟要高，得做正义的事。

•ZMG 是外来干部。抗日战争时期，他是南沙 HHG 的工作人员，

1948—1949 年在本村搞土改运动，之后在本村分了房子和地，就迁移过来定居。此外，20 世纪 70 年代本村还来了一位党员，叫 HPF。

下乡知识青年

• 村里共有过 3 个知青，2 个太原的（姓名不详），1 个天津的（HGQ）。他们在村里都有亲戚，有的住亲戚家，有的住农户里。他们都被编入小队工作，在村里生活了 2 年。

天主教信徒

• 汾阳神父 FZC 是本村人，共有 17—18 个教徒。其中一个叫 TZK（前几年在太原做神父），会六国语言，去英国留学后回到北京教书，因传教招致学生不满，后回本村。

五　常利兵、高维娜访谈调查

（1）访谈对象：WYX（1947 年出生，属猪，64 岁）

访谈时间：2010 年 7 月 23 日上午

访谈场所：WYX 家

WYX 家庭状况

• 1949 年初期，WYX 家被定为中农成分，有 40—50 亩地，但仍不够吃，打不出粮食。这是因为自己家管理不好。WYX 父亲年轻时在外当过兵，后因特务揭发，被日本人抓到太原关押，1949 年后才回到村里。

衣食住

• 以前，村里主要食物是高粱、玉米，也吃西葫芦、白菜、萝卜、小米。公共食堂时期，早上一人分 1 个馍馍或窝头。1958 年还吃得饱，从 1959 年到 1960 年，村里就没有吃的了，很多人都饿死了。1961 年情况有所好转。

人民公社的劳动时间

• 夏天，一般是早上 5 点半或 6 点到地里劳动，8 点回来吃早饭。

差不多 9 点再次到地里劳动，一直到下午 1 点左右，回来再吃午饭。午饭后稍微休息一下，到了下午 3 点或 4 点，再到地里劳动，干到天黑看不见的时候才收工回来。

•冬天，早上 8 点左右到地里平整土地，搞农田水利建设，因为活不多，所以下午 1 点或 2 点回来就不再出去劳动了。

•夏天劳动一天男性可以挣 10 个工分（女性是 8 个工分），冬天劳动一天挣 6.5 个工分。

农闲时期的生活

•白天劳动，晚上开会。以前，WYX 当生产队副队长时，开会还是有必要的，目的是安排生产或传达上头的指示。

•冬天闲暇时，女的做鞋或整理家务，男的出去整理自家的自留地。

（2）访谈对象：LYZ、GSC（均是 1948 年出生，属鼠，63 岁）

访谈时间：2010 年 7 月 23 日上午

访谈场所：GSC 家

毛泽东思想宣传队

•毛泽东思想宣传队成立于 1966 年。生产大队组织了一批已经不上学、没事可做，又爱好文艺的年轻人，晚上排演节目，宣传毛泽东思想、"农业学大寨"等。全队有 30 余人，女性居多，大部分 18—19 岁，都未成家。大家主要是没事做，图个高兴才参加宣传队。LYZ 和丈夫 GSC 都是高小毕业，GSC 曾在 12—13 岁时参加过 P 人民剧团娃娃班，二人都爱好文艺，所以参加了宣传队。

•宣传队的节目内容主要以宣传毛泽东语录为主，后来也排一些如《沙家浜》《白毛女》等大戏。唱戏的导演是 TYC 的弟弟 TFC。演出道具和服装是自己借的。

•宣传队的演出经历了由非正式到正式的过程，对队员的政治要求也越来越高。宣传队的活动集中搞了 4—5 年，后来有的人结婚了，其他人因为要劳动，没时间，因此 1971—1972 年左右就解散了。LYZ 自己结婚后，也有了孩子，忙于带孩子、干家务等事情，没精力再去搞什么文艺活动了。

（3）访谈对象：WSQ；WJZ（1928 年出生，属龙，83 岁）

访谈时间：2010 年 7 月 23 日下午

访谈场所：WSQ 家

童养媳

•以前，村里有 2 个女孩，都叫 SL，由于父母抽大烟，没钱买烟抽，就把她们卖作童养媳。1950 年婚姻法颁布后，2 个 SL 都提出离婚，后来分别再嫁给了本村 GZL 和 TBY。2 个 SL 今年都 78 岁了。

婚礼状况

•WSQ1952 年结婚，当时的彩礼是 40 块钱，折合 2 担小麦（当时每担麦子大概值 20 块钱），另外还准备了玉镯子、3 身衣裳、2 双布鞋等物。迎娶的时候，在 H 村雇了 2 顶轿子，新郎、新娘各坐 1 顶。因新娘就是本村人，所以抬着轿子就在村里大街小巷游走。迎娶的时候有吹鼓手，但没有唱歌。参加婚宴的亲戚朋友会上礼，礼钱是 0.3—0.5 元。

•WJZ1955 年结婚。彩礼是 2 身衣裳和 2 双布鞋。迎娶的时候，用的是生产大队的大马车。因为马车是集体的，所以也没花车钱。当时没有用吹鼓手，直接去新娘家接上媳妇，回到自己叔叔家里（WJZ7 岁时父母过世，之后一直住在叔叔家）。回来后再自家做饭吃，基本没有告诉亲戚朋友，因此也没有多少亲戚朋友来参加。当时办理结婚手续的是村里的秘书 WH。

WSQ 个人史与家庭状况

•WSQ15—16 岁时在柜台当伙计；18 岁时到二战区阎锡山部队当炮兵。当时，阎锡山部队控制着本村，实行"兵农合一"的政策，如果不去当兵，就得上缴粮食。因为自家拿不出粮食，于是自己只好去当兵。1948 年，北营一战，阎锡山部队惨败，WSQ 便回到村里。回来后，WSQ 当了民兵营长，参加了村里的土地改革运动。WSQ 曾经负责

"押车"，用车从地主家拉上被没收的浮财，送到现在的供销社所在地的大院里，然后负责看门和保管。这些没收的浮财后来作为土改果实被大家分了。

•WSQ 有 2 子 3 女。小儿子就住在他对面。小儿子是泥瓦匠，有时一天能赚到 90 元。

土地改革状况

•1948 年本村解放，接着就进行了土改。土改工作队进村时别着手枪。1949 年又进行了一次土改清算，即第二次土改。按照当时的政策，每人平均分 4 亩地是划定中农的标准。WSQ 和 WJZ 当时都被划为下中农。当时 WZZ 家有 200—300 亩土地，又有长工，因此被划为地主。

WSQ 的劳动状况

•WSQ 曾担任第 9 队、第 5 队的生产队长。每天，他都会早早起来，用喊人的方式招呼社员到地里参加劳动。社员到了地里，由队长依次分配任务。干完活后，队长要验收，并记工分。后来，采用了"包工"的生产方式，因为相对容易管理。

文化与娱乐

•20 世纪 50 年代开始，有电影放映队会到各村巡回播放电影。当时的电影有《南征北战》《小兵张嘎》等，有免费的，也有收费的（一张电影票 0.5 元），村里有人看不起电影。20 世纪 60—70 年代，WSQ 看过毛泽东思想宣传队的演出。

•1982—1983 年左右，由 WSQ 带头，和 WJS、WZH、WJ 一共 4 人组成了一个剧团，WSQ 任团长。他们事先给生产大队打了报告，大队给提供了房子。剧团招收了 100 多个学员，一人一个月收 3 元学费。剧团曾到 QY 县、WX 县等地演出。过了 1 年多，剧团解散，道具等东西一共卖了 4000 元钱。

•村里遇到节庆，一般都要闹"红火"（主要有敲锣打鼓、吹拉弹唱、踩高跷等节目）。"红火"队伍到了谁家，谁家就会给一些纸烟或钱。纸烟大家会分而吸之，钱会留给生产队，用来购买道具。最近几年，村里雇外村人闹"红火"。

WJZ 的从军经历

• WJZ1948 年参军，当的是解放军，曾经在战场上负伤（现在，一年能领补贴金 8000 元）。回到村里后，WJZ 也当过民兵。

（4）访谈对象：JST

访谈时间：2010 年 7 月 24 日上午

访谈场所：JST 家

家庭状况

• 祖父 JDZ，1866 年出生，属虎。1947 年，阎锡山部队搜捕与共产党有牵连的人，一个乡活活打死了 28 人。由于孙子 JSX 是游击队员，祖父 JDZ 迫于压力投井自杀，享年 82 岁。

• 父亲 JSY，1893 年出生，属蛇，1960 年去世。在宁夏经商多年，批发百货，1950 年回村当了农民。

JST 个人史

• 1950 年，从宁夏回村，在 X 村当教师。1953 年起到平定县中等师范学校读书；1955 年去孝义县工作；1972 年又回 P 县，在人民公社当秘书。后来在宁固退休。

1949 年前状况

• 小时候，吃高粱、玉米和小米。地主家能吃上白面，长工吃的是绿豆、高粱等磨的杂面。

土地改革

• 1948 年农历六月初六，P 县解放。因为阎锡山时期实行"兵农合一"的政策，有"国民兵"和"常备兵"，村里的土地全部都打乱了，因此 1948 年冬天的土地改革进展不顺利。1949 年，本村才开始了真正的土地改革。全村共有 11 户地主。1950 年又进行了土改复查，JST 家被划为贫农（这一时期，JST 本人在宁夏上学不在村里，因此这些情况并非来自亲身经历，应该是后来听来的。——弁纳才一）。

婚礼状况

•1951 年腊月结婚。迎娶新娘时，用 H 村的轿子，把新娘从 B 村抬了回来。当时还有吹鼓手，人民公社时代就不太让吹了。回来后在自家院子里摆了三五桌酒席，亲戚朋友上的礼钱不多。

集 市

•本村附近集市有 W 县 X 家镇（距本村 20 里远）、N 乡（农历二月初八，距本村 3 里远）、距本村 6 里远的 W 家庄也有定期集市。

（5）访谈对象：WC（1930 年出生，属马，81 岁）

访谈时间：2010 年 7 月 24 日下午

访谈场所：老爷庙前

家庭状况

•父亲 WQR（排行老三）共有 4 个弟兄，分别是 WHR、WHR、WDR。WHR 有 2 个儿子，分别是 WL 和 WY。WHR 有一个儿子叫 WL，从来没见过。

•父亲 WQR 连本人在内一共有 4 个儿子、3 个女儿。大儿子叫 WZ，二儿子叫 WL，三儿子就是 WC 本人，四儿子叫 WD（69 岁）。3 个女儿分别嫁到太原、介休、W 家庄。

关于 WY

•抗日战争时期，WY 曾在村里与 P 县县城的 WYJ 结婚，并且生有 1 个儿子和 1 个女儿。1949 年后，WY 去了北京，谎称自己没结过婚，又与一个小他 18 岁的 DX 结了婚。留在本村的 WYJ 带着儿子去北京找 WY。但是找到后，WY 说不认得 WYJ 和 2 个孩子，不承认自己和 WYJ 的婚姻事实。于是，WYJ 就到法院去告发 WY，最后法院做出判决，认为 WY 和 WYJ 不存在婚姻关系，认可了 WY 和 DX 之间的婚姻事实。后来，WYJ 找到一张一家人拍的全家福照片，以此为证据，再次到北京告发 WY，要法院认可自己才是 WY 原配妻子的事实，并让 WY 每月亲自送来生活费。

•1980 年左右，WY 回过本村，1989 年 12 月 17 日去世。

W 家祖先

• W 家祖先是来自安徽的三兄弟，即 WSL、WSG 和 WSY。从洪洞县大槐树时代开始，已经历经 690 年，在本村延续了 27 代，现在村里还有第 18 代健在。WC 本人是第 20 代。

• 2003 年，WC 作为"头人"向村党支部申请祭祀先人，于是 2003—2005 年祭祀了 3 年。2005 年 WC 提出重修祠堂，给村里递了申请，至今没答复。

附

录

走向田野与社会的史学

——人类学者访谈录之七十五

孙国良（以下简称孙）：行老师，您好！非常高兴能与您就山西大学中国社会史研究中心的治史理念、研究方法、学术实践等问题进行交流，在对相关议题进行访谈之前，能否简单谈一下您的学术经历？

行龙（以下简称行）：好的，那我就先简单谈一下我的学术经历。回首看来，我的学术探索经历了社会史、区域社会史、人口资源环境史、集体化时代农村社会研究这么几个阶段，简而言之，就是从社会史到区域社会史。1982年秋天，我在读大学三年级的时候考取了乔志强先生的硕士生，那个时候乔志强先生就以历史学家的眼光捕捉学术发展的前沿，开拓性地率先从事中国社会史的教学与研究。那一年的研究生招生简章，乔志强的名下赫然列出"中国近代社会史"七个字，我就是从那时起开始了中国近代社会史的学习和研究。1985年在乔先生的指导下，我完成了硕士论文《近代山西人口问题》，并于1988年获得国家社会科学研究基金"中国近代人口问题"的资助。1992年乔志强先生身体力行，积十年之心力，主编出版了《中国近代社会史》一书，我在此书中承担了有关人口、婚姻、家庭等章节的撰写。那时我的人口研究、我们的社会史研究还是整体性的、宏观性的，这也是开展中国近代社会史研究最初的特征。20世纪90年代，中国社会史研究发生了区域社会史的转向，区域社会史研究成为社会史研究的一大亮点，方兴未艾。在这样的学术潮流下，乔先生与我开始了对区域社会史研究理论的探索，1998 年先生主编、我忝列副主编的《近代华北农村社会变迁》一书，是我们对《中国近代社会史》理论体系的区域性实践。1995年，我有幸考取中国人民大学清史研究所博士生，师从戴逸、李文海先生从事社会史的学习与研究，博士论文《试论中国近代的人口城市化（1840—1937）》虽然是以中国近代城市化为关照对象，但还是延续了我之前对人口问题的探索和思考。从 20 世纪 90 年代末开始，我逐渐明确了以山西为中心的区域社会史研究取向，并在此后的学术实践中紧紧围绕山西的区域社会特征，将学术目光聚焦在人口资源环境史、晋商与地方社会、三晋文化与民俗研究、山西抗日根据地社会研究、集体化时代等这个研究方向，并一直探索至今。2007 年由北京三联书店出版的《走向田野与社会》一书，即是我以山西为中心开展区域社会史研究的阶段性总结，本书既是继《近代华北农村社会变迁》后如何开展山西区域社会史的积极探索，也是我对新学术增长点的粗浅思考。

孙：您刚才谈到自 20 世纪 90 年代末开始关注山西区域社会，并在随后的探索和实践中衍生出极富地域特色人口、资源、环境与社会变迁、抗日根据地社会研究、三晋文化与地方社会研究、集体化时代的农村社会研究等研究方向，这也是目前中心发力的几个领域，那么这些研究方向是如何开辟出来的？

行：肯定地说，这些研究方向是紧紧围绕山西区域社会的历史实际而确立的。当然，它们的形成并非一蹴而就，而是经历了长期的摸索和艰苦的实践。在我而言，研究山西区域社会，有几个问题是值得我们注意的。首先是人口、资源、环境与社会发展的问题。我们知道，明清以降，随着山西人口急剧膨胀，影响农业生产力发展的基本要素的比例发生重大变化，人口、资源、环境三者之间的关系由良性互动劣化为恶性循环，并引起系列社会问题。具体的研究是围绕"以水为中心"相继展开的。山西水资源、土地资源相对匮乏，尤其是水资源的匮乏长期影响着人们的生产、生活，困扰着区域社会的发展。在开展人口、资源、环境研究的实践过程中，"以水为中心"的山西区域社会史研究成为我们的一大亮点，有关生产用水的"水案"研究、民生用水研究、灾荒研究等均在学界产生了良好反响。

在"以水为中心"开展人口、资源、环境与社会研究的同时，其他几个研究方向也逐渐由分散而集中，由模糊而清晰。长期以来，关于晋商的研究大都"就商言商"，但商业的发展是不可能脱离于当时当地的社会环境而独立存在的，其兴衰变迁必然会对地方社会带来直接或间接的影响，因此我主张从社会史角度研究晋商与地方社会，既要拓宽研究晋商的史料，也要丰富晋商研究的内容。作为社会史研究的宝库，山西留存了大量的历史文物和文化遗迹，众多的文化遗存和地方文献为三晋文化与民俗研究提供了弥足珍贵的史料，如我曾经就以祁太秧歌和竹枝词等新资料为基础对晋中地区的农村社会进行过初步的研究，又由我们搜集整理的《退想斋日记》成为学界研究刘大鹏的个人生活史、清末民初的社会变动、科举制等问题的重要史料。对抗日根据地的研究在山西也具有得天独厚的优势，山西是革命老区，熟悉中国近现代史的人都知道，中国共产党在三晋大地上曾经创立了众多对中国革命进程产生重大影响的抗日根据地，但目前学界对根据地的研究大都局限于革命史、党史架构，对根据地社会变迁、政治动员、文化娱乐、日常生活等研究得还很不够，我们从社会史的角度研究根据地既可弥补传统研究之不足，也可从新的角度去重现理解中国革命的宏观进程。

在田野调查和搜集资料的过程中，我们开始注意到另一类具有重要学术价值的档案，这就是集体化时代的村级原始档案资料，正是随着这些基层档案资料的发现和整理，我们开辟了集体化时代农村社会研究这一富有潜力的学术领域。众所周知，山西在集体化时代进程中具有重要的历史地位和影响，从互助组、初级社、高级社到人民公社直到后来的"农业学大寨"运动，山西一直走在时代的前列，可谓是集体化时代的一个缩影。以大量村级原始档案为基础，不仅有助于我们把握山西在集体化时代的历史变动，而且也有助于我们从新的视角重新认识和理解集体化时代。十多年来，我们坚持不懈地以集体的力量积极开展农村档案资料的搜集、整理和研究工作，已经形成了燎原之势，方兴未艾。据初步统计，我们已搜集到遍及山西几十个县市范围的二百余个村庄的档案资料，总量达数千万件以上。这批数量巨大、弥足珍贵的基层档案资料，已得到了诸多国内外专家学者的高度关注和赞誉。在占有这些资料的基础上，我们也陆续产生了包括专题论文、研究著作和课题项目在内的一系列成果。

孙：筚路蓝缕，以启山林，这些研究方向的形成、确立和推进既需要艰辛的付出，也需要敏锐的眼光和深邃的思索，更离不开中心多年来形成的治学传统，这就是您一再倡导的"走向田野与社会"的治史理念。可以说，正是这种独特的治学传统促进了中心社会史研究的长足发展。

行：多年来，在带领学生开展山西区域社会史研究的过程中，我特别强调"走向田野与社会"。"走向田野与社会"的想法付诸文字，最早是在 2002 年。那一年，为庆祝山西大学建校 100 周年，校方组织出版了一批学术著作，其中一本是我主编的《近代山西社会研究》，此书有一个副标题就叫"走向田野与社会"，其实是我和自己培养的最初几届研究生撰写的有关区域社会史的学术论文集。2007 年，我的另一本书将此副题移作正题，名曰《走向田野与社会》。忆及 2004 年 9 月的一个晚上，我在山西大学以"走向田野与社会"为题的讲座中谈到，这里的"田野"包含两层意思：一是相对于校园和图书馆的田地与原野，也就是基层社会与农村；二是人类学意义上的田野工作，也就是参与观察实地考察的方法。这里的"社会"也有两层含义：一是现实的社会，我们必须关注现实社会，懂得从现实推延到过去或者由过去推延到现在；二是社会史意义上的社会，这是一个整体的社会，也是一个"自下而上"视角的社会。

当然，走向田野与社会，是学科互渗的产物，是社会史研究受到人类学影响后的学术潮流，可视为社会史研究中的人类学取向。不过，我强调的走向田野与社会，首先是以历史学为本位的，在区域社会史研究中提倡走向田野与社会，其中蕴含的一个重要想法就是进一步扩大史学研究的资料范围。那么，什么可以成为区域社会史的史料？我的回答是，什么都可以成为区域社会史研究的史料，关键在于我们能对这些资料提出什么问题。"上穷碧落下黄泉，动手动脚找资料"，搜集资料是史学研究最基础的工作。能否描述真实的历史，客观地解释历史，实现创新性的研究都取决于我们是否全面详尽地占有史料。我们在开展山西区域社会史四个方面的研究中，首要一点是都有不同数量新史料的发现，这些一手资料绝大多数是在田野中发现的。较为突出的是水利方面的碑刻、渠册等资料，纠正了学界一般认为北方地区水利文献较少的观点，有助于我们从水利角度认识北方乡村社会；灾荒研究方面，我们也搜集到大量诸如民间碑刻等地方文献，为我们推进灾荒史研究奠定了厚实的资料基础；三晋文化民俗研究方面，我们在田野调查中就发现了诸多散发着浓郁乡土气息的秧歌剧本等史料，这为我们揭示三晋文化的丰富面向提供了重要的窗口；还有我们下大力气开展的集体化时代基层农村档案的搜集工作，对于我们从社会史视角研究集体化时代具有重要价值和意义。

著名史学家，当年清华大学国学院四导师之一的陈寅恪先生为陈垣《敦煌劫余录》一书所作序言中讲道：一时代之学术，必有其新材料与新问题。取用此材料，以研求问题，则为此时代学术之新潮流。治学之士得预此潮流者，谓之预流。其未得预者，谓之未入流。此古今学术史之通义，非彼闭门造车之徒，所能同喻者也。多年来，我们之所以能够开辟新的领域，发现新的问题，很大程度得益于我们能够秉持走向田野与社会的理念，深入乡间，走向田野，尤其是数十年来搜集整理的以山西为中心的集体化时代村庄基层档案，正是取用新材料以研究新问题的学术新潮流，我们虽未能之，但心向往之，努力以赴。

孙：欲善其事，必利其器，对于任何一项历史研究而言，史料的掌握无疑是第一位的，只有占有丰富翔实的原始文献资料，才能客观地贯彻当时当地的、真实历史情境的研究理念，也才能最大限度地接近历史的原貌。除了丰富和扩大史料范围的考虑外，"走向田野与社会"的理念是否还有其他的学术诉求？

行：有的，史料搜集是史学研究的基础性工作，但要真正走进历史的深处，还需要历史的现场感，走进田野与社会就有助于我们获得理解历史的现场感。陈寅恪先生曾言"同情的了解"，即要求对研究对象有设身处地的关照。走向田野与社会，并非将图书馆里的正史、地方志束之高阁，不闻不问了，而是为了更好地读懂一些文献，只不过是从史书中文字间的漫步，移步到乡野小路。区域社会史研究面临的更多的是"地方性知识"，更需要在一定的历史时空中理解地方的历史和意义，要有历史的现场感。由于地理空间感模糊、地方性知识隔膜等限制，世易时移，我们在建构历史场景时显得十分困难。走向田野，深入乡土，身临其境，在特定的环境中，文献知识中有关历史场景的信息被激活，作为研究者，我们也仿佛回到了过去，感受到具体研究的历史氛围，在叙述历史、理解历史时才可能接近历史的真实。走向田野与社会，可以说是史料、研究内容、理论方法三位一体，相互依赖，相互包含，紧密关联。在我的具体研究中，有时先确定研究内容，然后在田野中有意识地搜集资料；有时是无预设地搜集资料，在田野搜集资料过程中启发了思路，然后确定研究内容；有时仅仅是身临其境的现场感，就激发了新的灵感与问题意识；有时甚至就是三者的结合。

孙：这样看来，您所提倡的"走向田野与社会"理论不仅涉及史料的搜集问题，还关照到如何研究历史、理解历史的问题，这不仅有助于推动区域社会史研究的纵深发展，还有益于我们建立本土化的理论和概念。

行：人文社会科学领域的理论和概念总是不断出新，五花八门。回顾 20 世纪 80 年代以来中国社会史研究的发展历程，我们引进、接受了太多的西方人文社会科学的理论和概念。现代化理论、中国中心观、年鉴派史学、国家—社会理论、过密化、权力的文化网络、地方性知识、知识考古学，等等，林林总总，不一而足。这既是一个目不暇接、兴奋不已的过程，又是一个不断跟进、让人疲惫的过程。在这样一个过程中，我们在不断地反思，也在不断地前行。中国社会史研究深受西方有关理论概念的影响，这是一个不争的事实。另一方面，我们又不时听到或看到对盲目追求、一味模仿西方理论概念的批评，建立中国本土化的社会史概念理论的呼声在我们的耳畔不时响起。这里的"走向田野与社会"，却不是什么新的概念，也谈不上什么理论之类。至多可以说，它是山西大学中国社会史研究中心三代学人从事社会史研究过程中的一种学术追求和实践。

孙：可否具体谈一下中心三代学人是如何体现这种追求与实践的？

行：其实，走向田野与社会是中国历史学的一个悠久传统，也是一份值得深切体会和实践的学术资源。我们的老祖宗司马迁写《史记》的目的是"究天人之际，通古今之变，成一家之言"，为此他游历名山大川，了解风土人情，采访野夫乡老，搜集民间传说。及至晚年，"读万卷书，行万里路"几成为中国传统知识文人治学的准则。我的老师乔志强先生这一辈，虽然不能把他们看作传统文人一代，但他们对中国传统文化的体认却比我们这辈要深切许多。即使是在接连不断的政治运动背景下，他们也会在自己有限的学问范围内走出校园，走向田野。乔先生最早的一本书，是 1957 年出版的《曹顺起义史料汇编》，该书区区 6 万字，除抄录第一历史档案馆的有关资料外，很重要的一部分就是他采访当事人及访问其他当地群众，召开座谈会收集而来的民间传说。此后陆续推出的《退想斋日记》《潜园琐记》《晋祠志》《义和团山西地区史料》等重要资料，都是他深入乡间田野，潜心搜集所得来的。20 世纪 80 年代，乔志强先生以其敏锐的史家眼光，开始了社会史领域的钻研和探索，在其后的学术生涯中，乔志强先生始终以历史调查和田野工作作为社会史的主要研究方法。

1998 年，先生溘然长逝，对我而言真是撕心裂肺，每念及此，不禁怅然！那一年我正好从中国人民大学博士毕业回到山西，弦歌不辍、薪火相传，学术总是要传承的，从那时起，如何继承乔先生的学术思想，如何进一步发扬山西大学社会史研究的优良传统，就成为我经常思虑而挥之不去的问题。在我开展的以山西为中心的区域社会史研究中，不论是人口资源环境史，还是水利社会，抑或是现在着重推进的集体化时代乡村社会研究，我始终秉持走向田野与社会的治史理念，注重第一手资料的搜集和整理，注重田野调查的现场感，强调文献资料与田野调查的结合。现在的中心团队成员大都是我最初培养的博士生，他们在长期从事社会史研究和学习的过程中都很好地实践了走向田野与社会这一学术取向，他们所专注的研究方向和进行的学术实践都利用了田野工作中搜集到的大量地方文献、民间文书及口述资料，正是在走向田野与社会的过程中，他们将文献解读与田野调查结合起来，从而不断推进各自的研究进展，深化各自的研究实践。

孙：走向田野与社会的治史理念虽然是以历史学为本位，但与人类学田野调查的实践与旨趣有诸多相同之处，您也谈到这一理念的形成受到人类学的影响，可以看作是社会史研究中的人类学取向。回顾中心多年来的发展历程，可以看出中心也有很好的人类学传统。

行：山西大学的社会史研究与人类学是有血脉缘分的，尤其是乔健先生，为中国社会史研究中心的学术发展付出了大量的心血。我初次与乔健先生相识正是在山西大学华北文化研究中心成立的仪式上。1994年，在乔健先生的努力下，山西大学创办了华北文化研究中心，乔先生还代表山西大学邀请了全国人大常委会副委员长、民盟中央主席费孝通，日本人类学家中根千枝，台湾"中央研究院"院士李亦园参加揭牌仪式。1996年，乔志强先生与乔健先生联名申请国家社科基金重点项目"华北贱民阶层研究"获准，我和一名研究生承担的"晋东南剃头匠"成为其中的一部分，开始直接接受乔健先生的人类学指导和训练；2001年，乔健先生又申请到一个欧盟委员会关于中国农村可持续发展的研究项目，我们多年来关注的一个田野工作点赤桥村，也就是晋祠附近刘大鹏祖籍，被确定为全国七个点之一；2006年下半年，我专门请乔健先生为研究生开设文化人类学专题课，他编写讲义，印制参考教材，每天都到图书馆十层授课论道，往来不辍。这些年，他几乎每年都要来中心一到两天，做讲座，下田野，乐在其中，老而弥坚。就在两三年前，乔健先生又和我谈下一步研究绵山脚下著名的张壁古堡的计划。乔健先生将一生收藏的人类学社会学书籍和期刊捐赠中心，命名为"乔健图书馆"。正是在这位著名人类学家的躬身提携下，我结识了费孝通、李亦园、金耀基等著名人类学社会学前辈及大批同行，我和多名研究生曾到香港和台湾参加各种人类学社会学会议。正是在乔健先生的亲自指导之下，我们这些历史学学科背景的后辈，才开始学到一点人类学的知识和田野工作的方法，山西大学中国社会史研究中心的学术工作有了人类学社会学的气味，走向田野与社会才成为本中心愈来愈浓的学术风气。如今，华北文化研究中心与中国社会史研究中心两大机构在山西大学已实现强强联合，这不但是二乔长期合作的结晶，也是山西大学社会史研究注重多学科交叉，优先与人类学对话的体现。2014 年 9 月下旬，中心与人类学高级论坛联合主办的"人类学与黄土文明——第十三届人类学高级论坛暨乔健先生从事人类学研究 60 周年座谈会"在山西大学隆重召开，人类学界的权威专家和学术新锐共襄盛会，进一步扩大了中心与人类学界的交流与对话，虽然乔健先生由于身体原因未能出席，但从公子乔立带来的贺信中，我们不仅可以感受到乔健先生对本次会议的高度重视，更看到一位蔼蔼长者对家乡的赤子情怀以及对中心的厚爱。

　　孙：优先与人类学对话，这曾是您多次撰文着重阐述的问题，可以说这种呼吁既是一种研究理念，也是一种方法论，那么您是如何理解和看待人类学给社会史研究带来的滋养和启示？

　　行："优先与人类学对话"是勒高夫在《新史学》一书中提出的。勒高夫曾指出，新史学的发展可能是历史学、人类学和社会学这三门最接近的社会科学实行合作。对于勒高夫的这一看法，我深表赞同。在我看来，社会史在坚持历史学基本方法的同时，主要还是较多借用社会学、人类学、民俗学、历史地理学等学科的方法。研究方法并没有优劣之别，更没有高下之分。按照我的理解，中国社会史复兴之初运用社会学的方法较多，社会史甚至一度笼罩在社会学的光环之下，而随着社会史的深入发展和区域社会史的兴起，人类学的方法对社会史研究的影响越来越大，在具体研究中得到了较为普遍的运用。

应该说，人类学对社会史研究的启示是多方面的，如人类学体现了新史学总体史的愿望，不论是马林诺夫斯基对人类学学科定位的观点，还是费孝通对文化及其生活整体性的看法，都表明人类学与社会史的总体性追求有诸多相同之处，尤其是人类学用新方法探求新问题的理路，为社会史研究提供了积极的启示；再如人类学对仪式、象征、宗族、习俗等问题的研究，与社会史自下而上地看待社会生活的旨趣也有很多共通之处，如此等等，不一而足。回顾中国人类学的发展历程，费孝通和林耀华用人类学的理论、视角与方法开辟了研究文明社会的格局，一度影响到世界汉学人类学研究。20世纪80年代，随着社会科学的复兴，人类学与历史学逐渐呈现出互惠的局面，在不断的合作与对话中，两个特色鲜明的学术方向开始形成，一是华南学派的研究，二是王铭铭的研究。华南学派的研究显示了历史学与人类学的对话图景，王铭铭的研究则更多突出了对人类学自身的理论反思。从学界目前的研究进展和学术实践来看，人类学给社会史研究带来的滋养和启示是自不待言的。反观社会史的学术历程，从社会史向区域社会史的转向固然推动了相关研究的纵深发展，但区域社会史研究也出现了孤立和碎化的困境，我曾在《近代史研究》发表《克服"碎片化" 回归总体史》一文对此问题进行过粗浅的思考和探讨，我认为社会史研究要想走出碎片化的困境，一是要始终保持总体史的眼光，二是要重视"长时段"的研究，三是要注重多学科的交叉和融合，加强与人类学等不同学科间的交流，不断深化多学科合作的图景。

社会史研究要"优先与人类学对话"，不仅要注重人类学研究理念的内化，也要在具体研究方法上有所借鉴，重视田野工作。我们知道，人类学的田野工作首先是对"异文化"的参与观察，它要求研究者到被研究者的生活圈子里至少进行为期一年的实地观察与研究，与被研者"同吃同住同劳动",进而撰写人类学意义上的民族志。人类学强调参与观察的田野工作,对区域社会史研究具有重要的借鉴意义。走向田野,直接到那个具体的区域体验空间的历史,观察研究对象的日常,感受历史现场的氛围,才能使时间的历史和空间的历史连接起来,才能对"地方性知识"获得真正的认同,才能体会到"同情之理解"之可能,才能对区域社会的历史脉络有更为深刻的把握。然而,社会史的田野工作又不完全等同于人类学的田野工作。"上穷碧落下黄泉,动手动脚找资料",搜集资料、尽可能地全面详尽地占有资料,是史学研究,尤其是区域社会史研究最基础的工作。如果说宏大叙事式的研究主要是通过传统的正史资料所进行,那么,区域社会史的研究仅此是远远不够的。这是因为,传统的正史甚至包括地方志并没有存留下丰厚的地方资料,地方性资料只有通过田野调查才能有所发现,甚至大量获取。所以说,社会史的田野工作,首先要进行一场"资料革命",在获取历史现场感的同时获取地方资料,在获取现场感和地方资料的同时确定研究内容,认识研究内容。

后　记

《田野·社会丛书》自 2012 年出版第一辑以来，迄今已为第四辑了。丛书收录山西大学中国社会史研究中心专兼职教师著述 20 余种，有些教师已有两部书稿入选出版。除了第三辑我编著的一本《以水为中心的山西社会》外，本书算是我的另一本论文集。忝列其中，亦为幸事。

本书收录相关论文和田野调查报告 23 篇，其中有 8 篇是和中国社会史研究中心专兼职教师及博士研究生共同完成的。两篇田野调查报告，由日本学者弁纳才一整理，并以日文发表。从这个意义上来说，本书也是一部集体之作。合作者依目次为李全平、梁锐、倪志宏、刘素林、马维强、祁建民、弁纳才一、孙国良等。论文均在中外公开出版物上发表，读者可以按图索骥，在此不再一一列出各篇题目。

两篇田野调查报告及一篇日文论文，由孙登洲同志翻译，祁建民先生再做审核；一篇英文论文倪志宏同志提供了翻译初稿，再经张力同志二次审定。在此对他们付出的辛劳表示衷心的感谢。

马维强同志为我初审、编辑过数部书稿，这次又是他主动承担了全稿的整理工作，这是我要铭记在心的。

商务印书馆薛亚娟女士，曾经为我的那本《山大往事》做责任编辑，本书也在她辛劳认真的工作中完成。她的辛劳、她的认真令我十分钦佩，在此也要表示由衷的感谢。

行　龙

2023 年 9 月 19 日

于中国社会史研究中心

田野·社会丛书

行龙 主编

第一辑

丁戊奇荒：光绪初年山西灾荒与救济研究
郝平 著

流动的土地：明清以来黄河小北干流区域社会研究
胡英泽 著

水利社会的类型：明清以来洪洞水利与乡村社会变迁
张俊峰 著

被改造的民间戏曲：以 20 世纪山西秧歌小戏为中心的社会史考察
韩晓莉 著

第二辑

以水为中心的山西社会
行龙 编著

凿井而饮：明清以来黄土高原的生活用水与节水
胡英泽 著

泉域社会：对明清山西环境史的一种解读
张俊峰 著

晋南龙祠：黄土高原一个水利社区的结构与变迁
周亚 著

晋祠稻米：农业技术与乡村社会变迁研究
苏泽龙 著

社会变革时期的财产纠纷与诉讼实践：Y 市法院 1950—1965 年民事
档案实证研究
李麒 著

第三辑

西沟：一个晋东南典型乡村的革命、生产及历史记忆（1943—1983）
常利兵 著

旱域水潦：水患语境下山陕黄土高原城市环境史研究（1368—1979年）
李嘎 著

自治与他治：近代华北农村社会与水利秩序研究
祁建民 著

明代山西的军事防御
邱仲麟 著

表里山河：山西区域历史地理研究
安介生 著

为民兴利：明清山西的水利、环境与制度
张继莹 著

第四辑

将社会史研究引入当代史
行龙 著

晚清华北灾荒与货币流通研究
韩祥 著

清末民初之山西政局
赵中亚 著

明清民国山西的煤矿开发与地方社会
曾伟 著

清至民国山西农家经济变迁研究
郭心钢 著

医道观世：近代以来山西的医疗与社会
李全平 著

半耕半商：近代晋中乡村的经济结构与社会变迁
张爱明 著